全球科技创新税收政策研究

薛 薇 魏世杰◎著

中国财经出版传媒集团
中国财政经济出版社

图书在版编目（CIP）数据

全球科技创新税收政策研究 / 薛薇，魏世杰著. --北京：中国财政经济出版社，2023.1

ISBN 978-7-5223-1337-5

Ⅰ. ①全… Ⅱ. ①薛… ②魏… Ⅲ. ①技术革新－税收政策－研究－世界 Ⅳ. ①F113.2 ②F811.4

中国版本图书馆CIP数据核字（2022）第250043号

责任编辑：闫　娟　　　　责任印制：刘春年
封面设计：陈宇琰　　　　责任校对：徐艳丽

全球科技创新税收政策研究
QUANQIU KEJI CHUANGXIN SHUISHOU ZHENGCE YANJIU

中国财政经济出版社 出版

URL：http：//www. cfeph. cn
E-mail：cfeph@ cfeph. cn

社址：北京市海淀区阜成路甲28号　邮政编码：100142
营销中心电话：010-88191522
天猫网店：中国财政经济出版社旗舰店
网址：https：//zgczjjcbs. tmall. com
北京财经印刷厂印刷　各地新华书店经销
成品尺寸：185mm × 260mm　16开　24.5印张　475 000字
2023年1月第1版　2023年1月北京第1次印刷
定价：98.00元
ISBN 978-7-5223-1337-5
（图书出现印装问题，本社负责调换，电话：010-88190548）
本社图书质量投诉电话：010-88190744
打击盗版举报热线：010-88191661　QQ：2242791300

前　言

当今世界正经历百年未有之大变局，全球政治、经济格局加速重构与演变，科技创新是百年未有大变局的关键变量。进入21世纪以来，全球科技创新进入空前密集活跃时期，新一轮科技革命和产业变革正在重构全球创新版图、重塑全球经济结构。全球创新活动正以前所未有的速度、深度和广度，影响甚至决定一国的经济繁荣、国家安全和人民福祉。对于我国而言，这是推动实现经济结构调整、走创新驱动发展道路的机会窗口，但同时也必须正确认识当前深刻复杂的发展环境所带来的严峻挑战。

现阶段我国经济发展的主要矛盾之一是高质量发展的需要与科技创新能力不足的矛盾，对企业技术创新政策提出新要求。随着我国综合国力的不断增强和科技创新水平的稳步提升，科技创新活动开始进入从跟踪、追赶到引领，从跟跑、并跑到领跑的科技创新范式转换期。2021年，我国研发投入强度［研发经费投入与国内生产总值（GDP）之比］再创新高，达到2.44%，已接近新型冠状肺炎疫情前OECD国家的平均水平①。但我国科技创新仍存在原始创新不足、研发投入结构性失衡等问题。支持科技创新提质增效无疑是新时期科技创新政策改革的重要方向。

在新形势与新要求下，我国支持科技创新的经济与创新政策亟须由重视规模和速度向重视效率和质量转变，税收政策亦是如此。税收政策作为推动科技创新的重要手段，在新时代如何进一步优化政策导向、提高政策效能，为企业和科研机构提升科技创新能力给予持续有效支持，是当前和未来必须加紧研究的课题。因此，对科技创新税收政策的研究还需要持续、深入，也需要政策制定者、各创新主体、科技与税收工作者等多方的参与和支持。

本书是作者在2015年至2022年9月期间开展科技创新政策研究中有关税收政策研究成果的总结和进一步深入、系统研究。主要研究内容包括：一是结合理论与国际比较研究，系统分析我国适应新时代科技创新发展的税收政策设计基本原则与完善方向；二是对有关研发费用、技术交易、高新技术企业、风险投资、科技人才与

---

① 杨曦.统计局：2021年我国R&D经费为27864亿元与GDP之比达2.44%［EB/OL］.［2022-06-06］.https://m.gmw.cn/2022-01/26/content_1302779691.htm.

非营利科研机构的重点税收优惠政策的国内外实践进行研究，总结各政策的国际最新动态与特点；三是分析我国重点税收优惠政策在新形势、新要求背景下存在的主要问题，并提出政策建议。

在本书撰写期间，以全球最低企业所得税率为重要内容的国际税收规则改革取得实质性进展，对我国未来的科技创新税收优惠政策调整必将带来深远影响。有关研究刚刚起步，无法在本书中展现，留有遗憾！

本书研究内容受多项课题资助，包括科学技术部科技创新战略研究专项“建立适合非营利性科学技术研究开发机构税收体制机制研究”（ZLY202133）、科学技术部科技监督与评估专项“到期科技创新税收政策评估”与“引导科技投入的重点财税政策实施评估”（2021JP030）、科学技术部火炬高技术产业开发中心课题“基于高新技术企业政策的国际对比研究”、中国科学院科技战略咨询研究院前沿探索计划项目“科技创新税收政策国际跟踪与借鉴研究”。感谢研究资助方的信任与支持。

由于资料收集、调查研究、理论研究等方面尚存在局限，本书难免有疏漏不足之处，敬请读者指正。

薛　薇

2022年12月

目　　录

第一章

科技创新税收政策的作用与主要内容

科技创新税收政策是指支持科技发展和创新的税收政策，多表现为税收优惠，能够对企业技术创新、科技创新投资、非营利科研机构发展等提供普遍性激励，允许市场在研发资源配置上发挥主要作用。20世纪80年代以来，随着政府财政科技投入方式由“资源分配”向“创新协调”的转变，科技创新税收政策也逐步发展、丰富，并日益成为政府协调科技创新资源的重要方式，大多数国家已经建立了科技创新税收政策体系。

税收政策具有市场性、普惠性和确定性等突出特点，在企业建立和成长过程中，通过对科技投资、企业研发和新产品生产、新产品销售等方面的激励，实现对企业技术创新的支持。发达国家支持企业创新税收政策的共同特点是：重点支持中小企业，从供给端政策扩展到需求端政策，政策设计精细并进行定期政策评估和税收征管，创新税收政策逐步覆盖创新链条主要环节，税收优惠强度持续增加。

新时代科技创新发展呈现研发链条缩短，创新主体、要素和投入多元化，创新活动复杂多样等突出特点，科技创新政策面临新挑战，税收政策也需要新思路。新时代，激励科技创新的税收政策设计应处理好以下五个关系：一是处理好税收政策与财政政策的关系：应以互补为主，必要时叠加；二是处理好基本税制与税收优惠之间的关系：有利于科技创新的基本税制是根本，税收优惠是补充；三是处理好税收优惠政策着力点是创新主体还是创新行为的关系：对创新行为给予普惠更有利于科技创新的长期发展；四是处理好税收优惠功能是普惠还是特惠的关系：普惠是基础，特惠是补充；五是处理好税收优惠政策制定、服务、管理与评估的关系：相互配合才能提高政策效果。针对我国现行税收政策在适应和激励科技创新方面存在的不足，建议从改革基本税制、探索税式支出管理制度、优化税收优惠政策布局以及对重点创新行为灵活应用特惠性优惠等方面，加快完善我国科技创新税收政策体系。

第一节
税收政策是政府协调科技创新资源的重要方式

政府对科技与创新的公共投入主要有两种方式：一是财政资金的直接投入，二是税收优惠形式的间接投入，表现为通过税收优惠而放弃的税收收入（又称“税式支出”）[①]。20世纪80年代以来，OECD成员国企业研发支出中来自政府资金的比例从平均20%左右下降到2017年的5.71%[②]。但这并不意味着主要发达国家政府对企业研发的总体资助在下降；相反，政府对企业研发的间接投入在大幅增加。究其原因，税收政策在科技创新资源配置方面的作用与突出特点，使其成为政府协调科技资源的重要方式。

一、政府财政科技投入方式：由“资源分配”向“创新协调”转变[③]

20世纪70年代以来，信息改革极大促进了世纪经济结构的变革，世界各国普遍形成共识：技术进步是经济增长的核心，科技创新是提升国家综合竞争力的重要手段。放眼全球，以科技、创新、人才为标志的国际竞争日益激烈，一场占领未来科技前沿制高点的新的国际竞争正在全面展开；特别是在国际金融危机之后，世界主要国家都高度重视科技发展的新态势和新特征，强调利用新一轮科技革命发展战略产业以寻求新的经济增长点。

但与一般生产活动相比，科技活动与创新活动具有风险性高但正外溢性强的特点，私人部门在研发及科技成果的商品化和产业化方面往往存在供给不足的市场失灵。一般地，外溢性、技术风险、复杂性、资本密集性越强，或者研发、市场渗透时间越长，或者潜在市场范围不确定、交易成本越高，私人部门供给的可能性就越小。因此，科技活动与创新活动的本质特点决定了单靠市场机制不能满足有关社会

① 这里涉及几个概念：间接投入、税式支出、税收优惠。首先，间接投入与税式支出的含义一致。从财政支出的角度讲，税式支出就相当于间接提供给纳税人的财政补助；但是间接投入概念更容易被公众理解和接受，使用率更高。其次，税式支出与税收优惠内涵相同但视角不同。税式支出是税收优惠的“结果”，税收优惠是税式支出的“原因”。税式支出是国家站在征税方的角度来看待因减免税而少征的税款，与直接支出一样属于政府财政支出的一部分；税收优惠则是纳税人站在纳税方的角度来看待因减免税而少纳的税款，是实实在在的利益享受。

② 数据来源：OECD TIME-SERIES ESTIMATES OF GOVERNMENT TAX RELIEF FOR BUSINESS R&D，2020.

③ 该观点来自：郭戎，薛薇.国内外科技计划支持方式创新：从“分配”走向“协调”[J].中国软科学，2012（11）：68-76.

需要，需要政府弥补这些市场失灵。

对于有关市场失灵的弥补方式，在20世纪70年代之前，政府财政科技投入方式几乎都集中在财政资金对科技活动的直接、无偿资助，即政府直接对科技资源进行分配。但是，随着科技全球化以及科技活动复杂性和开放性不断上升，创新更加需要金融资源、人力资本、产业发展等多要素共同发挥作用才能将科学技术转化为生产力等，社会所需科技投入缺口已经超出了政府财力负担能力，并且这种传统的财政科技投入方式对私人部门直接配置科技和创新资源的效率往往不高。

因此，财政资金直接资助形式的传统“资源分配”方式越来越不足以满足政府弥补有关市场失灵的需要，“创新协调”方式的出现和逐渐兴起，并越来越成为政府财政科技投入的重要甚至主要方式，税收政策便是“创新协调”方式中的重要一种。

一般地，“创新协调”方式主要是指政府通过财政科技投入（直接投入或间接投入）与私人部门共同投资、共担风险，使科技和创新资源在市场机制充分发挥作用的基础上进行配置。在该种方式下，财政科技投入对科技和创新资源的配置起到的仅是间接性、引导性的影响，市场机制仍然发挥主要配置作用。通过此方式，政府既能激励科技投资，弥补有关市场失灵，又发挥了市场在资源配置效率上的优势。事实上，“创新协调”方式的出现也是政府公共职能深化改革的重要体现[①]。

二、科技创新税收政策的作用、优点与地位

（一）直接投入与间接投入在科技创新资源配置上可发挥不同的作用

税收优惠形式的间接投入与财政资金的直接投入在科技创新资源配置上的最大区别在于：是“市场”还是“政府”起主要配置作用。间接投入是“市场”；直接投入则是“政府”。具体地，税收优惠形式的间接投入是通过影响市场价格来达到政策目标，可以对创新主体形成普遍激励，对市场干预程度小。

以国际上流行的直接针对企业研发支出的间接投入——研发税收优惠政策为例，其对企业研发活动内容的决策干预程度最小，市场在配置研发资源上仍然发挥主要作用；相反，财政资金的直接投入可以使政府对企业的研发内容保持控制力，由政府来决定研发资源配置到哪种技术或哪个企业。因此，总体来看，间接投入更

① 20世纪70年代以来，一些发达国家加速以“市场化”为导向的政府职能改革。引导这场变革的思想和理念，并非是简单的“去政府化”，而是在坚持强调“政府的主要职能是纠正市场失灵”的同时，主张在具体方式的选择上应从“划桨”转向“掌舵”。循此观念，政府减少直接提供公共产品，转而注重调动社会力量，更多采用“公私合作”（PPP）模式提供。

有利于激励企业提供私人创新产品；直接投入则更有利于确保关系社会经济发展的公共任务、公共科技产品的解决。

随着世界经济发展，特别是不断加深的全球化、不断升级的经济结构、愈加激烈的科技竞争等，“市场经济中，有效创新系统必须以企业为中心”逐渐成为世界共识。目前，多数国家的研发资金主要来自企业；研发执行主体也是企业。因此，总体来看，在私人产品范围内，对于企业研发投入不足的市场失灵，政府应引导和激励企业增加研发投入；但之后，在市场能够发挥资源配置效率的时候，就应该让市场，而不是政府，来决定研发投资在不同技术、项目和产业间的分配，分配结果的成功与否也由市场来最终判断。

（二）科技创新税收政策的突出优点

第一，如上文所述，科技创新税收政策能够对科技投资、企业创新等提供普遍性激励，允许市场在研发资源配置上发挥主要作用。科技创新税收政策通过影响价格来达到政策目标，对企业研发内容的决策干预程度最小，因此更有利于让市场而非政府来决定研发资源在不同产业、企业间的分配。

第二，科技创新税收政策多体现为各种税收优惠，属于间接性资助（补贴），不容易违反WTO规则和引发其他国家的争议和起诉。

第三，具有相对稳定性，科技创新税收政策普遍固定为法律形式，能够为纳税人提供更多的确定性，有利于纳税人对科技创新投资、研发、新产品生产和销售等活动进行计划安排和整体决策。

第四，通过合理的政策设计，科技创新税收政策能够对不同规模的企业发挥同等重要的激励作用，从而避免中小企业在申请财政科技支出项目中的劣势。

第五，通过合理的政策以及管理体制设计，即使科技税收优惠所带来的税式支出规模超过财政科技支出规模，但仍然可以实现较低的管理成本。

三、围绕企业建立和成长的科技创新税收政策体系

企业的建立和成长离不开融资、生产和销售。但科技型企业与其他企业相比，存在融资较难、技术风险和市场风险较高等特点，科技型中小企业尤为突出；因此，政府支持科技型企业的重要方向是为其分担投资风险、研发风险和市场风险。

为此，税收政策至少可以从以下三方面对科技型企业给予支持或进行激励：一是支持和激励投资者，包括股权投资者（天使投资、风险投资等）和债权投资者

（银行、担保等），在不同投资领域中选择科技投资；二是支持和激励企业在不同生产活动中选择创新和生产新产品；三是支持和激励消费者，包括居民和企业消费者，在不同消费行为中选择新产品。因此，围绕企业建立和成长的税收政策应对科技型企业从融资、创新活动到新产品生产和销售这些环节给予较为优惠的税收待遇，特别是对科技型中小企业。

此外，科技企业的研发活动往往需要其他研发主体的支持与合作，比如企业雇用的研发人员、与其开展产学研合作的大学和科研院所，与其进行技术交易的各类其他研发主体等。因此，税收政策还可以在研发人才、产学研合作、科技成果转化等方面给予激励，以鼓励企业进行研发人力资本投资，加强产学研合作，加快科技成果转化。

第二节
发达国家支持企业技术创新税收政策的特点

税收政策具有市场性、普惠性和确定性等特点，越来越多的国家将税收优惠政策作为支持企业科技创新的重要政策手段。发达国家支持企业创新税收政策的共同特点是：重点支持中小企业，从供给端政策扩展到需求端政策，政策设计精细并进行定期政策评估和税收征管，创新税收政策逐步覆盖创新链条主要环节，税收优惠强度总体增加。

一、发达国家科技创新税收政策体系

由国际实践进行总结，科技创新税收政策体系现状如图1-1所示。总体来看，科技创新税收政策体系自20世纪80年代以来逐渐形成并不断完善，特别是从2008年国际金融危机以来，进一步得到扩展和加强。

其中，从企业成长路线角度，中小企业是支持重点；从创新链条角度，对企业研发给予普遍激励是重点，同时对科技成果转化给予全面激励，包括科技创新投资、技术交易和市场推广等环节；从产业或技术领域角度，节能和清洁能源是少数“特惠性”优惠的支持对象，且主要是支持其扩大市场应用，属于需求方的创新政策；从创新激励的供求角度，绝大多数是激励企业增加研发投入的供给方的创新

政策。

从涉及的税种来看，基本以所得税为主；从优惠形式看，主要是税前抵扣、税收抵免、延期纳税、特定应税收入（资本利得、合格专利收入等）免税或适用优惠税率等形式；从优惠对象看，多数并没有对有关企业进行界定，而是对有关行为（如研发行为、投资行为、技术交易行为、股权激励行为等）首先进行界定，因此，多数税收优惠属于普惠性优惠，即使对于小企业享受的较低企业所得税率也多数是在累进税率制度下，并非通过对小企业单独界定给予其优惠税率。

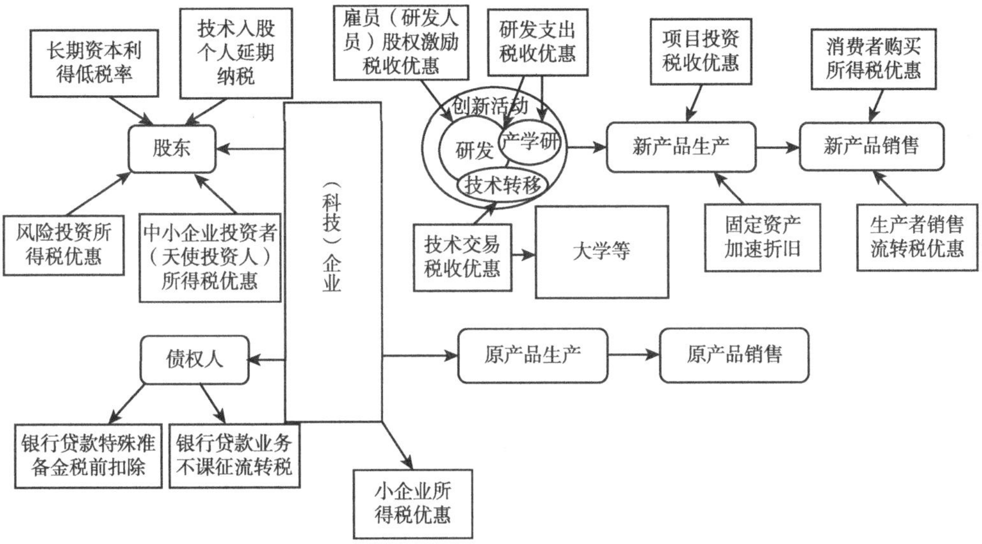

图1-1　发达国家围绕企业建立和成长的科技创新税收政策体系

二、发达国家支持企业技术创新税收优惠政策的主要特点

（一）中小企业是支持重点

中小企业是推动国民经济健康发展的中坚力量，但由于其经营风险较高和信息不对称等问题，世界上多数国家都针对中小企业制定税收支持政策。其中，有关融资和研发活动的税收政策对中小企业创新的影响更直接。

1. 科技型中小企业投资者可获得更大税收激励

第一，股权投资人可以获得更大税收激励。在企业创业初期，企业急需弥补资金缺口，许多国家设立“天使税制”[1]，分担投资风险，补贴投资收益，以鼓励更

[1] 本文将对天使投资人的税收激励政策统称为“天使税制”。

多天使投资。具体优惠方式包括：一是不论投资成功与否，在投资环节对投资额给予税收抵免或抵扣，属于前端优惠；二是对股权转让环节产生的资本利得给予税收减免，属于后端优惠，仅对投资成功者提供优惠；三是对股权转让环节产生的资本损失允许抵扣资本利得或普通利得，不足抵扣部分还可向前或后结转。多数国家的“天使税制”通过不断修订、完善，逐步增强优惠力度、放宽享受门槛，以发挥更大的激励作用。如，日本的“天使税制”开始仅对投资损失允许跨年度结转优惠，实施效果不理想。主要原因在于天使投资的回收期很长，对股权转让环节的这种后端优惠对投资者的吸引力有限。直到2008年，日本对“天使税制”进行彻底改革，增加投资额可在税前扣除的优惠内容，实施效果才明显改善。英国的企业投资计划（EIS）自1994年实施至今共进行10多次修改，主要是增加优惠内容、加大优惠力度和放宽享受门槛。如，2011年投资抵免比率由20%上升至30%：2012年，合格企业和个人投资者的门槛大幅放宽，包括企业股权融资前的总资产由不超过700万英镑提高到1500万英镑，融资后由不超过800万英镑提高到1600万英镑，全职员工由不超过50人提高到250人。

第二，以知识产权入股的投资人可获延期纳税优惠。创新型初创企业在设立时经常发生主要创始人以专利等知识产权入股的情况，即技术入股。许多国家对技术入股个人取得的股权所得给予直到股权转让时才需纳税的延期纳税优惠。以美国为例，一人或多人以其符合条件的财产入股某一公司，并在入股后成为公司控制人，财产转让的收益（损失）视为零，即入股时不用缴纳个人所得税，直到下一个收益确认的事件发生时才需缴纳。其中，财产不包括服务、债权、现金、股票、其他有价证券和外汇等，但包括“知识产权”。

2. 中小企业享受“加强”研发税收优惠

很多国家对中小企业给予特殊的加强优惠：一是英国、日本、加拿大、澳大利亚、韩国等国家的中小企业适用更高的研发费用加计扣除比例或税收抵免率。如，澳大利亚对年营业额小于2000万澳元企业发生的合格研发费用给予18.5%的实际税收抵免，大于2000万澳元的实际抵免率为8.5%（研发强度[①]为0—2%）或16.5%（研发强度大于2%）；日本中小企业的研发税收抵免率为12%—17%，但大企业的为6%—14%，具体抵免率还要根据研发费用增长率确定。二是澳大利亚、美国等国家仅对中小企业不足抵扣部分给予税收返还或者允许抵扣工薪所得税。三是葡萄牙、荷兰等国家对新成立的企业给予更高的研发税收抵免率。四是有些国家对中小企业给予较高比例的税收返还（如加拿大）、较短的税收返还期限（如法国）、较为宽松的税收返还条件（如英国）。五是有些国家对中小企业技术创新给予额外的税收优

① 研发强度是指企业当年研发投入占销售收入的比重。

惠，如法国除了研发税收抵免优惠外，还单独对中小企业实施中小企业创新税收优惠政策。

（二）从供给端政策扩展到需求端政策

对研发、投资等环节的创新税收政策都属于供给端创新政策，即激励研发投入、科技投资等供给的增加。随着创新模式和创新需求的变化，许多国家都从战略、政策框架上高度重视并积极推行需求端创新政策，其中包括需求端的创新税收政策。需求端创新政策指通过创新增加需求、改善促进创新吸收的条件和提高对市场需求的认知等途径，刺激市场的出现或重构新的市场，加速实现创新扩散。目前，需求端创新税收政策主要集中在节能和清洁能源等新兴领域。如，美国对进行可再生能源投资或生产的企业，允许其从以下两种税收优惠中进行选择：一是项目投资额的30%可享受投资抵免；二是2.1美分/每千瓦时的生产抵免税收优惠。又如，比利时针对个人的节能投资，允许投资额的40%税前扣除，当年不能完全扣除的部分可以向后结转3年，但最高扣除额为2000欧元，太阳能投资最高扣除600欧元。

（三）政策普惠性强，多采用税收抵免、抵扣等间接优惠方式

从优惠对象看，多数创新税收政策适用对象普遍，可降低征管成本。如，绝大多数研发税收优惠政策适用于所有企业，只要研发行为符合条件就可享受优惠，并没有行业或技术领域限制。各国“天使税制”也都适用所有投资人，只要投资行为符合条件就可享受优惠，投资对象也基本涵盖所有初创科技型企业。股权激励税收政策也都以股权激励行为为着力点，并不特别针对某类实施主体或科技成果转化活动。从优惠方式看，多数创新税收政策采用税收抵免、加速折旧、加计扣除等间接优惠方式，企业（个人）只有新增有关投资才能享受优惠，税收成本相对较低，且针对性强，效率更高。但税率优惠方式是通过增加企业（个人）资本存量产生的未来税后收益流现值的方式，使纳税人获得额外收益，并且通常需要对优惠对象进行界定，征管和遵从成本都较高，针对性较差。

（四）政策设计精细并进行定期的政策评估和严格的税收征管

发达国家创新税收政策多数细化程度较高，并通过不断完善，增加可操作性和政策覆盖面。以英国的研发税收优惠政策为例，政府制定《税收意义上的研发含义指南》《企业无形资产研发操作手册》《资本补贴法案》等法律法规，对合格研发活动判断、可加计扣除的经常性研发支出和一次性摊销的资本性研发支出做出详细说

明。而部分国家由于政策设计不能精准针对预期激励对象而终止实施，如荷兰、瑞典针对天使投资人的税收抵免优惠都因无法阻止热钱享受优惠而终止实施。此外，许多国家对政策实施效果建立跟踪和评估机制，税务等相关部门对外发布实施情况和政策评估报告，这也成为政策不断完善的基础。

（五）创新税收政策逐步覆盖创新链条主要环节

创新链主要由研发、商业化和市场化三大环节构成，每个环节需要不同创新主体参与。如，研发环节涉及产学研合作、技术交易、稳定的研发团队等子环节，商业化和市场化环节需要更多金融资本支持。其中，对研发环节的税收优惠已成为国外创新税收政策在创新链上的支持重点和争夺研发资源的主要手段。2000年以来，创新税收政策开始对研发子环节给予支持，同时扩展到商业化和市场化环节。

对产学研的支持主要通过加强研发税收优惠实现。如，法国规定，从2004年起，如果企业将研发项目转包给予其没有依存关系的公立研发组织、有权授予硕士以上学位的高等教育机构、科技合作基金、科研公立机构、经认证投资于研究领域的公共基金等，相关研发支出可按实际发生额的200%计入抵免额基数。

对技术交易给予支持的代表是欧洲从2000年后兴起的“专利盒”政策，即对技术交易所得给予所得税优惠。由于技术交易只有在研发成功时才能实现，而研发活动的结果可能面临失败。因此，“专利盒”政策在许多国家被定位为研发税收优惠政策的“衔接”政策。

股权激励税收政策面向所有企业和雇员，对高科技企业的稳定和吸引研发团队具有重要意义。以美国为例，限制性股票获得者可根据股票价值预期选择提前在授予日纳税：多种“税收意义的股权激励计划”可享受税收优惠，其中职工持股计划获得者可到股票转让时就全部转让所得缴纳资本利得税；“法定股票期权计划”获得者可享受延期纳税，但必须满足“被授予人自行权日起持有股票时间至少1年，自授予日起持有股票时间至少2年”等多项条件。

对商业化环节的支持主要体现在对天使投资等投资者的支持。日本在20世纪90年代中后期金融体制改革前，对中小企业初创期资金的支持主要是政府补贴，金融机构为企业提供低息贷款等，几乎不存在鼓励个人投资的政策措施。直到1997年，日本开始实施激励天使投资行为的“天使税制”。

对市场化环节的支持主要体现在对节能和清洁能源等新兴领域新产品销售的支持。如，2008年国际金融危机后，新能源领域的国际竞争加剧，比利时、德国等国家都对个人或家庭购置节能设备或环保汽车给予一定比例/数量的费用扣除或税收奖励。

（六）税收优惠强度持续增加，但近年来增幅有所放缓

总体看，2000年以来，多数国家都开始实施研发税收优惠或大幅提高优惠力度。特别是2008年全球金融危机之后，美国、韩国、新加坡、爱尔兰、法国、荷兰、意大利、卢森堡、挪威、加拿大和澳大利亚等国家进一步加大研发税收优惠力度，以刺激研发投资，应对危机。如，2008年，英国中小企业研发费用加计扣除比例由50%提高至75%，且标准有所放宽，2011年和2012年加计扣除比例分别提高至100%和125%，2015年提高至130%，并延续至今。

但是，近10年来研发税收优惠力度的增加幅度明显放缓。很多国家经过全球金融危机后的研发税收优惠改革，优惠程度已经较高，因此之后的政策完善重在提升政策效果、执行效率等方面，对盈利企业的研发补贴率变化不大，有些国家甚至下调了研发税收优惠率。比如，2014年加拿大将研发税收抵免优惠的最低一档抵免率由20%下调至15%，并延续至今；2017年印度将研发费用加计扣除比例由200%下调至150%，2020年继续下调至100%。

第三节
我国适应新时代科技创新发展的税收政策：挑战、问题与建议[①]

党的十八大以来，我国深入实施创新驱动发展战略，以企业为主体、市场为导向、产学研深度融合的技术创新体系加速构建。财政科技投入的功能也逐渐由科技创新“资源分配”向“资源协调”[②]转变，税收政策作为重要手段之一，支持科技创新的税收政策体系逐步建立[③]。但是针对国内外科技创新发展的新特点，我国支持科技创新的税收政策体系仍需进一步优化。

---

① 本节部分内容已经发表，见：薛薇，尉佳.适应新时代科技创新发展的税收政策：挑战、问题与建议［J］.国际税收，2020（6）：25-32.

② 资源分配是指政府直接分配科技创新资源，以财政资金直接资助为代表，如科技项目资助；资源协调是指政府主要发挥服务协调功能，充分发挥市场在配置科技创新资源中的作用，以财政资金间接资助为代表，如创业风险投资引导基金、激励科技创新的税收政策等。

③ 2019年7月23日，国家税务总局2019年上半年新闻发布会公布的数据显示，2018年研发费用加计扣除优惠政策为企业减税约2794亿元，高新技术企业优惠政策为企业减免企业所得税1900亿元。2018年全国科技经费投入统计公报的数据显示，2018年，国家财政科学技术支出9518.2亿元，上述两项税收优惠减免总额占国家财政科学技术支出的比例达49.3%。

一、新时代我国科技创新的突出特点与科技创新政策面临的挑战

当前，新一轮科技革命和产业革命正在孕育兴起，科技创新呈现很多新特点。在世界科技创新竞争加剧的大潮中，我国科技创新政策面临的挑战更加紧迫。

（一）研发链条不断缩短，但原始创新能力不强

从基础研究、应用研究、技术开发到产业化的周期日益缩短、边界日趋模糊，很多成果尚处于实验室阶段就已申请专利并很快应用于市场①。但我国原始创新能力不强，制约我国科技创新水平的进一步提升。我国基础研究与应用研究（以下统称为“科学研究”）投入不足是重要表现：基础研究投入占全国研发投入的比重一直在5%—6%，2019年首次突破6%，2021年达到6.5%；应用研究比重持续大幅下降，2021年仅为11.3%②。比较而言，世界主要创新型国家科学研究投入占研发投入总额的比重长期保持在30%以上。因此，基于科学研究的原始创新是我国市场失灵的领域，应成为我国科技创新政策的重点支持方向。

（二）创新主体、创新要素更加多元并加速互动，但科技创新资源条块分割

创新主体不仅包括企业、高校院所，还包括其他非营利研发机构、产业链上下游企业和消费者、“创客”等。创新要素不仅包括科学家，还包括企业家、创新资本、创业孵化、数据资源、科研基础条件等。不同创新主体之间以及创新要素在不同创新主体、领域、环节和区域之间要打破各种壁垒、加速互动，实现高度融通，国家创新体系才能具有活力和效率，科技与经济“两张皮”“卡脖子”技术攻关、工业化与信息化融合等系列重大问题才能够得到有效解决。因此，我国科技创新政策应在支持多创新主体、多创新要素和促进科技创新资源融合方面发挥更大作用。

（三）研究开发、创新创业、风险投资、新兴行业等创新活动复杂多样，科技创新政策亟待改变传统思维

在信息技术广泛应用、深度应用的新时代，创新活动的组织模式也发生了深刻变化。研发无处不在，且呈现全球化、多主体协同特征；开放式创新、大众化创

---

① 很多基础研究已经不是以前意义上的纯基础研究，而是应用导向的更下游的研究。详见：胡志坚.世界科学革命的趋势［J］.科技中国，2019（12）：1-3.

② 数据来源：国家统计局、科学技术部、财政部联合发布的2021年全国科技经费投入统计公报。

新、平台式创新成为创新活动的新特点，新型研发机构、中小微企业成为创新活动的重要参与者；创新创业企业具有规模小、轻资产化、知识（人力）资本价值高、多样性等特征[①]；创新行业与技术领域跨界融合，在产业链上相互扭抱、缠绕；企业生产组织向扁平化、多样化发展；创业投资和天使投资（以下统称为“风险投资”）多种组织方式并存，如个人与机构投资者、公司制与合伙制基金、母基金[②]与直投基金等。因此，科技创新政策亟待改变传统思维，包括由简单粗放向精细化与精准化转变，由重“特惠功能”向重“普惠功能”转变，由重“政策制定”向重“政策协同与评估”转变，由供给侧政策为主向兼顾需求侧政策转变等，这样才可能更好地适应和支持复杂多样的创新活动。

（四）科学研究投入多元化，但我国科学研究基本都是靠政府投入

在科技创新无处不在的新时代，政府、企业和非营利组织只有共同投入与合作，才可能不断满足全社会对科学研究的普遍需求。其中，非营利组织的公益性作用、灵活性组织等特点使其承担起填补科学研究（特别是基础研究）投入缺口的任务。例如美国，2015年基础研究的应用研究经费中来自社会资金的投入占比分别达到52.9%与63.02%[③]。比较而言，我国基础研究投入中约98%都来自政府[④]，这种单一投入结构已经难以满足经济和社会对科学研究的需求。因此，科技创新政策在引导全社会增加科学投入方面必须有所加强。

二、税收政策适应新时代科技创新发展的基本思路

税收政策作为创新政策的重要组成部分，并不是万能的。但税收政策可以通过影响创新主体与要素参与创新活动的成本与收益，在更大范围内影响创新行为。因此，未来税收政策的制定既要符合税制改革方向，还要适应新时代科技创新的发展特点。

（一）处理好税收政策与财政政策的关系：应以互补为主，必要时叠加

科技创新税收政策很多都是税收优惠，从支出角度属于税式支出，与财政资金

① 卡萝塔·佩蕾丝.技术革命与金融资本［M］.田方萌，胡叶青，刘然，等，译.北京：中国人民大学出版社，2007.

② 母基金是指，专门投资于其他投资基金的基金，属于基金的基金（fund of fund）。

③ 数据来源：美国《科学与工程指标2018》。2015年，美国基础研究经费投入中，企业投入占27.2%、高校投入占13%、其他非营利组织投入占12.7%；应用研究经费投入中，企业投入占53.26%、高校投入占4.7%、其他非营利组织投入占5.06%。

④ 朱迎春.我国基础研究经费投入与来源分析［J］.科学管理研究，2017（8）：20–23。

的直接支出可形成互补、替换[①]和叠加[②]三种关系。但总体看，财政政策可直接分配科技创新资源，更适用于直接供给基础研究、公益研究或者战略目标明确的（准）公共科技产品，比如针对特定技术或工程的科技攻关任务；税收政策则可利用市场机制协调创新资源，更适用于私人科技产品（服务）供给和一般性创新活动。因此，两者之间的互补关系既有助于外部性较强、风险性较大的创新活动，也有助于创新广度不断提升下的一般性创新活动。但在市场失灵非常严重时，两者也可叠加形成政策组合，比如国际实践中常常出现的针对基础研究、产学研合作、中小企业技术创新等。

（二）处理好基本税制与税收优惠之间的关系：有利于科技创新的基本税制是根本，税收优惠是补充

税收优惠会增加税制的复杂性、不确定性、不公平性以及征纳双方的税收成本。在科技创新活动复杂多样的新时代，相关税收优惠的复杂性和税收成本通常更高。因此，长期看，建立有利于科技创新的基本税制应成为未来税制改革的重要目标。美国是世界科技头号强国，直接针对科技创新的税收优惠仅有研发税收抵免一项[③]，且该优惠仅针对研发投入增量，优惠力度在世界上处于偏下水平；但美国基本税制多方面支持中小企业和非营利组织、激励长期股权投资和固定资产投资、商品课税在消费环节等，这些都有利于新时代的科技创新和新兴产业发展。

（三）处理好税收优惠政策着力点是创新主体还是创新行为的关系：对创新行为给予普惠更有利于科技创新的长期发展

科技创新的发展要求税收优惠政策提高精准性和普惠性。一般而言，创新主体通过创新要素组合从事创新行为，进而取得创新成果和收益，因此直接针对创新行为的税收政策精准性、普惠性和政策效率往往更高，即只要创新行为符合条件就可以享受税收优惠，不论何种创新主体以何种方式组织创新要素。此外，基于选择性创新主体的税收政策往往带来不公平、征纳成本上升、政策落后于实践等问题。因此，国际上也多是基于研发行为、风险投资行为、技术转让或应用行为、节能产品消费行为等创新行为给予税收激励。

---

① 替换关系：财政补贴与税收优惠在一定条件下可以形成替换，比如对满足条件的风险投资可以给予税收优惠或者风险补偿，对电动汽车消费可以给予个人所得税税前扣除优惠或财政补贴等。

② 叠加关系：很多国家对中小企业研发支出给予特别税收优惠，同时又给予研发资助。但多数研发资助通常需要经过竞争性审批，企业无法提前确定是否会获得研发资助。

③ 不考虑对节能清洁产品应用的税收优惠。

（四）处理好税收优惠功能是普惠还是特惠的关系：普惠是基础，特惠是补充

科技创新的发展需要税收优惠更多发挥普惠性功能，但其与特惠性功能的发挥并不完全矛盾。在普惠性基础上的特惠性优惠有助于精准性政策目标的实现，比如很多国家对研发行为给予普惠性优惠，并在此基础上对中小企业研发、产学研合作等给予更大优惠力度的特惠性优惠。从本质上看，这种特惠性优惠仍然是一种普惠，有助于税收优惠政策的整合、执行与落实。相反，针对行业、技术领域和特定企业群体的选择性特惠优惠从本质上不具备普惠性。

（五）处理好税收优惠政策制定、服务、管理与评估的关系：相互配合才能提高政策效果

税收优惠政策效果的有效发挥不仅与优惠方式、优惠力度、优惠对象等相关，还与纳税服务、征管流程、管理制度、政策评估与应用等密切相关。税收政策中涉及科技创新的优惠政策往往更加复杂，更需要各政策要素与环节相互配合，这也是科技创新发展对政策精细化和精准化提出的要求。比如，美国、英国等很多国家对非营利组织给予多种税收减免优惠，但这种减免税资格在获得后都将面临严格的监督管理与惩罚制度①，以确保精准政策目标的实现。

三、我国现行激励科技创新的税收优惠政策概况与不足

（一）现行相关政策梳理

我国多年来以结构性减税推进税制优化，近几年又加快了税制改革步伐，科技创新成为最受益的领域之一。其中，支持科技创新的一系列税收优惠政策相继发布实施，基本覆盖了主要创新主体和创新链主要环节。

1. 鼓励技术创新企业的税收优惠政策。主要包括支持高新技术企业、集成电路企业、软件企业、技术先进型企业、动漫企业等科技型企业发展的企业所得税税率优惠，对科技型中小企业延长亏损结转年限。

2. 激励技术创新活动的税收优惠政策。主要包括鼓励研发投入的研发费用加计扣除优惠，促进技术交易的增值税免税（非企业单位可选择简易征收）与企业所得

---

① 薛薇.美国科技类非营利组织税收政策及启示［J］.国际税收，2019（5）：62–66.

税减免优惠，支持科技成果转移转化的技术入股递延纳税优惠等。

3. 引导科技创新投资的税收优惠政策。主要包括针对各类投资主体的创业投资与天使投资的70%在企业所得税或个人所得税税前扣除优惠，符合条件的研发用仪器设备一次性摊销或加速折旧优惠，高校院所进口国内不能生产或性能不能满足需要的研发用品进口税收免增值税和关税。

4. 奖励科技创新人才的税收优惠政策。主要包括对非营利性科研机构、高校等单位的科技人员因职务科技成果而获得的现金奖励减半计征个人所得税，非上市企业对科技人员的股权激励个人所得税递延纳税等。

5. 支持孵化服务的税收优惠政策。主要是对符合条件的科技企业孵化器、大学科技园和众创空间为孵化企业提供的房产和土地免征房产税和城镇土地使用税，孵化服务收入免征增值税。

（二）若干难点和不足

相比较更加快速发展与变化的科技创新和新兴产业，我国现行税收政策仍然不足以应对，在适应、激励和引导科技创新方面还存在一些不足，不利于我国迎接新时代的科技创新挑战。

1. 财政政策与税收政策在某些重要方面搭配不当

两者对中小企业技术创新都缺乏直接支持。一方面，2018年，我国对科技型中小企业研发费用75%的特惠性加计扣除优惠扩大至所有企业。另一方面，中小企业技术创新获得财政资助的范围也大幅缩水。2015年国家科技计划整合，“科技型中小企业创新基金”并入新成立的“国家中小企业发展基金”，对中小企业技术创新的支持方式也由无偿资助转变为引导社会资本参与的股权投资。但引导基金方式大幅缩小了支持范围。据公开资料显示①，国家中小企业发展基金已有4只子基金②，认缴总规模195亿元，共完成投资项目222个，但与科技型中小企业创新基金年度支持6400个项目相比差距很大。相反，美国、英国、法国、加拿大、日本、澳大利亚等很多国家都对中小企业技术创新给予特惠性的研发税收优惠，包括优惠力度更大、可获得税收返还等。比如，英国小企业研发费用允许130%的加计扣除，且不足抵扣部分在一定比例内可获得税收返还；大企业研发税收抵免率为11%，核算为加计扣除比例约55%，无税收返还。日本对资本额或出资金额在1亿日元以下的中小企业研发支出给予12%—17%不等的税收抵免率；大企业抵免率为10%。加拿大

① 央视网. 工信部：国家中小企业发展基金投资超60亿［EB/OL］.（2019-04-13）.［2020-02-10］.http：//news.cctv.com/2019/04/13/ARTIYeXjSkgRCt07YV53bHUo190413.shtml.《科技型中小企业技术创新基金2013年度报告》。据计算，科技型中小企业技术创新基金成立以来支持的企业项目数量超过5万项。

② 子基金是母基金所投资的其他基金。

对小企业研发支出的抵免率是35%，且不足抵免部分可获得一定比例的税收返还；大企业的抵免率则为20%，无税收返还。美国允许年收入不超过500万美元的小企业将研发税收抵免额用于抵免企业为员工代扣代缴的工薪税，年度抵免上限为25万美元。同时，很多国家还对中小企业技术创新给予无偿资助，如美国小企业创新研究计划（Small Business Innovation Research，SBIR）、英国小企业研究与技术奖励计划（Small Firms Merit Award for Research and Technology，SMART）等。

财政政策在引导社会资金增加基础研究投入与产学研深度合作方面未有明显突破，税收政策也缺乏足够支持。如前文所述，我国面临基础研究社会投入严重不足和产学研合作缺乏深度的重大挑战。一方面，财政政策主要通过自然科学基金、企业联合高校院所承担政府科技计划项目等传统方式给予支持，但是对社会资金的撬动作用不强，联合承担的形式痕迹明显、研发资源与合作仍然处于割裂状态。另一方面，现有税收优惠政策对基础研究投入和产学研合作未有直接支持。比较而言，法国、美国、英国、澳大利亚等很多国家都对产学研合作和基础研究给予税收激励。比如，法国允许一般外包研发费用100%计入抵免额基数；但如果企业将研发项目转包给予其没有依存关系的公立研发组织、有权授予硕士以上学位的高等教育机构、科技合作基金、科研公立机构、经认证投资于研究领域的公共基金等，研发支出按实际发生额的200%计入抵免额基数。美国一般外包研发费用65%计入抵免额基数；但对于企业支付给合格研究团体的外部研究费用，可75%计入抵免额基数；支付给合格小企业、大学或州立实验室的外部研究费用，可100%计入抵免额基数；基础研究增量与能源研究①总量可享受特别抵免，抵免比例20%。

2. 我国基本税制某些方面不利于科技创新

个人所得税制不利于激励天使投资人和高端科技人才。第一，我国现行个人所得税制并不适应天使投资特点。个人是天使投资（股权众筹）的主要组成，投资所得主要是股权转让所得，投资项目多、期限长、风险高。但在现行税制下，不论持股时间长短，股权转让所得都适用20%税率。投资损失不能抵扣其他投资所得，亏损也不能向后结转。但在很多国家实施的资本利得税制下，长期资本利得适用较低的个人所得税税率。某一长期资本亏损可在限额内抵扣当年的全部长期资本利得，不足抵扣部分还可在以后年度结转扣除。为支持天使投资，我国相关税收优惠也给予天使投资个人合格投资额70%税前扣除的税收优惠，但扣除要求过于严格，导致鲜有个人享受优惠。第二，我国工资薪金所得适用的最高边际税率高达45%，远远高于其他类型所得适用的税率，在世界上也属于较高水平。这不仅不利于鼓励劳动

---

① 企业支付给能源研究团体开展能源研究的支出，按照发生额的20%单独计算抵免额。

和支持高端人才，而且大幅增加了高科技企业的人力成本。

合伙企业所得税制不利于支持合伙创业投资个人合伙人。在我国现行合伙企业所得税制下，合伙企业计算应纳税所得额，投资所得和损失无法按照流经原则“穿透”至合伙人；个人合伙人视为个体工商户，适用边际税率最高为35%的生产经营个人所得税。但是有限合伙个人在本质上是股权投资者而非生产经营者，投资收益却不能适用20%的税率[①]。为规范相关税收政策，我国允许合伙创业投资企业每3年可从“单一投资基金核算”和“年度所得整体核算”中选择其一，选择前者的个人投资者适用20%的税率，后者仍适用个体工商户税率。这虽然在一定程度上缓解了上述税负不公问题，但单一投资基金核算在成本扣除、亏损结转方面有严格限制，并未从根本上解决我国资本利得税制缺失对风险投资带来的不利影响，且大幅增加了税制复杂性、征纳成本和税收不确定性。反观风险投资发达的美国、英国，合伙企业的各类所得和费用都可以按照流经原则直接分配给合伙人，再由合伙人进行税收核算和申报，股权转让所得可独立出来适用较优惠的资本利得税税率。

非营利组织所得税优惠不利于科研类非营利组织发展与技术转移转化。我国非营利组织仅能就其捐赠、政府补助、会费和存款利息收入免缴企业所得税，从事科研服务类经营活动（如横向课题、技术合同）产生的收入则正常纳税。但是科研类非营利组织有偿提供技术开发、技术转让、技术咨询、技术服务等科研服务，既是支撑其长期生存发展的重要基础，也是实现其公益性目标、促进技术转移转化的重要途径。相比而言，很多国家非营利组织的免税收入范围较广且可享受的税收优惠较多。比如，美国按照非营利组织经营活动与其组织目标和宗旨相关与否，将非营利组织经营性活动划分为相关和无关两类，其中相关经营活动所得免征企业所得税。此外，美国非营利组织还可享受财产税、销售税和联邦失业税等免税优惠。

增值税制度不利于科技创新与新兴产业发展。我国现行增值税制度主要参照欧洲，通过以票控税的征管模式在每一个生产和经营环节实现“道道征，道道抵扣”。这种传统的增值税制度起源于大工业经济时代，适应工业经济以机器、原料和产业分工为基础的传统生产方式。但在数字经济时代，人力资本、知识资本、数据资本成为价值创造的新要素，产业链条缩短、产业融合加强，生产方式和组织方式多样化。新的生产要素无法视为进项获得进项扣除，从而加重知识密集型产业和企业的税收负担。事实上，国际上实行的增值税模式多样，除了欧洲传统模式，澳大利亚

---

① 事实上，在我国现行个人所得税制和公司所得税制的共同影响下，不同投资方式下的税负差异较大：个人直接投资面临投资损失无法扣除，通过合伙制基金投资面临投资收益适用个体工商户经营所得的较高边际税率，通过公司制基金投资面临投资收益双重征税，通过母基金投资无法享受风险投资税前扣除优惠。

商品和劳务税模式、日本消费税模式都比较有特点，税率较低、复杂性下降。美国则一直仅在最终消费环节实行零售商品销售税，而非增值税。

3. 创新主体特惠性优惠的精准性与创新行为普惠性优惠的公平性有待进一步提高

针对特定行业或企业群体的选择性税率优惠过多，部分政策目标精准性不高。如前文所述，我国对特定高新技术行业或技术领域给予多种企业所得税税率优惠，这种针对创新主体的选择性特惠在政策精准性方面有一定劣势。因此，此类政策的优惠条件和对象必须更加聚焦，但我国此类政策有的已偏离政策初衷，优惠对象范围过大。比如，高新技术企业的政策初衷是支持具有核心知识产权、持续研发投入的快速成长企业，因此较小和较大规模的企业占比不应过高。但据统计数据显示，2017年营业收入大于10亿元和小于2000万元的高新技术企业占比分别为4%和40%，享受的高新技术企业所得税减免额占全国比重分别为57.61%和0.94%[①]。此外，高新技术企业税率优惠针对的是企业全部所得而非核心知识产权或研发相关所得。国际上并未发现与我国高新技术企业完全一致的税收优惠，虽然从优惠内容、目标和方式看，欧洲专利盒政策较为相似，但专利盒的优惠仅针对知识产权收入[②]，这有助于政策精准性的提升。

部分普惠性税收优惠尚存待普惠地带。主要包括：研发费用加计扣除存在享受优惠的行业负面清单，但研发活动实际上发生在各行各业。国际上看，尚未发现有国家设置研发税收优惠行业的负面清单，韩国、印度、南非等少数国家规定了享受优惠或者给予加强优惠的正面行业清单；间接持股平台无法适用非上市企业股权激励递延纳税，但在实践中，很多企业出于股权管理、融资、工商登记变更等需要，成立有限合伙制的间接持股平台，代激励对象持股；母基金不适用创业投资和天使投资优惠，因母基金不直接投资项目，有限合伙制母基金也无法成为有限合伙制子基金的法人合伙人，因此无法适用现行优惠；技术转让所得税优惠仅适用企业纳税人，个人没有相似优惠，而美国、法国等国家将个人技术转让所得视为资本利得适用优惠税率，德国对个人技术转让所得给予免税优惠。

4. 科技创新税收政策有待进一步加强服务、管理与评估

研发项目鉴定无法提前预判，企业涉税风险增加。企业研发项目是否属于研发，是其享受研发税收优惠的第一道门槛。我国企业所得税优惠目前采用“自行判别、申报享受、相关资料留存备查”的办理方式，很多企业特别是服务业企业，对研发项目把握不清或者没有能力判断清楚，一旦判断失误后续税务风险较大。因此，部分企业出于谨慎性考虑，主动放弃申请优惠或者减少申请的研发项目。国际上多数国家对研发项目设置了前置审核环节，巴西、印度、日本、南非等国家要求

---

① 高新技术企业发展报告（2018）[M].北京：科学技术文献出版社，2019.

② 使用权许可收入、所有权转让收入以及企业自己应用知识产权获得的产品销售收入或服务收入，又称内嵌收入。

研发项目必须前置审核。在申请享受研发税收优惠之前，日本企业必须就其研发项目上报经济、贸易和工业部审批，巴西企业研发项目必须经过科学和技术创新部审批，南非企业研发项目则必须经过由科技部和税务局有关人员组成的评审委员会审核。法国、澳大利亚、新加坡等国家允许企业自愿选择是否前置审核。法国设有先行审批制度，在自愿前提下，企业在研发项目启动前就可向法国高教科研部提出鉴定申请；澳大利亚设有事前技术先进性裁定制度，企业可就其正在开展的研发项目向澳大利亚创新与科学委员会的工业、创新与科学司申请裁定；新加坡税务局成立了技术咨询委员会，企业在提交优惠申请资料时可主动要求将其研发项目转交技术咨询委员会鉴定。

创业投资企业备案难。我国创业投资企业必须按规定完成备案才可以享受投资额税前扣除优惠①，备案要求虽有利于税务部门操作，但本质相当于实质性审批。据调研，民营创业投资企业常因注册或管理资本总量太少、投资人或管理人员人数太少、经营场所不正规或办公区域太小、未建立风险防控、信息披露制度不完善等无法完成备案。

“公益性税前扣除捐赠资格”与非营利组织“免税资格”并不统一。我国捐赠者若享受税收优惠，捐赠对象必须在各级民政部门公布的“公益性税前扣除捐赠资格”名单内。但民政部门公布的单位基本都是基金会，接受社会捐赠的科研类非营利组织基本不在其列。但在美国等国家，非营利组织只要取得“免税资格”，其捐赠者就可享受税前扣除等捐赠税收优惠。

部门数据和信息不能共享，税收政策缺乏系统性评估。国际上，美国、英国、日本、韩国等很多国家都在不同程度上建立了税式支出预算，科技创新税收优惠产生的税式支出会不同程度地公开；重要税收优惠政策的系统评估也定期开展，有的还会向社会公开；评估结果则推动了这些国家研发税收优惠政策的不断完善，美国、英国等国家的现行研发税收优惠都经历了10次以上的修订。

5. 科技创新税收优惠政策之间缺乏有效的协调配合

部分政策对象重叠，影响政策效果。我国实施了很多针对特定高新技术行业和高新技术领域的企业所得税税率优惠，两类政策目标存在高度重叠，受惠的高新技术领域在很大程度上可以涵盖受惠的高新技术行业，不利于政策效果的有效发挥。此外，此类政策基本都是选择性的“门槛式”税率优惠②，征管成本、税收成本都较为高昂。

部分政策优惠方式冲突，影响政策效果。研发费用加计扣除是税基式优惠，税

① 所有基金都需完成证券投资基金业协会备案，其中，国有创业投资企业还必须完成国家发展和改革委员会的基金备案；但就享受创业投资税收优惠而言，只要备案其一即可。

② “门槛式”税率优惠是指，企业必须首先满足一系列条件才能获得享受优惠的资格，我国高新技术企业、动漫企业、技术先进型企业、软件企业的企业所得税税率优惠都属于此类优惠。

收优惠额度受企业所得税税率影响，税率越高，优惠额度越高。我国企业所得税税率优惠众多，相比较25%的普通税率，享受优惠税率的企业从研发费用加计扣除中获得的税收优惠额度较少，优惠政策的激励效果将打折扣。在世界企业所得税税率不断下调的大背景下，为避免税率波动对研发税收优惠效果的影响，美国、法国、加拿大、英国、日本、韩国等大多数国家都采用了研发税收抵免的优惠方式。

普惠性优惠基础上的特惠政策应用不足，不利于多重政策目标的实现。我国目前仅是在行业性固定资产加速折旧优惠中针对小微企业设有特别优惠。但对于某些重要的精准性政策目标，在普惠基础上给予特惠是重要选择。以世界上广泛实施的研发税收优惠为例，除了针对中小企业、产学研合作和基础研究的特惠外，很多国家还探索了其他方面的特惠。比如，韩国对属于新经济增长引擎的技术领域企业给予特惠；日本对研发投入增速较高的企业给予特惠。日本企业研发投入增加5%可享受9%的研发税收抵免，增加约22%可享受14%的研发税收抵免。日本、韩国等国家的研发税收优惠采用研发投入总量与增量优惠相结合的优惠方式，以提高政策边际效果。

四、初步政策建议

完善有利于科技创新的税收政策绝非一日之功，需要进一步研究与探索，逐步推进。

（一）改革基本税制

（1）加快个人所得税制改革，降低工资薪金最高边际税率，对资本利得分类征收。一方面，未来个人所得税制改革应加大收入分配调节力度，对劳动所得轻税，将工资薪金最高边际税率降至35%；另一方面，加快个人所得税的综合征收改革步伐，但对资本利得分类征收，且允许按年度综合纳税，长期资本利得可适用较低税率，资本损失可抵扣资本利得。

（2）合伙企业所得税制允许投资所得与损失按照流经原则“穿透”至合伙人，由合伙人核算相应的应纳税所得额。适时加快合伙企业所得税制的改革和细化，伴随个人纳税人在经济活动中地位的不断上升以及个人所得税制改革的深入，合伙企业不再作为应纳税所得额的核算主体，而是成为真正的“穿透实体”。

（3）改革现行增值税制，征税环节向消费终端转移。短期来看，简并增值税税率至两档，标准税率10%左右，低档税率维持6%。长期来看，以最终消费环节的消费税取代增值税；或将增值税征税环节由生产和经营环节向消费终端环节转移[①]。目的是使征税对象不再集中在企业，而是个人；征税环节不再集中在生产和流通，而是分配和消费。

（二）探索税式支出预算管理制度，完善政策管理与评估

（1）探索建立针对科技创新税收优惠政策的税式支出预算管理制度。可以激励科技创新的重点税收优惠政策为税式支出对象先行先试，在精准掌握优惠规模的基础上，实施政策评估，统筹科技财政总支出，为政策决策的精准性和法治化奠定基础。

（2）完善政策管理与评估，促进政策落实与完善。赋予企业研发项目提前鉴定的选择权，消除企业相关涉税风险；根据创业投资的特点，建立单独的创业投资企业备案制度；对科研类非营利组织建立单独的监管机制，允许科研类非营利组织获得“免税资格”后自动获得“公益性税前扣除捐赠资格”；相关部门建立数据和信息共享机制，定期将重点政策逐一开展深入、全面评估，评估成果共享并作为未来政策完善的重要依据。

（三）优化税收优惠政策布局，探索高新技术企业发展新思路

（1）扩大普惠性优惠范围，对所有创新行为形成激励。取消研发税收优惠的行业负面清单；允许有限合伙制创业投资基金的合格投资额抵扣“穿透”至其有限合伙制母基金的法人和个人合伙人，但仅允许“穿透”一次，以使母基金享受现行创业投资税收优惠；允许非上市公司间接持股平台合伙人或股东享受股权激励递延纳税优惠；个人技术转让所得给予减免税优惠。

（2）对确需支持的创新主体的创新行为给予特惠性优惠。对中小企业技术创新给予特惠或补助，在研发费用加计扣除优惠中，对中小企业给予更大的优惠力度，允许不足扣除部分可获得税收返还或相当数额的直接财政补助；科研类非营利研发组织的科研相关经营所得免征企业所得税，包括有偿提供技术开发、技术转让、技术服务与技术咨询以及横向课题等科技服务活动所得可以获得免税优惠。

（3）整合针对高新技术行业和高新技术领域的选择性特惠性优惠。笔者认为有两种优化思路：一是将行业性税率优惠整合进高新技术企业税率优惠；确需支持的重点行业建议更多采用行业性投资基金或引导基金方式给予支持，避免有违WTO

---

① 很多学者对此类增值税改革方向进行了论述，例如：倪红日.经济数字化、全球化与税收制度［J］.税务研究，2016（4）；张斌.数字经济对税收的影响：挑战与机遇［J］.国际税收，2016（6）；焦瑞进.大数据时代深化税收改革的系列思考［J］.财政经济评论，2016（6）；王雍君.知识经济视角下的增值税改革［J］.新理财，2017（3）；王卫军，等.增值税税制优化设计：从生产环节征税到消费环节征税［J］.税务研究，2019（12）.

专项补贴之嫌。二是取消所有选择性税率优惠，对于确需支持的行业或技术领域，在研发税收优惠中给予更大优惠力度，同时也可给予相应的投资基金支持。确需税率优惠支持的行业，建议设置优惠上限和（或）优惠期限上限，优惠对象可向新产品所得聚焦。具体方案的选择还需视企业所得税基本税率是否下调，国际税收规则变化、我国财政政策变化等因素综合考量。

（4）调整和优化高新技术企业政策，提高政策精准性。若保留高新技术企业税率优惠，必须对优惠对象增加限制。笔者认为有两种优化思路：一是不允许大规模和小规模企业申请和享受该优惠，享受优惠的所得范围缩小至“高新技术产品所得”。二是结合技术转让的企业所得税优惠，合并成“专利盒”优惠。

（5）探索研发税收抵免的优惠方式，避免税率变化带来的优惠不确定性和激励效果的减弱。企业所得税的一般税率越低、税率优惠越多或者税率变化越频繁，企业在加计扣除优惠方式下可获得的税收优惠额度越低，或者不能提前确定优惠额度的可能性越大；相反，税收抵免不会使企业面对上述问题。

（四）对重点创新行为灵活用好特惠性优惠，突出政策导向

（1）对研发投入增量给予更大优惠。《中共中央 国务院关于营造更好发展环境支持民营企业改革发展的意见》明确提出加大研发费用加计扣除力度。但我国75%的加计扣除比例已经处于世界中等偏上的优惠水平，这种优惠力度并不是越高越好，政策边际效果很可能是下降的。因此，加大研发费用加计扣除比例建议增加条件，比如仅对研发费用增量给予更大的加计扣除比例。

（2）对科学研究和产学研合作支出给予更大优惠。科学研究投入的界定在较难操作的情况下，建议选择较为明确或较为接近的研发投入替代。因此，以下研发支出可在研发税收优惠中获得特别优惠：企业委托高校院所或与之合作的研发支出；企业与高校院所共建科学实验室的研发支出；企业参加国家科技计划项目的匹配资金投入；企业与自然科学基金委共建联合基金的资金投入；企业运营国家实验室的资金投入；等等。具体优惠形式包括：允许上述支出100%甚至更高比例计入可加计扣除范围，或者允许加大上述支出的加计扣除比例至100%甚至更高。

（3）对科学捐赠给予更大优惠。对专注科学研究的公募基金会、非公募基金会“研究基金”以及科研类非营利研发组织的现金捐赠，允许提高税前扣除比例，甚至允许税前据实扣除，个人和企业捐赠者的不足扣除部分延长结转年限。同时，进一步简化申报和获得捐赠证明的程序。上述享受税收优惠的基金会由科技部门与民政部门联合确定，且与科研类非营利组织共同接受相关部门更加严格的监督审查。

第四节
由特朗普税改及影响看我国税制——从科技创新视角[①]

2017年12月22日，美国总统特朗普签署《2017减税与就业法案》，对联邦税法做了30年来的最大改变[②]，10年间减税规模约1.4万亿美元。在技术和产业革命不断深入、全球经济竞争格局已发生重大变化的历史时期，此次税改世界瞩目，对全球科技和产业竞争可能带来重要影响。

一、特朗普税改举措与影响

美国最近一次大规模减税是里根政府20世纪80年代税改[③]。特朗普税改与里根税改都是基于“供给经济学”理论，认为减税会扩大税基从而增加税收收入、减少财政赤字。因此，两次税改有很多相似之处[④]。但特朗普税改与里根税改的最大不同在于：顺应科技与产业变革趋势，提升美国经济长期竞争力而非应对短期经济衰退[⑤]。特朗普税改的基本逻辑是：降低创新创业成本，鼓励企业特别是小企业科技创新，支持技术创新与金融资本结合，吸引境外资金汇回并投资新兴产业，形成新一轮创新创业潮；同时，大幅降低生产成本，推进中高端制造业向美国“回流”（见图1-2）。据美国会预算办公室（CBO）估算，C型公司[⑥]、个人和“穿透实体”[⑦]从此次税改中所获减税分别占减税总规模的37%、31%和32%[⑧]。里根税改有助于美国维持第二次世界大战后最长一次经济增长，且为之后的创新创业潮奠定了税制基础；

---

① 本节部分内容已经发表，见：薛薇，刘志芳，李心斐.由特朗普税改及影响看中国税制——从科技创新的视角［J］.中国科技论坛，2019（1）.

② 美国是较为彻底的分税制国家，税制由联邦税制、州及地方税制组成。州及地方政府对管辖区有征税权。美国税制以所得税为绝对主体，联邦所得税率较高，地方所得税率非常低；间接税主要是仅在零售环节征收的“销售税”，征税权归属地方，税率较低。在20世纪30年代的罗斯福新政时期，美联邦政府多次改革所得税制，提高税率，并对公司和个人都采取累进所得税制。从此，所得税成为美国税制的主要税种。

③ 里根税改见《1981经济复兴法案》和《1986年税收改革法案》。

④ “降低税率、扩大税基、简化税制”是税改的主要内容。

⑤ 特朗普税改发生在美国经济良好时期。美国经济自2008年金融危机以来基本恢复，2017年GDP年增长2.25%，非农失业率4.1%，CPI在2.1%。

⑥ 美国税法将公司制企业分为两类：C型公司和S型公司。C型公司缴纳公司所得税，S型公司不缴纳公司所得税而是视为“穿透实体”纳税。

⑦ 美国税法所规定的“穿透实体”是指除C型公司外的其他企业。这些企业不缴纳公司所得税，仅按“流经原则”由股东缴纳个人所得税。

⑧ “穿透实体”预计获得的减税总额中约6%由房地产“穿透实体”获得。

但此次大规模“减税”也证明，财政赤字会大幅“抵消”减税效果，且以高债务、高利率、高贸易赤字等为代价，经济增长并不强劲。因此，总体看，特朗普税改有助于提振美国经济，乐观情况下可能促使GDP增长率重回3%以上；但税改长期效果并不确定，对经济增长的促进作用存在较大争议①，特别是会进一步恶化财政赤字和贸易赤字②。

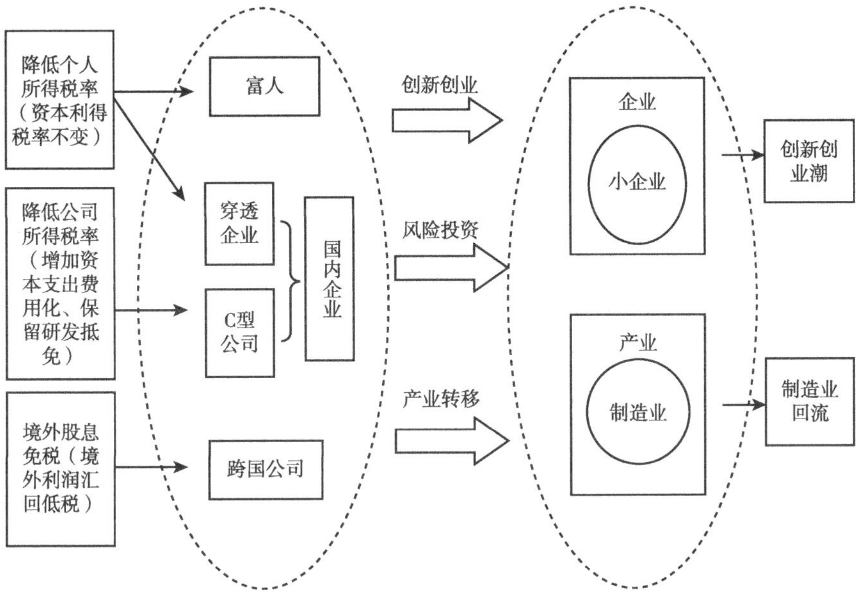

图1–2　特朗普税改主要内容与目标示意图

资料来源：作者整理。

（一）特朗普税改保持美国税制对创新创业的普遍激励，有利于美国掀起新一轮创新创业潮

美国作为当今世界科技创新头号强国，在有利于创新的税收制度建设方面功不可没，此次税改对有关税收制度进行了加强或保留③。

1. 为小企业进一步减税，有利于支持创业

（1）“穿透实体”纳税人收入允许20%税前扣除。“穿透实体”法律形式包括：

---

① 比如，美国税收基金会（Tax Foundation）预测税改在10年内会使GDP平均每年多增长1.7%；但税收政策中心（Tax Policy Center）预估该效果只有0.42%。还有经济学家认为美国4%非农失业率说明美国经济已达“充分就业”，税改对经济增长的刺激作用很小。

② 美国财政赤字占GDP比重由2009年的9.8%下降至2017年的3.5%，这为减税提供空间，但仍超过国际公认安全警戒线3%，债务总额占GDP比重一直上升已超过100%。在美联储加快“缩表”和加息预期下，债务成本也将大幅上升。此外，美国始终保持美元国际货币地位和较低居民储蓄率，财政赤字必然进一步扩大美国贸易赤字。

③ 在美国联邦税制中，三项基本税收制度对科技创新的推动作用最大：“小企业的所得税支持政策”“长期资本利得低税率”和“研发税收抵免”。

S型公司[①]、有限责任公司（LLC）[②]、合伙企业和独资企业。这些企业不用缴纳公司所得税，仅按“流经原则”由股东缴纳个人所得税，避免公司和个人股东双重征税；但却可像缴纳公司所得税的“C型公司”一样，成本税前扣除，固定资产加速折旧，亏损结转抵扣，适用研发抵免等优惠，只是程度有时略小[③]。“穿透实体”是大量未上市中小企业的理想选择，约占美国企业总量的95%，企业营业收入的60%以上[④]。2015年S型公司股东人数上限由35人增加到100人，美联邦政府开始加大对创业激励。

（2）提高小企业固定资产投资摊销额度，新购固定资产基本可在当年实现一次性摊销[⑤]。

（3）年总收入低于250万美元的小企业利息支出可全额税前扣除[⑥]。

（4）大幅降低采用“收付实现制”的小企业门槛，从年度总收入由500万美元提高到2500万美元。

2. 保留研发抵免税收优惠，有利于激励企业研发

此次税改取消了很多减免税优惠，但明确保留“研发税收抵免”，可见特朗普政府对科技创新高度重视。美国联邦政府早在1981年就开始对企业研发支出给予税收优惠，是世界上最早实施此类税收优惠的国家[⑦]。2015年最新修订增加对小企业的特别优惠——允许年收入不超过500万美元的企业将研发税收抵免额用于抵免企业为员工代扣代缴的薪金税（payroll tax）[⑧]，解决了研发抵免优惠对尚处于亏损的初创和小企业无法激励的难题，有助于减轻“轻资产”高科技企业的人力成本支出压力。

3. 保持“长期资本利得”低税率，有利于鼓励风险投资

税改未改变长期资本利得0、15%和20%三档税率（见表1-1）。美国权益性投资包括风险投资对资本利得税率较为敏感（见图1-3），在长期资本利得税率保持历史较低水平和企业所得税负下降的双重利好下，美国创新创业有望吸引更多的风险

---

① S型公司的税收待遇于1946年形成，仅是税收概念，旨在支持小企业。现行主要条件包括：股东人数不超过100人，股东必须是自然人，且为美国居民纳税人；企业仅拥有一类股票，即股东权利相同。

② 美国的“有限责任公司”（LLC）是非公司型企业，与我国的有限责任公司完全不同。

③ 比如，S型公司利息、慈善捐赠支出不能税前扣除。

④ 据美国国内税收局（Internal Revenue Service）数据，2013年，美国各类企业纳税人占总企业数的比例分别为：C型公司占5%，合伙企业10%，S型公司和有限责任公司（LLC）13%，独资企业72%。

⑤ 根据美国《国内税收法典》Section 179，小企业允许新购各类并使用的特定资产允许费用化并在一定限额下的税前摊销。此次税改将适用该政策的企业门槛由年度新购资产总额200万美元上调到250万美元；摊销上限由51万美元增加至100万美元；可摊销资产范围扩大到非居住房地产附属物但不包括房地产。超过摊销上限的固定资产成本还可适用“奖励折旧”。因此，小企业新购固定资产实际上基本可在当年实现一次性摊销。

⑥ 此次税改取消利息支出据实税前扣除，年度仅允许扣除不超过企业应纳税所得额30%的部分，不足扣除部分可无限期结转扣除。但该项政策有效期至2022年底。

⑦ 虽然该政策直到2015年通过“*Protecting American from Tax Hikes Act of* 2015”法案才成为永久性政策，且一直沿用“增量税收抵免”方式，但期间历经超过15次修订，抵免方法更加简化、抵免比例有所提高。第41款规定了两种抵免额计算方法——“正常抵免法（regular credit）”和“简易抵免法（ASC）”，企业可以根据自身情况选择其一。在“正常抵免法”下，抵免额=20%×（合格研究费用-基数）；基数=前4年总收入平均值×固定基数百分比，并且不能低于合格研究费用的50%。在ASC下，抵免额=（当年合格研究支出-前3年合格研究支出平均值的50%）×14%。新成立企业的研发支出则可以直接享受6%的税收抵免。

⑧ 抵免上限为25万美元。

投资[①]。

4. 降低个人所得税率，增加富人税后收入，有利于激励富人投资

创新创业需要投资。税改通过降低个人所得税率[②]、调整级次等方式增加富人收益（见表1-1），特朗普政府希望富人增加投资的意愿明显。税收政策中心（TPC）估算数据显示，占个人纳税人10%的收入最高群体所获减税占到个人所得税减税总额的52%，60%低收入群体仅能获得个人所得税减税总额的17%。但美国收入分配差距有可能被进一步拉大，对美国经济增长和社会稳定带来负面影响。

表1-1　　美国个人所得税率和资本利得税率

持有不足1年（适用个人普通所得税）						持有1年以上非房地产资本利得税率
税改前			税改后			
应纳税所得额（美元/年）		税率	应纳税所得额（美元/年）		税率	
单人申报	家庭申报		单人申报	家庭申报		
≤9325	≤18650	10%	≤9525	≤19050	10%	0
9326≤37950	18651≤75900	15%	9526≤38700	19051≤77400	12%	0
37951≤91900	75901≤153100	25%	38701≤82500	77401≤165000	22%	15%
91901≤191650	153101≤233350	28%	82501≤157500	165001≤315000	24%	15%
1916501≤416700	233351≤416700	33%	157501≤200000	315001≤400000	32%	15%
416701≤418400	416701≤470700	35%	200001≤500000	400001≤600000	35%	15%
418401≤	470701≤	38.6%	500001≤	600001≤	37%	20%

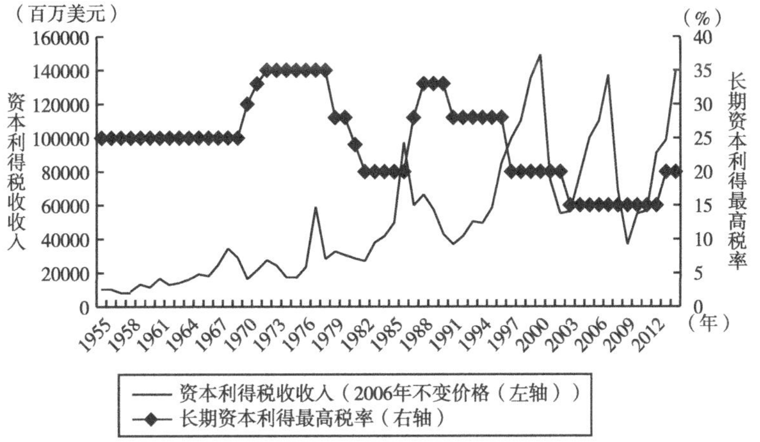

图1-3　美国长期资本利得最高税率与资本利得税收收入

数据来源：Office of Tax Analysis，U.S. Department of the Treasury。

① 美国风险投资的组织形式以有限合伙为主，按照“穿透实体”纳税，作为合伙人的个人或非公司纳税人分得的股权转让收益适用个人资本利得税。因此，资本利得税率对风险投资有重要影响。

② 有效期截至2025年底。

（二）特朗普税改大幅增强美国税制对投资美国的吸引力，有利于美国“再工业化”

税改前，较高的企业所得税率被跨国公司CEO认为是影响美国经济竞争力的最主要因素①。此次税改的最大亮点就是永久性地大幅降低联邦公司所得税率，原适用较高税率且税收优惠较少的制造业、零售业等行业受益较大。

1. 大幅降低公司所得税率，取消公司替代税，有利于增加实体经济投资

C型公司所得税率由最高35%的四档累进税率统一为21%水平税率，同时公司替代税（AMT）被取消，纳税人税负更加确定②。税改后，美国公司所得税率（联邦税率和地方税率）降到OECD国家平均水平（见图1-4）。仅就税收成本而言，美国与中国等国家的企业税负特别是制造业企业税负差距进一步拉大（表1-2），有利于美国吸引外资和制造业回流。

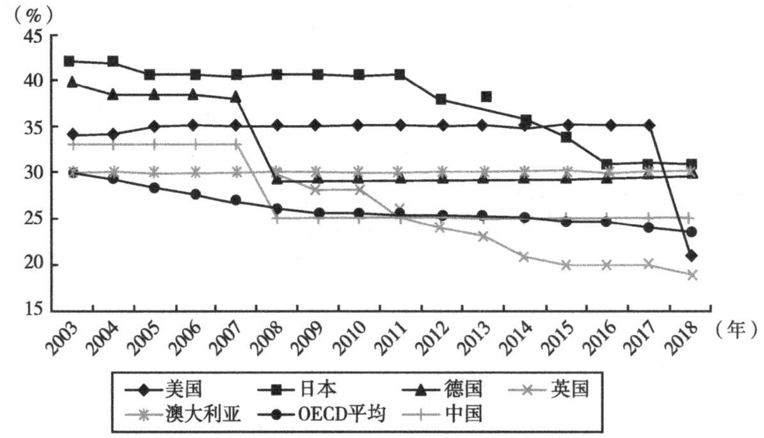

图1-4 各国企业所得税税率变动情况

数据来源：毕马威（KPMG）全球税率调查。

表1-2 美国、欧洲与中国制造业商品税率和企业所得税率对比

国家	法定商品税率	法定公司所得税率	
		税改前	税改后
美国	销售税2.5%—8%*	联邦最高35%+州税率#	联邦统一为21%+州税率#
欧洲国家	增值税标准税率平均值约20%	平均值约20%	

① 根据世界经济论坛发布的《2016年全球经济竞争力报告》，美国经济的全球竞争力在138个经济体中排名第3位；但跨国公司CEO书面调查显示，影响美国经济竞争力最主要的因素是高税负和复杂税制，在16个指标中分别占16%和12%。

② 美国“替代税”分公司替代税和个人替代税。纳税人应税收入按照“替代税”和正常所得税分别计算所得税额，并按两个所得税额中较高的纳税。因此，“替代税”旨在避免纳税人利用税收优惠过渡避税。

续表

国家	法定商品税率	法定公司所得税率	
		税改前	税改后
中国	增值税标准税率16%+ 附加税费0.64%—1.6%※	25%	

注：＊美国在最终消费环节征收销售税，税率由各州、县和区三级政府自行制定，属于纯地方税种。其中，生活必需品的税率一般为零或非常低。

＃美国州公司所得税率较低，平均为4%。因此，税改后，美国公司所得税率在25%左右。

※中国增值税标准税率在2018年5月1日由17%降到16%；附加税费包括城市维护建设税和教育费附加，都以实际缴纳的增值税为税基，总税率包括10%（市区）、8%（县、镇）和4%（其他）不等。

资料来源：作者整理。

2. 制造业“穿透实体”减税优惠，有助于制造业创业

“穿透实体”纳税人收入允许20%税前扣除优惠不适用于来自法律、金融、会计、咨询、经纪和健康等特殊服务业①。制造业和其他服务业将是该项税改的主要受益对象。

3. 增加“奖励折旧”比例，有助于固定资产投资

企业在2017年9月27日至2022年期间取得并投入使用的特定资产②支出当年可获得100%奖励折旧；2023—2027年奖励折旧比例每年递减20%。这对资本化支出较大的制造业企业是重大利好。

4. 大幅降低境外利润税负，激励境外利润回流

（1）全球税制改变为股息属地征税制。税改前，美国居民企业需就其来自世界的股息红利按最高35%的公司所得税率纳税；税改后，无论股息是否汇回，来自持股10%—50%的境外子公司③的股息红利免税，来自持股超过50%的“受控外国公司”④的股息适用10.5%的全球最低税。美国此次税改顺应了股息属地征税趋势，境外利润适用税率大幅降低，旨在鼓励美国公司海外利润汇回。

（2）对尚未完税的境外利润，新增税率较低的“境外利润汇回税”，作为新老税制的过渡性政策。其中，现金及等价物税率为15.5%，非现金资产税率为8%，都远低于35%的原最高公司所得税率，且允许8年分期缴纳⑤。但美国很多跨国公司对

① 特殊服务业主要是指依靠名气、知识、技能等经营，在美国属于“被动商业活动（passive business activity）”，但工程和建筑服务业除外。

② 特定资产是指有形资产，但不包括建筑及其附属物。

③ 必须是非房地产信托结构（REITs）。

④ 受控外国公司（CFC）是指：任何外购公司，其50%以上的表决权或股票价值，在该公司纳税年度中的任何一日都由一个或多个美国股东所拥有或被视为由美国股东拥有。按照新税制，CFC股息不再递延至汇回时征税，而是无论是否汇回，都需在国外或美国课征所得税。美国对CFC利润征收全球最低税，税率在2025年之前是10.5%，之后是13.125%。

⑤ 8年分期缴纳是指：前5年每年缴纳8%，之后3年每年分别缴纳15%、20%和25%。

减税可能并不敏感，税改效果要打折扣。因为很多跨国公司利用税制漏洞，将大量利润转移至爱尔兰、百慕大等避税地，实际所得税负非常低①。特朗普税改虽增加了多项反避税措施，但在全球未建立统一的国际反避税规则下，单一国家的国际反避税难度较大、成本较高②。

二、审慎评估特朗普税改对我国经济和科技创新的影响

特朗普税改效果有不确定性，我国也在全面推进供给侧结构性改革，但此次税改对我国吸引外资、制造业转型升级和创新驱动发展等都可能带来较大压力和影响，值得我国高度关注。

（一）中国外资吸引力可能下降，部分外资存在外流风险

美国在税改前就是全球吸引FDI最多的国家，且保持较高增长势头；相反，流入中国的FDI增长停滞，2016年仅是流入美国FDI的34.2%，中美两国差距拉大（见图1–5）。特朗普税改大幅降低美国投资成本，再加上美国本身良好的法治、营商和创新等环境（见表1–3），世界资金向美国聚集的可能性进一步增加。

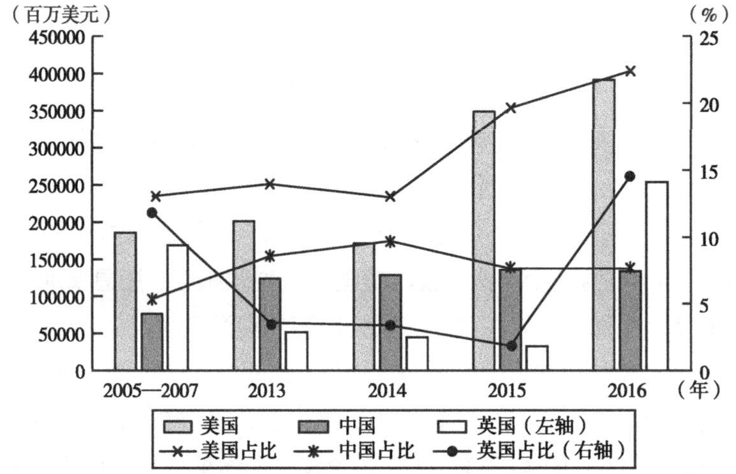

图1–5 全球吸引FDI前三强国家年度FDI流量和占比

数据来源：联合国贸易发展组织（UNCTAD）统计数据。

① 国际避税地的企业所得税负率低于2.5%。特朗普曾说，苹果、星巴克和通用电气这些大型跨国公司为了避税而在海外保留了数百万亿元利润。

② 国际反避税需要全球配合，制定统一避税规则。OECD于2013年启动“税基侵蚀和利润转移”（BEPS）行动计划，旨在建立统一规则，推动国际反避税进程。特朗普税改中的反避税条款部分借鉴了BEPS行动计划的反避税规则。

表1-3　2016年中、美、英营商环境对比（基于190个国家或地区）

	营商环境排名	其中：税制环境						
		排名	总税费率（TTCR）	利润TTCR	劳动力TTCR*	其他TTCR	办税耗小时数	年缴税次数
美国	8位	36位	43.8%	27.9%	9.8%	6.1%	175	11次
中国	78位	130位	67.3%	11%	48.1%	8.2%	259	9次
英国	7位	23位	30.7%	18.1%	10.9%	1.7%	110	8次

注：*企业为雇员必须承担的税费，主要包括薪金税或养老保险金等。

资料来源：世界银行《2017年全球营商环境报告》、普华永道（PWC）“Paying Tax 2018”。

更需警惕地是，中国近几年FDI流出增加，至2016年已由FDI净流入国变为净流出国，FDI净流出近500亿美元，这说明部分外资流出中国；相反，2016年，美国由FDI净流出国变为净流入国，FDI净流入超900亿美元（见图1-6）。

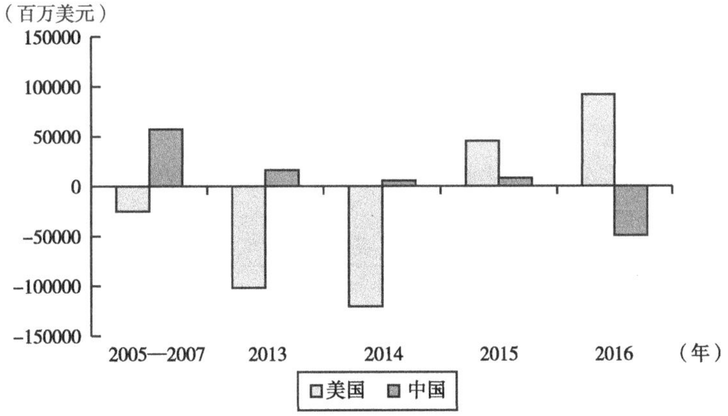

图1-6　中、美FDI流入与流出的差额

数据来源：联合国贸易发展组织（UNCTAD）统计数据。

（二）中国制造业“世界第一”可能不保，中高端制造业存在转移风险

美国在税改之前就表现出“制造业回归”的强势劲头。2014—2016年，美国吸引FDI总量中超过50%投资于制造业[①]。在全球CEO对制造业大国排名中，美国已由2010年的第4位上升至2016年的第2位，且被认为在2020年将超过中国成为世界第一[②]。美国制造业增加值占世界制造业增加值的比重自2015年达到18%，比2011年最低点增加了2个百分点（见图1-7）。

---

① 数据来源：美国经济分析局（BEA）。2014—2016年，美国FDI首次支出中用于制造业投资的比重分别为52.73%、66.07%和34.64%。

② 数据来自德勤与美国竞争力委员会发布的《2016年全球制造业竞争力指数》。该报告是德勤第三份全球制造业竞争力指数报告，前两份报告分别发布于2010年和2013年。2016年报告基于世界各地逾500名制造业高管的反馈调查。在三次报告中，中国都列在世界第一位；但被预测2020年会降价到第二位。

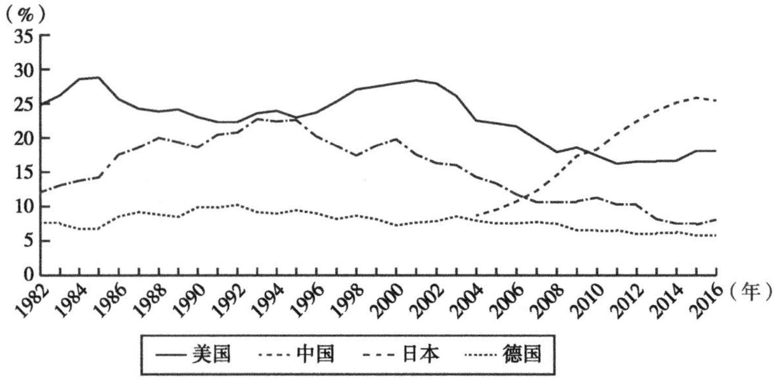

图1-7 世界制造业大国制造业增加值占全球制造业增加值的比重

数据来源：联合国国民账户数据库（National Accounts Main Aggregates Database）。

在信息技术与传统制造加速融合的大趋势下，具有高附加值的先进制造成为制造业未来发展方向和竞争焦点。美国制造业的传统和新兴优势符合制造业向先进（智能）制造发展大趋势（见表1-4）。这使美国在高端制造上具有全球绝对优势，在中端制造上也具有较强竞争力。2016年，美国制造业出口中近90%是中高端技术产品出口；近50%的高端产品出口率世界第一，且出口地更具有地域多样性（见图6）。特朗普税改大幅降低制造业成本，再加上制造业现有优势，美国先进制造可能会更加快速发展。

表1-4 美国先进制造的比较优势

<table>
<tr><th colspan="2">传统优势（加强）</th><th colspan="2">新兴优势（显现）</th></tr>
<tr><td>世界最高技能劳动力</td><td>平均教育年限14年、年教育支出超过7000亿美元（均为世界第一）※</td><td>制造业成本下降</td><td>2015年，能源价格较2008年价格最高年度下降了20%＊；劳动力价格虽增长了6.1%＊，但单位增加值所需劳动力成本比2000年下降了27%✱</td></tr>
<tr><td>世界最高劳动生产率</td><td>2016年制造业约16万美元/人，较2000年增加45%，较1993年翻了一番＊</td><td rowspan="4">美国“再工业化”战略（创新政策与环境）</td><td rowspan="4">2011年《制造业促进法案》；2012年启动“国家制造业创新网络计划”（NNMI）；成立多家“制造业创新研究院”（IMIs）；2011—2015年，联邦政府每年对制造业企业的研发投入超过200亿美元#</td></tr>
<tr><td>世界最多研发投入和最强研发强度</td><td>制造业企业研发支出2015年达2361.32亿美元，比2011年增加了20%；研发强度达4.4%，比2011年增加0.5个百分点#</td></tr>
<tr><td colspan="2">雄厚的工业基础和健全的工业体系</td></tr>
<tr><td colspan="2">强大的科技创新系统和基础研究能力</td></tr>
</table>

注：※数据来源：德勤《2016年全球制造业竞争力指数》；

＊数据来源：根据美国劳动力统计局（BLS）数据库制造业MFP数据计算，数据显示，劳动生产率提升主要来自资本（包括资本服务）、中间投入和研发投入强度的提升；

#数据来源：美国科学与工程统计中心（NCSES）；

✱数据来源：根据美国经济分析局（BEA）数据库产业增加值构成数据计算。

资料来源：作者整理。

中国制造业是中国经济的中流砥柱，在2010年增加值超过美国成为世界第一制造大国（见图1-7）。但中国制造业总体尚处在产业价值链中低端，出口产品56%是中低端产品（见图1-8）；高端技术产品出口比例虽然连续多年增加但出口地局限在亚洲国家，产品全球竞争力还不强。相比较美国，中国制造即使在中端也不具备绝对优势，特别是成本大幅上升已与美国接近①，但劳动生产率仅为美国的20%。因此，特朗普税改可能加剧中国制造业腹背受敌的困境②。中高端制造业向外转移的苗头已经出现，2017年福耀玻璃、富士康等制造企业赴美投资设厂和希捷等外资制造企业关闭在中国工厂在未来可能并非个案。

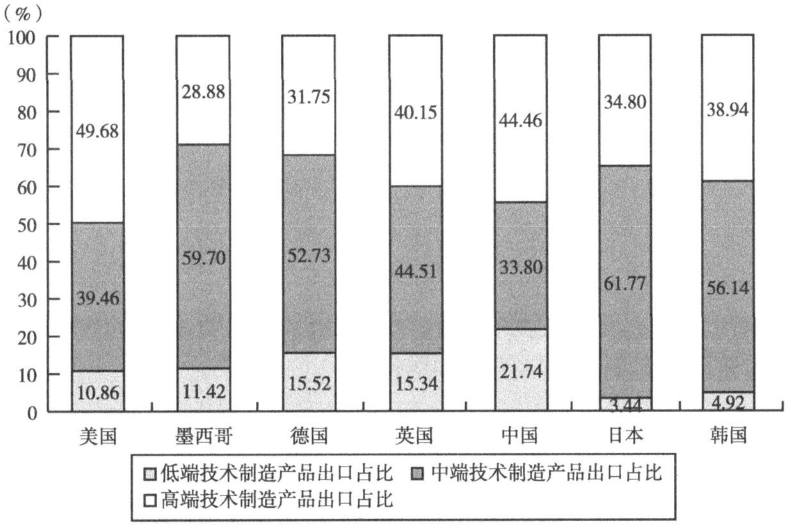

图1-8　2016年世界主要制造业大国出口产品按技术含量划分的构成情况

数据来源：联合国国民账户数据库（UNCTAD STAT Merchandise trade matrix）。

（三）中国对科技创新资源的吸引力可能下降，创新资本和人才存在外流风险

美国在税改前对全球创新资本和人才的吸引力就呈上升趋势。2016年，全球风险投资总额超过1300亿元，其中超过50%是投资于美国的创新企业③，美国吸收风险投资保持全球绝对领先地位；在移民政策趋严的情况下，美国移民人数年增长12%，为10年来最高增速④。特朗普税改加强对创新创业激励和降低境外资本回流成本，可能带来科技创新资源进一步向美国聚集。

中国科技创新能力进入新阶段，创新创业发展较快，但相比美国还存在很大差

① 世界银行《2017年全球营商环境报告》显示，2016年，美国制造业成本指数100，中国98。

② 中国制造业面临“双向挤压”：中低收入国家争夺中低端制造；美国等发达国家吸引高端制造业回流。

③ 数据来源：美国国家科学委员会，《科学与工程指标2018》。

④ 数据来源：美国国家安全部（DHS）。

距，且部分指标有下降风险。2016年，中国吸收风险投资占全球风险投资总额的比例上升至27%，但投资项目中仅58.5%是投资早期项目，比美国该比例低22.5个百分点[①]；高科技领域战略投资者并购金额44.5亿美元，比2015年下降37.2%，2017年继续下降，并购金额和数量仅恢复至2014年水平[②]；留学生回国率79.4%，比2013年最高点下降6个百分点[③]，人才回流放缓。

三、中国税制问题与改革建议——科技创新视角

特朗普政府对我国经济发展的压制来势汹汹，且集中在科技创新领域，我国必须积极应对，由特朗普税改重新审视我国税制。面对国内外新形势，我国近几年也陆续出台了“营改增”等企业“减税降费”举措，同时不断完善激励创新的税收政策。但对标美国，我国税制环境并不理想，特别是增值税和个人所得税制度不利于企业科技创新，公司所得税制度对小企业激励不足。

（一）增值税不适应数字经济时代产业发展，创新型企业增值税负相对较高，建议加快构建以所得税为主体的税制结构

增值税因其较高的征收效率、有利于促进产业分工、对经济影响相对“中性”等特点，对我国工业化建设和提高税收收入发挥了重要的积极作用。但在以科技创新为支撑的数字经济新时代，增值税并不能适应数字经济时代的科技创新和产业发展。

1. 创新型企业增值税负相对较高

增值税是对企业生产和经营环节的增值额征收，但本质是对工资和利润征税。因此，“轻资产”、处于价值链高端的高科技企业由于进项税额较少、人力成本较高、产品附加价值较高，必然面对相关较高的增值税负，特别是中小高科技企业。虽然增值税负可向消费者或供应商转嫁，但转嫁程度取决于市场供求关系，完全转嫁较难实现；在经济不景气时，转嫁难度更大。比如，“营改增”后，上市科技服务业企业增值税负降幅较小，很多有所增加（见图1-9）；未上市中小科技服务业企业的增值税负更是整体上升（见图1-10）。

---

① 数据来源：张俊芳.全球主要国家风险投资发展新态势［J］.中国科学技术发展战略研究院战略研究参考，2018（13）.

② 数据来源：普华永道，《2017年上半年中国企业并购市场中期回顾与前瞻》。

③ 数据来源：教育部。

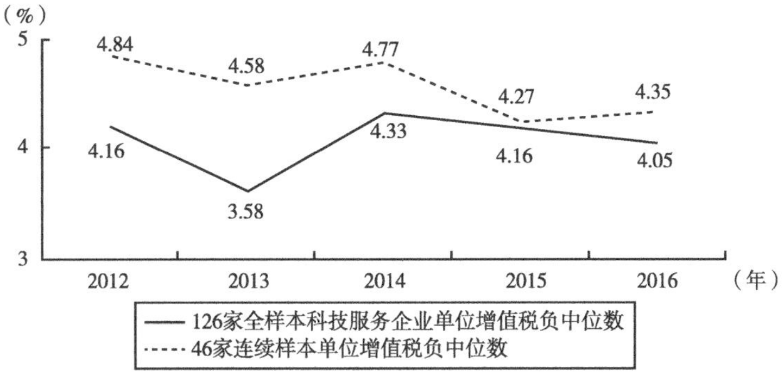

图1-9　创业板和中小板科技服务企业单位增值税负中位数

注：（1）科技服务企业样本为在创业板和中小板上市的126家“科学研究和技术服务业”和“信息传输、软件和信息技术服务业”；

（2）增值税（加营业税）额测算方法是根据上市公司城市建设维护税和教育附加费适用的税率倒推企业当年缴纳的增值税额。

数据来源：Wind数据库整理计算。

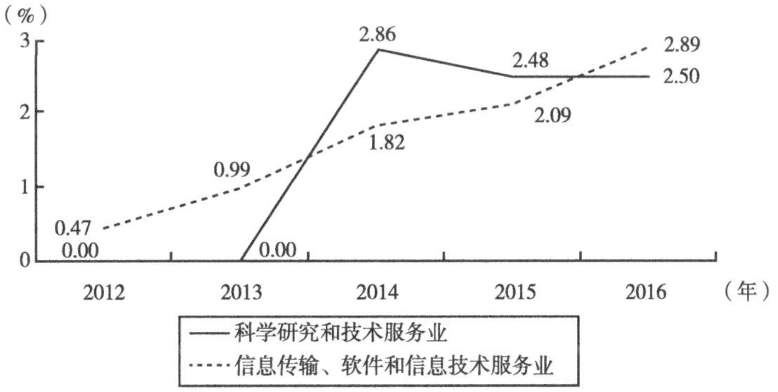

图1-10　未上市科技服务企业单位增值税负中位数

数据来源：问卷调查数据。有效样本中，科学研究和技术服务业51家，信息传输、软件和信息技术服务业89家。

2. 产业融合使增值税促进经济专业化分工失去意义

在信息技术革命引领的新经济时代，专业化分工的生产模式变成协作一体的生产模式，产业融合是突出特征；而增值税的产生则是顺应并有助于促进传统大工业时代的经济专业化分工。在产业融合下，产业和产品的界限不再清晰，这在增值税多档税率下使得确定应税行为的适用税率变得困难。

3. 以票控税的征管模式不适应小型生产者

数字经济时代，交易成本大幅降低，经济和社会的组织形态从工业经济时代的集中化走向信息社会的分散化，生产者按照个性化需求组织生产经营的方式灵活且多变，小型化、灵活性的生产主体可提供个性化产品[①]，但在以票控税的征管模式下可能并不能开具增值税专业发票。因为增值税纳税人和征管对象是企业，这符合传统大工业时代企业是经济活动主体的时代特征，征管成本较低，只有财务核算健全的单位才可开具增值税专业发票。

为此，建议加快构建以所得税为主体的税制结构。①进一步推进增值税制度改革，逐步降低流转税负。第一，逐步降低并统一税率，允许不足抵扣进项税额当年退税。第二，逐步以最终消费环节的消费税取代增值税。征税对象不再集中在企业，而是个人；征税环节不再集中在生产和流动环节，而是分配和消费环节。届时，税制更加简单，不再受产业或企业变化影响，税收征管和遵从成本大幅降低。②加快个人所得税制度改革，增加个人所得税占我国税收收入的比重。特别建议提升个人所得税的“公平”性，对以下人群增加税负：富人、被动投资者、从事被动商业活动和电子商务个人等，并通过大数据等现代信息技术提高个人所得税征管能力。

（二）对小企业的有效税收激励仍然不足或落实困难，建议创新小企业税收优惠方式，形成真正有效激励

我国所得税制对小企业的有效税收激励仍然不足或落实困难。①激励型所得税优惠对亏损小企业不能有效激励，特别是研发费用加计扣除优惠；②小微企业应纳税所得额“小于50万元”的门槛仍较高，且中小企业股东面临个人和企业所得税双重征税的压力；③风险投资合伙企业投资所得性质无法“穿透”至合伙人而增加投资人的税负[②]，创业（天使）投资企业也因无法适用基金业协会明文规定或窗口指导的备案要求而无法享受70%投资额抵扣优惠的困境。

为此，建议创新小企业税收优惠方式。①小企业研发费用加计扣除优惠改为研发税收抵免优惠，不足抵免部分可获得现金返还或用来抵扣企业应缴的其他税收，保障小企业能从激励型所得税优惠中获益；②将适用小微企业20%优惠税率并减半征收的应纳税所得额进一步提高至200万元，且允许小微企业股东分得的股息免税，避免双重征税；③允许企业亏损结转时间延长至20年；④允许合伙制风险投资企业个人合伙人分得的投资所得性质“穿透”到个人，按照所得性质适用20%税率；⑤针对创业投资和天使投资企业特点，单独制定备案要求；⑥借鉴美国“S型公司”做法，探索适用小企业的所得税分类政策。

---

① 比如，个人可依托网络平台实现个人与消费者的直接交易，淘宝的个人卖家就是典型例子。

② 合伙制风险投资企业个人合伙人分得的投资所得只能按照最高税率为35%的“个体工商户”缴纳个人所得税，而不能按照税率为20%的财产转让和股息所得缴纳。

第二章

研发税收优惠政策

当今世界科技创新的竞争态势不断加剧升级，而研发投入是赢得竞争的关键要素，属于国家战略性投入。因此，世界各国普遍选择对企业研发费用支出给予税收优惠（以下简称“研发税收优惠”），且不断完善、调整甚至改革，有效支持和激励企业增加研发投入。近年来，各国研发税收优惠政策呈现一些新特点，值得我国关注。

中国的研发费用加计扣除优惠政策是中国激励企业技术创新的重要手段，也是对企业研发活动给予财政间接投入的主要方式。但在我国加快实现高水平科技自立自强等新形势下，现行的研发费用加计扣除优惠政策在优惠方式、特惠目标、税务管理等方面的不足并不利于企业的技术创新提质增效。本章对研发税收优惠政策的国际实践进行了系统和国别研究，结合我国科技创新新时代的要求，建议未来我国研发税收优惠政策的完善重点不应再是普遍提高优惠力度，而应进一步提升政策效果、提高政策精准性、加强政策引导，具体可从创新优惠方式、对科学研究投入给予特殊激励、顺应产业科技创新趋势公平优惠、完善管理与评估制度等方面进一步加以完善。

第一节
国际研发税收优惠政策发展特点[①]

本节基于对五大洲22个国家研发税收优惠政策的全面梳理，综合总结分析了研发税收优惠政策的主要特点、突出差异与变化趋势。

一、优惠方式的主要特点与变化

研发税收优惠方式体现在优惠额度的计算与使用、优惠设计、涉及税种等很多方面。各国结合本国政策目标、创新需要、财政承受能力、税收征管能力等很多因素的综合考量，选择不同的优惠方式。

（一）发达国家以税收抵免优惠为主，发展中国家以加计扣除优惠为主

根据税收减免额是否会受到企业所得税率影响，研发税收优惠方式包括税收抵免和加计扣除两种。两者的区别在于：加计扣除是合格研发费用按加计比例从应税收入中扣除（属于税前扣除），税收减免额受企业所得税率影响；税收抵免是合格研发费用按抵免率计算抵免额从应缴税额中扣除（属于税额扣除），税收减免额不受企业所得税率影响。因此，总体看，在企业适用的企业所得税率有可能变化的情况下，税收抵免对于企业可能获得的税收减免额更加确定与公平，更有利于企业的研发投资决策，且抵免额应用灵活也增加了优惠政策的灵活性。

目前，美国、德国、法国、日本、韩国、加拿大、澳大利亚等绝大多数实施研发税收优惠的国家采用税收抵免方式。其中，澳大利亚、英国（大企业）、奥地利等[②]国家是在2008年之后将实施多年的“加计扣除”优惠方式改为了“税收抵免”。当前采用加计扣除方式的国家仍然以发展中国家为主，包括中国、俄罗斯、巴西、印度、南非、土耳其等，同时也包括英国（小企业）和新加坡极少数发达国家。

---

① 本节主要基于本章第二节至第九节共22个国家研发税收优惠政策进行分析。部分内容已经发表，见：薛薇，王晓冬.研发费用加计扣除政策研究——基于国内新形势与国际比较视角的分析［J］.国际税收，2022（8）.

② 澳大利亚、奥地利是于2009年将研发费用加计扣除改为研发税收抵免；英国于2013年开始，对大企业的研发费用加计扣除改为研发税收抵免，但小企业仍然延续了研发费用加计扣除方式。

（二）税收优惠以统一优惠率为主，但累退优惠率有所增加

研发税收优惠无论是加计扣除还是税收抵免，都需要按照一定比例计算加计扣除额或者抵免额，该比例称为“优惠率”。与所得税率有统一税率与累进税率相似，研发税收优惠率也有统一优惠率与累退优惠率等不同优惠方式。其中，累退优惠率是指，企业研发费用支出越多，可享受的研发税收优惠率越低，显然这对规模相对小的企业更加有利。

目前，绝大多数国家采用统一优惠率。比如，美国研发税收抵免率为20%（正常抵免法）或14%（简易抵免法），英国中小企业研发费用130%加计扣除。

2008年以来，法国、加拿大、荷兰等国家纷纷采用了“累退优惠率”，但累退门槛与累退程度有所不同。法国企业当年研发费用低于1亿欧元，抵免率为30%；如果超出，超出部分抵免率降至5%。加拿大人控股私营企业（CCPC）在应税资本低于5000万加元时，如果当年研发费用小于300万加元或支出限额，抵免率为35%；超出部分抵免率降至15%。荷兰已成立企业（新成立企业）当年研发费用低于35万欧元时，抵免率为32%（40%）；超出部分抵免率降至16%。

（三）对研发费用以总量优惠为主，但增量优惠与混合优惠有所增加

研发税收优惠额度的计算基数有三种：研发费用总量、研发费用增量和两者结合；对应的优惠方式分别为“总量优惠”“增量优惠”与“混合优惠”。相比较总量优惠，增量优惠的操作难度相对较大、优惠力度相对较小，但对激励企业增加研发投入的边际效果更加突出。

目前，大多数国家仅对研发费用总量给予税收优惠，包括英国、德国、法国、加拿大、荷兰、比利时等很多国家。事实上，在研发税收优惠实施早期，很多国家效仿美国的增量优惠。但增量优惠的门槛较高，致使受益企业数量不多，无法达到研发税收的预期激励效果，鉴于此，法国、澳大利亚、奥地利、爱尔兰等国家自2000年后纷纷将增量优惠改为总量优惠。

日本、韩国、葡萄牙、西班牙等国家采用的是混合优惠模式。这些国家开始也仅对研发费用增量给予优惠；但2000年以后，在保留增量优惠基础上，又增加了总量优惠。各国混合优惠的具体方式有所差异。比如，日本目前是对研发费用增长率大于8%的企业，给予其研发费用总量更高的税收抵免率；韩国企业则必须从增量优惠和总量优惠中选择其一；葡萄牙、西班牙是允许企业在享受“总量优惠”基础上，对其研发费用增量给予额外的税收抵免①。

---

① 但有上限限制。葡萄牙企业享受研发费用增量额外税收抵免的研发费用增量不能超过150万欧元。

美国、土耳其、墨西哥等国家是目前少数仅对研发费用增量给予税收优惠的国家。其中，美国从1981年实施研发税收优惠起就采用了增量优惠。但为简化“增量”计算，美国在采用“正常抵免法”的同时，引入了计算相对简单的“简易抵免法”，以提高政策实施效率。墨西哥则在增量优惠与总量优惠之间多次转化：2000年开始实施时，采用增量优惠；2002年改为总量优惠；2008年废除总量优惠；2017年重新实施增量优惠。

（四）多数优惠为企业所得税优惠，但个人所得税优惠有所增加

企业通过研发税收优惠获得加计扣除额或者抵免额，再相应进行税前扣除或者直接冲减应缴税额，税前扣除和应缴税额针对的税种主要包括企业所得税、个人所得税与社保税（金、费）。对个人所得税减免有助于直接降低企业高昂的研发人力成本。目前，大多数国家的研发税收优惠属于企业所得税优惠。但科技竞争的核心是人才竞争，随着研发人力成本的上升，越来越多的国家开始选择个人所得税优惠。

比如，德国、荷兰、瑞典等国家的研发税收优惠主要是个人所得税优惠。其中，德国和荷兰都是允许企业以研发税收抵免额直接冲减其代扣代缴的个人所得税，但抵免额计算基数不仅是研发人员费用，还包括其他研发费用[①]。

美国、法国、爱尔兰、比利时、土耳其等国家则是在实施研发费用企业所得税优惠基础上，又采用了与个人所得税优惠相结合的混合模式，但具体方式有较大差异。美国是仅允许小企业当年未用完的研发税收抵免额冲减其代扣代缴的个人所得税[②]；爱尔兰允许企业将研发税收抵免额转让给“关键雇员”用于冲减其个人所得税；法国允许“创新型新企业”（JEI）研发人员7年内免缴社会保障金；比利时、土耳其则是对满足学历和学科等要求的研发人员制定了单独的个人所得税减免优惠。

此外，英国、意大利等国家允许企业研发所得税优惠额度在当年尚未使用的部分，可以冲减其他税种的应缴税款。比如，意大利企业当年获得的研发税收抵免额可以在当年和未来两年内用于抵扣其任何类型的应缴税款，包括增值税、个人所得税、社会保障或福利缴款等。

（五）多数国家对研发税收优惠不征税

企业在享受研发税收优惠的同时，相应的研发费用是否仍然允许税前扣除或者

---

① 德国同时允许尚未用完的研发税收抵免额可以冲减企业所得税。

② 但年度冲减上限为25万美元。

研发税收优惠额度是否属于应税收入，对企业实际获得的研发税收优惠力度有重要影响。

如果不允许税前扣除，企业实际获得的研发税收优惠额度就会打折扣。目前，大多数国家在对企业给予研发税收优惠的同时，仍允许研发费用税前扣除，但澳大利亚等少数国家不允许同时享受。澳大利亚企业研发费用的名义研发税收抵免率较高（小企业48.5%），但实际抵免率只是名义抵免率与企业所得税率的差（小企业18.5%）。

同理，如果研发税收优惠额度纳入应税收入，企业实际获得的研发税收优惠额度也会打折扣。目前，大多数国家在对企业给予研发税收优惠的同时，并不将研发税收优惠额度列入应税收入，但少数国家如美国、加拿大、英国（大企业）等将其列为应税收入。

（六）很多国家允许当年不足抵扣额结转扣除，但税收返还有所增加

如果企业当年获得的研发费用加计扣除额或者抵免额（两者统称“抵扣额”），抵扣当年应税所得额或者应缴税额后仍有剩余，剩余部分面临的税收待遇主要包括：结转扣除、税收返还、不允许再使用、特定交易。抵扣额未抵扣完的原因主要是：企业当年亏损或微利；或者抵扣额超过了优惠上限。相比较结转扣除，税收返还将研发税收优惠变成了研发财政补贴，能够对亏损企业起到“雪中送炭”的支持作用，近年来有增加趋势。

目前，很多国家允许企业当年剩余抵扣额仅可以用于结转扣除，但结转时间有所不同。比如，南非、土耳其等国家允许无限期向后结转；美国、加拿大允许向后结转20年①，葡萄牙、印度允许向后结转8年，等等。

越来越多的国家对企业当年剩余抵扣额给予税收返还，但对企业规模、返还上限、返还时间等有不同规定。比如，澳大利亚仅允许小企业税收返还；英国、新西兰、挪威、德国、意大利等国家的税收返还有上限限制②，但法国、加拿大、荷兰、奥地利、爱尔兰、比利时等国家没有上限限制。法国大企业、爱尔兰企业的税收返还在3年内实现；比利时企业先在5年内结转扣除，5年后仍有剩余的，才允许税收返还，其他税收返还一般在当年实现。此外，德国、意大利、奥地利、爱尔兰等国家允许企业在无限结转与税收返还之间选择其一。

日本、巴西等少数国家对剩余抵扣额既不允许结转扣除，也不允许税收返还。还有少数国家允许企业以剩余抵扣额进行特定交易。比如，法国允许对于暂不能立

① 美国还允许前转1年，加拿大允许前转3年，但都必须在前转和后转之间选择其一。

② 其中，新西兰、挪威、德国和意大利是因为有合格研发费用或者税收抵免额的上限限制。

即获得税收返还的企业，允许以其尚未使用的抵扣额为担保向有关金融机构申请贷款[①]，帮助企业获得流动资金；英国则允许大企业将尚未使用抵扣额的部分或全部让渡给集团内的其他成员公司使用。

（七）很多国家设有研发税收优惠上限

企业当年获得的研发税收优惠在很多国家有上限要求，有的是对适用优惠的研发费用总额或者某类研发费用有上限限制，有的是对可获得的税收优惠额度有上限限制（见表2-1）。

表2-1　　22个国家的研发费用优惠上限设置概况

国家	研发费用上限	税收减免额上限	国家	研发费用上限	税收减免额上限
美国	无	无	印度	无	无
加拿大	无	无	韩国	无	无
法国	外包研发费用1000万欧元（无关联）或200万欧元（有关联）；中小企业创新抵免研发费用上限40万欧元	无	日本	无	应纳税额25%或35%（创业企业40%）
英国	无	无	巴西	无	无
澳大利亚	研发费用1.5亿澳元	无	德国	无	50万欧元
荷兰	无	无	瑞典	无	540万瑞典克朗
比利时	无	研发投资抵免额上限为研发投资总额3.375%或折旧总额5.125%	新西兰	研发活动必须在境内，但研发费用发生在海外比例不超过10%	1.2亿新西兰元
奥地利	外包研发费用100万欧元	无	挪威	2500万挪威克朗	无
爱尔兰	外包研发费用10万欧元或研发费用总额15%	无	意大利	400万欧元	无
南非	无	无	葡萄牙	研发费用增量上限150万欧元	无
土耳其	工薪所得税减免适用的研发人员数量不超过雇员总数10%	无	新加坡	无	无

资料来源：作者整理。

① 这些金融机构主要包括巴黎国民银行（BNP）、法国中小企业发展银行（隶属法国创新集团OSEO）、法国兴业银行等。

二、研发活动界定的主要特点与变化

研发活动的界定是研发税收优惠政策的核心内容，也是研发税收优惠在落实中的操作难点。总体看，各国对研发活动的基本界定与范围要求较为一致。

（一）多数按照世界公认标准界定研发活动，但有所拓展的国家有所增加

对于研发税收优惠适用的研发活动，大多数国家参考世界公认的研发活动判断标准——OECD《弗拉斯卡蒂手册》，包括了基础研究、应用研究和试验开发。同时，对于容易混淆的非研发活动以及人文社科领域的研发活动，基本都以负面清单的方式予以排除。有的国家还对不易判断的研发活动给出专门的界定标准，比如法国、巴西分别对软件设计、软件开发单独给出研发活动判断标准。

为扩大优惠面或者适应科技创新发展新需要，英国、澳大利亚、新西兰、日本、巴西等国家将研发活动范围扩展到了相关辅助活动、设计活动、大数据服务活动等非研发活动上，但一般规定了较为严格的适用条款。比如，英国将某些间接活动也纳入研发税收优惠范围[①]；澳大利亚、新西兰将合格研发活动分为“核心研发活动”和“支持性研发活动”或“辅助研发活动”；巴西明确规定将“基础工业技术”与“技术支持服务”[②]两类非研发活动纳入合格研发活动；日本新出台了“研发服务”特别税制，将新的有偿服务研发活动（类似工业4.0服务）[③]列入合格研发活动。

意大利、法国等国家则对其他创新活动制定了单独的税收优惠，作为研发税收优惠的补充。比如，意大利对技术创新和创意设计单独制定了税收抵免优惠，法国对中小企业新产品原型设计给予税收抵免优惠，但抵免率都明显低于各自的研发税收抵免率。

（二）多数国家仅支持本国境内或经济共同体境内开展的研发活动

虽然科技创新全球化有所加强，但大多数国家仅对发生在本国境内或经济共同

① 这些间接活动是研发项目的一部分，但并不对科技不确定性的解决有直接作用。主要包括以下几种：一是科技信息服务；二是诸如安全、管理、财务等间接性的支撑活动；三是从事研发所必须的辅助性活动，比如租实验室、研发设备的维护；四是直接支持研发项目所需的相关培训；五是由老师和研究人员在高校开展的相关研究；六是设计新的科学或技术测试、调查或抽样方法上的研究；七是对某项研发的战略方向进行的可行性研究。

② 其中，基础工业技术是指，机械设备的测量和校准，以及根据特定的符合性证书（包括相关的试验、标准化和技术文件，以及所开发的产品或工艺的专利行为）设计和制造测量仪器。技术支持服务是指，为实施和维护专门用于研究项目、技术革新和培训从事研究项目人员的设施、机器和设备所必需的服务。

③ 此种研发与利用大数据等技术的工业4.0新服务开发有关，必须经过数据收集、数据分析、服务设计、服务应用四种活动才属于合格的有偿劳务研发。

体范围内的研发活动给予税收优惠，以支持本国企业技术创新能力提升。比如，美国、加拿大、巴西、土耳其、奥地利、新加坡、新西兰、印度、南非等多数国家仅对在本国境内开展的研发活动给予税收优惠；法国、荷兰、德国等国家则要求研发活动必须发生在本国境内或者欧盟经济区范围内。

有的国家虽然允许境外研发活动享受研发税收优惠，但规定了严格条件。比如，澳大利亚要求海外研发活动必须符合澳大利亚《产业研究与开发法案1986》第28C（1）（a）条款，并经过创新与科学理事会审核批准后才可以享受研发税收抵免。日本、英国等少数国家对研发活动发生地没有要求。

三、研发费用范围的主要特点与变化

合格研发费用是研发税收优惠额度的计算基数，其范围主要受到以下因素影响：一是受到研发活动范围的影响，合格研发活动范围宽，研发费用范围相应也宽；二是受到研发税收优惠是针对企业所得税还是工薪所得税的影响，如果是纯工薪所得税优惠，研发费用的主要甚至唯一构成是研发人员费用；三是受到各国税制设计的影响，不同类型的研发费用（经常性支出和资本性支出）可能面临不同的税收优惠。

（一）很多国家对研发资本性支出给予同样的研发税收优惠，但部分国家规定了不同或单独的税收优惠

资本性支出主要是指，从事研发活动中使用固定资产（机器设备、厂房土地等）和无形资产（如专利）所发生的费用。

法国、日本、韩国、澳大利亚、荷兰[①]等很多实施研发税收优惠的国家，允许符合条件的资本性支出与经常性支出一样适用统一的研发费用税收优惠。其中，对于在研发和生产中混合使用的机器设备，各国一般都规定了费用分配原则或标准，仅有用于研发部分对应的折旧费可以享受研发税收优惠。但在厂房和土地费用是否计入合格资本性支出方面差异较大。比如，法国允许厂房和土地折旧费、爱尔兰允许厂房折旧费适用研发税收抵免，但新西兰、印度等国家两者都不允许适用研发费用加计扣除。

相反，部分国家的研发资本性支出不允许适用研发税收优惠，而是适用专门的

---

① 荷兰在2016年将针对研发人员费用的税收抵免优惠（WBSO）与针对包括资本性支出的其他研发费用税前扣除优惠（RDR）合并，目前的合格研发费用因此包括了资本性支出。

研发折旧（投资）优惠或者普惠性资本性支出优惠，多为“一次性摊销”或“加速折旧”。比如，美国、加拿大、英国、比利时、巴西、南非等国家的研发费用加计扣除或者研发税收抵免都仅针对经常性支出；但英国和巴西都允许研发用机器设备在购买当年适用单独的一次性摊销优惠①，美国、加拿大、南非允许普惠性的加速折旧。

（二）多数国家研发经常性支出范围相似，但口径、条件等有所差异

大多数国家研发税收优惠政策适用的研发经常性支出都包括人员费、原材料费、研发外包费等直接费用，很多国家还包括日常管理费、水电公共设施费等间接费用。但研发人员费和研发外包费用在研发经常性支出中占比较高，且口径差异较大。

1. 人员费用的主要构成相似，但范围与条件要求有所差异

人员费用是研发费用的主要构成，基本都包括薪金、补贴、奖金、基本养老或国家养老金缴款、离职赔偿保险等。人员范围至少涵盖直接和专职从事研发活动的在职研发人员和技术人员，判断标准包括研发工作时间、雇佣合同等。但在很多细节方面有所差异，其中以下方面较为突出。

一是部分国家扩展了人员范围，这与其合格研发活动有所拓展直接相关，比如，澳大利亚还包括有关管理人员，英国还包括有关临时雇员和非全职研发人员（65%人员费用计入）。

二是部分国家对研发人员的学历、学科、教育等有条件要求，特别是实施工薪所得税优惠的国家。比如，比利时规定享受工薪所得税减免的研发人员必须持有硕士或博士学位，如果是学士学位则需要满足学科和减免税上限的要求②；土耳其工薪所得税减免针对研发人员和辅助人员，但持有基础科学博士或硕士学位的人员减免税比例高达95%，非基础科学硕士学位或者基础科学学士学位的人员减免税比例90%，其他人员80%；葡萄牙则要求研发人员必须已完成中等教育和培训③，有关人员费用才允许计入合格研发费用。

2. 研发外包费基本都适用研发税收优惠，但计入条件、比例、上限等方面有所差异

企业研发投入包括内部研发投入和外部研发投入，其中外部研发投入的主要方式是研发外包。研发外包费主要是指委托外部研发的合同金额，但在计入比例、上限、条件等方面有如下差异。

---

① 英国是根据《资本折旧法案》的有关规定，研发用资本性支出适用“研发折旧计划”，符合条件的研发用资本性支出主要是指研发活动中所需设施的支出，包括机器设备，还有厂房，但不包括土地。巴西优惠仅针对研发用仪器设备。

② 学士学位必须属于以下领域：科学、工程科学、农业科学和生物工程、医学科学、兽医科学、生物医学科学和制药、建筑艺术和城市规划（建筑师）、工业科学和农业工业科学等领域。此外，对于学士学位研发人员的个人所得税减免比例最高不能够超过拥有硕士学位员工减免税额的25%。

③ 必须达到国家资格框架（National Qualifications Framework）中规定的最低四级评级。

一是部分国家仅允许按照合同金额的一定比例扣除，比如，美国、英国、加拿大、德国等国家对于外包研发费用仅允许按照60%—80%不等的比例计入①。

二是部分国家设置了计入上限，比如，法国、奥地利、爱尔兰等国家对于外包研发费用有计入上限限制（见表2-1）。

三是部分国家对承担方规定条件，比如澳大利亚要求研发外包的承担方必须是经过创新与科学理事会登记注册的研发机构（RSP）时，研发外包费才可以全部计入，其他研发外包只允许劳务费、服务费、咨询费等计入。

（三）研发资助允许计入合格研发费用

研发资助和研发外包一样，也属于企业外部研发投入的一种方式，但研发资助在研发活动控制权、研发成果开发权、执行方性质、资金支付方数量以及研发类型等方面与研发外包又明显不同（见表2-2）。很多国家明确研发资助允许计入合格研发费用，并规定了严格的界定条件。

表2-2 研发资助与研发外包的主要区别

特征	研发外包	研发资助
研发活动控制权	委托方	执行方
研发成果开发权	唯一独享	非独享（通常公开）但有开发优先权
研发执行方性质	没有限制，包括企业、个人	一般为高校院所、非营利研发机构
资金支付方	委托方一个支付方	可以多个支付方
研发类型	商业化目标为主	一般为基础研究、应用研究

资料来源：作者整理。

一是部分国家明确符合条件的研发资助都可以享受研发税收优惠。比如，加拿大从2012年起明确“支付给第三方款项”按照80%比例计算研发税收抵免额，但资助接受方必须是大学、非营利研发组织或其他已批准实体②，资助方式为现金或实物，有关研发与企业业务内容相关，企业拥有研发成果优先开发权。英国自2016年起允许大企业对“独立研究”的资助计入抵免额计算基数，但资助接受方必须为符合条件的团体③、自然人或者合伙人，不能与企业有关联关系，同时为研究项目执行

① 美国对于一般外包研发费仅允许按照合同价格的65%计入研发费用；但如果外包研发的承包方为合格研究团体，外包研发费用可以按照75%计入。英国中小企业允许所有外包研发费用按照合格价格的65%计入研发费用；但大企业则要求外包研发的承担方必须为符合条件的团体、个人或者合资企业（慈善机构、高等教育单位如大学、科研机构或者医疗服务机构），此时外包研发费用100%计入。加拿大仅允许外包研发按照合同价格的80%计入。德国对于委托研发项目按照委托费60%计入抵免额计算基数。

② 已批准的实体名单可以参看《IT-151R5（合并的）SR & ED费用》(IT-151R5（Consolid）, Scientific Research and Experimental Development Expenditures）或者与管理部门联系。

③ 符合条件的团体主要是指慈善机构、高等教育单位如大学、科研机构或者医疗服务机构。

方，有关研究与企业正在进行或打算进行的商业有关。

二是部分国家明确特定研发资助可以享受研发税收优惠。比如，澳大利亚对国家合作研发中心（CRC）①的企业现金出资允许计入研发名义抵扣额，且不受2万澳元的门槛限制。

四、特殊优惠对象的主要特点与变化

除印度、南非等少数国家外，绝大多数国家的研发税收优惠适用所有企业、所有行业，具有明显"普惠"特征。但对于某些特殊目标，多数国家选择在普惠基础上增加"特惠"，即对特惠目标加大优惠力度。

（一）很多国家对中小企业加大优惠力度且有增加趋势

从创新历史看，中小企业不仅是就业岗位的主要提供者，而且是技术创新的重要力量，几乎所有颠覆性技术创新都来自中小企业。因此，为加大对中小企业研发的支持，很多国家对中小企业给予特殊的加强优惠。

如表2-3所述，中小企业研发获得较大优惠力度主要表现在：一是英国、日本、加拿大、澳大利亚、韩国等很多国家对中小企业研发费用给予更高的税收优惠力度；二是美国、澳大利亚等国家仅对中小企业不足抵扣额允许税收返还或者抵扣工薪所得税；三是葡萄牙、荷兰等国家对新成立企业给予更高的研发税收抵免率；四是有的国家对中小企业给予较高比例的税收返还（如加拿大）、较短的税收返还期限（如法国）或者较宽松的税收返还条件（如英国）；五是有的国家对中小企业技术创新给予额外的税收优惠，比如法国中小企业创新税收优惠。

表2-3 国外中小企业研发税收优惠力度差异

国家	中小企业	其他企业
澳大利亚	年营业额小于2000万澳元企业研发税收实际抵免率18.5%，不足抵扣额允许税收返还。	大于2000万澳元企业研发税收实际抵免率8.5%或16.5%（研发强度大于2%），不允许税收返还。
英国	中小企业研发费用130%加计扣除（在20%企业所得税率下相当于抵免率26%），当年可获得税收返还（有限额）。	大企业研发税收抵免率13%，不足抵扣额按照抵扣额使用顺序仍有剩余，才可以申请税收返还。

① 合作研发中心（co-operative research centre program，CRC）是澳大利亚政府始于1990年的CRC计划下成立的，旨在通过支持技术最终使用者与公共部门研发人员之间的中长期合作，为设计澳大利亚经济、环境和社会重要公共利益方面的重大挑战提供解决路径。

续表

国家	中小企业	其他企业
日本	中小企业研发抵免率为12%—17%，具体视研发费用增长率。	大企业研发抵免率为6%—14%。
韩国	小（中）规模企业选择以下其一：①当年研发支出超过前四年研发支出平均值的增量部分适用50%（40%）抵免率；②当年研发支出总量适用25%（8%）抵免率。	大规模企业选择以下其一：①当年研发支出超过前四年研发支出平均值的增量部分适用25%抵免率；②研发支出总量适用的抵免率按照研发强度的50%计算，但抵免额最高不能超过当年研发支出的2%。
法国	①中小企业研发税收抵免不足抵扣额当年获税收返还；②中小企业创新税收抵免专门针对中小企业创新费用支出，抵免率20%，创新费用上限40万欧元。	大企业研发税收抵免不足抵扣额，三年内获得税收返还；没有其他特殊优惠。
加拿大	企业应税资本小于1000万加元（大于1000万小于5000万加元）：研发费用低于300万加元（支出限额）部分适用抵免率35%；超过部分适用15%。	企业应税资本大于5000万加元：研发费用全部适用15%抵免率。
荷兰	新成立公司：研发费用不超过35万欧元部分按40%计算抵免额；超过部分按16%计算。	已成立公司：研发费用中不超过35万欧元部分按32%计算抵免额；超过部分按16%计算。
葡萄牙	初创企业（成立不足2年且未获得过研发增量税收抵免）：研发费用总量额外获得15%抵免（共计47.5%）。	一般企业：研发费用总量抵免32.5%。
美国	符合条件可以选择部分研发税收抵免额用于抵免企业为员工代扣代缴的工薪所得税（不能超过25万美元）。	其他企业对于未使用的抵免额仅允许结转使用。

资料来源：作者整理。

（二）研发人才、高研发强度企业、高质量研发合作与特定技术或行业研发是其他特殊激励的重点

1. 很多国家针对研发人才（人员）给予加强激励且有增加趋势

鉴于科技人才竞争越发激励、研发人力资本投入增加，如前文所述，越来越多国家的研发税收优惠采用工薪所得税优惠或者混合优惠模式，其本质就是支持研发人力投入。此外，巴西、法国、意大利、葡萄牙等国家也以“特殊优惠”的方式加大对企业研发人力投入的支持力度。比如，巴西将企业适用的研发费用加计扣除比例与当年研发人员数量增长率挂钩：如果增长率超过5%，加计扣除比例从160%增加到170%；如果增速超过5%，加计扣除比例增加到180%。法国、意大利和葡萄牙都对满足条件的博士研发人员的工薪费用允许加计计入合格研发费用。其中，法国

允许在聘用后的前2年按200%计入[①]，意大利150%[②]，葡萄牙120%。

2. 部分国家对研发强度高的企业给予加强激励

为激励企业不断提高研发投入的增量，如前文所述，很多国家采用总量优惠与增量优惠相结合的方式。此外，日本、澳大利亚等国家还通过对研发强度高的企业给予特殊激励的方式加大优惠力度。比如，日本“额外研发抵免制度”就是针对研发强度，如果企业研发投入强度超过10%，其适用的研发税收抵免率一般会有所增加[③]。澳大利亚在2021年研发税收抵免新政中，将大企业研发税收抵免率与研发强度挂钩：若研发强度为0—2%，实际抵免率8.5%；若高于2%，实际抵免率增加至16.5%。

3. 部分国家对高质量研发合作给予加强激励

企业与高校院所之间开展产学研合作是提升企业研发质量的重要方式，部分国家对于此类研发支出加大支持力度。比如，法国企业如果将研发项目外包给予其没有关联关系的公共研究机构、高等教育机构、经认证的科技合作基金或公共研究利益基金，外包研发费用可以200%加计计入合格研发费用。日本新制定的“特殊研发抵免制度”专门针对“开放式创新”，即企业与其他特定机构进行委托研发或联合研发或者使用特定中小企业知识产权开展研发活动所发生的特殊研发费用，都可以按照特殊抵免率单独计算税收抵免额。美国对于企业支付给合格小企业、大学或州立实验室的外部研究费用允许100%计入抵免额基数，但一般仅按65%计入；对于企业委托合格研究组织开展“基础研究”发生的研究费用超过基数的“增量”单独按照20%抵免率计算抵免额。

4. 部分国家针对特殊技术或行业领域给予加强激励

部分国家结合本国经济结构调整需要，选择部分技术领域或特定行业研发活动加大优惠力度。比如，韩国企业研发活动如果属于新经济增长引擎和核心技术领域[④]，研发费用可适用更加优惠的税收抵免率（20%—40%不等），企业规模越小，抵免率越高；意大利在技术创新税收抵免中，对实施“国家数字工业4.0计划”或者“绿色转型计划”的企业技术创新费用，给予15%税收抵免率（一般为10%）；巴西对IT企业研发用设备投资给予额外的税前加计扣除；美国对企业支付给“能源研

---

① 主要条件包括：受聘人员获得博士学位或同等学历后的首次受聘，必须直接从事研发工作，所签合同为超过两年以上的无固定期限合同，且企业当年的雇用员工数不得低于上一年度。

② 意大利对于符合条件的研究人员与技术人员的人员费用支出可以按照150%计算抵免额。主要条件包括：首次参加工作、35岁以下并持有博士学位、雇佣合同为固定期限。

③ 额外抵免率=一般抵免率+一般抵免率×（研发投入强度-10%）×0.5。其中，一般抵免率为企业适用“总额型税收抵免”或者“中小企业技术强化税收抵免”制度下适用的税收抵免率；“一般抵免率×（研发投入强度-10%）×0.5”上限为10%；同时，额外抵免率上限与“总额型税收抵免”或者“中小企业技术强化税收抵免”下的抵免率上限相同。

④ 2020年，新增长引擎和核心技术领域增加至12大类，涵盖223项具体技术。其中，12大类包括：未来汽车，智能新信息（如人工智能），下一代软件或安全，下一代电子信息设备（如柔性显示、3D打印），下一代广播通信，生物健康，能源，环境，新材料、部件与设备，机器人与航空航天。为判断研发项目所属技术领域，韩国税务部门雇用了很多技术领域的非税务专业人才。

究团体”开展“能源研究”的合格研究费用允许单独计算抵免额，不用计算增量。

五、优惠力度的主要特点与变化

研发税收优惠的名义优惠力度主要由优惠率决定，但实际优惠力度还受到各类优惠方式、研发活动与研发费用范围、特惠目标等很多因素的影响。从1996年开始，OECD以“研发税收补贴率”①估算成员国家和伙伴国家的实际优惠力度。

（一）不同规模企业、企业不同经营状态获得的研发税收补贴率不同

如图2-1所示，按照OECD测算，2021年，对于企业可以获得的最高研发税收补贴率而言，哥伦比亚、斯洛伐克、法国、加拿大等10个国家超过了0.3；英国、爱尔兰、韩国、中国等11个国家紧随其后，都超过了0.2。

很多国家对中小企业研发给予更高的税收优惠，因此，最高研发税收补贴率很多仅针对中小企业。2021年，哥伦比亚、冰岛、荷兰、加拿大、英国、韩国、澳大利亚、日本对中小企业给予的研发税收补贴率明显大于大企业。同样，在这些国家，中小企业亏损时往往也可以获得较多的税收补贴。

对于大企业，多数国家允许其在亏损时通过结转扣除、税收返还等方式获得研发税收补贴，但在很多国家大企业亏损时所获研发税收补贴小于盈利时。

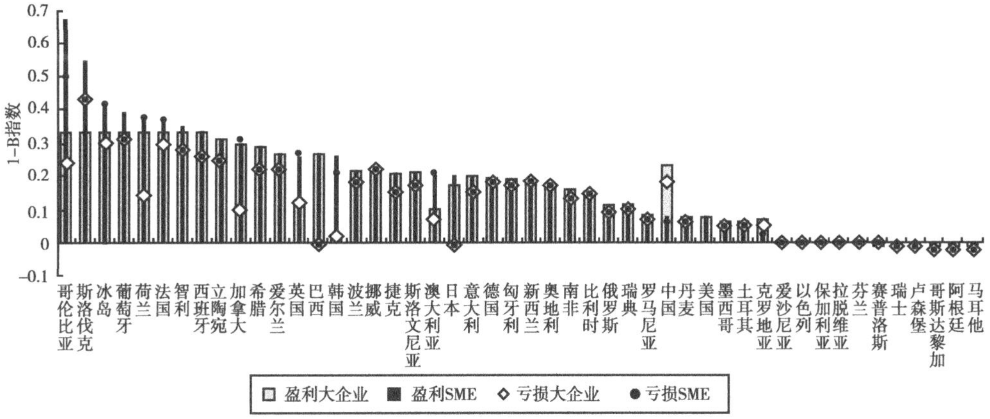

图2-1 2021年OECD成员国家和伙伴国家的研发税收补贴率情况

资料来源：OECD R&D Tax Incentives Database。

---

① “研发税收补贴率”=1-B指数。OECD从1996年起，采用“B指数”作为衡量各国企业研发税收优惠政策竞争力的标准。B指数=1单位研发支出的税收成本/（1-企业所得税率），代表1单位税后研发成本需要的税前收入现值，其中税后成本是指研发活动投资的净成本，包括所有税收优惠。因此，如果B指数低于1，就表明企业获得了税收优惠形式的税收补贴。

（二）研发税收补贴率一直呈上升趋势但近年增加幅度放缓

1. 研发税收补贴率上升趋势明显，2008年后增加幅度加大

总体看，2000年以来企业研发税收补贴率一直呈上升趋势，特别是2008年国际金融危机之后。研发税收优惠力度的增加主要源自两个方面：

一是实施研发税收优惠的国家数量增多，特别是很多小国纷纷开始实施。2021年，OECD成员国有38个国家，其中实施研发税收优惠的国家从1995年的12个上升到34个[①]。比如，挪威和葡萄牙（2002）、爱尔兰（2004）、土耳其（2008）、冰岛（2011）、拉脱维亚和瑞典（2014）、斯洛伐克（2015）、波兰（2016）、德国（2020）都引入了研发税收优惠制度，其中绝大多数是小国。

二是很多国家增加现有研发税收优惠政策的优惠力度，特别是为应对国际金融危机、保持经济增长动力，许多国家增加了研发税收优惠力度。比如，英国于2008年将中小企业研发费用加计扣除比例由原来的50%提高到75%且放宽了中小企业标准[②]，2011年与2012分别提高至100%和125%，2015年又提高至130%并延续至今；韩国于2009年将中小企业适用的研发总量税收优惠抵免率由15%提高至25%并延续至今；美国于2008年将简易抵免法下的抵免率由12%提高至14%并延续至今；法国于2008年将增量研发税收优惠改为总量优惠，最高抵免率由10%提高至30%并延续至今；澳大利亚于2009年将研发费用加计扣除改为研发税收抵免并提高了名义优惠率。

2. 近10年研发税收补贴率的增加幅度明显放缓

很多国家特别是大国，在经过金融危机那一轮研发税收优惠改革后，优惠的慷慨程度已经较高，因此之后的政策完善重在提升政策效果、执行效率等方面，对盈利企业的研发补贴率基本未改变，有的国家甚至下调了研发税收优惠力度。比如，加拿大2014年将最低研发税收抵免率由20%下调至15%并延续至今；印度于2017年将研发费用加计扣除比例由200%下调至150%，2020年继续下调至100%。

（三）研发税收补贴占比大幅提高，很多国家已经超过财政直接投入

研发税收补贴率的不断提高，直接导致企业获得研发税收补贴的总量和相对量不断提高。根据OECD数据，20世纪80年代以来，OECD成员国企业研发投入中来自财政直接投入的平均比例从20%左右下降到2008年的8.1%，2019年下降至4.95%；相反，来自研发税收补贴的财政间接投入平均比例一直呈上升趋势，由2000年的

---

① 数据来源：https：//www.oecd.org/sti/rd-tax-stats-database.pdf.

② 2008年中小企业标准放宽了一倍，由原来的“职工总数不超过250人且营业额不高于50万欧元或总资产不高于43万欧元”放宽到“职工总数不超过500人且营业额不高于100万欧元或总资产不高于86万欧元”，但可获得的税收返还比例有所下降。

2.58%上升至2019年的6.65%[①]。

从企业研发投入中来自研发税收补贴的比例看，英国和葡萄牙的比例超过25%，法国、爱尔兰、意大利、土耳其都超过10%（见图2-2），位于世界前列。

从企业获得研发税收补贴占GDP的比例看，英国、法国、比利时、葡萄牙、奥地利、爱尔兰、加拿大、意大利位于世界前列，都超过了0.15%；财政直接投入占比较高的国家有俄罗斯、匈牙利、韩国、冰岛和美国等（见图2-3）。

很多国家企业研发获得的税收补贴总量已经超过财政直接投入总量，包括澳大利亚、奥地利、比利时、加拿大、法国、爱尔兰、意大利、日本、葡萄牙和英国、荷兰、土耳其等国家。

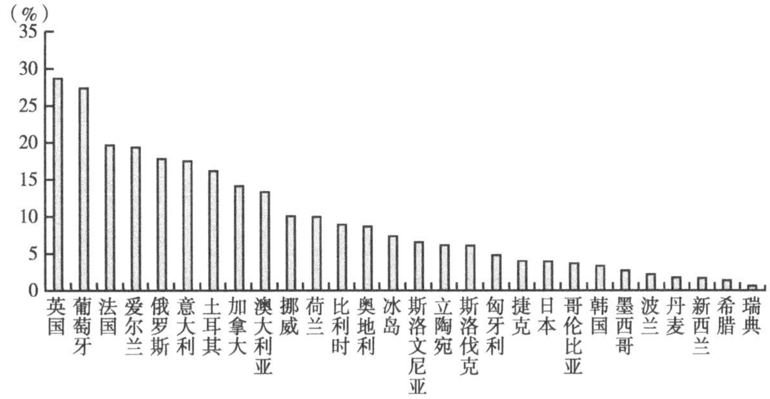

图2-2　2019年OECD成员国家和伙伴国家企业研发支出中来自研发税收补贴的占比情况

资料来源：OECD R&D Tax Incentives Database。

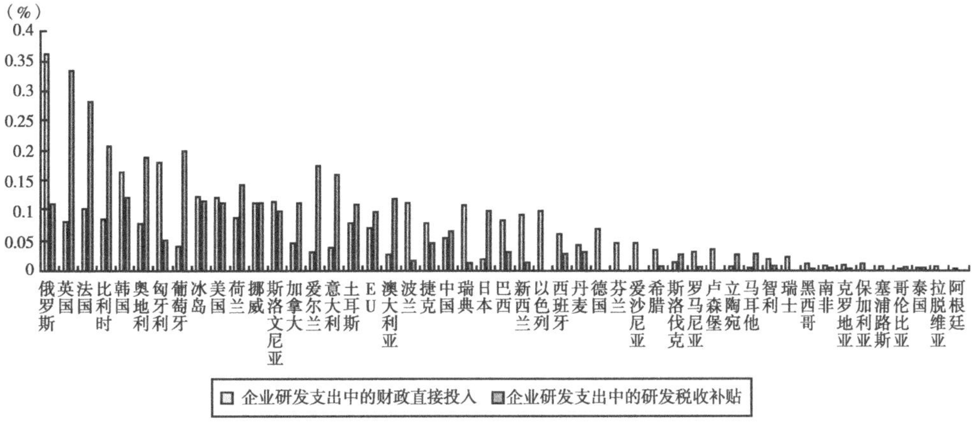

图2-3　2019年OECD成员国家和伙伴国家对企业研发的财政直接投入与研发税收补贴占GDP的比例情况

资料来源：OECD R&D Tax Incentives Database。

① 数据来源：https：//stats.oecd.org/Index.aspx？ DataSetCode=RDSUB.

六、税务管理的主要特点与变化

为高效落实研发税收优惠，保证政策目标和激励效果，各国普遍建立并不断完善相应的税务管理制度，且多数国家选择科技管理机构与税务部门联合管理，其中研发项目审核与政策评估是管理重点。

（一）多数国家研发活动可以选择或者强制要求前置审核

企业享受研发税收优惠的前提是开展了符合条件的研发活动，但研发活动界定的技术含量相对较高，研发项目是否需要在企业申请研发税收优惠之前进行前置审核，成为各国税务管理中的重要内容。目前，世界上主要有三种处理方式（见表2-4）。

1. 多数国家选择科技管理部门对企业研发项目强制前置审核且有增加趋势

企业自身和税务部门由于缺乏专业判断能力，对研发项目合格与否把握不清。为提高企业申请研发税收优惠的确定性、积极性和准确性，澳大利亚、德国、荷兰、巴西等很多国家选择科技相关部门与税务部门联合管理的模式，要求企业在申请研发税收优惠之前对相关研发项目是否符合研发活动界定要求进行前置审核。

比如，澳大利亚企业必须在“工业创新与科学理事会（隶属工业创新科学部）”注册登记当年发生的研发活动；荷兰企业必须取得“企业管理局”（隶属经济事务与环境政策部）对其研发项目出具的“研发证明”；巴西科学和技术创新部任命由技术专家组成的“技术援助委员会”负责研发项目的技术审查，提出技术反馈意见；比利时由“科学政策办公室”负责对企业研发项目的事前批准；奥地利由“研究促进局”出具研发项目的专家意见；挪威企业研发项目必须事前获得“研究委员会”的批准；德国“研究津贴认证中心（由联邦教育和研究部授权）”负责审查企业研发项目并颁发认证证明；南非由科技部和税务局有关人员组成的“评审委员会”对研发项目进行事前审核。其中，比利时、奥地利、新西兰、德国等国家的前置审核都是近年来新建立的制度。

2. 部分国家赋予企业研发项目前置审核的选择权

法国、新加坡、意大利等国家允许企业可自行申报研发税收优惠政策，但同时给予企业提前确认研发项目的选择权，有助于企业形成稳定的现金流预期。比如，法国设有“先行审批制度”，拟申请研发税收抵免的企业在研发项目启动前就可以向“高教科研部”提出研发项目是否为研发活动的确认申请；新加坡税务局成立“技术咨询委员会”，企业在申请之前可主动要求研发项目转交技术咨询委员会鉴定；意大利允许企业向经济发展部提出技术鉴定申请。

此外，法国企业为了确认研发投入是否适用研发税收优惠，还可选择向当地税务机构提交“预约税务减免核定”申请，税务机构在3个月内予以答复，若未答复则视为接受。

3. 少数国家仅由税务部门负责，无须前置审核

美国、加拿大、英国、日本、爱尔兰等国家的管理部门只有税务部门，企业自行申报研发税收优惠，且没有前置审核选择权。但这些国家通过以下方式提高政策执行的准确性和确定性。

一是加强纳税指导。英国、日本、加拿大等国家都发布了政策指南，特别对于合格研发活动作了详细的解释说明，作为企业自评的参考手册；美国则要求企业按照四步测试法来判断研发活动是否合格[①]。

二是加强纳税服务。英国税务与海关总署在英国各地按邮政编码的地理定位，设立多个“研发费用专家组”，帮助企业申请。目前绝大部分企业申请都是在该组织指导下进行，确保了企业历年申请的一致性、准确性和及时性。

三是建立确定性增强制度。美国虽然没有特别的核查或事前审批程序，但税务部门有提高政策执行确定性的特殊程序，例如预申报协议（PFAs），即拟申报研发税收抵免或扣除的企业，如果符合相关条件，在正式申报前可以申请税务部门进行审核。英国在2015年引入“优先保证”制度，获得优先保证的企业在未来三年内，研发税收优惠申请将不会受到任何调查[②]。

表2-4 国外研发活动前置审核概况

	无须前置审核程序
美国	美国国内收入局（IRS）是管理部门，企业通过填制纳税申报表自行申请。 虽然没有特别的核查或事前审批程序，但美国税务部门有一些提高政策执行确定性的特殊程序，例如预申报协议（PFAs）——拟申报研发费用税收抵免或扣除的企业，如果符合相关条件，在正式申报前可以申请税务部门进行审核。
英国	英国税务与海关总署（HMRC）是管理部门，企业可自行申报研发税收优惠。 但HMRC在英国各地按邮政编码的地理定位，设立多个“研发费用专家组”，帮助企业申请。目前绝大部分申请都是在该组织指导下进行，确保了企业历年申请的一致性、准确性和及时性。 2015年，HMRC引入“优先保证”（Advance Assurance）制度，获得优先保证的企业在未来三年内，研发税收优惠申请将不会受到任何调查。各类企业自愿申请；税务局收到申请后，将通过电话或现场调研等方式调查企业研发项目，并以电子邮件方式通知申请结果。该制度有助于企业专注研发活动，不受政策干扰。

① 主要包括：目标明确、消除不确定性、试验过程、技术为本。

② 各类企业自愿申请；税务局收到申请后，将通过电话或现场调研等方式调查企业研发项目，并以电子邮件方式通知申请结果。该制度有助于企业专注研发活动，不受政策干扰。

续表

无须前置审核程序	
加拿大	加拿大税务局（CRA）是管理部门，企业自行申报研发税收抵免优惠。 但CRA一直为申请者提供《SR&ED技术核查：申请者指南》，也称作申请核查手册。技术核查的内容主要是确定申请者的研发工作是否符合《所得税法》对SR&ED活动的定义，并帮助企业解决与合格性相关的问题。
日本	日本企业自行申报研发税收优惠。
爱尔兰	爱尔兰企业向税务部门自行申报即可。
前置审核非必要条件但企业可选择前置审核	
法国	法国企业可自行申报研发税收抵免优惠（CIR）。 但法国设有“先行审批制度”：首先，拟申请CIR的任何企业，在研发项目启动前可就研发项目是否符合研发活动认定标准向法国“高教科研部”提出确认申请；其次，高教科研部在3个月内以“资格审查通知单”形式予以正式答复；最后，企业可持资格审查通知单结果向税务部门申请CIR。该制度可使企业避免向税务机关提交申请后的系统化税务检查，有助于企业申请成功，并对未来现金流形成“可预见性”。
新加坡	新加坡企业自行申报研发费用加计扣除优惠。但税务局（IRAS）成立了技术咨询委员会，在以下情况对研发项目进行鉴定：一是如果税务局两轮评审后仍然有异议，则提请技术咨询委员会鉴定；二是企业在提交申请时也可以主动要求研发项目转交技术咨询委员会鉴定。
意大利	意大利企业可自行申报研发税收抵免优惠，但申请前必须就其研发费用的合理性和财务记录的匹配性等方面进行外部审计并获得证明报告（审计费用允许计入合格研发费用，最高不超过5000欧元），同时必须对其研发活动撰写技术报告。 如果企业对其研发项目是否属于研发活动有所疑惑，可以向经济发展部提出技术鉴定申请。
需要前置审核程序	
澳大利亚	澳大利亚研发税收优惠由“工业创新科学部”和“税务办公室（ATO）”联合管理。企业每年必须在纳税年度终了之日起10个月内向“工业创新与科学理事会（IISA）”注册登记当年发生的研发活动，并提供足够的研发记录资料；IISA对申请进行审核，审核通过后给企业唯一的注册号码；企业在申报年度纳税并申请研发税收抵免时，将此号码填写在申请表上。 但企业持有研发活动注册号码并不意味着研发活动一定合格。ATO仍然有权进一步对注册的研发活动进行检查，最终裁决仍由ATO联合IISA发出。
荷兰	荷兰研发税收优惠申请主要由荷兰企业管理局（归属“经济事务与环境政策部”）负责。 企业通过“企业管理局”网站在线填写申请表。企业管理局收到申请后，分配审查员对申请材料进行审查，如果申请材料完整，企业就收到“确认通知”；之后再分配技术审查员，对研发项目、项目成本与费用等进行评估；如果申请获得通过，企业收到“判断结果”与“研发证明”，并根据“研发证明”中批准的抵免额抵扣其每月代扣代缴的工薪所得税。
巴西	巴西科学和技术创新部（MCTI）任命由技术专家组成的技术援助委员会（CAT）负责研发项目的技术审查，提出技术反馈意见，并对研发活动性质和研发费用的一致性出具意见报告。对于审核认定的研发项目和研发费用，企业在所得税申报表填报。

续表

需要前置审核程序	
土耳其	土耳其企业研发项目必须获得"财政顾问证明"，以证明其研发费用符合要求。
比利时	2014年开始，比利时科学政策办公室（BELSPO）负责对企业研发项目或研发计划是否属于合格研发活动的事前批准。
奥地利	2014年开始，企业申请研发税收抵免优惠必须由奥地利研究促进局（FFG）出具专家意见。企业在每个财政年度结束后，可以就本年度（或未来三年）的研发税收抵免在线填写申请，并由FFG免费评估研发项目的合格性。
葡萄牙	葡萄牙企业申请研发税收抵免必须事前通过国家创新局认证。
印度	印度企业享受研发费用加计扣除的研发设备，必须经印度科学和产业研究部（DSIR）的批准，有关折旧费才能进行加计扣除。对于研发设备，公司必须设立单独的会计账户对其进行核算，并开展年度审计，审计复印件在下一年度10月31日之前递交给DSIR秘书处。
南非	南非的研发税收激励计划由科技部（DST）、税务局（SARS）和财政部共同管理。企业必须先填报科技部编制的"研发税收激励事前申请表"，并由科技部和税务局有关人员组成的"评审委员会"进行事前审核，只有通过审核的企业才能向税务局申报有关优惠。
新西兰	2020年开始，新西兰引入了研发项目预先批准机制，企业需在研发项目开展当年向税务部门提出鉴定意见，获得鉴定意见后才可以申请研发税收优惠。如果企业研发费用超过200万欧元，研发项目鉴定将适用不同的流程。
挪威	挪威企业研发项目必须事前获得挪威研究委员会的批准，才有资格获得研究抵免。
德国	德国企业必须向"研究津贴认证中心（BSFZ）"提交其研发项目的认证申请。"研究津贴认证中心"由联邦教育和研究部授权，负责审查企业研发项目并颁发认证证明。 研发项目证明按照财政部与各州最高财政部门协商并经联邦经济事务和能源部以及联邦教育和研究部同意后规定的模式起草。

资料来源：作者整理。

（二）多数国家建立了研发税收优惠定期评估制度

为提高政策决策的精准性，多数国家对政策实施效果建立了跟踪和评估机制，部分国家的有关管理部门会对外发布政策实施情况和政策评估报告，这也成为各国不断完善研发税收优惠政策的基础。比如，英国税务与海关总署多次公开发布《研发费用税收优惠政策评估报告》；法国高教科研部、国家创新政策评估委员会多次公开发布研发税收抵免政策评估报告；澳大利亚2021年研发税收抵免新政出台就是基于2016年政府组织的全面评估结论；南非科技部负责每年对研发税收优惠政策效果进行评估分析，并向国会提交年度报告。

第二节
美国企业研究与试验支出税收政策

1954年起，美国联邦政府就允许企业研发支出在当期作为费用从应税收入中扣除；1981年开始，对企业研究与实验支出（以下简称“研究支出”[①]）增量给予税收抵免优惠（以下简称“研究支出增量税收抵免”），是世界上最早实施研发税收优惠的国家，但仅是暂时性政策；经过16次政策延期后，2015年，《保护美国人增加税负法案》（Protecting Americans from Tax Hikes，PATH ）明确规定该政策成为永久性政策。2016年，符合条件的小企业可将研发税收抵免额用于抵免企业为员工代扣代缴的工薪税。此外，美国约三分之二的州政府也制定了研发费用税收抵免优惠政策，其中多数都仅针对发生在本州的研发费用。

根据美国《国内税收法典》第41款“对研究活动增量的抵免”（Section 41：Credit for increasing research activities）和第167款“折旧”（Section 167：Depreciation），企业开展研发活动中发生的资本性支出适用加速折旧政策或一次性税前摊销优惠[②]，经常性支出则可适用研发税收抵免优惠。其中，研发税收抵免优惠包括：①企业从事合格研究活动中发生的合格研究费用（qualified research expenditure，QRE）超过基数的“增量”可享受税收抵免，抵免额的计算方法包括正常抵免法（Regular Credit）和替代简易抵免法（Alternative Simple Credit，ASC）两种；②企业委托合格研究组织开展“基础研究”发生的研究费用超过基数的“增量”单独按照20%抵免率计算抵免额；③企业委托合格能源研究团体开展能源研究的研究费用总额单独按照20%抵免率计算抵免额。

一、研究支出增量的一般税收抵免政策

根据《国内税收法典》第41款，美国企业在纳税年度从事合格研究活动发生的

① 如下文所述，该种支出并不是仅针对研究活动，但鉴于第41款标题为“对研究活动增量的抵免”，为简便，这里简称“研究支出”。

② 根据美国税法，企业一般采取“修正后的加速成本回收法”和“替代折旧法”两种对投资成本在一定期间内进行折旧或摊销。根据2017年底的美国税改，2017年9月27日至2022年底期间取得并投入使用的特定资产支出，当年允许100%费用化作税前列支扣除，2023—2027年底期间投入使用的符合条件的特定资产，允许继续费用化，但是费用化比例每年以20%递减。

合格研究费用，可以就“增量”部分申请税收抵免，且没有抵免上限，当年不足抵免部分可向后结转20年或向前转1年。2015年开始，符合条件的小企业还允许将研发税收抵免额用于抵免企业为员工代扣代缴的工薪税（payroll tax），但年度不能超过25万美元。此外，根据美国《国内税收法案》第280C条，企业获得的研发税收抵免额为应税收入，或者可选择适用较小的抵免率［抵免率×(1－企业所得税率)］。

（一）税收意义上的合格研究活动

1. 合格研究（qualified research）的界定和范围

首先，研究活动必须满足第174款中对R&E费用和R&E活动的要求；其次，从事研究活动的目的是获得技术信息，并应用新信息开发或者改良纳税人的商业组件（Business Component）；最后，研究活动要包括一系列试验检测流程。其中，商业组件是指纳税人在其商业或贸易中应用的任何待售、租赁或授权的商品、生产流程、电脑软件、技术、公式或发明；试验检测的目的与新功能或功能提升、运行表现、可靠性或质量相关，但不能与款式、气味、装扮、季节性设计等因素相关。

根据第41款，以下活动不属于“合格研究活动”：①产品商业化后进行的研究；②为了达到特定客户要求对现存产品或工艺流程的改造；③对现存产品或工艺流程的复制；④调查研究，包括消费者调查、效率调查、管理功能或技术相关研究、日常数据搜集、日常质量控制的测试；⑤用于内部使用的电脑软件开发；⑥在美国领土之外开展的研究活动；⑦在社会科学、艺术或人文学方面的研究；⑧由个人或政府资助的研究。

此外，企业研发项目在受个人或政府的资助、委托情况下，不允许申请研发税收抵免。

2. 合格研究的判断原则——四步测试

（1）《国内税收法典》第174款测试。研究活动首先必须满足第174款中对R&E费用和R&E活动的要求。

（2）探索技术信息测试（The Discovering Technological Information Test）。该项测试主要考察研究活动的目的是否是探索与技术本质相关的信息。如果研究的意图是消除与商业组件开发和改良相关的不确定因素，该项研究就是出于探索信息的目的；如果纳税人不能掌握关于商业组件开发和改良的方法、能力或合适的设计理念，不确定因素就会存在。

“合格研究活动”要想满足探索技术信息测试的要求，用于探索信息的实质性实验程序必须从根本上依赖于物理学、化学、生物学、工程学或电脑工程学[①]的原

① 与社会科学、哲学、艺术和人文学相关的活动不包括在内。

理。在实践操作中，如果研究项目成果获得了美国专利与商标管理局（Patent and Trademark Office）颁发的专利权证书，该项研究活动肯定满足此条款要求。

（3）商业组件测试（The Business Component Test）。纳税人必须将探索到的信息用于开发或改良纳税人的商业组件。其中，“商业组件”包括纳税人持有的任何用于出售、租赁、许可或使用的产品（product）、试制样品（Pilot Model）、加工过程（Process）、配方（Formula）、发明（invention）、技术（technique）、计算机软件（computer software）、专利（Patent）和类似的财产（Similar Property）。因此，纳税人必须能够将研究活动与相应的商业组件紧密联系，否则不得申请税收抵免。

（4）实质性试验检测程序（The Process of Experimentation Test）。实质性试验检测活动必须包括一系列试验，如检验、模型、模拟、系统化试验等，以评估一个或多个可达到结果的备选方案是否有能力或方法达到结果，或者试验是否有合适的设计方案，但这些方法、能力或设计方案在纳税人开始进行研究活动时具有不确定性。如果达到期望结果的能力或方法不存在不确定性，但达到期望结果的合适设计方案在纳税人进行研究活动时存在不确定性，纳税人仍然需要实质性试验检测。总之，实质性试验活动的目的就是解决“不确定性”。

（二）合格研究费用的范围与口径

与第174款适用的R&E支出范围相比，适用一般研发税收抵免的“合格研究费用”范围窄得多，仅包括直接R&E支出中的经常性支出（工资、物质供给和电脑软件成本）；不包括直接R&E支出中的资本性支出（资产折旧或摊销）、间接R&E支出（如日常管理费、水电等公用设施费）和其他支出。

具体地，“合格研究费用”仅包括两部分：纳税人自己从事研究活动发生的内部研究费用（in-house research expense）和纳税人委托合格研究活动发生的外部研究费用（contract research expense）。其中，前者可以100%计入合格研究费用；后者一般按65%计入。

1. 内部研究费用

（1）工资成本（wages for qualified services）：支付给从事合格服务的职工工资。其中，研发服务包括从事合格研究、对合格研究进行直接管理或直接支持，比如数据记录、模型构建、测试等。但外聘或派遣人员的工资成本不属于合格研究费用。

（2）物资供给成本（cost of supplies）：从事“合格研究活动”过程中有形财产的消耗支出，但不包括为取得或改良土地的成本、可计提折旧财产（depreciable property）的折旧或摊销费用。物资供给有关支出必须是在纳税人会计记录中（总分类账和工作汇总报告）并与合格研究活动直接相关的费用支出，如样品和试制用料

（prototypes and testing materials），旅行费、运费或特许费等都不包括其中。

（3）电脑租入成本（Rental or lease costs of computers）：进行合格研究活动时企业使用的第三方电脑所支付或发生的费用。

2. 外部研究费用

只要纳税人有权利享有研究成果，不管第三方研究是否成功，纳税人对于第三方进行的合格研究活动所支付的费用，都属于合格的外部研究费用，但计入合格研究费用的口径不同：

（1）支付给任何机构或个人的一般外部研发费用，按65%计入合格研发费用，其中跨年预付的合同研发费用应按合同实施期间进行合理划分。

（2）支付给合格研究团体的外部研究费用，按照75%的比率计入合格研发费用。其中，合格研究团体必须符合以下条件：第一，符合《国内税收法典》第501款免税要求的非营利（慈善）组织并免税；第二，主要从事科学研究活动；第三，非私人基金。

（3）支付给合格小企业、大学或联邦实验室的外部研究费用，100%计入合格研究费用。其中，合格小企业是指在过去两个纳税年度，有一年雇用的员工数量不多于500人的企业，且委托企业持股或资本和利润收益不能超过50%；大学是指符合有关规定的高等教育机构；联邦实验室是由1980年生效的《Stevenson-Wydler技术创新法案》所规定，包括由联邦部门拥有、租用或以其他方式使用并由联邦政府资助的任何实验室、联邦资助研发中心（FFRDC）或者依据《Stevenson-Wydler技术创新法案》第3705条款或3707条款成立的研发中心，不论运营者是政府还是承包商。

此外，《美国联邦税务法规》（Treasury Regulation）第1.41-2（e）条对外包研究费用的确定还规定了三步测试方法：①费用支付发生在合格外包研究执行之前；②研究是受托人代表委托人开展的合格研究；③即使研究失败，委托人也要承担费用。不论委托人对研究成果能否享有专有权，该外包研究都可以是合格研究。同样地，如果外包合同要求研究费用只有研究成功才予以支付，那么相关费用将被视为购买产品或研究成果，而不是为开展研究，因此不属于合格研究费用。

（三）合格研究费用“增量”适用的一般税收抵免优惠

第41款规定了两种抵免额计算方法——“正常抵免法（regular credit，RC）”和“简易抵免法（Alternative Simplified Credit，ASC）”，企业可以根据自身情况选择其一，一旦选定只有通过财政部同意才能更改。

1. “正常抵免法”

抵免额=20%×（合格研究费用-基数）。其中，20%是抵免率；基数=前4年总收入平均值×固定基数百分比，并且不能低于合格研究费用的50%。

固定基数百分比（fixed-base percentage）的确定则根据企业成立年份与合格研发费用发生年份的不同有所不同，但最高都不能超过16%，具体方法有两种：第一是"传统抵免计算法（traditional credit calculation）"，针对在1984年1月1日之前成立，且在1984年1月1日至1988年12月31日的五年期间最少有三年发生了合格研究费用和总收入的企业，固定基准百分比=1984年至1988年合格研究费用总额/同期总收入总额。第二是"新企业抵免计算法（start-up credit calculation）"，针对在1983年12月31日之后发生合格研究费用和总收入的企业，但直到1988年12月31日之前的五年期间发生合格研究费用和总收入的年数少于三年，固定基准百分比在其发生合格研究费用的前5个纳税年度为3%，之后每个纳税年度的计算较为复杂，具体见表2-5。

表2-5 新企业抵免法下的固定基准百分比

纳税年度	固定基准百分比
第1—5个年度	3%
第6个年度	1/6×（第4、5年合格研究费用总额/同期总收入总额）
第7个年度	1/3×（第5、6年合格研究费用总额/同期总收入总额）
第8个年度	1/2×（第5、6、7年合格研究费用总额/同期总收入总额）
第9个年度	2/3×（第5、6、7、8年合格研究费用总额/同期总收入总额）
第10个年度	5/6×（第5、6、7、8、9年合格研究费用总额/同期总收入总额）
第11个年度开始	第5—10年的6年中任选5年的合格研究费用总额/同期总收入总额

2. "简易抵免法"

抵免额=（当年合格研究费用－前3年合格研究支出平均值的50%）×14%。但如果企业在发生合格研究费用年度的前3年，没有任何1年发生过合格研究费用，则适用"特殊抵免规则"，即按照当年合格研究费用的6%直接计算抵免额。

（四）小企业研发税收抵免额的额外用途——抵扣工薪税

2016年开始，符合条件的小企业（qualified small business）可以选择部分研发税收抵免额用于抵免企业为员工代扣代缴的工薪税（payroll tax），但年度可用抵免额不能超过25万美元。

其中，合格小企业包括：第一，公司或合伙企业在某一纳税年度的总收入不超过500万美元，且该纳税年度前5年没有收入；第二，个人在某一纳税年度的总收入不超过500万美元，且其从事所有商业或贸易的收入要汇总核算。此外，合格小企业不包括适用501免税组织条款的公司；对于同一控制人名下的公司或关联公司，应视同为同一公司汇总计算收入；若公司成立时间短于1年，则其收入年化为12个月计算。

二、外包基础研究与外包能源研究适用单独的税收抵免政策

根据美国《国内税收法典》第41款，符合条件的外包基础研究费用和外包能源研究费用享受各自单独的税收抵免优惠政策。

（一）外包基础研究费用“增量”适用的税收抵免优惠

合格基础研究的界定：为获得科学新知识而开展的任何原始性实验，并且没有任何特定的商业目的。此外，该项基础研究必须在美国进行，且必须属于硬科学，即不涉及社会科学，艺术或人文科学的研究。

抵免额的计算：抵免额=（基础研究费用－基期数额）×20%。如果基础研究支出小于基期数额，则直接以支付给合格研究组织的研究合同金额为基础计算抵免额。

其中，“基础研究费用（basic research payment）”是指企业依据双方书面研究协议，对合格研究组织从事合格基础研究发生的现金支付。“合格研究组织”包括：①教育机构，包括高等教育机构和《国内税收法典》§170（b）（1）（A）（ii）规定的其他教育机构；②科学研究组织，主要从事科学研究活动，且必须符合《国内税收法典》§501（c）（3）要求和依据§501（a）免税的非私人基金；③科学免税组织，主要依据书面研究协议开展科学研究，几乎所有经费都来自财政拨款或与其签订基础研究合同的公司，且必须符合《国内税收法典》§501（c）（3）要求和依据§501（a）免税的非私人基金；④补助组织（Grant organizations），于1981年6月10日之前成立，主要依据书面研究协议进行基础研究，且必须符合《国内税收法典》§501（c）（3）要求和依据§501（a）免税。

“基期数额（base period amount）”的规定非常复杂，主要是指“基础研究最小额（minimum basic research amount）”[①]。“基础研究最小额”以两个数中的较大者确定：一是企业在基期阶段，内部研究费用与研究外包合同金额之和的平均数的1%；二是基期阶段外包基础研究合同金额，其中，“基期”是指：在1983年12月31日以后，纳税人第一个纳税年度开始之前的3个纳税年度。

---

① 根据第41款e（3），“合格研究机构基期数额”还包括“努力维护额（maintenance-of-effort amount）”，但非常复杂，所占比例也较小，因此此处不做介绍。

（二）外包能源研究费用总量适用的税收抵免优惠

企业支付给“能源研究团体”开展“能源研究”的研究支出，如果与企业某种贸易或商业有关，则可按照当年研究费用发生额的20%单独计算抵免额。

其中，“能源研究团体”需要符合以下条件：第一，是符合《国内税收法典》第501款免税要求的非营利（慈善）组织，且主要业务是从事能源研究活动；第二，为公众利益开展能源研究活动；第三，为非私人基金；第四，至少5位无关联关系个人为其支付能源研究相关费用；第五，任一个人支付的费用都不能超过该组织能源研发费用总额的50%。

三、税务管理、实施情况与政策评价

美国联邦政府不断完善“研究支出增量税收抵免”政策，特别是加强了政策简化、便利操作、支持小企业等，同时在支持基础研究和能源研究方面制定了特殊优惠。总体看，美国研究税收抵免在支持企业研发方面发挥了重要作用。

（一）税务管理

美国国内收入局（IRS）是研发税收抵免政策的管理部门。企业通过填制纳税申报表对“研究支出增量税收抵免”自行申请。虽然没有特别的核查或事前审批程序，但美国税务部门有一些提高政策执行确定性的特殊程序，例如预申报协议（PFAs）——拟申报研发费用税收抵免的企业，如果符合相关条件，在正式申报前可以申请税务部门进行审核。

检查外包研究合同是税务部门的重要稽查内容。其中，重要的稽查步骤是索取所有合同清单，以及申请税收抵免的合同研究费用。从合同清单中，税务部门选择要求查看的合同；当纳税人只有几个重要合同时，应要求查看所有合同，以确定是否满足相关法律要求。企业可以聘请当地律师帮助获取和解释这些外包研究合同。如果企业未按照检查要求提交合同，且未以书面等方式声明此合同并不存在，税务部门将会向企业发出传票。

（二）企业享受研究税收抵免优惠的基本情况

根据OECD数据，2018年，美国研发税收抵免减税233.35亿美元①。

① https：//www.oecd.org/sti/rd-tax-stats.htm。

根据美国官方统计的最新数据①（见表2–6），2014年，美国17824家企业享受了研究税收抵免优惠，获得的抵免额约125.68亿美元。其中，适用一般研究税收抵免的合格研究费用723.21亿美元，其中近70%的费用来自工资支付，15%是外包研究费用。根据美国税收分析办公室测算，美国在2017—2026年，研发税收抵免额将达1480亿美元②。

从产业看，制造业企业获得的税收抵免额占美国研究税收抵免额的61%（见图2–4）。在制造业细分行业中，根据获得抵免额多少依次排列：计算机与电子产品制造，化学产品制造，机械制造，电气设备、家用电器和元器件制造业。

从企业规模看，2013年，年收入在500万美元以下的中小企业在享受研究税收抵免的企业总量中占45%，在获得的税收抵免额总量中仅占5%；相比较1990年和2000年，两个占比均略有下降。相反，2013年，年收入在2.5亿美元以上的大型企业在享受优惠的企业总量中占比14%，分别比1990年和2000年多了7个和4个百分点；在获得的税收抵免额总量中占比高达75%，分别比1990年和2000年多了10个和8个百分点（见表2–7）。

此外，近些年，近半数企业由于经营亏损，当年抵免额无法在当年用掉，必须结转使用。根据美国财政部报告，2012年企业共有273亿美元的研究抵免额申请结转使用。③

表2–6　　2014年美国研究税收抵免优惠政策享受情况　　单位：千美元

	正常抵免法（RC）	简易抵免法（ASC）
对能源研究团体的支付	43405	133148
对合格研究组织的基础研究支付	245349	143628
合格研究费用	72321415	154341325
其中：为合格服务的工资支付	50295367	108388114
为合格研究的物质支付	11177687	23594059
为合格研究的电脑租用支付	84504	165997
外包研究支付（按可计入口径）	10769998	23190410
基数（RC）/前3年合格研究费用（ASC）	17219937	400287777
抵免额	4537225	7837722
合伙企业、S型公司、信托获得的抵免额	182651	

① https：//www.irs.gov/statistics/soi–tax–stats–corporation–research–credit.

② https：//www.treasury.gov/resource–center/tax–policy/tax–analysis/Documents/RE–Credit.pdf.

③ U.S.Department of the Treasury，RESEARCH AND EXPERIMENTATION（R&E）CREDIT，2016. 见 https：//www.treasury.gov/resource–center/tax–policy/tax–analysis/Documents/RE–Credit.pdf.

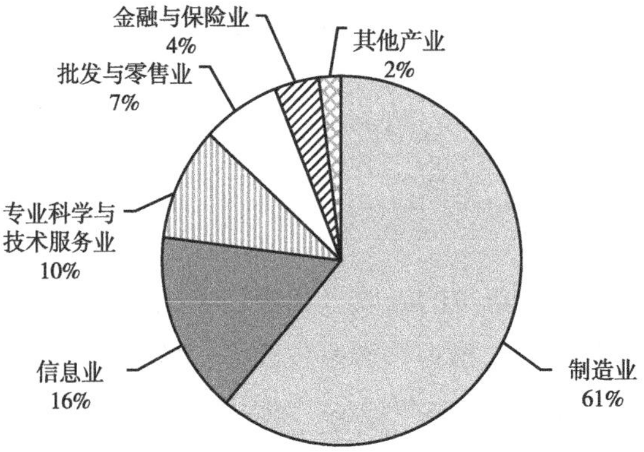

图2-4 美国产业获得研究税收抵免额分布情况

表2-7 美国不同规模企业享受研究税收抵免优惠的情况

企业规模（年收入、美元）	1990年		2000年		2013年	
	享受企业数（家）	获得抵免额（千美元）	享受企业数（家）	获得抵免额（千美元）	享受企业数（家）	获得抵免额（千美元）
低于2.5万	1284	31073	2107	289636	2421	244772
2.5万—10万	63	3427	308	30693	694	24264
10万—25万	371	9987	415	40779	618	22521
25万—50万	71	3842	229	35815	322	20526
50万—100万	499	10095	415	42609	444	30378
100万—250万	1503	27575	874	96840	1417	71616
250万—500万	1212	29735	1111	95813	1483	103260
500万—1000万	887	32113	1166	114590	1376	116394
1000万—5000万	1467	93170	1841	356658	3469	408682
5000万—1亿	369	49842	508	165028	1003	195505
1亿—2.5亿	345	88710	500	327490	1063	419955
高于2.5亿	628	1167711	1022	5482580	2314	9636559
总量	8699	1547279	10495	7078533	16624	11294432

（三）美国联邦政府对企业研发支出的税收优惠力度测算①

如前文所述，美国企业必须在以下两者中选择其一：就当年获得的研发税收抵免额缴纳企业所得税，或者选择研发费用增量适用较小的抵免率。按照税法，如果企业选择较小抵免率，在正常抵免法下为15.8%②，在简易抵免法下为11.06%③。因

① http：//www.oecd.org/sti/rd-tax-stats-united-states.pdf.
② 15.8%=20%×（1-21%），其中21%是美国联邦企业所得税率。
③ 11.06%=14%×（1-21%），其中21%是美国联邦企业所得税率。

此，美国在2017年税改中，降低企业所得税率至统一的21%，实际上有助于提高研发税收优惠力度。美国财政部相关报告显示①，美国在发生合格研究费用的企业中90%以上选择研究税收抵免，且多数选择简易抵免法，即使简易抵免法的优惠力度较低。

但总体上，美国的研发税收优惠力度较小。如图2-5所示，根据OECD测算，2019年，美国盈利企业（亏损）研发支出的边际税收补贴率（1-B指数）仅为0.05（0.04），远低于OECD成员国中小企业研发税收补贴率中位数0.19（亏损时为0.17）以及大企业研发税收补贴率中位数0.14（亏损时为0.1）。

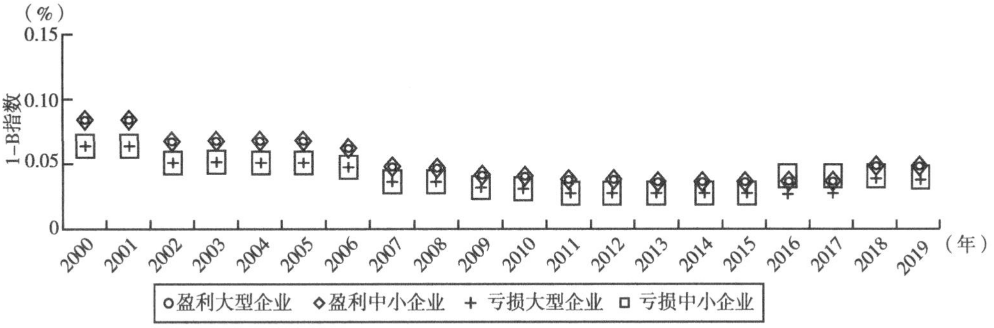

图2-5 美国企业研发支出的边际税收补贴率（1-B指数）

但美国政府对企业研发支出的总体资助力度较大，税收资助比重虽然仍低于财政资金直接资助的比重，但地位有所上升（见图2-6）。2014年，美国政府对企业研发支出的政府资助总额占GDP的比重约0.22%，远高于OECD平均水平。其中，税收资助总额占GDP的比重一直在0.05%左右；占政府资助总额的32%，比2000年上升了3个百分点，比2009年最低点上升了16个百分点。

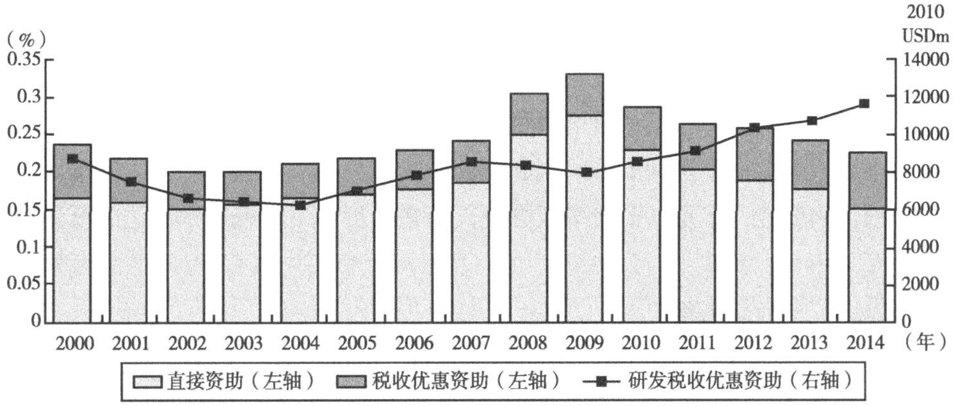

图2-6 美国联邦政府对企业研发支出的直接资助与税收资助

注：左轴：占GDP比重；右轴：税收资助总量，按2010年物价水平。

① U.S.Department of the Treasury，RESEARCH AND EXPERIMENTATION（R&E）CREDIT，2016.见 https：//www.treasury.gov/resource-center/tax-policy/tax-analysis/Documents/RE-Credit.pdf.

（四）政策评价

2016年，美国财政部对研究支出增量税收抵免政策的有效性进行了评价[①]。报告认为，研究税收抵免鼓励企业增加研发投入，此研发投入可以带来大于私人回报的社会回报，所以提高了社会整体经济效率。如果没有税收抵免，私人回报太低，将无法盈利。目前，实证分析未对于社会回报和私人回报进行精准估算，但有证据表明，美国研发投入仍低于最优水平，且研发的社会回报一般都大于私人回报。因此，美国研究税收抵免率可能过小，或者税收抵免政策的某些细节限制了其激励更多研发投入的有效性。

比如，较高的政策遵从成本影响了政策有效性的发挥。遵从成本主要来自：复杂的抵免额计算；研发证明材料的多年保存；税、企双方对该政策发生了较多的争议。当然，有些问题不可避免，比如合格研究的确定和证明，但有些问题可以通过政策的科学合理设计来解决。

此外，很多企业经营亏损，即使获得了研究税收抵免额，也无所得税额抵扣。这就使得研究税收抵免政策对企业增加研发投入的激励效果较弱。

对研发投入带来的社会福利收益进行测量确实比较困难，但在测量研究税收抵免政策的成本收益率（cost-effectiveness）方面研究颇多，并对企业研发投入的税收抵免资助与财政资金直接资助进行对比分析。如果1美元的税收抵免带来企业研发投入增加了至少1美元，则研究税收抵免至少与直接资助具有相同的成本收益率。现有的经验研究都证明美国研究税收抵免的价格弹性接近1，这说明美国研究税收抵免的成本收益率接近直接资助的成本收益率。但是，研究税收抵免政策下的研究投入分配与直接资助下的研究投入分配不同，因此两种政策下新增的社会福利不一定相同。

此外，美国研究税收抵免是增量税收抵免，这会减少抵免的平均成本，在某些情况下平均成本会低于边际成本，因此研究税收抵免政策的整体收益成本率可能高于测算的价格弹性。但是，对大多数纳税人而言，目前平均抵免率与边际抵免率之间的差距并不大。事实上，2013年，企业合格研究费用中只有3%的边际有效抵免率大大超过了平均抵免率。

财政部列举了美国研究税收抵免未来的主要改革方向：①废除正常抵免法，简化抵免额计算，同时将简易抵免法下的抵免率增至18%。②增加税收抵免可返还条款。现行增量抵免给企业带来享受优惠的不确定性，特别是在经济衰退时

---

① U.S.Department of the Treasury，RESEARCH AND EXPERIMENTATION（R&E）CREDIT，2016.见 https：//www.treasury.gov/resource-center/tax-policy/tax-analysis/Documents/RE-Credit.pdf.

期，企业研发投入下降、经营亏损，不可返还的税收抵免难以发挥对企业的资助作用。

第三节
英国企业研发支出税收优惠政策

1945年开始，英国政府就允许企业将用于研发的经常性支出和资本性支出（土地折旧除外）从企业当年公司所得税的应纳税所得额中全部扣除；1988年年起，对用于研发的资本性支出给予一次性摊销优惠；2000年起，实施“小企业计划”，对中小企业研发用经常性支出给予额外加计扣除优惠；2002年起，实施“大企业计划”，对大企业研发用经常性支出给予加计扣除优惠；2008年起，中小企业和大企业的优惠力度都逐步有所提高；2013年起，中小企业可以获得可返还税收；2016年起，“大企业计划”由研发税收抵免优惠（RDEC）代替，且不足抵免部分也可获得税收返还。截至2021年底，英国对企业研发投入的税收优惠包括三项：研发折旧计划（RDA）、中小企业研发费用加计扣除（SME R&D Relief）和大企业研发税收抵免（RDEC）。其中，研发折旧计划适用于企业研发用资本性支出，后两项优惠适用企业研发用经常性支出。[①]

一、税收意义上的研发活动界定

税收意义上的研发活动：一是要符合“一般公认会计原则（GAAP）”，包括《标准会计实务公告》（SSAP）第13条；二是要符合《税收意义上的研发含义指南》（Guidelines on the meaning of R&D for tax purposes，BEIS Guidelines）（以下简称《指南》）。《指南》以SSAP13原则为基础，最早于1988年由英国贸易与产业部基于《1988所得与公司税法案》发布实施，用以对税收意义上的研发定义给出解释说明。《指南》目前的最新版本由英国商业、创新与技术部（Department for Business, Innovation and Skills）于2004年发布，并于2010年修订。

---

① https://www.gov.uk/hmrc-internal-manuals/corporate-intangibles-research-and-development-manual/cird81000与https://www.gov.uk/capital-allowances.

（一）研发活动的概念

根据《指南》，企业为了寻求某种科学或技术上的进步（an advance）而开展项目（a project），直接促成了通过解决科学或技术不确定性而获得科技进步的活动就是研发活动。

其中，“科学或技术上的进步”主要是指在科学或技术的某一领域取得知识或能力上的进步。即使在某种进步没有取得或没有完全实现的情况下，相关研发活动仍然是研发；如果某种进步已经取得但并没有向社会公开（比如技术秘密），为取得该项进步的研发活动也是研发。

“直接促成的活动”包括：为解决科学或技术的不确定性而创造或改革软件、材料或设备；科学或技术规划；为解决科学或技术不确定性的科学或技术设计、测试和分析。

（二）研发活动的范围

根据《指南》，税收意义上的研发活动除了研发活动外，还包括符合条件的某些间接活动（qualifying indirect activity）。这些间接活动属于研发项目的一部分，但对解决科学或技术的不确定性不具有直接作用，主要包括：一是科技信息服务；二是诸如安全、管理、财务等间接性的支撑活动；三是从事研发所必需的辅助性活动，比如租实验室、研发设备的维护；四是直接支持研发项目所需的相关培训；五是由老师和研究人员在高校开展的相关研究；六是设计新的科学或技术测试、调查或抽样方法上的研究；七是对某项研发的战略方向进行的可行性研究。

《指南》同时规定以下活动不属于研发活动：①在社会科学、艺术、人文学科、质量控制、常规测试和分析领域的研究；②现有产品外观或形式上的变更；③操作性研究，例如对管理和效率的研究；④并非旨在解决科学或技术方面不确定性的修理工作；⑤与对专利权的应用、保护、转让或取得许可相关的法律和行政工作；⑥市场调查、市场测试、市场开发及销售推广活动；⑦科技信息服务（但作为某大型研发项目一部分的除外）；⑧常规性电脑维修与软件开发；常规医疗保健；⑨在对新产品和服务以及经改良后的产品和服务进行营销、生产和分销的过程中，所必需的商业和金融类活动；⑩一般性行政与支持服务。此外，除非特殊说明，石油、天然气的开采及评估也不属于研发活动。

（三）企业研发活动的主要判断原则

第一，研发项目是为寻求科学技术领域的进步。项目目标是对整个领域具有进步，而不仅是对企业自身。这意味着，某项进步在该领域第一次实现，不是现存的技术。但如果流程、产品或服务已由另一家公司开发，但不为公众所知或无法获得，相关项目仍然可以视为在寻求进步。

第二，相关专家也不能轻易实现上述科学技术的进步。企业应解释专家为何不能轻易实现上述科学技术领域的进步，比如展示为了获得该结果的失败尝试，或者说明参与该项目的专家都是领域内的著名专家。

第三，研发项目存在不确定性。专家在所有可能的证据前也不能确定科学技术的进步是否可以获得或者可以实现的路径。

第四，研发项目需要攻克上述不确定性。企业应说明研发项目的开展必须通过研究、测试和分析说明。

二、研发折旧计划（RDA）

根据英国2001年修订的《资本折旧法案》（Capital Allowance Act 2001），研发用资本性支出适用“研发折旧计划（R&D Allowance）”，允许研发用资本性支出（capital expenditure on R&D）在发生当年一次性摊销，也就是100%税前扣除①。

适用的主要条件包括如下：①研发活动必须符合《指南》要求，且石油、天然气的开采及评估活动也适用此项优惠；②研发活动必须与正在进行或即将进行的某项商业直接相关；③符合条件的研发用资本性支出主要是指研发活动中所需购置固定资产的支出，包括厂房或办公楼、机器、设备、设施（如汽车），但不包括土地支出；④研发用无形资产的支出（如购买专利）以及经常性支出中之后资本化的部分，并不适用此项优惠②。但技术秘密、专利可按照余额递减法在每个会计年度以25%的折旧率进行加速折旧③；而经常性支出中之后资本化的部分④同其他经常性支出一样，可以一次性100%税前扣除并享受加计扣除或税收抵免优惠。

三、中小企业研发费用加计扣除

英国政府认为，大企业虽然以其雄厚的资金和人才实力不断推陈出新，但往往

---

① 根据英国Capital Allowance Act 2001（CAA 2001），许多固定资产和无形资产（如专利、技术秘密等）都能享受加速折旧，多是允许采取余额递减法进行折旧（折旧率一般为25%）。但根据CAA 2001第6章“Research and development allowances”第441条款，研发用资本性支出可以一次性税前摊销。

② 分别见CAA 2001的第437、439、440、438条款。

③ 分别见CAA 2001第6、7章。

④ 英国对于研发费用的会计处理同中国相似。具体地，根据SSAP13，基础研究和应用研究的费用应在发生的当前确认为费用；开发研究的费用在满足一定条件的情况下可以资本化。

更注重改进现有生产线和降低生产成本，富有活力和创新精神的中小企业则更勇于投资于突破性创新。基于以上认识，英国政府于2000年首先对中小企业给予了研发税收优惠，之后不断加大优惠力度。

（一）可享受的税收优惠政策

第一，研发用经常性支出可税前加计扣除：2008年8月，加计扣除率由原来的50%提高到75%；2011年4月，再次提高至100%；2012年4月，提高至125%；2015年4月开始，提高至130%。

第二，“可转让损失（surrenderable loss）”可获得“可返还税收抵免（payable tax credit）”：抵免率在2008年8月之前为16%，之后经过多次下调，2012年4月为11%，但2015年4月开始，又提高至14.5%。

（二）中小企业的基本标准

为应对金融危机，扶持中小企业，2008年8月开始，英国政府放宽中小企业标准为：职工总数不超过500人，同时年营业额不高于1亿欧元或资产总额不高于8600万欧元[①]。

在计算职工总数、营业额或资产总额时，还需要判断该企业是否为独立企业（autonomous enterprise），是否有关联企业（linked enterprise）或者有合伙企业（partner enterprise）。如果该企业是独立的，只需以该独立企业为计算对象；如果该企业有关联企业，就需要将该企业和关联企业看作一个整体来计算；如果该企业有合伙企业，则须就该企业和其在合伙企业所在份额为整体来计算。对于后两种情况，只有“整体”满足职工总数、营业额或总资产的数量要求时，该企业才算符合中小企业标准。

其中，独立企业是指，该企业持有其他企业的资本或投票权（capital or voting rights）不足25%，同时（或者）其他企业持有该企业的资本或投票权也不足25%。但对于某些投资者，即使其持有份额超过25%，所投资的企业也可视为独立企业。这些投资者包括：公共投资公司和风险投资公司、天使投资人（对同一企业的天使投资不能超过125万欧元）、大学或非营利研究机构、机构投资者（包括地区发展基金）以及地方政府（独立且年预算不超过100万欧元，管辖居民不超过5000人）。

关联企业是指，该公司持有另一企业50%的投票权或者另一公司持有该公司50%以上的投票权。

---

① 2008年8月1日之前，中小企业执行欧盟标准，即职工总数不能超过250人，同时营业额不高于5000万欧元或总资产不高于4300万欧元。

合伙企业是指，如果两个公司不是关联企业，但是该公司持有另一企业25%以上的资本或投票权或者另一公司持有该公司25%以上的资本或投票权。

此外，中小企业需要满足“持续经营”（a going concern）要求。比如，企业最新的财务报告是基于持续经营所做的账务处理，且企业不是依靠研发税收优惠所获得的税收减免或抵免来维持其持续经营的。

（三）可加计扣除的研发用经常性支出范围与口径

总体来看，英国可加计扣除的研发用经常性支出的范围有所扩大。最初，符合条件的经常性支出只包括人员成本和消耗品（consumable stores）支出，人员成本仅包括直接从事研发活动的在职人员成本。《财政法案2003》（The Finance Act 2003）[①]首先将人员成本扩大到有关的非在职人员成本；《财政法案2004》进一步将软件使用支出以及水、燃气、电等易耗品（consumable items）支出纳入可加计扣除范围，但取消了消耗品支出的加计扣除；《财政法案2006》允许临床试验志愿者的报酬可加计扣除；《财政法案2015》允许研发与非研发共用的易耗品等支出可以按照合理比例核算属于研发支出的部分。但是，中小企业与大企业发生的研发用经常性支出中可享受优惠的费用范围有所差异。

1. 中小企业计划与大企业计划都适用的研发费用

（1）可享受优惠的研发费用具体包括：直接从事研发的人员成本、直接用于研发的易耗品支出、研发用软件支出和临床试验志愿者报酬（适用生物医药产业研发项目）等。研发与非研发共用的人员成本、易耗品支出和软件支出都可以按照一定合理比例分摊。

其中，直接从事研发活动的人员是指，直接和经常地参与符合条件的研发活动或间接活动的人员，公司运营部门的秘书和管理人员不属于合格人员。合格的人员成本包括：企业为符合条件的人员所支付的工资薪金，工资外的各种福利（如奖金、津贴、补贴等，但不包括实物福利），国家保险缴款（secondary class 1 national insurance contributions）和其他养老保险基金缴款（pension fund contributions）。此外，如果符合条件的人员是属于欧洲经济区（European Economic Area）内的其他国家（包括瑞士），在其他国家社保制度下，企业必须为员工缴纳的社保费用也属于合格人员成本；合格人员中非在职人员和派遣人员成本的65%可以计入合格人员成本。

易耗品主要是指可消费或可转化的物质或能源，比如水、燃气、电力、化学药品等，使用后不再保留物品的原始形态。

（2）需特别说明的费用。第一，与样机有关的费用：如果样机仅用于研发活

---

① 每年3月底4月初，英国财政部都会发布新一年的财政法案，内容涉及下一年的所得税的费用扣除、折旧等政策变化。

动，则样机的设计、生产与测试费用都属于可享受优惠的合格研发费用；但是，如果样机也用于销售，则只有设计、测试费用仍属于研发费用，相关的生产、材料费用则属于生产费用而非研发费用。因此，企业必须在生产费用与研发费用之间做好区分。第二，专利申请、维护、保护等相关费用不属于可享受优惠的研发费用，因为这些费用是研发活动结束后发生的。第三，其他不能享受该优惠的费用：商品和服务的生产与销售费用、固定资产费用、土地费用、专利与商品费用以及租赁费用。

2. 中小企业外包研发费用的65%可以加计扣除

外包研发的承担者（subcontractor）可以不是英国居民；外包工作也可以不在英国进行，并且可以不是研发活动，但必须是中小企业整体研发活动的一部分。但中小企业与外包研发承担者如果有关联关系（connected），可加计扣除的研发费用为以下两者间的较小者：一是企业支付给外包研发承担者的报酬；二是外包研发承担者开展相关活动发生的实际费用支出（该范围与可加计扣除研发费用范围一致）。

3. 中小企业以下研发费用不可以加计扣除但可以申请大企业研发税收抵免

一是从2008年8月1日起，中小企业每个研发项目接受的税收减免资助（aid）总额不能超过750万欧元；否则，所有相关研发费用都不能加计扣除。其中，税收减免资助是基于每个研发项目整个存在周期来计算的，资助额等于中小企业因“中小企业计划”和“疫苗研究计划”所获得的税收减免总额减去该企业如果享受“大企业计划”所能获得税收减免额的差额①。

二是中小企业作为其他企业或团体外包研发的承担者，所承担研发项目的所有研发费用都不能加计扣除。

三是中小企业研发项目如果得到了政府资助，如补贴、贷款、税收优惠、免费或低价使用政府资产等，且该政府资助属于已告知欧盟委员会的国家资助②（notifiable State Aid），所有相关研发费用都不能加计扣除。

四是中小企业研发项目如果得到了政府资助，且该资助不属于已告知欧盟委员会的国家资助，政府资助的研发费用不能加计扣除，但非政府资助部分可以加计扣除。

五是中小企业对独立研究的资助支出不能加计扣除。

（四）“可返还税收抵免”优惠

可享受研发费用加计扣除的中小企业，在一个会计年度内，如果出现了“可转

① 见CIRD81160。税收减免资助（aid）=TC+R+（P*CT）–N。其中，TC为在“中小企业计划”和“疫苗研究计划”下，中小企业在应纳税所得额不足抵扣时所获得的税收抵免额；R为符合条件的研发用经常性支出税前加计扣除部分所减少的应纳税额；P为在“中小企业计划”和“疫苗研究计划”下，中小企业已经申请但并没有计算进来的可加计扣除支出可能减少的应纳税额；N为同一符合条件的研发用经常性支出在“大企业计划”下可以获得的税收抵免额；CT是公司所得税率。

② 见CIRD81670。根据欧盟协议，成员国必须遵守国家资助规则（State Aidrules）。欧盟委员会负责制定规则，并要求成员国遵守，成员国的国家资助计划也须告知欧盟委员会。

让损失（surrenderable loss）”，就可基于可转让损失申请“可返还税收抵免（payable tax credit）”。该抵免额当年即可获得，且属于免税收入；如果当年未使用完，可以无限期向后结转使用。2021年，中小企业当年可获得的抵免额退款开始有上限，为2万英镑与企业缴款（代扣代缴工资税（PAYE）和社会保障费（NIC））3倍之和。

具体地，如果中小企业因享受研发费用加计扣除政策额外获得的加计扣除而出现了营业亏损（trading loss），该企业就存在“可转让损失”。“可转让损失”的具体数额为以下两者中的较小者：一个是可加计扣除研发用经常性支出的230%，另一个是企业当期在没有任何税收减免情况下的营业亏损（unrelieved trading loss）。2014年4月起，中小企业可就其“可转让损失”申请14.5%的税收抵免。

比如，2009年，符合条件的某中小企业，发生了符合“中小企业”计划的研发费用2万欧元，可按照230%税前扣除，因此税前共可扣除4.6万欧元。在不考虑研发税收优惠的情况下，企业当年的营业利润为3万欧元。此时，该企业便出现了营业亏损1.6万欧元，该营业亏损就属于“可转让损失”。企业可就1.6万欧元按照14.5%比率计算和申请税收抵免，共2320欧元。

四、大企业研发税收抵免

英国政府于2016年将“大企业计划”改为研发税收抵免优惠（RDEC），优惠方式由加计扣除优惠彻底改为税收抵免优惠。其中，大企业是指适用“中小企业计划”之外的其他所有企业。在RDEC计划下，大企业享受的优惠额度不会受到不断下降的企业所得税率影响，且亏损大企业也可以获得可返还税收。

（一）可享受的税收优惠

2008—2015年，大企业研发用经常性支出可以30%加计扣除；2013—2015年，大企业也可以申请研发税收抵免优惠，抵免额可返还，抵免率在2013—2014年为10%，2015年为11%，优惠方式一经选择不可更改；2016年4月开始，大企业研发费用加计扣除优惠改革为研发税收抵免，抵免率为11%；2019年抵免率上升至12%，2020年上升至13%。但同时规定大企业获得的研发税收抵免额为应税收入。

（二）税收抵免优惠适用的研发费用范围特别规定

如前文所述，合格的人员成本、直接用于研发的易耗品支出、研发用软件支出和临床试验志愿者报酬都可以用于计算大企业研发税收抵免。除此之外，大企业发生的以下研发费用也可以计入抵免额计算基数。

第一，大企业外包研发和其他服务的费用支出不能计入抵免额基数，但如果外包研发的直接承担者是符合条件的团体（qualifying body）或者自然人或者合伙人（每个合伙人是个人），该外包研发费用则可以计入抵免额计算基数。其中，符合条件的团体主要是指慈善机构、高等教育单位如大学、科研机构或者医疗服务机构。

第二，大企业如果是受不属于英国的其他大企业或者不以盈利为目的的个人的委托，成为这些企业或个人外包研发的承担者，相关符合条件的经常性支出可以计入抵免额计算基数；否则，不可以。

第三，大企业研发项目获得的政府资助可以计入抵免额计算基数。

第四，大企业对独立研究的资助支出（contribution）可以计入抵免额计算基数，但资助接受者同时为研究项目的执行者，必须为符合条件的团体（qualifying body）或者自然人或者合伙人（每个合伙人是个人），且不能与企业有关联关系，所开展的研究也必须与企业正在进行或打算进行的商业有关。

（三）税收抵免额的使用

大企业获得的税收抵免额可以按照以下顺序使用：

第一，研发税收抵免额首先用于抵免大企业当期的企业所得税纳税义务。

第二，如果第1步后抵免额有剩余，则采用“名义税（notional tax）”对其征税。名义税是基于当期会计年度的主要公司税率。如果第1步后的金额高于总抵免额减去名义税的金额，则公司应使用第3步的金额进行税收抵免。

第三，剩余的抵免额不能超过当期研发人员的工资和国家社会保险的金额；如果超过，该抵免额将转到下一会计期间。

第四，剩余的金额可以抵消任何会计期间公司未支付的税款。

第五，剩余的抵免额还可让渡部分或全部给集团内的其他成员公司使用。

第六，仍然剩余的抵免额可用来抵免公司应缴纳的其他税款，如增值税等。

第七，若还有剩余，公司也可申请现金退税。

五、税务管理、实施情况与政策评价

英国政府一直高度重视研发税收优惠，不断完善甚至改革相关计划。2008年世界金融危机之后，英国政府不断加大优惠力度；2015年之后，进一步加大优惠力度，无论对中小企业还是大企业，而且通过税收抵免、优先保证等制度改革增加企业享受优惠的确定性，通过可返还税收确保亏损企业也能收益。

（一）税务管理

英国税务与海关总署（HM Revenue & Customs，HMRC）是研发用经常性支出税收优惠政策的管理部门。2006年11月起，税务与海关总署在英国各地按邮政编码的地理定位，设立了“研发费用专家组（HMRC R&D specialist units)”，来帮助企业进行“小企业计划”和“大企业计划”的申请。目前，绝大部分申请都是在该组织的指导下进行，确保了企业历年申请的一致性、准确性和及时性。

2015年开始，HMRC引入“优先保证（Advance Assurance)”制度，获得“优先保证”的企业在未来三年内，研发税收优惠申请将不会受到任何调查。该制度基于自愿申请原则，申请对象可以是中小企业、计划实施研发活动或已实施研发活动的企业或集团，参与公开避税计划的企业或严重违约的企业不得申请。税务局收到企业申请后，将对企业具体的研发项目进行调查，调查方式可能是简短电话，也可能是现场调研。调查结束后，税务局将发邮件通知企业申请成功与否。因此，该项制度有助于企业专注于研发活动，不受政策干扰。

此外，HMRC还专门为中小企业制作了研发税收优惠申请指引①。中小企业研发费用加计扣除申请可以在研发活动会计年度结束后的两年内提出。如果研发项目跨年度，可以按年度分别申请。企业如果申请1—3个研发项目，必须提供所有项目的所有细节；如果申请4—10个研发项目，则可选择性提供至少3个项目的细节，并覆盖50%以上的研发费用。

（二）企业享受研发费用加计扣除和税收抵免的基本情况②

如表2-8、表2-9所示，英国企业申请研发税收优惠的企业数量、研发费用总额和税收减免额都大幅增加。2017年，英国共有47050家企业申请了“中小企业计划”和（或）“大企业计划”，获得的税收减免额约44亿英镑；享受优惠的研发用经常性支出约313亿英镑，其中大企业约占76%。

在税收优惠力度增加以及取消1万英镑最低研发支出限制的刺激下，2016年第一次申请“小企业计划”的企业达12120家，比2015年增长了15%；2016年第一次申请“大企业计划”的企业达1750家，与2015年基本持平。

---

① http：//www.hmrc.gov.uk/gds/cird/attachments/rdsimpleguide.pdf.

② https：//assets.publishing.service.gov.uk/government/uploads/system/uploads/attachment_data/file/837282/Research_and_Development_Tax_Credits_Statistics_October_2019.pdf.

如表2-10所示，享受研发税收优惠的企业研发费用占比不断上升。根据英国最新的企业研发投入调查数据，2016年英国接受调查的5500家企业研发投入约226亿英镑，HMRC公布的享受研发税收优惠的研发费用达到约323亿英镑。

表2-8 英国中小企业计划申请基本情况 单位：家、百万英镑

年份	研发费用加计扣除		可返还税收抵免		享受优惠的研发用经常性支出
	中小企业申请数量	企业所得税减免额	中小企业申请数量	税收抵免额	
2000	985	–	635	20	360
2001	1650	10	1130	90	890
2002	2370	30	1380	160	1140
2003	2940	30	1290	170	1130
2004	3120	40	1280	150	1150
2005	2960	50	1100	140	1090
2006	3230	40	1060	150	1280
2007	3760	60	1090	160	1530
2008	4180	70	570	180	1700
2009	4820	100	88	190	1740
2010	5460	140	800	190	1960
2011	6770	180	800	200	2260
2012	8810	230	1240	230	2670
2013	10245	320	2700	310	2940
2014	18480	355	4100	390	5110
2015	22160	350	6320	670	6505
2016	26010	715	7935	980	8000
2017	23640	865	7600	1240	8340

注：申请企业数量四舍五入到10，总数可能不等于各数的合计数。

表2-9 英国大企业计划申请基本情况 单位：家、百万英镑

年份	研发费用加计扣除		税收抵免		享受优惠的研发用经常性支出	申请大企业计划的中小企业数量
	大企业申请数量	企业所得税减免额	大企业申请数量	税收抵免额		
2002	630	180	–	–	2620	60
2003	920	330	–	–	4520	120
2004	1090	390	–	–	5250	220
2005	1200	440	–	–	5960	290
2006	1320	480	–	–	6390	350

续表

年份	研发费用加计扣除		税收抵免		享受优惠的研发用经常性支出	申请大企业计划的中小企业数量
	大企业申请数量	企业所得税减免额	大企业申请数量	税收抵免额		
2007	1640	550	–	–	7350	400
2008	1810	720	–	–	9100	440
2009	1830	670	–	–	7990	490
2010	1960	740	–	–	8910	530
2011	2150	770	–	–	9580	510
2012	2380	770	–	–	10490	580
2013	1675	310	1115	600	12290	955
2014	1335	130	2390	525	20420	1980
2015	915	75	2915	1315	23085	2695
2016	–	–	3805	1805	22490	3480
2017	–	–	3070	1950	20520	3485

注：申请企业数量四舍五入到10，总数可能不等于各数的合计数。

表2-10　　英国企业研发费用　　单位：亿英镑、%

年份	研发支出（基于5500家企业的研发调查数据）	享受研发税收优惠的研发费用	调查数据占享受优惠研发费用的比重
2005	137	72	53
2006	141	78	56
2007	157	90	57
2008	158	109	69
2009	155	103	66
2010	16	110	69
2011	175	120	69
2012	174	133	77
2013	186	152	82
2014	200	244	122
2015	210	284	135
2016	226	323	143

（三）研发税收优惠力度测算与总额[①]

根据OECD测算，如图2-7所示，英国中小企业与大企业研发的边际税收补贴

① http：//www.oecd.org/sti/rd-tax-stats-united-kingdom.pdf.

率（1-B）不断提高，且无论盈利还是亏损，优惠力度都相同。2019年，英国中小企业（盈利与亏损）研发的边际税收补贴率达0.27，远高出OECD成员国中小企业研发税收补贴率中位数0.19（亏损时为0.17）；大企业（盈利与亏损）研发的边际税收补贴率为0.11，小于OECD成员国大企业研发税收补贴率中位数0.14（亏损时为0.1）。

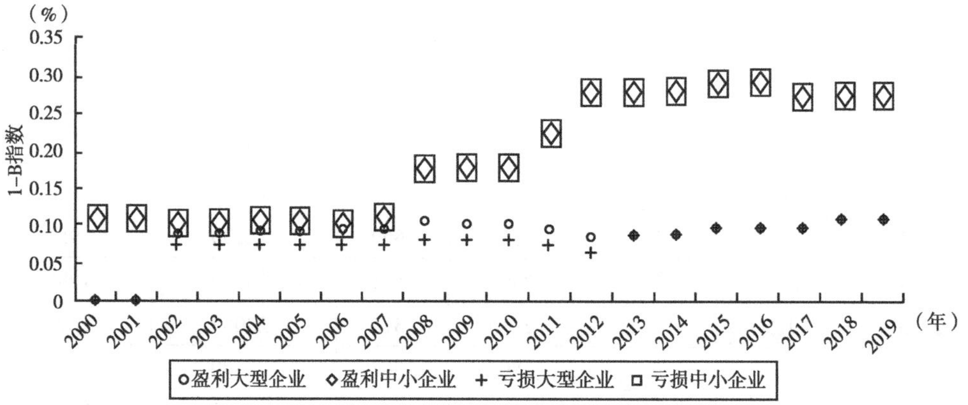

图2-7 英国企业研发边际税收补贴率（1-B指数）

2000年以来，相比较英国政府对企业研发投入的直接资助，对企业研发用经常性支出的税收资助，无论在总量还是相对量上，重要性都不断提高（见图2-8）。2016年，英国企业获得的研发用经常性支出税收优惠减免额度最高，达39.93亿英镑，是2000年7.51亿英镑的5.32倍。2017年，研发税收资助占GDP比重达0.21%，比2006年的0.05%增长了320%；占企业政府资助总额的比重达71%，比2006年的39%增长了82.05%。

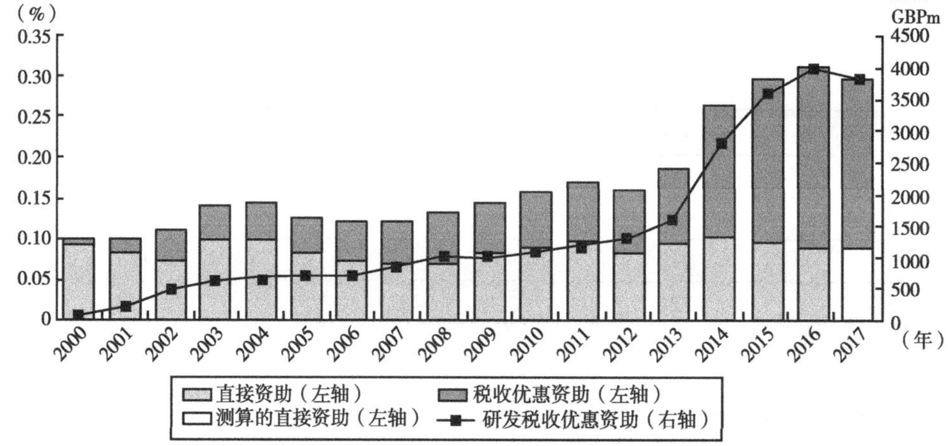

图2-8 英国政府对企业研发的直接资助与税收资助

注：左轴：占GDP比重；右轴：税收资助总量，按2010年物价水平。

（四）政策评估

2010年与2015年，HMRC分别发布了两次《研发费用税收优惠政策评估报告》[①]，对2000年以来该政策的执行情况与效果进行了定量分析。通过计量经济模型分析研发费用加计扣除政策带来的企业研发支出增加量与税收收入减少额（税收成本）之比，即成本效益率。结果显示，2003—2007年，成本效益率在一个较宽的区间内，为0.41—3.37，这表示1英镑的税收成本带来0.41—3.37英镑的企业额外研发支出；2012—2013年1英镑的税收成本带来1.53—2.35英镑的企业额外研发支出。

第四节
日本企业研究开发促进税制

日本中央政府早在1967年就制定了激励企业研发投入的企业研发促进税制，并根据政策效果、科技创新发展特点与需求等进行多次重大改革[②]。2000年以来的重大改革包括：日本企业研发促进税制起初仅对中小企业的研发费用增量给予税收抵免；2003年开始引入研发费用“总量优惠”，并允许大企业享受该优惠；2006年开始采用“总量优惠”与“增量优惠”相结合的混合型税收抵免方式；2008年，企业研发投入强度大于10%时，可选择更高税收抵免率的研发税收优惠；2015年，未用完抵免额不允许结转；2017年，增量优惠彻底取消，总量优惠方式下的税收抵免率由企业研发强度和研发费用增长率共同决定；2019年3月，为切实推进第四次工业革命，提高企业研发投入的“量”和“质”，构建自主创新生态系统，日本在2019年税制改革法案中，对企业研发税收抵免政策再次进行了较大调整。2019年重大调整主要包括：①提高研发费用增长率门槛，但同时提高最大抵免额上限，进一步提高研发投入的“量”；②引入促进“开放式创新”和“服务研发”的特殊优惠政策，进一步提升研发投入的“质”。截至2021年底，日本“研究开发促进税

① https://assets.publishing.service.gov.uk/government/uploads/system/uploads/attachment_data/file/413629/HMRC_WorkingPaper_17_R_D_Evaluation_Final.pdf.

② 日本地方政府也制定有企业研发税收优惠政策，但中央政府的优惠政策占企业研发税收优惠总额的99%。

制”仅适用于提交蓝色申报表①的纳税法人，且包括“总额型税收抵免”“中小企业技术强化税收抵免”②“额外研发抵免”与“特殊研发抵免”多项税收制度（政策）。据OECD数据，2019年日本研发促进税制为企业减税53.79亿美元（当年汇率）。

一、一般研发税收抵免制度

一般研发税收抵免制度是指总额型税收抵免、中小企业技术强化税收抵免与额外研发抵免。

（一）主要政策内容

1. 蓝表企业研发费用的总额型税收抵免制度

蓝表企业以合格研发费用总额乘以抵免率计算抵免额，冲抵当年应纳企业所得税。抵免率为6%—14%，具体确定取决于研发费用的增减情况（见表2-11和图2-11）。

但是“大规模法人”若同时符合下述条件，则不适用该项研发税收抵免政策。

（1）符合下述任何一个条件：①持续就业人员工资等实际支出额>持续就业人员工资等参考支出额；②国内设备投资额>当期折旧费总额的10%。

（2）在当年成立或合并，且当期应纳企业所得税额>前期企业所得税额。

“大规模法人”是指满足以下任一条件的公司：①注册资金本超过1亿日元；②常年工作雇员超过1000人；③为大法人的全资子公司；④全部已发行股份由2家或多家大法人持有。其中，大法人是指公司注册资本金不少于5亿日元的法人。

---

① 蓝色申报制度是第二次世界大战之后，日本为了进一步完善纳税申报制度，提高税收征管效率而采用的一项特殊的纳税申报方式。它是指纳税义务人经税务机关许可后，依据税收法规的相关规定，采用蓝色申报表缴纳税款的一项制度，采用蓝色申报表的纳税义务人可以享受到比普通纳税人更多的税收优待。蓝色申报制度对于鼓励和引导纳税人建立健全会计账簿、依法申报纳税发挥了积极的作用。只有在获取纳税所在地税务机关许可之后，纳税义务人才能采用蓝色申报表申报纳税。税务机关收到纳税义务人提交的申请书后，主要考察申请者是否满足以下条件：纳税义务人按照大藏省的有关规定进行账簿文书设置，记录其收支活动和全部交易行为，并对账簿妥善保存。纳税义务人设立的账簿文书如实反映其真实的交易情况，没有假账或其他不真实的记录。距离上一次被取消或停止使用蓝色申请表资格之日已满一年。纳税义务人满足以上条件，税务机关就应该批准该申请。

② 在2003年改革之前，大企业仅能享受增量税收抵免；小企业则可以同时享受中小企业强化税收抵免与增量税收抵免；在2003年的改革中，大企业的研发支出总量也开始享受税收抵免，但抵免率仅为10%，低于中小企业强化税收抵免中15%的抵免率；但2006年开始，中小企业强化税收抵免制中的抵免率下调到12%，仅比大企业可以享受的总量税收抵免制中10%的抵免率高2个百分点；2017年税制改革后，中小企业研发的优惠力度与大企业相比又有所扩大。

表2-11 日本蓝表企业研发费用税收抵免计算

研发费用增减比率A	税收抵免率B	最大抵免额C
A>8%	9.9%+（A-8%）×0.3（最高14%）	应纳税额的25%；对创业公司为40%
A≤8%	9.9%-（8%-A）×0.175（最低6%）	

注：（1）B值保留小数点后面3位。

（2）如果企业在当年刚成立或者研发费用没有增加变化，则B值为8.5%。

（3）根据2019年税制改革法案，抵免率最高14%为临时措施，政策有效期至2021年3月31日。目前，抵免率最高为10%是永久措施。

（4）研发费用增减比率=（当年合格研发费用-当年研发费参考额）/当年研发费参考额；当年研发费参考额=前3年度研发费用总额/3，其中3年中每年须满12个月。

（5）创业公司是成立不满10年，在当期存在亏损，并且可以将亏损结转到下期的蓝表法人。大企业子公司除外。

2. 中小企业技术强化税收抵免制度

中小企业研发费用适用的抵免率为12%—17%，具体确定取决于研发费用的增减情况（见表2-12和图2-9）。其中，中小企业除了不能是“大规模法人”外，还需要同时满足以下两个条件：①中小企业没有由一家“大规模法人”持有超过50%股权，或者没有超过2家“大规模法人”持有超过2/3股权；②3年平均所得额超过15亿日元，其中3年平均所得额=前3年度所得额总额/3（3年每年需要满12个月）。

表2-12 日本中小企业研发费用税收抵免计算

增减比率A（A≥0%）	税收抵免率B	最大抵免额C
A>8%	12%+（A-8%）×0.3，最高为17%*	应纳税额的35%*
0%<A≤8%	12%	应纳税额的25%

注：*根据2019年税制改革法案，抵免率最高17%为临时措施，政策有效期至2021年3月31日。目前，抵免率最高为12%是永久措施。

*根据2019年税制改革法案，该政策有效期至2021年3月31日。

3. 额外研发抵免制度

如果企业研发投入强度超过10%，“总额型税收抵免”和“中小企业技术强化税收抵免”制度下适用的税收抵免率按照表2-13中的方法计算。其中，研发投入强度=当年合格研发费用/平均销售收入，平均销售收入=当年和前3年销售收入总额/4（4年每年需要满12个月）。目前，根据2019年税制改革法案，该政策有效期至2021年3月31日。但临时措施有可能成为永久措施，也有可能继续延期。

表2-13　　日本蓝表企业额外研发费用税收抵免计算

税收抵免率D	B+B×（研发投入强度-10%）×0.5
最大抵免额E	C+应纳税额×（研发投入强度-10%）×2

注：（1）［（研发费用比率-10%）×0.5］上限为10%。

（2）［应纳税额×（研发费用比率-10%）×2］的上限为“应纳税额×10%”。

（3）D值保留小数点后面3位。

因此，如果企业研发投入强度超过10%，在额外研发税收抵免制度下，一般企业和中小企业都将获得更高的抵免率（见图2-9和图2-10）。

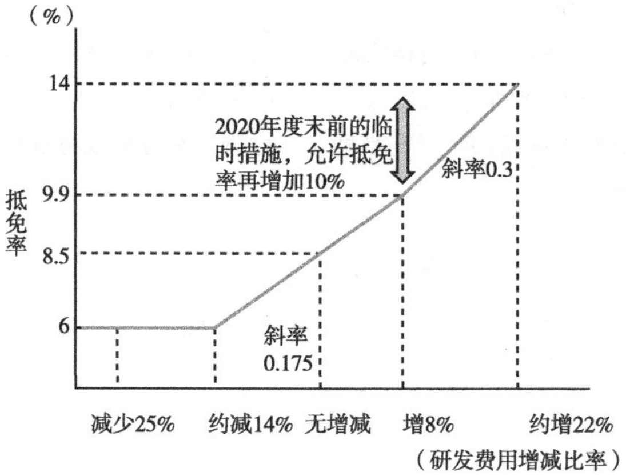

图2-9　日本蓝表企业研发费用适用的税收抵免率

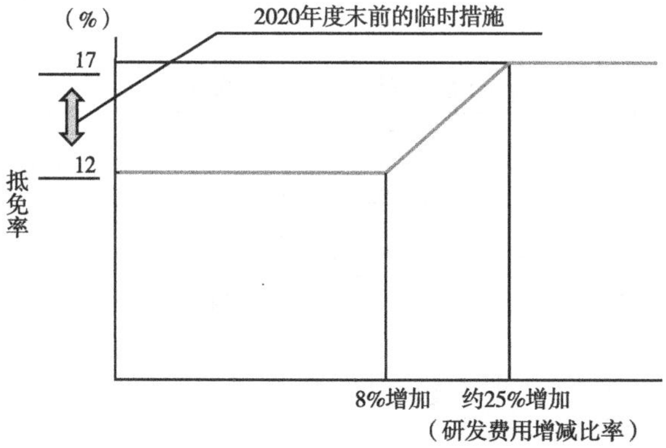

图2-10　日本中小企业研发费用适用的税收抵免率

（二）合格研发活动

日本研发促进税制针对的研发活动是指工学、自然科学的基础研究、应用研究、技术开发和产业化；不一定要以新产品、新技术为对象，即便是为了改进已在生产阶段的产品、已有技术的实验研究也属于本制度范围内。相反，与“产品生产、技术改进、创新观点或发明”无关的人文、社科研究均不在本制度范围内。

以《科学技术基本法》的规定为例，研究活动具体分为以下三种：①基础研究：为发现和证明自然界中存在的科学事实（理论、规律、物质、属性、性质、现象等）而进行的研究。②应用研究：针对某一特定目标，利用基础研究发现的知识，确定该目标实用化的可能性；或除了已有实用化方法外，探索是否还存在新的应用方法而展开的研究。③开发研究：利用基础研究、应用研究和实际经验所获取的知识，为导入新材料、装置、产品、系统、工艺等事项，或是为了改进这些已有事项而进行的研究。基础研究、应用研究是成为产品前的研究活动，需要耗费大量时间与成本，大部分在大学或公共机构进行；与之相比，大部分开发研究都由企业展开。

此外，日本研发促进税制不要求对研发项目进行确认或审批，企业只需提交有关税收优惠明细申报表即可。

（三）合格研发费用范围与口径

合格研发费用主要是指与“产品生产、技术改进、创新观点或发明”相关且在每个财年可以在企业所得税税前扣除的研发费用。主要政策要点如下：

1. 不属于合格研发费用的支出

一是从外部获得用于研发的费用，比如委托研究报酬、补贴等；二是与“产品生产”或“技术改进、创新观点、发明”无关的研究费用，比如与提高业务效率、改善经营组织相关的费用；三是与提升销售技巧、改进方法或扩大销路相关的费用；四是单纯花在产品设计创意上的费用；五是计划在已有产品上加入特殊标识，为获得相关批准而产生的数据收集等临床试验费。

2. 合格研发费用支出：与产品生产、技术改进、创新观点或发明相关的合格研发费用

一是研发耗费的原材料费、人事费用与其他经费；二是以研发为目的，向外部支付的委托研发费；三是支付给技术研究协会①的会费；四是研发用资产的折旧费。其中，属于“其他经费”中的外部订货费用仅限于外部厂商的原材料费、人事费用和与研发直接相关的经费，不包括厂商进行二次外包产生的费用。此外，委托研发费用也仅限于第一项费用中所指的原材料费、人事费用与其他经费。

---

① 技术研究协会，指会员为了自身利益，与其他会员联合研究产业技术，并提供研究员、研究费用和设备等要素，研究成果由会员共同管理、共同享有。

3. “人事费用”主要含义与范围

人事费用是指“拥有专业知识，专门从事该实验研究业务的人员”费用开支。具体包括以下费用：①工资、薪金、各类津贴；②奖金；③退休金；④法定福利费，包括健康保险法、雇用保险法等单位承担部分；⑤福利保健费，如医疗、卫生，保险等员工福利保健费用。但教育培训费、招聘费等伴随雇用发生的间接费用不包括在内。

其中，“专门从事”是指需符合以下条件：①该人员的专门业务就是研发，比如研发部门的职员或研究员等；②全程参与研究项目的人员；③针对兼任数个业务的员工，必须满足以下全部要求：a.在自身负责的业务开展期间，能利用专业知识专门参与研发项目。相应业务是指记载于研究项目计划中的业务（阶段），包括设计、试制、开发、评估、分析、收集数据等；b.该负责人负责的业务对整个研发而言不可或缺，而且该负责人的专业知识在该业务中也不可或缺；c.该负责人的实际工作情况与研究项目计划相符，且负责业务时间达到一定长度，约1个月（实际工作日约20天）以上[①]；d.该负责人负责的业务有明确划分，并且该业务相关人事费用有合理计算。因此，如果某员工“的确专门负责相应业务了，但没有贯穿研发全程”，或是“有段时间专门负责相应业务了，但有段时间又兼任研究开发以外的业务”，都需要在优惠政策申请时，提供能够明确记录兼任人员从事该项研发的时间和费用的工作记录等文件。

此外，在中小企业，董事参与研发项目并发挥核心作用的事例比较常见。如果在某项研发项目的开展过程中，董事与公司其他研究人员一样从事具体研发工作，并满足“拥有专业知识，专门从事实验研究的人员”条件，则该董事的薪酬也可纳入研发费用。但可以纳入研发费用的董事薪酬金额，必须以该董事实际从事研发业务的工作为基础，参考公司其他研究员的人员费用来计算。

4. “折旧费用”主要含义与折旧年限

折旧费用是企业出于研发目的而购置机械装置的折旧费用。“研究开发用折旧资产”因其用途特殊，日本另外列出了此类资产的折旧年限表（见表2-13）。与一般用途的折旧资产相比，“研究开发用折旧资产”的折旧年限更短。其中，“研究开发”是指“企业专门为了制造新产品、发明新技术，或对当前正在商业化的技术进行重大改进而进行的实验研究”。换而言之，如果某折旧资产不是为了制造新产品、发明新技术，或对当前正在商业化的技术进行重大改进而使用，则该资产就不属于“研究开发用折旧资产”。对于同时用于其他用途的资产是否适用表2-14，需要具体根据该资产在研发中发挥了多大作用而判断。

---

① 除了一般连续从事时间以外，在项目推进过程中某些特殊业务也许无法连续展开，只能间隔性进行。如果出现这种情况，负责人在该业务展开期间专门从事该业务的总时间也可纳入人事费用范围。

表2-14　研究开发用折旧资产的折旧年限表

<table>
<tr><th colspan="2">种类</th><th>细目</th><th>折旧年限</th></tr>
<tr><td colspan="2">建筑物及附属设施</td><td>专门内部设计或建筑物附属设备，以使建筑物全部或部分成为低温室、恒温室、消声室、电磁屏蔽室、放射性同位素实验室或其他特殊空间</td><td>5年</td></tr>
<tr><td colspan="2" rowspan="2">构造物</td><td>通风管道、实验用水槽，测试水箱和阻隔墙</td><td>5年</td></tr>
<tr><td>天然气或工业化学品贮槽、天线、电线塔和其他特殊用途物品</td><td>7年</td></tr>
<tr><td colspan="2">工具</td><td></td><td>4年</td></tr>
<tr><td rowspan="3">设备</td><td>器具用品</td><td>测试或测量设备、计算设备、相机和显微镜</td><td>4年</td></tr>
<tr><td>机械设备</td><td>通用泵、通用型发动机、通用金属机床、通用金属加工机械等与其他类似设备</td><td>7年</td></tr>
<tr><td>其他</td><td></td><td>4年</td></tr>
<tr><td colspan="2">软件</td><td></td><td>3年</td></tr>
</table>

二、新的有偿服务研发适用一般研发税收抵免制度

2019年，日本政府将“新的有偿服务研发”视为一般研发活动允许相关费用享受一般研发税收抵免制度。

（一）新的有偿服务研发含义与界定

有偿服务研发必须是在下述四项活动全部开展的情况下才符合条件，此种研发也被认为是与“利用大数据等技术的工业4.0新服务开发”相关。四项活动包括：①数据的收集：利用传感器等技术，自动收集各类数据；②数据的分析：信息分析专家利用AI等信息分析技术进行数据分析；③服务的设计：利用数据分析所得出的一定规律，设计新的服务；④服务的应用：确定服务是否能作为商品推出。企业只要在计划阶段决定同时进行这四项活动，即便在财年度末之前四项活动未全部完成或者研发活动中途停止，该项目仍属于四项活动全部开展的服务研发活动。

需要特别说明的，“有偿”是指以销售给他人为目的的服务开发，因此为了提高企业自身业务水平等目的进行的服务开发不在此范畴内。但是，如果企业内部使用的某服务原本是为了销售给他人而开发的，则该服务属于“有偿”范畴。“新的服务”是指以前从未提供过的服务。因此，针对已有服务的改进或效率提升等不在此范畴。但若在已有服务中加入新的内容或研发出新的供给方法，则该劳务也属于“新服务的研发”。

以下是符合条件的“新的有偿服务研发”的四个典型案例：

自然灾害预测服务	农业支援服务
利用无人机收集和分析山地地形、土壤泥沙、降雪等情况提供确切的自然灾害预测服务	利用传感器细致收集和分析农地温度、湿度等情况发布有效农耕信息
医疗服务	观光服务
利用可穿戴设备细致收集和分析个人健康状态发送守护个人健康的信息	利用无人机、人造卫星细致收集和分析自然界或生态系统等信息发布观光信息（极光、鲸鱼观赏时节等信息）

（二）新的有偿服务研发费用范围

此类研发费用是指，在经过一定步骤“开发新的有偿服务”过程中，耗费在研究开发上，且在每个财年纳入企业所得税税前扣除的研发费用。主要包括三项内容：一是为进行研发耗费的原材料费、人事费用与其他经费；二是以研发为目的，向外部支付的委托研发费；三是研发用资产的折旧费。其中，有关“其他经费”和“委托研发费用”的规定与一般研发税收抵免中合格研发费用的相关规定一致。同样，从外部获得的研发费用，不属于合格研发费用。

特别说明，此处的“人事费用”仅针对专门从事研发业务的信息分析专家。“信息分析专家”是指，具备分析信息所需的概率论、统计学和信息处理知识，以发现一定规律为目的而分析收集数据的专家。“信息处理”是指利用电子计算机（仅限数字式电子计算机）进行信息计算、信息检索以及其他类似的处理。

三、开放式创新适用新的特殊研发抵免制度

特殊研发抵免制度针对“开放式创新”，即企业与其他特定机构进行委托研发或联合研发或使用特定中小企业知识产权开展研发发生的特殊研发费用，都可以按照特殊抵免率单独计算税收抵免额。

（一）主要政策内容

2019年开始，特殊研发抵免的最大抵免额为应纳税额的10%（之前为5%）；若按照特殊研究抵免制度计算的抵免额超过了最大抵免额上限，则超出部分可纳入“总额型研发抵免税制”或“中小企业技术强化税制”适用的研发费用。但已享受

特殊研发抵免的特殊研发费用不可再重复享受“总额型研发税收抵免”或“中小企业技术强化税收抵免”。特殊研发抵免制度的适用范围与税收抵免率如表2-15所示。

表2-15　日本特殊研发税收抵免计算

<table>
<tr><th colspan="2">特殊研发抵免制度的适用范围</th><th>税收抵免率</th></tr>
<tr><td rowspan="5">联合研发</td><td>国家级研究机构</td><td rowspan="2">30%</td></tr>
<tr><td>大学</td></tr>
<tr><td>研发创业公司（2019年新增）</td><td>25%</td></tr>
<tr><td>其他合作对象（民营企业等）</td><td rowspan="2">20%</td></tr>
<tr><td>技术研究协会</td></tr>
<tr><td rowspan="5">委托研发</td><td>国家级研究机构</td><td rowspan="2">30%</td></tr>
<tr><td>大学</td></tr>
<tr><td>研发创业公司（2019年新增）</td><td>25%</td></tr>
<tr><td>中小企业等（包括公益法人）</td><td rowspan="2">20%</td></tr>
<tr><td>其他（特定企业之间）（2019年新增）</td></tr>
<tr><td colspan="2">关于孤儿再生医疗产品的研发</td><td rowspan="2">20%</td></tr>
<tr><td colspan="2">关于特定用途的医疗产品的研发</td></tr>
</table>

1. 特殊研发抵免制度适用的研发类型

在委托研发中，如果受托方不是国家级研究机构和大学，该委托研发必须满足以下两个条件：①研发类型属于基础研究或者应用研究；②委托研究中必须使用受托方的知识产权等权利。此外，从2019年开始，委托给大规模法人企业的委托研究以及大规模法人企业之间的委托研究也适用本制度。特定企业主要是指大企业。

2. 特殊研发抵免制度对合作对象的条件规定

（1）中小企业等是指符合下述①中任何一条的企业，但满足②中任何一条的企业除外。同时，利用知识产权进行研发时，对象仅限于①a.的中小企业等单位，但同时满足②中所有条款的企业除外。①a.中小企业等单位是指提交蓝色申报表的个体户、提交蓝色申报表的法人和合并纳税的中小法人；b.法人税法附表二列举的法人，具体包括公益社团法人、公益财团法人、一般社团法人（仅限非营利型）、一般财团法人（仅限非营利型）、学校法人和社会医疗法人等；c.国家机构；d.地方公共团体及其机构；e.独立行政法人和地方独立行政法人。②a.申报法人拥有合作方法人超过25%已发行股份，合作方法人包括在合并财务报表中处于完全支配关系的各关联子公司。b.合作方法人拥有申报法人超过25%已发行股份。若合作方是合并财务报表中的母公司，则在该合并财务报表中处于完全支配关系的各关联子公司也包括其中；若合作方是合并财务报表中的子公司，则母公司以及与该母公司处于完全支配关系的各关联子公司，均包括其中。c.合作方与申报法人处于支配关系（法人税法第2条第12款第7项第5目所规定的支配关系）。d.大学、特别研究机构等。

（2）研发创业公司是指符合下列任一条件的公司。第一，根据《产业竞争力强化法》，用获得经济产业大臣指定的创业投资基金进行投资的创业企业，具体如图2-11所示。第二，满足下述所有条件的特别研究开发法人或高校创业公司：①通过下述任一方法获得投资：一是获得指定国立大学基金出资（母基金除外）；二是根据科学技术和激发创新活力相关法律，获得特别研究开发法人的直接投资。② 公司董事在特别研究开发法人、大学等担任职务。③上述出资低于5亿日元，且在近十年内获得。

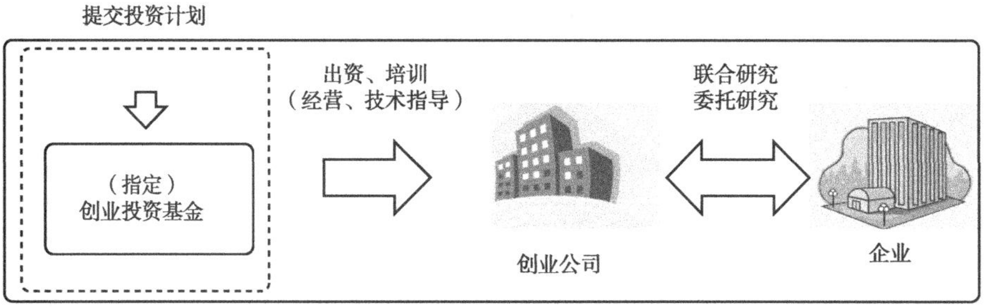

图2-11　创业投资基金投资的企业

（3）特定用途的医药品。特定用途的医药品是指《医药品、医疗器械等品质、有效性和安全性保障相关的法律》规定的特定用途医药品、特定用途医疗器械和特定用途再生医疗等产品，且日本国内使用人数不超5万人。日本政府对此类医药品有补贴，但接受补贴的企业法人常年工作雇员人数不能超过1000人。

（二）特殊研发费用范围与口径

适用“特殊研发抵免”优惠的特殊研发费用，不一定是企业支付给合作方的全额，而是合作方实际花费在联合研发和委托研发支出之中的原材料费，人事费用以及差旅费、外部订货费、折旧费、照明与瓦斯等燃料费、修理费等经费。特殊研发费用的具体范围见表2-16。

为了适用“特殊研发抵免”优惠，企业需要将发生在企业外部和内部的研发费用分别核算，以确定各自的金额，并办理相关手续。此外，企业在与合作方开展联合研发或委托研发项目前，必须在合同或协议上明确各项费用分摊、成果归属等事宜。若合作方不属于国家级研究机构或国立研究开发法人，企业还需提前做好充分准备，将特殊研发费用按照费用项目分类，以备日后接受注册税务师、注册会计师、监事等审计。对于特殊研发费用金额，企业需要获得合作方确认的费用汇总表，提供客观资料以证明该金额的合理性。

表2-16　　特殊研发费用范围表

开放式创新的类型	特殊研发费用的范围
联合研发费用	在遵循合同或协议的前提下，企业外部研发费用和内部研发费用均为适用特殊研发税收抵免的特殊研发费用范围。其中，企业内部发生的研发费用是指，在联合研发中，申报法人自行耗费在联合研发的费用；企业外部发生的研发费用是指，由申报法人承担的大学等合作方耗费在联合研发的相关费用。但企业内部和外部研发费用的确定，均需按照双方认同的会计科目名称、科目分类填写，最后统计科目总额。
委托研发费用	在遵循合同或协议的前提下，由企业负担的部分费用。
技术研究协会会费	该企业作为技术研究协会会员缴纳的会费。
支付给中小企业等单位的知识产权使用费	指遵循合同或协议，向中小企业等单位支付的知识产权（专利、实用新型、著作权、商标权等）使用费。
与罕见病医药品、特殊用途医药品等项目相关的研发费用	日本法律明文规定，要确保障医药品、医疗机器等的质量、有效性和安全性。有关研发费用是指，与这些法律中规定的罕见病医药品、特殊用途医药品等项目相关的研发费用。

四、一般研发税收抵免政策的实施情况①

根据OECD测算，如图2-11所示，日本企业研发支出的边际税收补贴率（1-B）自2000年以来有所提高，发展变化与日本研发促进税制的改革进程相符。此外，从2003年开始，日本大企业与中小企业研发可享受的边际税收补贴率差距显著地缩小。2019年，日本中小企业盈利时的研发支出边际税收补贴率均为0.20，略高于OECD成员国中小企业盈利时的研发税收补贴率中位数0.19；大企业盈利时的研发支出边际税收补贴率为0.17，大于OECD成员国大企业研发税收补贴率中位数0.14。但是，由于日本研发促成税制从2015年开始不允许剩余抵免额结转，大企业和中小企业在亏损时的研发税收补贴率大幅下降，2015—2019年都为-0.01，远低于2019年OECD成员国大企业和中小企业亏损时的研发税收补贴率中位数0.1和0.17。

① http：//www.oecd.org/sti/rd-tax-stats-japan.pdf。

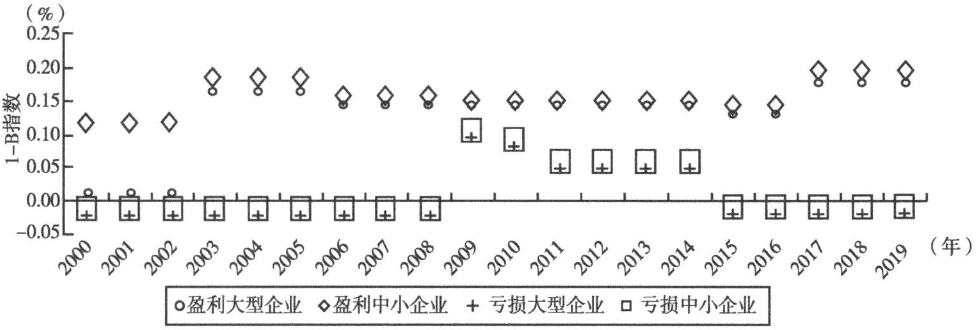

图2-12　日本企业研发支出的边际税收补贴率（1-B指数）

2000年以来，相比较日本政府对企业研发支出的直接资助，对企业研发支出的税收资助，无论在总量还是相对量上，重要性都不断提高（见图2-13）。2017年，日本企业获得的研发支出税收减免额为6620亿日元（按照2010年价格计算），是2011年3500亿日元的近2倍。2017年，日本企业研发税收资助占GDP比重达0.12%，比2011年的0.07%增长了71%；占企业政府资助总额的比重达84%，比2006年的73%增加了15个百分点。

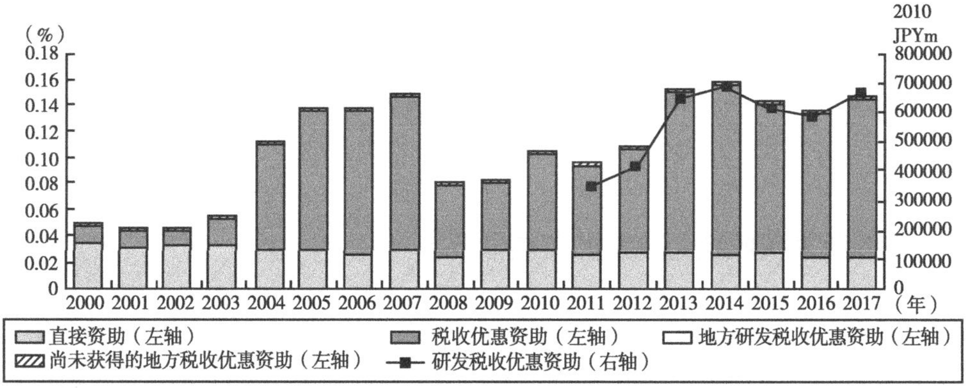

图2-13　日本政府对企业研发支出的直接资助与税收资助

注：左轴：占GDP比重；右轴：研发税收资助总量，按2010年物价水平。

第五节
法国企业研发税收抵免政策

从1983年开始，法国政府对企业研发投入给予税收优惠政策；1992年将其命名为“研发税收抵免（crédit d’ impôt recherche，CIR）”；2004年成为永久性政策；2008年由增量税收抵免改为总量税收抵免；2013年，增加中小企业创新税收抵免优惠（CII）。截至2020年，法国对企业研发投入的税收优惠政策有三项：①企业研发投入适用的研发税收抵免（CIR）；②中小企业创新税收抵免（innovation tax credit for SME）；③研发用仪器设备加速折旧。

一、CIR政策的主要内容[①]

（一）优惠政策概况

CIR政策适用于在法国依法缴纳个人所得税和公司所得税的所有企业。企业在欧盟经济区内[②]发生的合格研发费用，可以按照一定比率计算抵免额，用于抵扣企业当年应纳所得税额，且该抵免额免税。

一般地，企业当年的合格研发费用（按研发项目来核算）如果小于1亿欧元，抵免额为当年研发费用的30%；如果大于1亿欧元，不超过1亿欧元的部分按照30%计算抵免额，超过部分按照5%计算抵免额，两者相加为当年抵免总额。但是，如果企业研发费用发生在法属海外领土（French overseas territories），合格研发费用小于1亿欧元部分适用的抵免率增加至50%。

具有所得税免税资格的企业纳税人仍然适用CIR政策，比如初创创新型企业（JEI和JEU）、开发区企业等。

（二）研发活动的界定

1. 研发活动概念与范围

法国《税收法典》规定，符合CIR政策的研发活动是为获得科学技术新知识，并运用科学技术新知识进行系统的、创造性的活动。具体地，这种研发活动包括以下三类，主要是参考OECD的《弗拉斯卡蒂手册》对研发活动的界定。

第一，基础研究是指，为了获得新知识而从事的理论或实验活动，没有任何特定的应用目标。

第二，应用研究是指，基于一定的应用目标，为获得新知识而进行的原创性活

① https：//join-the-biocluster.genopole.fr/IMG/pdf/onglet_develop_-_seeking_funding-_partie_a3_-_r_d_tax_credit_-_april_2014.pdf.

② 2004年之前，只有在法国境内发生的合格研发支出才能享受CIR政策；2005年开始，企业在欧盟地区开展的研发支出都可以享受CIR政策。

动，包括发现基础研究成果的可应用性，或者找到使公司能够完成预先发展目标的产品、操作、方法或流程的试用模型等。

第三，试验开发，是指从现有知识中获得研究和实践经验的系统性活动，所获得的研究和实践经验直接有助于生产新材料、新装置、新产品，创建新程序、新系统和新服务方式等。

对于研发活动是否符合CIR要求，还需要判断研发项目是否以消除科学或技术上的不确定性为目标，以及是否存在创新元素（创新性或实质性改进）等。

同时，《税收法典》规定，以下活动不属于研发活动，因此不能享受CIR：有关市场、成本等的调研活动，教育和培训活动，独立的技术检测、信息收集和整理活动，产品的试生产活动等。

2. 软件设计属于合格研发活动条件

（1）主要原则：第一，软件设计只有在其与初步研究、功能分析和结构分析的概念阶段相关时，才可以视为合格研发活动；否则，不属于合格研发活动。第二，设计的软件是新的软件或具有实质性提高，该软件设计就属于合格研发活动。第三，与已有软件相关的活动，如果未对软件进行实质性改进，或未形成创新元素，则不适用CIR政策。

（2）以下软件活动均不属于合格研发活动：现有软件设计和应用性升级；现有软件增加补充接口；现有软件的改写；远程服务器的邮件软件开发；个人电脑画图软件的开发；社会和专业网络数据库软件的开发。

（三）合格研发费用范围与口径

1. 人员费

主要包括直接且专门从事研发工作的研究人员和研究技术人员的工资、社会保险费、补贴、赔偿金等；部分时间从事研发工作的，根据实际投入时间计算。其中，研究人员是指从事产品、工序、工艺或新系统相关知识生产的科学家或工程师。研究技术人员是指与科学家或工程师密切合作，为研发工作提供必需的技术支持的人员。他们必须拥有该领域高级技工证书或职业经历能够确认的科技素养。此外，企业对外聘的直接且专门从事研发活动的研究人员和研究技术人员支付的人员费用也属于合格人员费。

从2005年起，为鼓励企业吸引高层次研发人员，如果企业聘用拥有博士学位或同等学力的年轻研究人员，在聘用的前两年，相关符合条件的工资支出按实际发生额的200%计算合格人员费用。主要条件包括：该聘用是受聘人员获得博士学位或同等学力后的首次受聘，必须直接从事研发工作，所签合同为超过两年以上的无固定期限合同，且企业当年的雇用员工数不得低于上一年度。

2. 折旧费

主要是指直接用于研发活动的固定资产折旧费。其中，固定资产包括以下几类：一是新造、新购或者融资租赁的研发专用固定资产；二是1991年后购入或建造的研发专用固定资产；三是研发和生产中混合使用的固定资产，但仅用于研发的部分可以用于抵免。

3. 运行费（operation expenses）

主要是指研发活动运行中必要的运营经费开支。2011年开始，估算该费用的公式是：合格运行费用=合格人员费的50%+合格折旧费用的75%。

4. 研发外包费

企业可以委托公共或私人部门开展研发活动，前提是这些公共与私人研究机构以及科学或技术专家都必须是经法国高教科研部认证的。

一般地，如果委托企业与被委托方没有关联关系，能够计入合格研发费用的委托研发费用不能超过1000万欧元；如果有关联关系，则不能超过200万欧元。

如果企业将研发项目委托给没有关联关系的公共研究机构、有权授予硕士以上学位的高等教育机构、公共科学合作机构、经认证的科学合作基金、经认证的公共研究利益基金，委托研发费用按照200%计入合格研发费用，但委托研究费用总额不能超过1200万欧元。

如果企业将研发项目委托给欧盟地区的私人研究机构、设计机构或科技专家，此类委托研发费用不能超过其他委托研发费用总额的3倍。

5. 专利和植物新品种（COV）的摊销费

研发活动中使用专利或植物新品种的摊销费。

6. 专利和植物新品种的申请、维护与保护费用

具体包括：法国国家工业产权局（INPI）及其代理机构向企业收取的专利咨询费、律师费，境外专利申请的税费，以及INPI为保护专利而向国内外有关机构支付的各种收费。

7. 专利保险费用

依据法国专利保险政策，专利保险费是指企业支付的保费和相关律师费、专家费等。但此类费用最高不能超过6万欧元。

8. 标准化费用

主要是指企业针对与其研发活动直接相关的产品或工艺，参加法国、欧洲或国际正规标准化组织有关标准制定方面的交流活动而发生的有关费用，包括有关人员费、运行费等。但只有50%的标准化费用能够计入合格研发费用。

9. 技术观察费

技术观察是指企业为了研发活动而开展和收集与新产品、新工艺、新方法等有关的科技与经济方面的信息。技术观察费用包括订购科学杂志、数据库、出席国际会议等费用，但最高不能超过6万欧元。

根据研发活动定义，专利申请和维护费用、专利保护费用、标准化费用以及技术观察费用并不是严格意义的研发费用，但都可以计入合格研发费用。

此外，企业研发项目中受政府资助的项目不能享受CIR政策；但如果政府资助属于可偿还性资助，在偿还当年可以申请CIR政策。

（四）抵免额的使用

一般地，企业当年获得的研发税收抵免额首先用于抵扣其当年应纳所得税额；对于当年未使用的抵免额，企业可在未来3年内继续抵免应缴企业所得税，3年内仍然未使用的以现金形式返还给企业。

但中小企业、初创创新企业（JEI、JEU）以及有经营困难的企业，可以在抵免额获得的当年就未使用的抵免额立即申请现金返还。

此外，为方便企业获得流动资金，对于暂不能立即获得研发税收返还的企业，可以用未来税收返还额为担保向有关金融机构申请贷款。这些金融机构主要包括巴黎国民银行（BNP）、法国中小企业发展银行（隶属法国创新集团OSEO）和法国兴业银行等。

二、中小企业创新费用税收抵免优惠①

从2013年开始，法国允许中小企业为新产品的原型设计与实验装置发生的创新费用适用研发税收抵免优惠，该政策就是“中小企业创新税收抵免（innovation tax credit for SME，CII）”，被视为CIR政策的补充。该政策的抵免率为20%（法属领土抵免率40%），合格创新费用上限是40万欧元。其中，中小企业执行欧盟标准，即职工总数不能超过250人，同时营业额不高于5000万欧元或总资产不高于4300万欧元。

该政策针对的企业创新活动指新产品原型的设计活动，其中新产品是指市场中未有投放或者具有更加卓越的特性。该创新活动不属于合格研发活动，但只要不符合条件就可以享受“中小企业创新税收抵免”，这实际上是为中小企业提供的特殊

---

① http：//enter-france.com/startup-tax-incentives-france-research-tax-credit-innovation-tax-credit.

税收优惠。

合格创新费用的范围与口径与CIR适用的合格研发费用范围与口径相同，包括：①样机设计和试验装置中新增和使用的固定资产折旧费用，其中样机和装置的研发属于研发活动；②直接且专门从事创新活动的研究人员和技术人员的人员费用；③与创新活动相关的运行费用，按照固定比例计算，具体为合格人员费用的50%再加上合格折旧费用的75%；④专利、植物新品种相关费用；⑤外包费用。

但该项优惠受到欧洲最低援助限额规则（European de minimis rule）的限制，公司在三年内获得受规则约束的所有税收优惠减免总额不能超过20万欧元。

三、研发专用仪器设备加速折旧

企业专门用于研发活动的机器、设备可以加速折旧。其中，研发活动的界定需要符合研发税收抵免优惠中对研发活动的界定。企业可以同时享受该加速折旧优惠与研发税收抵免（CIR）。

四、税务管理、实施情况与政策评价

（一）税务管理

法国高教科研部（MESRI）与税务部门各司其职，都是CIR政策的管理部门。其中，高校教研部负责研发项目和研发受托机构的认定，同时每年都会发布研发税收抵免指引，以帮助企业更好地理解政策。该指引没有任何法律法规约束，不能强制执行。

1. 研发项目先行认定——高教科研部

法国通过“先行审批制度（advance ruling）”对企业的研发项目是否属于研发活动进行审核认定，认定管理部门是法国高教科研部。但该认定是基于企业自愿原则提出的，不是企业申请CIR的必要前提。该制度不仅可以提高企业对未来现金流的“可预见性”，还可以使企业避免向税务机关提交申请后的系统化税务检查。

“先行申报制度”的具体流程为：首先，拟申请CIR的任何企业，在年度汇算清缴截止日期前6个月，可以就其开展的研发项目是否符合CIR研发活动认定条件向高教科研部、税务机构或者法国国家投资银行（bpifrance）提出确认申请；其次，相关部门在3个月内以“资格审查通知单”的形式予以正式答复；最后，企业可以持资格审查通知单结果申请相关抵免优惠。

企业提交的申请表格主要包括以下内容：第一是研发项目情况，包括有关研发项目的具体描述，涉及领域，从事研发项目人员的技术职称、工程师或硕士以上数量、技术人员数量，是否需要研发分包等；第二是企业情况，包括企业名称、企业性质、成立时间、上一年度营业额、联系方式等基本情况。

2. 受托机构认定——高教科研部

如前文所述，研发活动的受托方无论是公共部门还是私人部门，都需要经过法国高教科研部的认定。相关机构的认定申请在每年6月30日之前通过在线或者邮件提交。

3. CIR申请——当地税务部门

2004年开始，适用于公司所得税的企业可以每年进行一次CIR申请；适用于个人所得税的合伙企业等则每5年进行一次CIR申请。

为了确认研发投入是否可以享受CIR，企业可向当地税务机构提交“预约税务减免核定”，税务机构在3个月内予以答复；若未答复，则视为接受。

企业申请CIR时须填写申请表格，同时出具相关证明材料，包括企业研发项目的技术创新性证明、符合CIR条件的研发支出规模证明等。

4. CIR审查——当地税务部门

对于每年享受到CIR税收减免的企业，税务机构有权在3年内组织技术、财务、税务等方面的专家，对企业CIR享受资格进行重新审查。

（二）实施情况[①]

法国政府不断完善和改革研发税收优惠制度，2008年将增量税收抵免改为总量税收抵免，且加大优惠力度。法国CIR政策在支持中小企业、产学研合作、人才吸引等方面都独具特色，且研发费用范围较宽。这充分表明了法国政府对创新型经济的强力支持。

1. 研发税收优惠力度测算

在OECD和伙伴国家中，法国的研发支出税收优惠力度较大。根据OECD测算，如图2-14所示，法国企业研发支出的边际税收补贴率（1-B）不断提高。2019年，法国中小企业在盈利和亏损时的研发支出边际税收补贴率相同，均为0.41，远高出OECD成员国中小企业研发税收补贴率中位数0.19（亏损时为0.17）；大企业盈利（亏损）时的研发支出边际税收补贴率为0.41（0.34），也远高于OECD成员国大

① http://www.oecd.org/sti/rd-tax-stats-france.pdf.

企业研发税收补贴率中位数0.14（亏损时为0.1）。

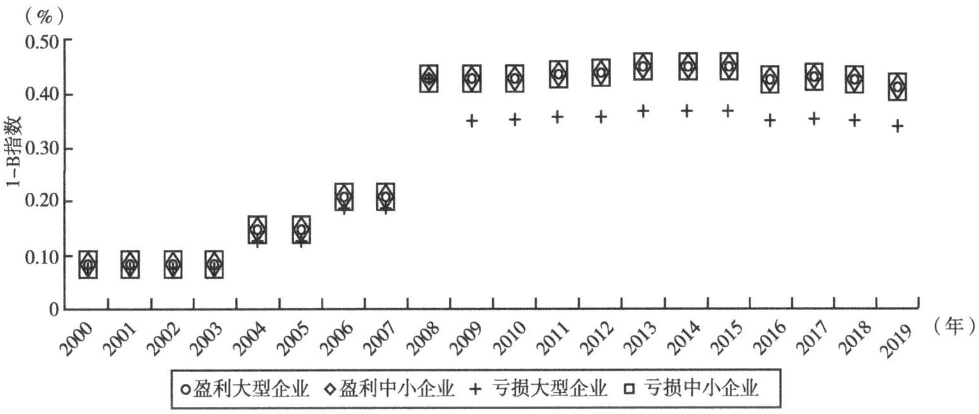

图2-14　法国企业研发支出的边际税收补贴率（1-B指数）

注：税收补贴率的计算包括法国研发税收抵免CIR和研发用固定资产加速折旧。

2. 研发税收优惠总额与比重

在OECD国家中，法国对企业研发的政府资助占GDP的比重最高，2016年达到0.4%。其中，法国对企业研发的税收资助无论是总量还是相对量都大幅增长（见图2-15）。2016年，法国对企业研发的税收资助总额达60.14亿欧元（按2010年价格），是2000年的9.5倍；占GDP的比重约0.28%，比2000年增加了0.14个百分点；占政府资助的比重为70%，比2000年和2005年分别增加了48个和38个百分点。根据OECD最新数据，2019年，法国企业研发税收抵免优惠为企业减税94.74亿美元（当年汇率）。

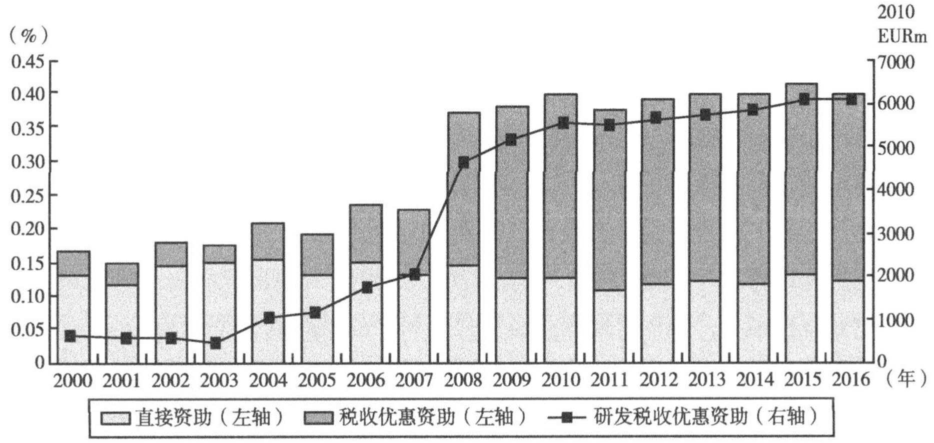

图2-15　法国政府对企业研发支出的直接资助与税收资助

注：左轴：占GDP比重；右轴：税收资助总量，按2010年物价水平。

（三）政策评价

1. 2011年的政策评价[①]

法国高教科研部2011年对2008年CIR改革效果的调查结果表明，CIR不仅阻止了法国研发机构的外迁趋势，还吸引了许多国外大型企业来法国投资，并有效激励了本国中小企业开展研发活动。在受调查的法国企业中，超过半数认为，由于有了CIR政策，在未来还会继续增加企业研发投入；超过80%的认为CIR对企业的发展至关重要，因为CIR促使企业提高了研发投入。在规模超过500人的企业中，近半数认为，2008年的CIR改革使企业将更多项目放在法国开展，而放弃了国外投资机会，甚至有可能将国外的分支机构回迁。企业家们普遍表示，CIR很好地解决了企业在研发活动中遇到的问题，其中资金短缺是制约研发投入的首要因素。

实证研究也表明，2008年法国的研发税收抵免改革大幅增加了对企业研发投入的激励效果。根据计量结果，2000—2007年，法国企业研发投入成本的长期弹性最优估计为−0.4；但2008年之后，企业研发投入的成本收益率为0.7[②]。

2. 2019年的政策评价[③]

法国国家创新政策评估委员会于2019年发布了数份对CIR的评估报告，具体评估结论如下：

（1）报告以2008年改革前后一直享受CIR的企业为调查样本，分析结果显示，受惠企业基本都提高了研发投入。但是，不同报告对研发投入的增长幅度有不同的测算结果。其中，大多数报告认为受惠企业的研发投入增幅等于或略高于税收补贴；但有一个报告认为，研发投入的长期增幅略低于税收补贴。

（2）2008年CIR改革后，相比较未受惠企业，受惠企业的研发岗位增幅约为5%—18%，明显小于研发投入增幅。

（3）CIR改革对创新与经济活动的影响尚不明显。第一，2008年CIR改革后，受惠企业申请专利的概率提高了5%；第二，CIR改革促进企业引入全新产品；第三，CIR有助于提高生产率。受CIR政策改革影响，新产品的引入概率提高了2.5%，企业劳动生产率四年内平均提高了1.7%。此外，规模较大的企业从生产率提高中受益更多；企业规模越小，CIR提高企业研发强度和产品创新的概率越高。

国家创新政策评估委员会计划下一阶段继续对CIR开展全面评估，评估重点聚焦在如下几个方面：一是对微观和宏观经济的影响，特别是对经济增长、创造就业

---

① 法国科研税收信贷简介，科技部驻外调研报告，2011年。

② https：//www.nber.org/papers/w19073.pdf.

③ 王晓菲.法国发布科研税收抵免系列评估报告［J］.科技中国，2019（6）：91-93.

与出口的影响；二是将比较CIR与其他企业创新激励政策，以确定哪种政策更加有效；三是对研发资源的法国吸引力进行评估，因为很多跨国公司开始将研发中心设置税收最为优惠的国家。

第六节 加拿大企业“科学研究与试验开发”投资税收抵免政策

为鼓励企业研发，加拿大联邦政府从1986年起实施“科学研究与试验开发税收激励计划（The Scientific Research and Experimental Development Tax Incentive Program，SR&ED）”，对企业合格SR&ED支出允许在发生当年税前一次性扣除（Income tax deduction），同时还给予投资税收抵免（Investment Tax Credit，ITC）。2012年，加拿大政府将SR&ED合同支付和第三方资助列入合格SR&ED费用范围的比例由100%降到80%。2014年，SR&ED计划再次经历改革，最低抵免率由20%下调至15%，研发用资本性支出（包括租赁和购买）不再适用抵免优惠，且取消一次性摊销优惠[①]，同时下调管理费用在替代法下的计算比例，但继续保持对中小企业的加强优惠力度。2019年，将决定SR&ED抵免税收返还比例的两个因素调整为一个，降低了政策的复杂性，且更有利于中小企业。此外，加拿大州政府也对企业研发支出给予3.5%—28%抵免率的税收优惠，且多数抵免额都可返还。据统计，SR&ED税收激励计划平均每年有超过2万户是企业享受总额约30亿加元的投资税收抵免，其中小企业[②]占70%以上。

一、SR&ED税收抵免政策主要内容[③]

加拿大企业在加拿大境内开展符合条件的研发活动发生的合格SR&ED支出可享受联邦投资税收抵免率最低15%，最高35%；当年未用完的税收抵免额可向前追

① 但加拿大联邦政府出台了新的固定资产加速折旧政策：2015—2026年，企业购买的用于加工制造的合格机器和设备成本允许加速折旧。

② 根据《工业加拿大》（*Industry Canada*），加拿大企业按员工数分类如下：①微型企业：1—4名员工；②小型企业：5—100名员工；③中型企业：101—499名员工；④大型企业：500（及以上）名员工。

③ https：//www.canada.ca/en/revenue-agency/services/scientific-research-experimental-development-tax-incentive-program/overview.html.

溯3年或向后结转使用20年。已使用的或者获得税收返还的抵免额在下一纳税年度属于应税收入。

适用SR&ED税收抵免优惠的加拿大企业分为以下三种类型：一是加拿大人控股的私营公司（Canadian-controlled private corporations，CCPC）；二是其他公司（Other corporations）；三是独资、合伙及信托企业（Individuals，Partnerships and Trusts）。不同类型企业享受的优惠政策略有不同。

（一）CCPC的税收抵免政策

1. CCPC适用的税收抵免比率

CCPC在加拿大境内开展合格SR&ED活动发生的合格SR&ED支出，不超过“支出限额（Expenditure limit，目前最高300万加元）”的部分，按35%抵免率计算抵免额；超过部分则按15%比率计算抵免额。

对CCPC的判断是基于一系列事实，包括投票控制权、董事会影响力等，但必须同时符合以下条件：①私营企业；②加拿大居民企业；③未被1个或1个以上的非居民个人直接或间接控制；④未被1个或1个以上的公众公司（Public corporations）直接或间接控制，但公众公司不包括风险投资公司；⑤未被境外证券交易市场上市的加拿大居民企业直接或间接控制；⑥如果公司股份属于非居民个人、公众公司或海境外上市公司，且都属于一个人，这个人不能拥有足够的股份控制公司；⑦企业任何类型股份未在指定证券交易所上市。其中，公众公司（Public corporations）是指：①某类型股份在指定证券交易所上市；②国家财政部根据《所得税管理法》（Income Tax Regulations）所规定的股东人数、股份所有权的分散程度、上市交易情况与公司规模等判断标准，将其认定为公众公司。

“支出限额”随着CCPC（包括关联公司）在前一纳税年度应税资本（Taxable capital）的增加会下降，但最高300万加元[①]。具体分为两种情况：①如果应税资本在前一纳税年度超过1000万加元，支出限额将下降；②如果应税资本在前一纳税年度达到或超过5000万加元，则支出限额为0，这意味着CCPC的全部合格SR&ED支出只能适用15%抵免率。如果CCPC有关联公司（associated CCPC），则支出限额需要在CCPC和关联公司之间进行分配。

2019年之后，“支出限额”的计算公式是：300万加元×［（4000万加元−B值）/4000万加元］。其中，B值为CCPC（包括关联公司）在前一纳税年度的应税资本总额减去1000万加元；如果相减后为负，B值视为0[②]。

---

① 2019年开始，用于决定CCPC年度“支出限额”的决定因素仅包括应税资本，不再包括应税所得（taxable income）。

② https：//www.canada.ca/content/dam/cra-arc/formspubs/pbg/t2sch49/t2sch49-19e.pdf.

因此，在不同应税资本情况下，CCPC发生的合格SR&ED支出适用的税收抵免比率有所差异，具体如表2-17所示。

表2-17　　CCPC不同支出限额与适用的ITC比率

CCPC类型	SR&ED支出	ITC比率（%）
前一年度应税资本不大于1000万加元	不超过300万加元部分	35
	超过300万加元部分	15
前一年度应税资本大于1000万但小于5000万加元	不超过支出限额部分	35
	超过支出限额部分	15
前一年度应税资本不低于5000万加元	全部支出	15

2. CCPC适用的可返还税收比率

CCPC当年未用完的SR&ED税收抵免能否获得税收返还以及可获得税收返还的比例，还取决于CCPC是“合格公司”或“排除公司”。

合格公司（Qualifying corporations）是指：CCPC（包括关联公司）在前一纳税年度的应税所得（Taxable Income）没有超过公司“合格所得限额（Qualifying income limit）”。从2010年开始，“合格所得限额”的计算公式为：50万加元×［(4000万加元−A值）/4000万加元］。其中，A值的确定存在两种情况：①如果企业应税资本小于或者等于1000万加元，A为0；②如果企业应税资本大于1000万加元，A是4000万加元与应税资本之间的较小者。如果CCPC（包括关联公司）在前一纳税年度的应税资本超过5000万加元，则“合格所得限额”为0，CCPC将不能享受任何可返还优惠。

排除公司（Excluded corporations）是指，在任何一个纳税年度，公司被直接或间接控制；或者与免税个人、多人或者女王陛下有关。

因此，CCPC所能获得的税收抵免返还比率具体由其适用的ITC比率和其是否为“合格公司”或“排除公司”共同决定，具体见表2-18。

表2-18　CCPC合格SR&ED支出适用的ITC比率和税收返还率

CCPC类型	SR&ED支出	ITC比率（%）	税收返还比率（%）
“合格公司”	不超过支出限额部分	35	100
	超过限额部分	15	40
“排除公司”	不超过支出限额部分	35	40
	超过限额部分	15	40
既非“合格公司”也非“排除公司”	不超过支出限额部分	35	100
	超过限额部分	15	0

（二）其他公司的税收抵免政策

对其他公司而言，其在加拿大境内开展合格SR&ED活动发生的合格SR&ED支出，仅能按照15%抵免率计算抵免额，当年未用完抵免额不能获得税收返还。

（三）独资企业和信托企业的税收抵免政策

独资企业、信托企业在加拿大境内开展合格SR&ED活动发生的合格SR&ED支出，仅能按照15%抵免率计算抵免额，但当年未用完的抵免额可以获得40%比率的税收返还。

（四）合伙企业合伙人的税收抵免政策

合伙企业不是所得税的核算和缴纳主体。合伙企业在加拿大境内开展合格SR&ED活动发生的合格SR&ED支出，按照比例分配给合格合伙人，包括个人、公司或信托企业，不同性质的合作人再根据对应的税收抵免政策享受相应优惠。

二、合格SR&ED活动（Eligibility Requirement）①

（一）合格SR&ED活动的界定

根据加拿大《所得税法》，合格SR&ED活动主要指“为了获得科学知识或技术进步，在某一科学或技术领域，通过实验或分析进行的系统调查或研究”。其中，“技术进步”是指企业所从事的SR&ED活动能够提升企业最初从事系统调查或研究时的科技基础或科技水平；科技基础或科技水平包括企业所有技术资源和可以在公共领域合理获得的所有技术。

具体地，SR&ED活动包括基础研究、应用研究和试验开发。其中，基础研究是指，为了科学知识进步，没有特别应用价值的研究，比如基本粒子研究；应用研究是指，为科学知识进步，但是有特别应用价值的研究，比如晶体管原理的发现；试验开发是指，为了获得技术进步，创造新的或者改造现有的材料、装置、产品或者流程。

① https：//www.canada.ca/en/revenue-agency/services/scientific-research-experimental-development-tax-incentive-program/eligibility.html.

（二）合格SR&ED活动的判断方法

第一步，回答五个问题，包括：①是否具有科学或技术的不确定性；②是否为了降低或者消除不确定性而努力形成专门假设；③所采用的整体方法是否与系统性调查一致，包括通过实验或分析来形成和检验假设；④所采用的整体方法是否是为了获得科学或技术进步；⑤是否有假设检验和检验结果的记录和保存。

第二步，SR&ED活动会涉及工程、设计、经营研究、数学分析、计算机程序、数据收集、测试或者心理学研究等。但是以下七类活动不属于合格SR&ED活动：①市场调查及销售推广活动；②质量控制或对材料、装置、产品或工艺的常规测试；③社会科学或人文学科领域的研究；④对矿物、石油或天然气进行的勘探、探测或钻井的活动；⑤对新创造或改进的材料、装置、产品进行商业化生产，对新创造的或改进的工艺进行商业化应用；⑥外形改变；⑦常规性的数据收集。

加拿大税务局网站为SR&ED税收激励计划申请企业提供了在线自我合格评价工具（on-line Eligibility Self-Assessment Tool）[①]，以帮助企业，特别是中小企业，合理判断其SR&ED活动是否合格。

三、合格SR&ED支出范围与口径[②]

对于企业合格SR&ED活动，其发生在加拿大境内的绝大部分经常性支出都可享受SR&ED投资税收抵免，具体包括工资薪金、已消耗或已转换的材料成本、SR&E合同支出、支付给第三方的款项以及管理费用五大类。因此，资本性支出（包括购买IP），培训费，交通费、伙食费和住宿娱乐费用，发生在加拿大境外的研发费用[③]，以及法律费用、财务费用和专利费用等都不在合格SR&ED支出范围，不能享受税收抵免优惠。

（一）工资和薪金（salaries and wages）

可税收抵免的工资和薪金只包括直接参与合格SR&ED活动员工的工资和薪金。“直接参与”则是指亲自工作，但不包括劳务派遣类员工。此外，工薪税和社会保

① www.cra.gc.ca/sred/assessment.

② https：//www.canada.ca/en/revenue-agency/services/scientific-research-experimental-development-tax-incentive-program/claim-sred-tax-incentive-what-claim.html.

③ 总体来看，若要享受SR&ED税收抵免，合格SR&ED活动必须在加拿大境内开展。但从2008年2月25日起，在国外进行的SR&ED活动中，所发生的部分费用也可以享受SR&ED税收抵免，例如在加拿大境外进行的SR&ED活动，发生的工资总额的10%可以申请税收抵免。

障缴费并不允许计算税收抵免。

为准确归集SR&ED活动中发生的工资和薪金，直接参与员工又分为“特定员工”和“非特定员工”。其中，特定员工是指持有公司股份大于或等于10%的员工，或者按非公允价值与公司进行过股权交易的员工。不同员工的工资和薪金在计入合格SR&ED支出时需要遵照不同的规定，具体如下。

（1）对于在加拿大境内从事SR&ED活动的员工，可税收抵免的工资和薪金是根据这些员工参与SR&ED活动的时间占其当年总工作时间的百分比计算的。但对于特定员工，有两个例外规定：第一，支付给特定员工的红利和报酬不能计入；第二，工资或薪金最高不能超过年度最高应计退休金收入的五倍。

（2）对于在加拿大境外从事SR&ED活动的员工，企业需先计算出数A和数B，其中较低者为可税收抵免的工资和薪金，并且对于特定员工同样也存在上述两个例外。

具体地，数A是在加拿大境内从事SR&ED活动员工的工资和薪金总数的10%；数B是在加拿大境外从事SR&ED活动员工的工资和薪金总数。但计入数A的工资和薪金须满足下列条件：①工资和薪金成本发生在2008年2月25日之后；②SR&ED活动直接由企业员工而非第三方承担；③在工资和薪金成本发生时，从事SR&ED活动的员工为加拿大居民；④员工在境外从事的SR&ED活动是为支持企业境内SR&ED活动，为境内SR&ED活动的组成部分；⑤工资和薪金不需要在国外缴纳所得税或利得税。

（二）已消耗或已转换的材料费用（materials consumed or transformed）

就SR&ED活动而言，材料一般是指在SR&ED活动开展的某个时间段内，构成某一物体实体的原材料、零部件或其他项目；但不包括清洁用品、DVD、CD和实验试管，因为这些项目属于“用品”（supplies），应归入管理费用。

能够计入合格SR&ED支出的材料成本必须是在SR&ED活动执行过程中已经消耗掉或转换掉的材料。其中，已消耗材料是指因为执行SR&ED活动而导致该材料被毁坏或致使其基本不再具有价值；已转换材料是指已经构成了其他材料或产品的一部分，但还具有一定使用价值。因此，企业当年领用但实际在下一个年度才消耗掉或转换掉的材料，不能计入当年的合格SR&ED支出。

（三）SR&ED合同支付（SR&ED contracts）

2012年开始，SR&ED合同支付按照80%比例计算投资税收抵免①。企业可以将

① 2012年之前，支付给第三方款项可以100%计算投资税收抵免。

SR&ED活动的部分或全部分包给承包方，承包方根据企业要求和合同规定代替发包方企业开展SR&ED工作。为此，企业与承包方需签订SR&ED合同，并根据合同规定支付有关费用。根据SR&ED合同开展的SR&ED活动必须在加拿大境内进行，且与发包方企业的业务内容相关。SR&ED合同又分为按公允交易的合同和按非公允交易的合同。其中，对于非公允交易合同，合同支付可以作为SR&ED支出在税前扣除，但不能享受SR&ED税收抵免。

（四）支付给第三方的款项（third-party payments）

2012年开始，支付给第三方的款项按照80%比例计算投资税收抵免。与SR&ED合同不同，支付给第三方的款项通常是指企业支付给大学、非营利研发组织或其他已批准实体[①]开展SR&ED活动的资助，资助方式可以是现金也可以是实物。有关SR&ED活动也必须在加拿大境内进行，且与企业业务内容相关，企业拥有SR&ED成果的优先开发权。

支付给第三方的款项与SR&ED合同支付之间的具体区别见表2-19。

表2-19　　SR&ED合同与支付给第三方款项的区别

特征	SR&ED合同	支付给第三方款项
SR&ED的控制	合同支付方	SR&ED活动的执行方
开发权	唯一独享	非独享（通常公开）但有开发优先权
提供资金的支付方	一个资金支付方	通常多个资金支付方
SR&ED的种类	商业化目标为主	一般基础研究、应用研究
税收处理方式	一般按现金收付	权责发生

（五）管理费用（overhead expenditures）

管理费用必须直接归于从事的SR&ED活动，主要分为下面几类：①直接与从事的SR&ED活动相关或使从事的SR&ED活动增值的费用支出，企业必须对这些费用进行专门的归类并按一定方法分配到各个SR&ED活动中；②为从事SR&ED活动所需要的房地产、工具和设备或者维护保养发生的费用；③有关管理人员（非直接参与SR&ED活动）的工资薪金支付。

加拿大政府规定了两种管理费用的归集方法：传统法（Traditional Method）和替代法（Proxy Method）。企业每年必须从中选择一种方法核算当年合格SR&ED

① 已批准的实体名单可以参看《IT151R5（合并的）SR&ED费用》（IT151R5（Consolid），Scientific Research and Experimental Development Expenditures）或者与管理部门联系。

支出和税收抵免额，一旦选定并报送申请，当年不能再变更①。①在传统法下，企业必须在专设账户中归集SR&ED活动的管理费用，以便将发生在SR&ED活动上的费用与发生在其他活动上的费用分开核算。此方法下归集的SR&ED活动管理费用可以税前扣除并享受投资税收抵免。②在替代法下，企业不用在专设账户中归集SR&ED活动的管理费用，而是以“替代金额”(Prescribed Proxy Amount，PPA）估算“发生在SR&ED活动上的管理费用”。从2014年开始，“替代金额”按工资基数（salary base）的55%计算②。PPA可享受投资税收抵免，但不能税前扣除。

四、税务管理、实施情况与政策评价

（一）管理制度

1. 政府管理部门——加拿大税务局

加拿大财政部和税务局（Canada Revenue Agency，CRA）共同负责SR&ED税收激励计划。其中，财政部负责相关立法，CRA负责具体管理。

加拿大税务局一直致力于完善并简化SR&ED税收激励计划的有关服务，承诺做到：①确保企业知道该计划，并尽可能简便快捷地参与和享受该计划；②正确、一贯、公平地执行有关法律法规，确保申请人充分得到有关信息和享受优惠。

为此，CRA一直为申请者提供《SR&ED技术核查：申请者指南》（*The SR&ED Technical Review: A Guide for Claimants*）③，也称作申请核查手册（*Claim Review Manual*）。技术核查的内容主要是确定申请者的研发工作是否符合《所得税法》对SR&ED活动的定义，并帮助企业解决与合格性（eligibility）相关的问题。合格性标准主要包括：科学或技术的进步、科学或技术的不确定性以及科学和技术的内容等。

2. SR&ED税收抵免申请流程与要求

申请者应根据CRA的管理要求及时进行SR&ED税收抵免的申请及资料准备，以下是申请者应注意的主要事项。

（1）何时申报。申请者必须在报送期内填好并递交规定表格。从企业发生SR&ED费用的会计年度结束起，公司的报送期限是18个月，其他为17.5个月。如

---

① 参考ITA副37（10）项（*Income Tax Act* subsection 37（10））。

② 2013年按照工资基数的60%估算；2013年之前按照65%估算。

③ 最新版为2010年6月1日生效。

果在报送期内没有提交规定表格，有关SR&ED费用不能税前扣除，更不能计算投资抵免额。

（2）如何申请。申请者必须在填制“所得税纳税申报表”（Income tax return）的同时，填制以下规定表格：①表T661“科学研究与实验开发费用申请表”[Scientific Research and Experimental Development（SR&ED）Expenditures Claim]；②表T2SCH31“投资税收抵免（公司）”（Investment Tax Credit – Corporations）或者表T2038（IND）“投资税收抵免（个人）”[Investment Tax Credits（Individuals）]；等等。

（3）递交申请后的处理流程。企业递交申请后，税务局将决定是否需进一步审查或者进入报送流程。若进入报送流程，企业就可以抵减其应交税费或者收到税务局开出的显示现金返还金额的支票；若不能进入报送流程，税务局将与企业联系，以获得更多信息，或者与企业商讨其申报内容。

税务局处理SR&ED申请的主要步骤如下：①税务中心查看收到的申请表是否填制完整，并选出一部分进行再检查；②对于未选到的，税务局直接向申请人发放“征税通知书”；③对于选出进行再检查的申请，税务局会送到税收服务局（Tax Services Office），由其再次审查SR&ED项目和费用，如无异议再将“征税通知书”送达申请人。

（4）递交申请后的处理时间。对于符合现金返还条件的企业，税务局收到申请后，一般在120天内处理完毕。但具体还要看该申请是否可以直接报送或需进一步审查。具体时间见表2-20。

表2-20　税收局的服务标准和时间目标

服务标准	时间目标
可返还申请	120天
需要申请者调整的可返还申请	240天
不可返还申请	365天
需要申请者调整的不可返还申请	365天

企业必须保留相关记录，用来证明企业从事SR&ED活动和有关费用的合格性。如果申请被税务局选出进行再审查，在再审查过程中，企业需要提供相关证据资料，主要是企业在SR&ED活动开展过程中产生的有关技术和会计方面的支持性资料。具体如下：项目计划文件；设计试验的文件；试验计划；设计文件和技术图；项目记录、试验笔记；设计、系统建筑设计和源代码（软件开发）；测试路径记录；项目进展报告；项目会议备忘录；试验记录、数据、结果、分析和结论；最终的项目报告书或专业出版物；照片、录像；原型、样品；图片集、图片记录；合同、租

赁协议；分配到该项目的资源记录、时间表、活动记录和工资发放记录；采购发票和支付凭证；会计记录；等等。需要注意的是，企业应该保留其认为能够支持申请的任何资料。

（二）企业享受SR&ED税收抵免的基本情况①

加拿大财政部每年都编制《税式支出和评价》报告，公布关于SR&ED税收激励计划的税式支出估计数，同时不断应用最新的税收数据进行修正，以用于评价企业通过享受SR&ED投资税收抵免优惠获得的税收补助。估计数表示：在某一特定年度，假定其他因素不变，如果取消SR&ED投资税收抵免，政府多征收的“额外税收收入”。“额外税收收入”主要由两部分组成：一是企业当年使用的抵免额，该抵免额在当年获得或者之前年度获得；二是企业当年获得的可返还税收额。

如图2-16所示，2000—2020年，加拿大联邦政府SR&ED投资税收抵免的税收支出一直在20亿加元以上，2010年最高达36.5亿加元，2014年受改革影响大幅下降，但之后又逐步增加。

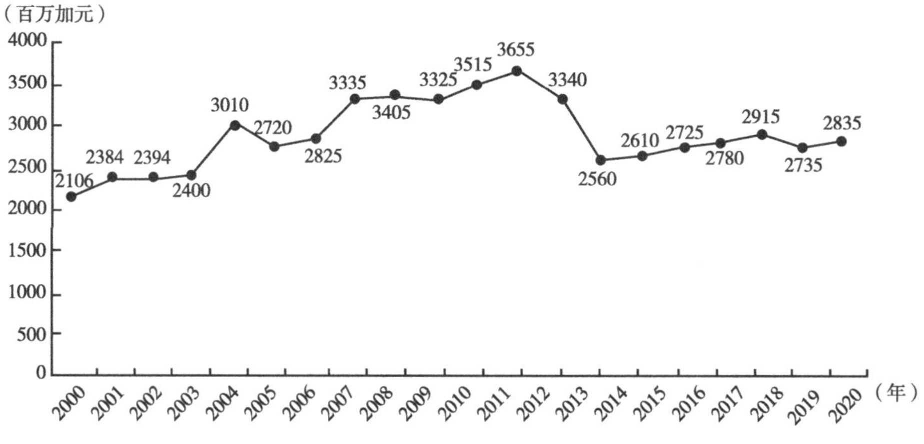

图2-16 加拿大联邦SR&ED税收抵免年度税式支出估算数

如图2-17所示，2013—2020年，在加拿大联邦政府SR&ED投资税收抵免的税收支出中，当年使用的税收抵免与当年获得的税收返还基本相当，这说明大量亏损的中小科技企业通过该政策获得了直接补贴。

① https：//www.canada.ca/en/department-finance/services/publications/federal-tax-expenditures.html.

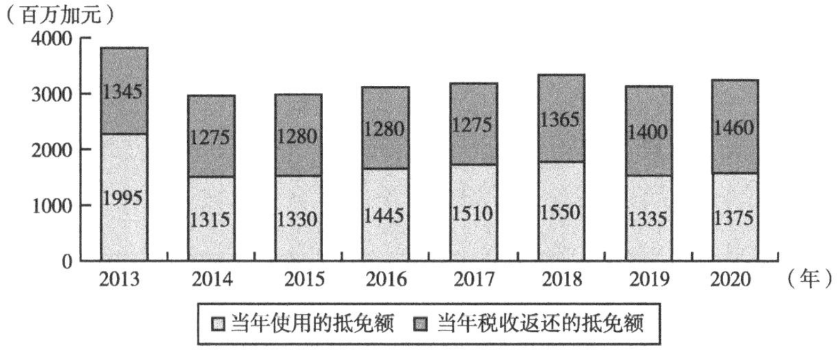

图2-17　加拿大联邦SR&ED税收抵免年度税式支出构成

（三）加拿大联邦政府对企业研发支出的税收优惠力度测算[①]

根据OECD测算，如图2-18所示，加拿大企业研发支出的边际税收补贴率（1-B）总体比较稳定；2014年受最低投资抵免率下调的影响，大企业研发支出的边际税收补贴率也略有下降。2018年，加拿大中小企业（盈利和亏损）研发支出的边际税收补贴率为0.31，远高出OECD成员国中小企业研发税收补贴率中位数0.19（亏损时为0.17）；大企业盈利时研发支出的边际税收补贴率为0.14（亏损时为0.1），与OECD成员国大企业研发税收补贴率中位数0.14（亏损时为0.1）持平。

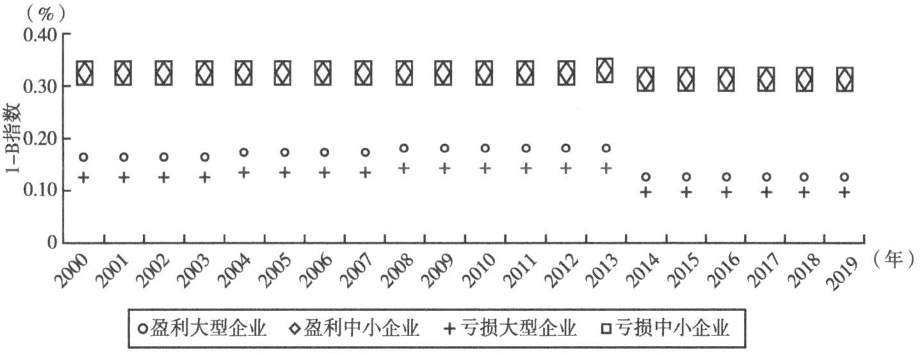

图2-18　加拿大企业研发支出的边际税收补贴率（1-B指数）

2000年以来，相比较直接资助，加拿大政府（联邦和地方）对企业研发支出的税收资助一直保持较高水平，无论在总量还是相对量上（见图2-19）。但受2014年改革影响，税收资助的总量和相对量都有所下降。2017年，加拿大企业获得的研发支出税收优惠减免额度为35.2亿加元（按照2010年价格计算），比2008年的47.23亿加元下降了34.2%；占GDP比重为0.18%，比2008年的0.25%下降了0.07个百分点；占企业政府资助总额的比重为74%，比2008年的82%下降了10.8%。

① http：//www.oecd.org/sti/rd-tax-stats-canada.pdf.

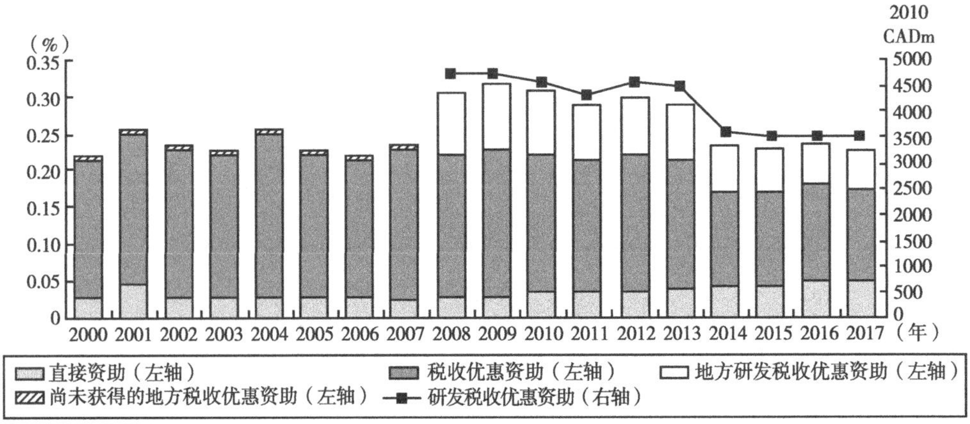

图2-19 加拿大政府对企业研发支出的直接资助与税收资助

注:左轴:占GDP比重;右轴:税收资助总量,按2010年物价水平。

(四)效果评估

加拿大财政部在2007年对SR&ED税收抵免政策进行了经济评价[①],此次评价所采用的基本假设虽然比较敏感,但报告显示,在一定范围的理性假设下,SR&ED税收抵免能够产生正的经济利益。具体研究结果表明:SR&ED税收抵免对未享受优惠的企业和其他经济部门产生了溢出效应,该溢出效应大约为每加元税收支出的46%;但税收抵免成本估计是每加元税收支出的36%。因此,对于每1加元的研发支出,SR&ED税收抵免预计可以带来1.11加元的经济收益。

第七节
澳大利亚企业研发税收抵免政策

1985年,澳大利亚政府开始对企业研发费用给予加计扣除优惠。2009年,为扭转企业研发投入增长率下降的趋势并应对来势汹汹的金融危机,澳大利亚政府颁布了《新的研发税收优惠》(The New R&D Tax Incentive)征求意见法案和有关解释说明。2011年,新的研发税收优惠制度开始实施,研发用机器设备加速折旧优惠被废除。新的研发税收优惠改革力度非常大:优惠方式由加计扣除改为税收抵免,并

---

① M. Parsons and N. Phillips (2007), "An Evaluation of the Federal Tax Credit for Scientific Research and Experimental Development," Department of Finance, Working Paper 2007-08.

且加大对中小企业研发的支持、大幅提高了研发优惠力度、扩宽研发活动范围等。2014年、2016年和2018年，澳政府对研发税收抵免优惠都进行了修订，优惠力度稍有下降[①]。2020年，澳大利亚政府又公布了研发税收抵免政策的新一轮改革方案，并于2021年7月开始实施。

一、研发税收抵免政策的主要内容

澳大利亚的名义研发税收抵免率较高，但事实上，对于适用税收抵免优惠的研发费用，不允许税前扣除。因此，实际研发税收抵免率为名义抵免率与企业所得税率之差。

（一）2021年7月之前政策

第一，对小企业的可返还税收抵免（refundable tax credit）：年度营业收入不超过2000万澳元的企业，发生的符合条件的研发费用，在缴纳企业所得税时可以享受43.5%的税收抵免，未抵免完的余额可以获得现金返还。其中，营业收入包括本企业总部、分支机构以及本企业控制（拥有40%及以上控股权）企业的营业收入总额。

第二，年度营业收入超过2000万澳元的企业，发生的符合条件的研发费用，在缴纳企业所得税时可以享受38.5%的税收抵免，未抵免完的余额不能获得现金返还，但可以无限期向以后年度结转抵免。

第三，在2014年7月1日至2024年6月30日，如果企业当年符合条件的研发费用超过1亿澳元，则超过部分适用的税收抵免率下降为公司所得税率。这相当于研发费用超过1亿欧元的部分实际上没有享受任何税收抵免优惠。

（二）2021年7月之后的改革新政[②]

为了保证政策对企业研发投入增量的引导，加大政策遵从诚信度，确保财政的可承受力，澳大利亚政府于2018年5月宣布将改革研发税收抵免制度。2020年，改革议案被通过。

1. 改革目标

本次改革主要基于2016年澳大利亚政府对研发税收抵免制度的全面评估结果[③]。

① 2011—2016年，年度营业收入超过2000万澳元的企业，研发抵免率为45%；高出部分适用的抵免率为40%。

② https：//archive.budget.gov.au/2018-19/factsheets/reforming-the-rnd-tax-incentive.pdf.

③ https：//www.industry.gov.au/data-and-publications/review-of-the-rd-tax-incentive.

2016年评估发现，现有政策并未实现既定的全部政策目标，因此建议改革现有政策。改革目标主要有三方面：第一，提高享受政策的诚信度，进一步确保不合格研发活动不能享受优惠；第二，继续为从事研发活动的较小规模企业给予有效支持；第三，对大型企业的支持重点集中在研发强度较高的企业。

2. 提高政策享受诚信度的主要新措施

2016年评估认为，绝大多数纳税人诚实可信，但有一些申请人并没有对研发活动做出正确的自我判断，夸大了申请的名义抵扣额，误解研发活动定义的边界，从事各种形式的非研发活动等。因此，澳大利亚政府计划实施一系列提高政策遵从力、执行力和管理效力的新举措，以提高政策享受的诚信度。

新措施主要包括：第一，加强税法的反避税规则，帮助“税务办公室（the Australian Taxation Office，ATO）”确保纳税人不会利用研发税收抵免制度来避税；第二，增加执行资源，确保不符合条件的研发活动的申请被拒；第三，提高透明度，向社会公开政策享受的企业名单和研发费用数额，增加公众对申请者的社会监督；第四，产业创新与科学理事会加强政策辅导，对于合格研发活动的范围提供更多有效和广泛的指导，帮助企业减少对合格研发活动界定的误解；第五，对于企业申请、注册和接受稽查都增加3个月延展期。

3. 研发税收抵免新政策的主要内容

（1）小规模企业仍然可获得可返还税收抵免，优惠力度保持不变。对于年营业收入低于2000万澳元的企业，研发税收抵免率为：企业当年适用企业所得税率基础上增加18.5个百分点。一般地，小规模企业适用25%企业所得税率①。因此，小规模企业的研发税收抵免率为43.5%，与原政策的相同。

（2）大规模企业仍然适用不可返还税收抵免，但优惠力度与研发强度成正比。2016年政策评估发现，原有政策并未对企业研发投入增加形成激励作用，其社会效果主要来自研发强度较高的企业。因此，对于年营业收入高于2000万澳元的企业，新政策将研发税收抵免率的确定与研发强度挂钩。具体如下：

第一，若研发强度为0—2%，研发税收抵免率为企业适用的企业所得税率再加上8.5%。因此，如果企业适用30%（25%）②的企业所得税率，且研发强度在2%以下，则研发税收抵免率将高达38.5%（33.5%），与原政策的38.5%持平（下降13%）。

第二，若研发强度超过2%，则研发税收抵免率为企业适用的企业所得税率再加上16.5%。因此，如果企业适用30%（25%）的企业所得税率，且研发强度在2%

① 2021年，澳大利亚企业，如果年度总收入在5000万澳元以下，适用企业所得税率25%。

② 2021年，澳大利亚企业，如果年度总收入在5000万澳元以下，适用企业所得税率25%；如果高于5000万澳元，适用企业所得税率为30%。

以上，则研发税收抵免率将高达46.5%（41.5%），较原政策的38.5%增长了20.8%（7.8%）。

（3）若当年符合条件的研发费用超过1.5亿澳元，超过部分允许适用的抵免率为公司所得税率，较原政策的1亿澳元有所放宽。

二、研发税收抵免政策的主要条件

（一）合格研发实体

澳大利亚研发税收抵免政策仅适用于合格研发实体（R&D entity），且不受产业、领域等限制，具体包括以下三类澳大利亚公司所得税纳税人：第一是按照澳大利亚法律注册的居民法人；第二是按照外国法律注册但实际管理机构在澳大利亚境内的居民法人；第三是按照与澳大利亚签署过双重税收协定的外国法律注册，且在澳大利亚境内建有长期经营场所的非居民法人。个人、有限责任合伙企业、免税实体、信托企业都不适用研发税收抵免。此外，对于合并纳税的企业集团，只有母公司可以就集团成员的研发活动申请研发税收抵免。

（二）合格研发活动

1. 合格研发活动的主要内容

合格研发活动分为“核心研发活动（core R&D activities）”和“支持性研发活动（supporting R&D activity）”。企业申请研发税收抵免，必须开展至少一项核心研发活动。

（1）核心研发活动的界定。核心研发活动是试验性活动（experimental activities），该种活动的结果不能根据当前知识、信息资料或经验提前知道或确定，但是它通过科学方法，通过系统的调查研究和试验，包括依据已确定的科学原理，经过从假设到试验、观察和评价，最终得到合乎逻辑的结论，以获取新知识，包括创造新知识，改良材料、产品、装置、工艺过程或服务。

但以下活动不属于核心研发活动：①市场调查、市场测试、市场开发或销售推销；②出于以下一种或多种目的，对矿物或石油进行的勘探、探测或钻井活动，比如探明矿层、确定矿层更精确的位置，确定矿层的大小和质量；③管理研究或效率调查；④社会科学、艺术或人文学方面的研究；⑤有关专利、许可或其他的商业、法律和管理活动；⑥遵循法律要求或标准的活动，比如为维持国家标准，校准次级标准，对材料、成分、产品、工艺流程、土壤、空气等的常规测试与分析；⑦通过对现存系统的实物模仿或者从计划、蓝图、详细说明、公开信息中对产品或工艺流程进行复制的相关活动；⑧为企业自身或其关联企业的内部管理（如日常经营管理）而开发、修改或定做计算机软件。

（2）支持性研发活动的界定。①与企业核心研发活动直接相关，核心研发活动的顺利进行需要支持性研发活动的协助。只要存在这种需求关系，此种活动发生的地点、时间可以与核心研发活动的不一致。②主要目的是为支持核心研发活动：第一，此类活动不属于核心研发活动，也不属于生产或与生产、商品和服务直接相关的活动；第二，“主要目的”是指一项活动最常见的或最有影响力的目的。确认“主要目的”时需要考察该活动所涉及的方方面面。很可能出现相似的活动在某种情形下“是”，但在另一种情形下就“不是”。

试生产活动、软件开发等与研发相关的活动，都需要通过更严格的“主要目的”测试。其中，软件开发项目可能属于核心研发活动，也可能属于支持性研发活动；但项目目的如果仅是为了内部管理，则不能享受优惠。

2. 研发活动的地域要求

一般地，只有在澳大利亚进行的研发活动才能够享受研发税收抵免，但如果在海外进行的研发活动符合澳大利亚《产业研究与开发法案1986》第28C（1）（a）条款，并经过产业创新与科学理事会审核批准后也可以享受研发税收抵免政策。

一般地，企业在海外研发活动开始之前或者第一个纳税年度内就需要向产业创新与科学理事会提交有关申请。

（三）合格研发费用范围与口径

1. 名义抵扣额（notional deductions）

澳大利亚政府以“名义抵扣额”为基数计算抵免额。一般地，只有当“名义抵扣额”达到2万澳元时，才能享受研发税收抵免。在计算企业应税所得额时，“名义抵扣额”不能从应税收入中扣除，这也是称其为“名义”的原因。“名义抵扣额”的具体内容有：

（1）委托研发费用，根据受托方的不同，计入名义抵扣额的口径不同。具体如下：第一，如果受托方是经注册的研究服务机构（Registered Research Service Provider，RSP），则研发合同金额100%计入名义抵扣额。RSP是依据《产业研究与开发法案1986》第29A款建立并在工业、创新与科学部（Department of Industry, Innovation and Science）登记注册的研发机构，具有一定的科技专业知识和资源，能够进行研发活动。如果RSP与企业无关联，则研发合同金额不受2万澳元的门槛限制，无论多少都可以申请税收抵免。第二，如果委托方是其他研发机构，则研发合同金额中可以计入名义抵扣额的研发费用仅包括劳务费、服务费、研发咨询费。研发合同的核心内容必须与企业的合格研发活动有关，且必须保留有关记录。

（2）直接参加研发活动的研究人员、技术人员以及有关管理人员的人员费支出。主要包括：薪金、补贴、奖金、加班费（工作日、周末及公共假日）、养老基金缴款①、职工工资税（payroll tax）和赔偿保险费等。

（3）其他费用支出，主要是管理费和日常开支（overheads），包括租赁费、电费、特定保险费等。这些费用支出必须与企业合格研发活动有直接关系，否则不能计入名义抵扣额。

（4）经过产业创新与科学理事会批准合格的海外研发活动发生的研发费用。但此类研发费用总额不能超过企业境内合格研发活动发生的研发费用总额，否则超出部分不能计入名义抵扣额。

（5）支付给关联企业（an associate）的合格研发费用。关联企业的定义主要依据《所得税评估法案1936》（Income Tax Assessment Act 1936）第318条款来界定。一般地，不论研发活动的进行时间如何，企业只有在实际发生了对关联企业的研发费用支付时，才允许就这部分费用申请税收抵免。

（6）可计入名义抵扣额的资产减值（折旧）。当研发用资产满足以下条件时，其价值的减少额可以计入名义折扣额：第一，资产使用的目的是进行已登记的研发活动；第二，资产折旧的计提符合《所得税修正法案1997》（Income Tax Amendment Act 1997）中第40条款（40 provision）的有关规定。如果某项资产除了用于研发活动，也用于非研发活动，那么可计入名义抵扣额的资产减值部分需要按用于研发活动的比例计算。

（7）可计入名义抵扣额的原材料费用（feedstock expenditure）。对于研发活动中使用的原材料，在研发过程中，经过转化或者加工之后，如果产生了有形的可市场交易的产品（非规模化生产），并由企业自身（包括关联企业）使用或对外卖给了其他消费者，此时的原材料费用就可以计入名义扣除额。这些原材料主要包括商品或材料以及能源。事实上，原材料费用也是名义抵扣额的调整项，因为当其发生时并不能计入，只有当有关产品由企业自身应用或对外卖出时，有关原材料费用才可以计入。

（8）对合作研发中心（CRC）的现金出资全部计入名义抵扣额。合作研发中心（co-operative research centre program，CRC）是澳大利亚政府始于1990年的CRC

---

① 这种养老基金称作“superannuation fund”。雇主为雇员定期缴纳一定比例的金额给负责管理员工个人账户的基金管理公司，基金公司对这笔资金进行管理和投资，雇员在达到一定年龄或正常退休后，可以从个人账户中取走这笔资金作为养老收入。

计划下成立的，旨在通过支持技术最终使用者与公共部门研发人员之间的中长期合作，为设计澳大利亚经济、环境和社会重要公共利益方面的重大挑战提供解决路径。一般地，澳政府一般对其提供为期7年的补助资金，参与企业以现金出资或提供人员、设备等。当企业以现金出资CRC时，此部分出资可以申请研发税收抵免，且不受2万澳元的门槛限制。

（9）调整支出（调增或调减）。第一，资产余额调整（balancing adjustments）对名义抵扣额的影响。对于仅用于研发活动的可计提折旧的资产，在资产处置时，处置价值与其账面残值可能发生不一致，如果是余额亏损（balancing loss），可以计入名义抵扣额，如果是余额盈利（balancing benefit），则需相应地减少名义抵扣额。这种调整的目的主要是确保企业是基于资产价值的实际减少额而非估算数来获得研发税收抵免。

第二，补偿调整（Clawback Adjustment）。合格研发实体如果收到了政府补偿（如政府补助或报销），且该补偿与研发税收抵免所适用的合格研发费用相关，也相应减少名义抵扣额。

第三，原料调整（Feedstock Adjustment）。合格研发实体销售了研发活动中产生的产品或自身使用产品的材料、能源时，就形成了原料调整的应税收入，具体等于原料收入或原料支出两者中较小者的1/3，因此也相应减少名义抵扣额。

2. 不能计入名义抵扣额的有关研发费用

主要包括：购买或建造房屋的资本性支出（包括对房屋扩建、改变用途或改良的支出）；为获得核心技术的购买支出；非高风险支出；利息支出；资产购买成本等。

三、税务管理

澳大利亚研发税收优惠政策由澳联邦政府制定，但由工业、创新与科学部（Department of Industry, Innovation and Science）和“税务办公室（the Australian Taxation Office, ATO）”联合管理。企业的研发活动在申请税收抵免前应到“产业创新与科学理事会（Industry Innovation and Science Australia, IISA）”登记，两部门将联合决定企业的研发活动的申报是否可以享受税收抵免。

（一）产业创新与科学理事会负责研发活动的注册审核

企业申请研发税收优惠之前，必须首先在澳大利亚工业、创新与科学部所属的

“产业创新与科学理事会”注册其研发活动。一般地，企业可以在一个收入年度结束后的10个月内就其前一年度发生的研发活动向IISA登记注册，并就其核心研发活动和支持性研发活动提供足够的研发记录资料；IISA按照研发活动的界定标准对申请进行审核，审核通过后会给企业唯一的注册号码；企业在申报年度纳税并申请研发税收抵免时，必须将此号码填写在申请表上，否则税务办公室不会接受申请。因此，企业可以提前明确其研发活动可否享受税收抵免优惠。

“产业创新与科学理事会”具体工作包括：审核登记有合格研发活动的企业；审核确认相关的研发活动；审核有关研发计划；审核确认合格的外资研发活动；审核确认核心技术；审核确定研发经费的使用情况；登记注册可以与企业合作的具有专有技术和资源的研发机构（RSP）等。理事会成员由政府从相关行业的私营（企业）部门中遴选出来，他们通常都是经验丰富、专业知识面宽、在所从事的专业领域有较大影响力的人。

（二）税务局办公室对注册研发活动的检查

企业在自我评估会后，向澳大利亚税务局（ATO）提交研发税收优惠申请。ATO对企业申请进行审查，并与IISA保持密切合作，这两个机构可以互相要求对方进行审查。因此，研发活动注册本身并不说明研发活动就一定是核心或支持性研发活动，ATO仍然有权进一步对注册的研发活动进行检查。如果税务局发现，纳税人的研发活动注册与标准不符合，将联系纳税人并要求在30日内提供研发活动记录，来证明研发活动符合核心或支持性研发活动；该期限也可以再延期14天，但需要说明为什么不能在30天内提供和在14天内肯定可以提供的理由。

税务局联合IISA对纳税人注册的研发活动，通过远程会议、视频会议或现场会议进行讨论，并出具裁决书。如果纳税人不满，可以申请内部审查。内部审查结果可能是确认、修改或撤销最初的裁决。如果纳税人对内部审查仍然不满，还可向行政上诉法庭（Administrative Appeals Tribunal）申请进一步审查。法庭将提供独立的审查意见。

（三）税务办公室审核研发费用以及税收抵免额

税务办公室负责审核企业研发费用支出是否属实、是否符合相关规定，并最终审批税收抵免额。

企业年度纳税申报时，须附上税收办公室编制的研发支出减税表，并详细说明具体研发支出。企业提供的有关信息主要包括：企业信息和联系方式；产业创新与科学理事会给企业的注册号码；企业研发活动以及研发费用的说明；由企业负责人签署的说明企业研发项目的声明，并附上与之相关的完整研发记录（能够反映技术进步、研发费用支出及其与研发项目的相关性）；研发成果能够为澳大利亚经济发展服务的说明等。

（四）联合事后抽查

企业在申请研发税收抵免时，首先需要对其研发活动和研发费用的合格性进行自我评估，然后再签名递交申请资料；在此前提下，税务部门都假定企业是在诚实守信的前提下填写申报材料的。

产业创新与科学理事会与税务办公室每年都会对通过研发活动审核的企业以及获得研发税收抵免的企业进行随机抽查，企业需要提供其有关核心研发活动和支持性研发活动的记录资料证明件以及其他支持研发活动符合要求的信息。

四、实施情况与政策评价

（一）政策实施基本情况

根据OECD最新数据，2019年，澳大利亚企业研发税收抵免为企业减税16.4亿美元（当年汇率）[①]。

根据澳大利亚政府2007年和2016年发布的评估报告：在2006—2007纳税年度，共有6806家企业享受了研发税收优惠，享受税收优惠的研发费用达115.95亿澳元；在2013—2014纳税年度，共有13776家企业享受了研发税收优惠，有关研发费用为195.45亿澳元，其中服务业与制造业企业和研发费用占比最高（见表2-21、表2-22）。

表2-21 2013—2014年澳大利亚研发税收优惠政策享受情况

	数量	相对比重
合格研发实体总量（包括子公司）	13776家	
其中：首次申请的企业数量	3351家	24.3%
其中：使用税收中介的首次申请企业数量	2830家	84.5%
由税收中介管理的合格研发实体数量	11487家	83.4%
享受优惠的研发费用总量	195.4亿元	100.0%
其中：首次申请企业的研发费用总量	11.57亿元	5.9%

① https://www.oecd.org/sti/rd-tax-stats.htm.

表2-22 2013—2014年澳大利亚研发税收优惠政策不同行业的享受情况

产业	合格研发实体（家）	合格研发实体占全国的比重（%）	享受优惠的研发费用（百万美元）	享受优惠的研发费用占全国的比重（%）
农业、林业与渔业	514	3.7	469.7	2.4
矿业	1204	8.7	3403.8	17.4
制造业	4386	31.8	6305.3	32.3
电力、燃气、水和废物服务业	355	2.6	560.6	2.9
建筑业	445	3.2	669.9	3.4
服务业	6872	49.9	8136.1	41.6
总数	13776	100.0	19545.4	100.0

（二）研发税收优惠力度测算与总额[①]

根据OECD测算，如图2-20所示，澳大利亚企业研发支出的边际税收补贴率（1-B）不断提高。2019年，澳大利亚中小企业无论盈利还是亏损的研发支出边际税收补贴率均为0.19，等于或略高于OECD成员国中小企业研发税收补贴率中位数0.19（亏损时为0.17）；大企业盈利时的研发支出边际税收补贴率为0.10（亏损时为0.07），小于OECD成员国大企业研发税收补贴率中位数0.14（亏损时为0.1）。如果考虑大企业研发费用超过1亿澳元的部分将适用企业所得税率的抵免率，大企业盈利时的研发支出边际税收补贴率将下降为0.07（亏损时为0.05）。

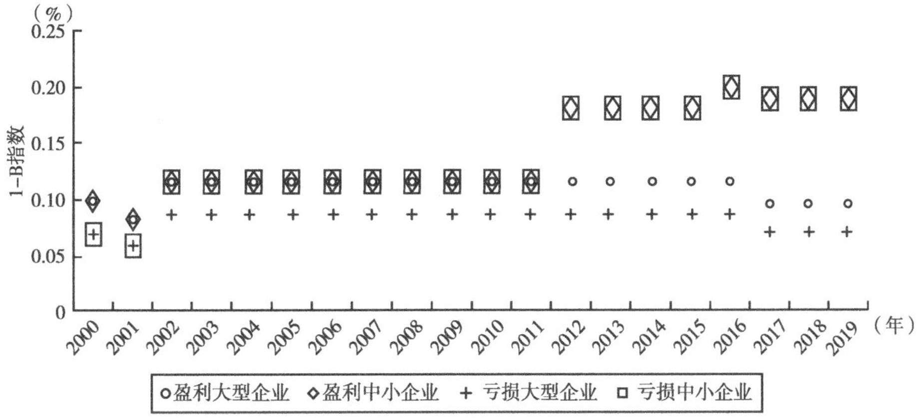

图2-20 澳大利亚企业研发支出的边际税收补贴率（1-B指数）

① http：//www.oecd.org/sti/rd-tax-stats-australia.pdf.

2000年以来，相比较澳大利亚政府对企业研发支出的直接资助，对企业研发支出的税收资助，无论在总量还是相对量上，重要性都不断提高（见图2-21）。2015年，澳大利亚企业获得的研发支出税收减免额为27.5亿澳元（按照2010年价格计算），是2000年6.37亿澳元的4.32倍；研发税收资助占GDP比重达0.17%，比2000年的0.06%增长了183%；占企业政府资助总额的比重达88%，比2006年的65%增加了23个百分点。

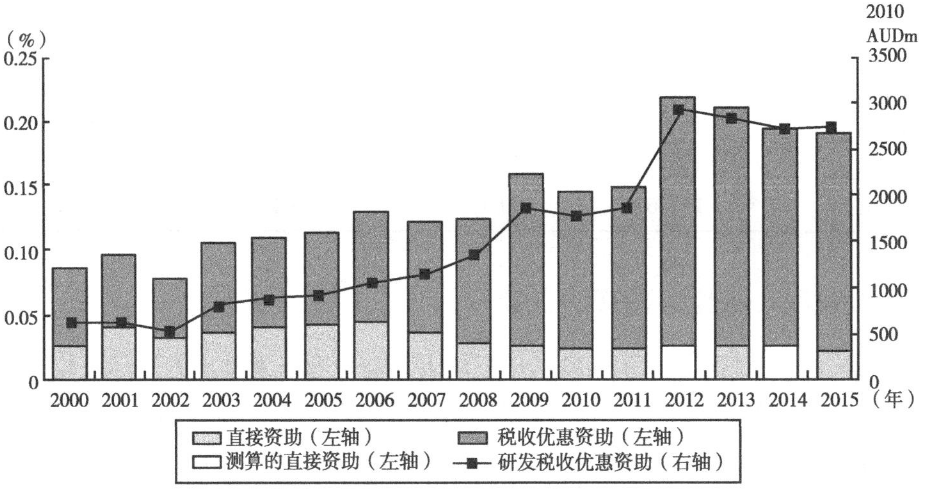

图2-21 澳大利亚政府对企业研发支出的直接资助与税收资助

注：左轴：占GDP比重；右轴：研发税收资助总量，按2010年物价水平。

（三）政策评估

如前文所述，澳大利亚政府在2016年对研发税收抵免制度进行了全面评估，以评估政策目标的实现程度、衡量政策成本和测算社会净收益。

评估小组认为，现有研发税收抵免制度并没有达到其预期的额外性（激励企业增加研发投入）和外溢效应（提高社会净收益）的政策目标。为此，现有制度可以在一些领域需求改进，以提高政策的有效性、诚信度，并加强额外性。具体政策改进建议如下：

建议1：保留法律规定的合格研发活动和研发费用的定义，但要制定新的指导意见，包括通俗易懂的摘要、案例和公开裁决，以更明确地说明合格研发活动和研发费用的范围。

建议2：对研发合作与人才聘用的相关研发费用给予额外支持，即增加最高20%的税收抵免率。其中，研发合作是指企业与政府资助研究机构的研发合作，以此促进产学研合作；人才聘用费用是指，企业新聘用的来自科学、技术、工程、数学和工程学专业的博士或同等学力的毕业生在前三年内的人员费用。

建议3：对现金返还设置200万美元左右的上限，剩余抵免额在当年不可返还，但可以继续在未来年度抵扣企业应纳税所得税额。

建议4：为不适用研发税收抵免现金返还政策的企业设定1%—2%的研发强度门槛，只有超过该门槛的研发费用才可享受抵免优惠。

建议5：如果引入研发强度门槛，研发费用门槛提高到2亿澳元，以鼓励大型研发密集型公司持续增加研发投入。

建议6：政府应研究改进研发税收抵免政策的管理办法，比如采用单一的申请程序；建立单一的项目数据库；评估两个机构的执行模式；精简合规性审查和结论程序。为提高政策透明度，政府还应公布申请研发税收抵免的公司名称和申请的研发费用金额。

明显地，除了建议2外，新一轮研发税收抵免制度改革基本都有吸收其他的政策建议。

第八节
荷兰企业研发人员工资所得税抵免政策

荷兰政府从1994年开始实施《研发促进法》(Wet Bevordering Speur -en Ontwikkelingswerk，WBSO)，对企业研发人员的工资成本给予税收抵免，抵扣企业代扣代缴的研发人员工资所得税（包括相应的社会保障费），以降低企业开展研发活动的人员成本，激励企业增加研发投入；从2012年开始，对企业除工资成本之外的研发材料费用与资本成本给予税前扣除优惠（Research and Development Deduction，RDA）。2016年，荷兰政府将WBSO政策与RDA政策合并，形成新的WBSO政策[①]。新政策下，计算税收抵免的研发费用范围扩大，中小企业是最大受益者，并取消了优惠上限；但合格研发活动范围有所缩小，“技术可行性分析”和“工艺流程技术研究”两类活动不再属于合格研发活动。WBSO政策的预算额度每年不同，2008年之前多保持在3亿欧元左右；2008年开始，一直保持上升趋势，2012年为8.64亿欧元，2020年达12.81亿欧元。

① https：//english.rvo.nl/subsidies-programmes/wbso.

一、主要内容

所有企业和自雇经营者（self-employed），不论规模大小和所处行业，只要开展了研发活动均可以申请WBSO税收抵免，但具体税收抵免政策不同。

1. 公司所得税纳税人适用的税收抵免政策

对于依照公司法成立和缴纳公司所得税的公司，如果负有代扣代缴雇员工资所得税（wage tax）义务，并且开展了合格研发活动，可以通过申请WBSO税收抵免，减少其代扣代缴的研发人员工资所得税，不足抵免部分可以获得税收返还。具体政策如下：

（1）已成立公司：合格研发费用（研发人员工资总额加其他）中不超过35万欧元部分可以按32%比例计算抵免额；超过部分按16%比例计算抵免额。

（2）新成立公司（startups）：合格研发费用（研发人员工资总额加其他）中不超过35万欧元部分可以按40%比例计算抵免额；超过部分按16%比例计算抵免额。新成立公司的判断原则包括：①企业在职职工人数或者自雇经营者的经营时间；②获得“研发证明（R&D Declaration）”的时间不能超过3年，同时也要考虑企业业务的连续性；③公司的独立性，即是否被其他公司控股。新成立公司的地位由WBSO管理部门“企业管理局”最终决定。

2. 自雇经营者适用的固定抵免额优惠

如果年度研发时间不少于500小时，2021年每位自雇经营者可以获得的抵免额为13188欧元；如果自雇经营者当年新加入或新成立企业，还可以额外获得6598欧元的抵免额。[①]自雇经营者如果有雇用员工，也可申请公司税收抵免政策。

二、主要条件

（一）合格研发活动

合格研发活动必须满足三个基本要求：每个研发活动都必须有自己的研究方法；纳税人必须自己组织开展研发活动；研发活动必须在欧盟范围内开展。

WBSO支持的研发项目包括两种：开发项目（development project）与技术科学研究（technical scientific research）。每类项目都有自身的判断原则。

---

① 自雇经营者获得的抵免额不同年份有所不同，但基本是平稳增加。

1. 开发项目的范围与判断原则

开发项目包括产品开发、生产工艺开发、软件开发以及零部件开发。其中，产品和生产工艺开发必须是针对有形的和实物的产品和工艺目标。此类开发活动存在技术风险或不确定性，包括没有潜在商业或生产价值的原型、模型或者应有。开发项目的判断原则如下：

（1）开发目标包括技术创新（technical innovation）。技术创新需要开发项目中有研究，或者获得研究结果的技术不确定性和风险性。因此，WBSO申请需要详细说明企业预计解决的技术问题或瓶颈，并勾画预计采取开展研究的解决方案。

（2）原型（prototype）没有商业价值。原型是操作原则（operating principle）的具体实现，用于证明解决方案是否实际可行。如果原型有商业重要性或者可以成为营业资产，则该原型就具有商业价值；其中，商业重要性是指，原型可以被出售或者用于提供服务给潜在的顾客。对于具有商业价值的原型，其生产时间不能视为研发时间，有关成本费用也不能适用WBSO政策；相反，不具有商业价值的原型，其生产属于研发活动。

（3）软件开发必须是技术上的新软件（technically new software）。也就是说，只有技术上实现创新的软件开发才是研发。这种技术上的创新有两个主要判断标准：一是软件开发包括了数据处理相关的新技术原理；二是可以解决编程工作中的技术障碍。因此，软件开发必须是软件技术创新而不是软件功能改进，软件开发必须有新的信息理论产生或者对现有信息理论的发展。比如，开发一种新的更有效的算法可能需要新方法和技术的开发，这就属于技术上的新软件；但对于新算法的简单描述，没有使用正式的编程语言具体执行，则不是研发。

2. 技术科学研究的范围与判断原则

技术科学研究（technical-scientific research）必须是产生新技术知识的项目，满足“技术”和“科学”标准。

“技术”是有关物理、化学、生物科技、生产技术或通信技术等领域的研究，但不包括经济、社会和心理领域的研究。研究结果不需要应用于技术新产品或新生产流程。

“科学”与研究目的和结果以及研究设计和实施方式等相关。①科学研究的目的是对原有知识无法解释的现象进行解释，从研究中获得新理论或实践知识。因此，单纯的信息数据收集并不是科学研究，不记录、不描述、不观察、不测量、不编码、不分类或不解释的研究，也不是科学研究。②科学研究的结果可能失败，无法实现对某一现象的解释，但是研究的结果是以事实为根据。③科学研究的设计与实施必须有计划、有步骤，但不是例行惯例。研究项目的开展与结果必须清楚记录。

3. 以下活动不属于合格研发活动

具体包括：市场调查；组织和行政工作；在欧洲联盟之外开展的工作；建造或

安装供实际使用的设备；使用和调整已购买或将要购买的技术、产品、工艺或软件或其部件的相关工作；矿物勘探；政策研究和战略研究；组织和参加课程、培训方案和研讨会；在与公司自身研发没有直接联系的情况下，对现有生产过程进行分析和评估；在与公司自身研发没有直接联系的情况下，对产品进行比较研究；仅在产品和软件的设计或尺寸上进行修改的工作；质量控制和质量保证；基于现有技术的结构和安装设计工作；生产工作的准备与执行；建造具有明显生产或商业意义的生产性试验工厂或样机；委托研发以及相关工作；对现有产品或工艺进行非技术意义的修改或改变；对配方和产品成分进行配方和修改，但并未导致相关产品在技术上产生新的操作原理；基于非技术规范进行构建和测试；构建或确定功能性需求和前提条件；构建和实施非直接和非专门针对操作原则的测试。

以下软件相关活动不属于研发活动：软件维护；软件架构描述；设计或建立一个新系统；改编软件，以在另一个硬件或软件平台上使用；对现有软件组件进行整合或允许其以新的技术方式协同工作。

（二）合格研发费用

WBSO政策适用的合格研发费用包括两部分：研发工资和其他研发费用。

1. 研发工资（R&D wage）

研发人员工资等于研发人员分配到研发活动的总小时数乘以每小时工资。其中，每小时工资为固定的平均数，适用于所有研发人员。以2019年为例，研发工资的确定具体又分为如下两类情况：

（1）政策申请者如果在2017年未开展任何研发活动，每小时工资设定为29欧元。每小时工资的确定是企业管理局根据纳税人2017年纳税申报表计算得出。

（2）如果在2017年有开展研发活动且有获得企业管理局的“研发证明”，研发人员每小时工资=所有研发人员总工资/（0.85×所有研发人员带薪工作的总小时数）。其中，0.85是考虑到离职率情况下的调整系数。为此，企业管理局需要申请者提供2017年研发人员的公民服务号码（citizen service numbers）[①]、研发工作时间和工资明细会计账目等材料。

但以下工作时间不计入研发时间：①参加展览会和会议；②参加培训、课程和研讨会；③研发或其他行政和组织活动的管理；管理实习生和项目学生；④建筑和技术安装设计；⑤产品生产；⑥参加未申请或未获批准的研发项目；⑦参加与研发并不直接和专门相关的活动；⑧参加在欧盟之外开展的活动。

以下人员的工作时间不计入研发工作时间：①没有工资的非雇员，比如培训

---

① 企业申请时必须向有关管理部门通过网络提交研发人员的公民服务号码。

生、项目学生（graduation-project students）；②没有以技术人员身份参与项目的工作人员，比如秘书、市场经理等。

2. 其他研发费用

其他研发费用的确定有固定数额法和实际成本费用法两种。如果申请人首次申请时选择“实际成本费用法”，则以后不能再更改。

在固定数额法（fixed sum）下，研发小时数在1800小时以下部分，按照每小时10欧元计算；以上部分，按照每小时4欧元计算。

实际成本费用法则是按照实际发生的成本费用计算，包括直接专门用于研发活动的费用（cost）与成本（expenditure）。但各类费用必须直接且专门用于企业内部研发，主要包括：非耐用品、材料与零部件的购买费用；用于构建没有潜在生产价值或商业价值原型所购买的材料和零部件费用；用于内部开发技术新软件而购买的软件或ICI工具费用；专门为研发而租赁设备或建筑的费用等。各类成本来自用于企业内部研发活动的新资产。这些资产主要包括：直接用于内部研发活动的新建房屋；为尚没有潜在生产或商业价值的原型生产、试验准备、模型构建而购买的新机器或设备；为内部研发活动而购买的ICT工具等。

三、税务管理

WBSO政策申请主要由荷兰企业管理局（Netherlands Enterprise Agent，归属“经济事务与环境政策部”）负责，具体管理流程如下。

（一）纳税人递交WBSO优惠申请

纳税人通过“企业管理局”网站在线填写标准形式的申请表；如果由于特殊原因，不能在线填写申请表，也可以在线提交自己设定的申请表，但是申请表必须满足一定要求。WBSO优惠政策的申请时间弹性比较大，有利于纳税人根据具体研发情况申请优惠。具体地，纳税人可以在一年内多次申请，申请频率可以事先确定；但如果某年纳税人预期有新的研发项目或者某研发项目需要额外的时间，也可以提高原申请频率。

公司性质的纳税人可以在一年中的任何月份申请，但是每年的申请次数不得超过3次。通常一次申请，享受优惠期间必须超过3个月但不得超过6个月。纳税人应在申请享受优惠期开始前至少一个月向主管部门递交申请。如果纳税人在上一年度已经拥有了“研发证明”，本年度则可以通过一次申请实现全年优惠。

自雇经营者的申请时间在9月30日前，没有年度申请数量限制。申请优惠期间应自申请日开始至申请年度结束，每次申请优惠期间不少于3个月。如果研发活动持续超过一年，在下一年度纳税人必须重新递交申请。

（二）申请人建立研发记录管理制度

WBSO申请者必须在研发项目开始时就使用企业内部标准的记录系统进行研发记录，并且至少保存7年，以备相关部门检查。如果纳税人在规定时间内没有建立研发记录，管理部门可不给予纳税人税收抵免。

合格的研发记录应当简明清晰地对每一个研发项目的性质、内容、进展和研发时间等进行说明。研发记录也可以是研发过程中的会议记录、报告、图稿、来往信函等。但记录上必须有时间和作者，并有清晰的总结报告以及按项目制作的文件明细表。项目文件需要按时间顺序存档，每个项目的技术利用情况要在文件中清晰反映。研发记录也要包括每个雇员进行研发活动的天数，每天工作的小时数以及雇员参加的研发项目。申请人必须保证研发记录的准确性，并准确记录雇员的休假以及病假。对于开发项目，研发记录还需要清楚地反映所要解决的技术瓶颈以及已选择的突破方向；对于可行性分析或者技术科学研究项目，还必须记录分析结果和项目组织情况等。

如果申请者是自雇经营者，则不需要对研发项目的成本和费用进行单独管理，因为自雇经营者的抵免额是固定数。

（三）审查员审查申请完整性

企业管理局在收到纳税人申请后，会分配审查员（consultants）对申请材料的完整性进行审查。如果审查结果证明申请材料完整，纳税人就会收到“确认通知（confirmation of receipt)”。如果审查结果证明申请材料不完整，申请者还有一次提供补充资料的机会，但必须在规定时间内递交补充资料。如果补充资料后申请完整，纳税人也会收到确认通知。

（四）审查员评估申请内容

当申请材料确认完整后，技术审查员（technical consultants）会根据相关法律和研发管理规则对申请内容进行评估，主要包括申请中所列的研发项目、项目成本与费用。如果项目或成本费用的说明信息不充分，技术审查员可能会通过写信、电话或邮件询问具体问题。“企业管理局”也可能咨询企业内部专家或利用公共资源进行调查。最后，技术审查员会通过申请内容、研发记录和所有其他信息对企业研发申请进行综合判断。

如果申请获得通过，申请人会收到“判断结果（Decision)”以及“研发证明

（R&D Declaration）”。“判断结果”中会说明每个申请的研发项目可以分配的小时数、相关成本与费用，以及不符合条件的研发项目及原因。“研发证明”中会说明在“判断结果”的有效期内，申请者可以获得的研发税收抵免最大额度。如果申请人对判断结果存在异议，也可以提出申诉。

“判断结果”的给出时间：对公司申请者最长8周；对自雇经营者是3个月。如果审查员要求申请者补充材料，判断结果的给出时间也会延长。

（五）纳税人进行税收抵免

纳税人可以根据“研发证明”中批准的抵免额抵扣其代扣代缴的研发人员工资所得税。具体地，申请人收到研发证明后，应根据研发证明上的抵免额在剩余优惠期间按月抵免，但每月允许的抵免额不得超过当月应代扣代缴的研发人员工资所得税额。对于每月的抵免额，纳税人可以选择在剩余优惠期间按月均匀抵免，也可以根据实际研发情况进行不均匀抵免①。

（六）纳税人提交真实研发时间与成本费用陈述

如果申请人实际发生的研发时间与成本费用，与“研发证明”中的差距太大，则在“研发证明”有效期结束的前三个月内，按照要求向企业管理部提交其研发项目的真实研发时间与成本费用说明。如果纳税人是自雇经营者，则需要提供其研发时间没有超过500小时的说明。企业管理部将基于有效说明材料，对“研发证明”进行纠正。

（七）研发项目实地检查

对于收到研发证明的纳税人，企业管理部可能会去企业实地检查。检查的内容包括研发活动、研发时间与成本费用，并判断这些是否与申请内容和企业研发管理记录相符。一旦研发管理记录中发现问题，或者研发时间与成本费用与“研发证明”中的不一致，申请人的“研发证明”都会得到相应纠正。

四、研发税收优惠力度测算与总额②

根据OECD测算，如图2-22所示，荷兰中小企业与大企业研发的边际税收补贴

① 例如：某企业在3月10日收到研发证明，规定抵免额为15000欧元，优惠期为1—6月。按照均匀法计算，企业剩余优惠期间为3—6月，每月最高抵免额3750欧元；如果企业选择非均匀法，3月抵免限额为3750欧元，纳税人实际抵免3000欧元，剩余月份的最高抵免额为12000除以3，即4000欧元，按此规律依次计算各月最高限额。

② http：//www.oecd.org/sti/rd-tax-stats-netherlands.pdf.

率（1-B）总体较为稳定；但2016年改革后，中小企业的税收补贴率后有所提高。2019年，荷兰中小企业盈利时的研发边际税收补贴率达0.31（亏损时为0.30），远高出OECD成员国中小企业研发税收补贴率中位数0.19（亏损时为0.17）；大企业（盈利与亏损）研发的边际税收补贴率为0.15，高于OECD成员国大企业研发税收补贴率中位数0.14（亏损大企业为0.1）。

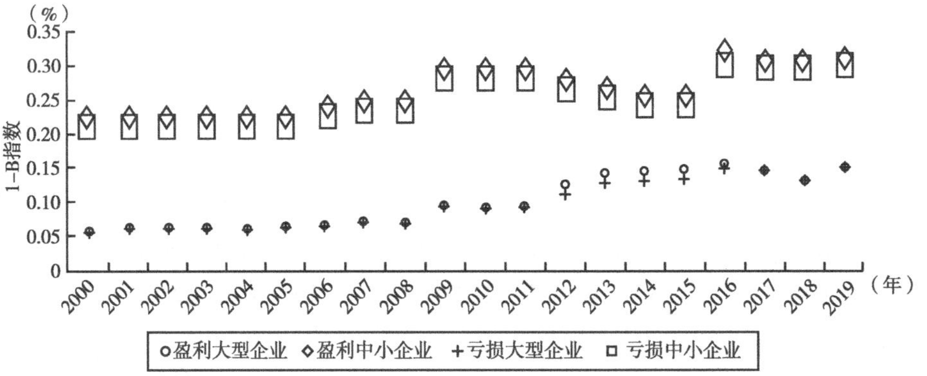

图2-22 荷兰企业研发边际税收补贴率（1-B指数）

2000年以来，相比较荷兰政府对企业研发支出的直接资助，对企业研发支出的税收资助，无论在总量还是相对量上，重要性都不断提高（见图2-23）。2017年，荷兰企业获得的研发费用税收优惠减免额达11.18亿欧元（以2010年价格计算），是2000年3.51亿欧元的3.36倍。2017年，研发税收资助占GDP比重达0.16%，比2006年的0.06%增长了167%；占企业政府资助总额的比重达89%，比2006年的58%增长了53.44%。根据OECD最新数据，2019年，荷兰企业研发税收优惠减免税额为15.05亿美元。

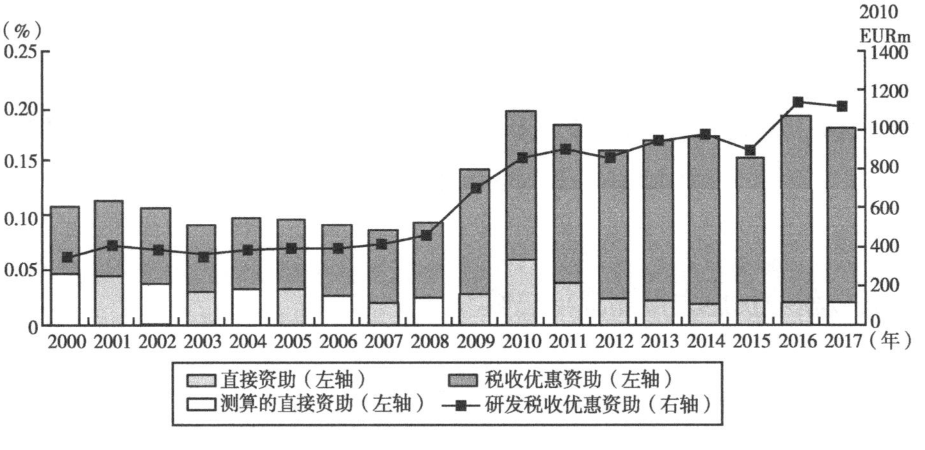

图2-23 荷兰政府对企业研发支出的直接资助与税收资助

注：左轴：占GDP比重；右轴：税收资助总量，按2010年物价水平。

五、政策评价[①]

2018年，荷兰经济事务与环境政策部组织对2011—2017年的WBSO政策进行评估。评估总体认为，WBSO政策得到了大多数受惠企业的重视，对企业研发人员薪酬有明显的积极影响；考虑到外溢效应，政策收益大于成本。具体评估结论如下：

第一，WBSO是对研发活动的普惠性激励计划。该政策在很大程度上帮助了中小企业，2017年97%的政策受惠企业是中小企业。大型企业获得了WBSO总预算的37%，内部研发费用占所有企业研发费用近60%。

第二，WBSO受惠企业数量从2012年的20533家增长到2017年的21263家，2015年为峰值22977家，但研发时间并未明显增加。

第三，据估算，在雇员人数等于或超过10名的公司中，31%不开展内部研发，不适用WBSO政策。但由于数据技术原因等因素，该估算可能被高估。但可以肯定的是，有的企业即便发生了研发费用，也不适用WBSO。

第四，在2011—2017年的评估期间，适用WBSO政策的“技术—科学研究”项目数量下降，因为从2015年起，公共知识机构不再适用WBSO政策。此外，“技术可行性分析”和“工艺流程技术研究”两类活动于2016年不再属于合格研发活动，但对WBSO受惠企业总数影响十分有限。

第五，2016年改革明确了软件开发的具体内容，从而结束了公众对软件项目的持续关注。2011—2017年，受惠WBSO政策的制造业企业比重从32%下降到23%，信息和通信行业的企业比重则从9%上升到21%。

第六，2011—2017年评估期间，越来越多的公司同时享受了WBSO政策和“创新盒”政策（Innovatiebox）。企业的研发时间越长，享受“创新盒”政策的企业占比就越多。

第七，85%的政策受惠企业表示，WBSO鼓励企业开展研发活动要规范化和有计划性。

第八，在WBSO政策受益企业中，人工智能、机器学习等数字概念的应用快速发展，在不同领域都很明显。

第九，通过降低研发人员工资成本，WBSO政策提高了企业的研发工资总量。这一积极效应增加了企业研发时间，仅在有限范围内增加了平均小时的研发工资。

第十，对于雇员在10人以下的企业，WBSO政策的有效性相对较低。这可能是

---

① https：//www.dialogic.nl/wp-content/uploads/2019/04/Evaluation-WBSO-2011-2017-Summary-8-03-2019-def.pdf.

由于此类企业做出短期调整的能力有限。

第十一，在2011—2017年评估期间，WBSO每增加1欧元的税收抵免，会带来研发工资额外增加90欧分。

第十二，根据计量经济学分析结论，WBSO政策对企业研发工资支出有积极影响。此外，研发工资支出与创新产品与服务的营业额，以及研发工资支出与每位员工的额外价值之间存在正相关关系。

第十三，从经济角度来看，大量使用WBSO（研发工时）的企业在调查中表示，其从WBSO项目的结果中获益很大。

第十四，根据企业自我报告，很多受惠企业认为WBSO促进了研发活动的专业化。例如，有助于吸引专业人员，提高企业研发规划和协作能力。中小企业报告的此类行为变化和影响通常比大公司更多。

第十五，根据调查结果，WBSO有助于企业对攻关难度较大的研发活动进行投资。接受调查的企业还表示，企业适用WBSO的研发活动产生了更多的溢出效应。

第十六，对于专注于或考虑将研发国际化的公司，WBSO可以帮助降低其有效税收负担，形成有利于研发的商业环境。

第十七，大多数WBSO受惠企业对于WBSO政策申请与落实都很满意，但服务仍存在改进空间，特别是提交申请后的处理时间有待进一步提高。

第十八，2011—2017年评估期间，使用财务中介服务的WBSO受惠企业数量占比进一步上升。其中，企业从2011年的79%上升至2017年的85%；自雇经营者则从60%上升至70%。

第十九，WBSO预计2017年的管理负担（中介和企业自身的管理成本之和）可能高于上一个评估期结束时的估计数（占WBSO预算的8%）。2017年，所有企业报告的自身管理成本约为所获得的WBSO优惠额度的4.4%—7%；中介成本为3.8%。

第九节 巴西等十四国企业研发税收优惠政策

一、巴西企业研发税收优惠政策

巴西对于研发用资本性支出和经常性支出采用不同的税收优惠方式，其中前者是一次性扣除，后者是加计扣除。根据OECD最新数据，2017年，巴西研发税收优惠为企业减税9.94亿美元（当年汇率）。

（一）资本性研发支出的税收优惠政策

1. 一般政策

研发设备支出可以一次性扣除。企业购买的专门用于研发活动的设备、机器和工具，在其发生或支付时可以一次性税前扣除。但是，如果该资产最初获得时用于研发活动，随后又被出售或用于其他活动，则已支付或已发生的费用与已加回的费用之间的差额，必须在该资产出售或用于其他活动期间加回，并重新计算所得税。

2. 特殊政策

第一，研发设备消费税（IPI）减半：企业购买的专门用于研发活动的设备、机器和工具，在购买时可申请应付消费税减半征收。

第二，IT企业研发设备投资加计扣除：IT公司购买的专门用于R&D活动的设备、机器和工具，如果能够享受消费税减税优惠，购买成本可以申请额外的加计扣除。

（二）研发用经常性支出的税收优惠政策

1. 一般政策

企业发生的合格研发用经常性支出可以按照160%税前加计扣除，但当年税前不足扣除的部分不能向前或向后结转。

2. 特别政策

企业在以下情况下，可以获得更高的加计扣除比例：一是如果企业年度研发人员数量增加了5%，加计扣除比例可提高到170%；如果增速超过5%，加计扣除比例提高到180%。二是如果企业当年成功注册了专利，与该项专利开发有关的合格研发费用加计扣除比例提高到180%。

（三）研发活动与研发费用的界定

巴西的研发费用加计扣除政策适用于所有企业，不受行业或技术领域的限制，只要企业研发活动和有关费用符合条件，就可以申请享受优惠。

1. 研发活动的界定

如表2-23所示，研发活动包括设计新产品或新流程，以及整合产品或流程使其具有新功能或特征，但整合的目的是提升质量或提高生产力。此外，软件开发也属于研发活动；但如果是常规的、标准化的软件开发，不能带来科技进步，或者开发目的不是解决技术不确定性，则此类软件开发不属于研发活动。

表2-23 合格研发活动的构成内容

研发活动	简短解释（不能构成正式定义）
基础研究	研究新现象，目的是开发产品、工艺和系统创新
应用研究	旨在获取新知识，用以开发或改进产品、工艺和系统的研究
实验性开发	根据现有知识来证明、测试或演示新产品、流程、系统、服务的技术可行性和功能，以及现有技术的改进
基本工业技术	机械设备的测量和校准，以及根据特定的符合性证书（包括相关的试验、标准化和技术文件，以及所开发的产品或工艺的专利行为）设计和制造测量仪器
技术支持服务	对专门用于研究项目、技术革新和培训从事研究项目人员的设施、机器和设备进行维护所必需的服务

2. 合格研发费用范围

主要包括：专门从事研发活动人员的工资、薪金，以及支付给第三方的某些费用（例如员工争议费、设备维护费等）。研发费用必须发生在巴西境内。此外，巴西税务局就下列特殊费用问题发布了指导意见：

一是部分时间致力于研发活动的专业人员费用。纳税人应该修改部分从事研究项目的员工劳动合同，明确其在从事技术创新项目的研究工作。如果雇佣协议未发生变更，则相关人员费用不能计入合格研发费用中。

二是合格的研发转包费用仅限于以下方面：与服务提供商签订合同，前提是项目承接公司承担企业风险管理和项目支出控制的责任；为实施研究项目而向小型企业支付的款项，即使分包方参与了项目最终经济成果的盈利；在纳税人不参与服务执行的情况下，为合同约定的技术服务（如实验室试验和测试）而发生的部分合格费用。

三是不能包含在合格研发费用中的支出：不符合上述规定的“部分时间致力于研发活动的专业人员的费用”和“研发转包费用”；与行政和间接服务有关的费用，包括安保、清洁、维修、图书馆和文献服务，以及研究项目的协调、管理和财务监管等。

（四）税务管理

第一，企业申请研发费用加计扣除的主要资格标准是：企业必须在该期间内有应纳税所得额；企业必须进行特定的会计管理，包括建立专门反映研发费用的会计账户；商品和服务必须在巴西购买，但有些例外（如固定资产进口）；企业必须提供享受激励期间一个完整日历年度的税收清算证明（tax clearance certificate）；企业必须填写以前年度使用的优惠、项目和创新结构表，并将文件提交给科技创新部；每年向巴西联邦税务局（RFB）报告所得税申报金额。

第二，研发项目事前审批。2014年底，巴西科学技术与创新部（MCTI）任命由技术专家组成的技术援助委员会（CAT）对研发费用加计扣除优惠申请进行技术审查，主要审核研发活动的性质和研发费用的一致性，并对研发活动的性质和研发费用进行调整。税务机关要求对每个研发项目的成本和费用进行内部控制，在整个会计年度中使用一致和标准化的标准，并对所有支出进行详细而具体的记录。

企业必须于下一财政年度7月底前在科学技术与创新部（MCTI）研发在线表格上申报有关本财政年度研发活动/项目的技术信息；对于审核认定的研发项目和研发费用，在所得税申报表（ECF数字税务簿记）上报告。

二、比利时企业研发税收优惠政策

比利时企业可以享受多种研发税收优惠政策，其中主要是研发投资税前扣除和研发人员工资代扣所得税减免（payroll withholding tax exemption）优惠。比利时一般企业所得税率为25%。根据OECD最新数据，2019年，比利时研发税优惠为企业减税13.11亿美元（当年汇率）。

（一）研发投资税前扣除

企业通过购买或自行开发的用于研发活动的相关资产投资，包括专利等无形资产以及固定资产（包括工资成本资本化部分）等有形资产，可以从以下税收优惠中选择其一。一是将资产负债表中所记录的所有研发投资按照13.5%的比例一次性税前加计扣除（additional deduction）；二是将同一类研发投资（专利投资除外）的折旧总额或摊销总额按照20.5%的比例税前加计扣除（即纳税人计算折旧金额，并将其乘以20.5%）。政府每年对扣除率进行审核。

企业当年不足扣除部分可以在未来五年内继续税前扣除；如果五年后仍有未使用的扣除额，可以将其转换为可返还税收抵免额（等于扣除额乘以企业所得税率）获得退款。2020年，税收抵免金额上限为资产负债表中记录所有研发投资总额的3.375%，或同一研发投资折旧总额的5.125%。

此类优惠政策适用于所有企业，没有行业限制。纳税人必须证明其研发投资的目的是研发符合条件的产品或服务。其中“符合条件”包括：①在比利时市场具有创新性；②不会对环境产生不良影响（或者如果存在环境影响，纳税人已经采取措施缓解该影响）。企业若申请享受该项优惠政策，必须首先由地方当局颁发关于该项优惠的授权证书，证明相关研发活动对环境没有负面影响。

（二）研发人员工资薪金所得税减免（Partial Withholding Tax Exemption）

2003年开始，比利时企业雇用持有合格学历的研发人员开展研发活动，代扣代缴其工资薪金个人所得税时可以按一定比例进行减免，从而有助于降低企业的研发人力成本支出。其中，研发活动的定义需要符合OECD的《弗拉斯卡蒂手册》手册对研发活动的界定，包括基础研究、应用研究和实验开发。

1. 优惠力度与优惠面不断扩大

一是减免比例不断提高。2018年起，减免比例为40%；2020年起，最高减免比例为80%。

二是适用的研发人员范围有所扩大。2019年开始，此项激励政策适用的研发人员范围由拥有硕士和博士学位拓展到学士学位持有人。但学士学位必须属于科学、工程科学、农业科学和生物工程、医学科学、兽医科学、生物医学科学和制药、建筑艺术和城市规划（建筑师）、工业科学和农业工业科学等领域。此外，对于学士学位研发人员的个人所得税减免总额，最高不能够超过拥有硕士和博士学位员工的个人所得税减免税额的25%（对于依据比利时《公司法》所界定的小公司，此上限比例可提高至50%）。

三是研发人员参加的研发活动范围也有所扩大，由企业内部研发项目扩展到研发合作项目。但研发合作项目必须是依据企业与欧洲大学院所、公认科学研究机构和青年创新公司（Young Innovative Companies）的研发合作协议开展的研发活动。

2. 税务管理

2014年开始，企业申请该项政策的研发计划或研发项目必须经过比利时科学政策办公室（The Belgian Science Policy Office，BELSPO）的事前批准。BELSPO主要审核企业研发计划或研发项目是否属于合格的研发活动。因此，企业提交的研发计划或研发项目说明报告必须包括对项目或项目群的描述，如预期的开始和结束日期，以证明其属于研发活动的定义范围。

三、土耳其企业研发税收优惠政策

2008年1月4日，土耳其新修订的研发法律（编号5746）正式实施。新法对研发税收激励政策做出了重大修改，为企业提供了多种形式的研发税收优惠。土耳其一般企业所得税率为22%。根据OECD最新数据，2019年，土耳其研发税优惠为企业减税25.13亿美元（当年汇率）。

（一）研发费用税前扣除优惠

1. 主要政策

一是符合条件的研发和相关设计项目支出100%税前扣除。2016年，设计项目[①]被纳入政策范围，包括旨在“创造附加值和竞争优势，增加、改进、增强和差异化产品功能”的所有活动。

二是研发费用增量加计扣除（incremental super deduction）。如果企业符合条件的研发费用总额（研发和设计成本）比上年有所增加，则增加部分允许再附加扣除50%；不足扣除部分，允许无限期向后结转扣除。

2. 研发活动相关要求

一是企业研发或设计活动由研发或设计中心实施。其中研发中心必须为企业独立单元、拥有独立工作空间和基本研发设施、雇用至少15名全职等效研发人员；设计中心拥有基本设计设施、雇用至少10名设计人员。研发中心和设计中心需要通过政府有关部门认证[②]。

二是研发活动的目的是实现科学与技术改进，并在土耳其境内开展；软件研发活动只限于新的、原始的理念研发；产生的专利必须为土耳其企业拥有。

三是企业研发项目必须获得财政顾问证明（Sworn Fiscal Consultant’s certification），以证明其研发费用符合要求。

3. 合格研发费用的范围与要求

一是直接成本。原材料、人员（工资和薪金）、研发外包服务费、与研发相关活动的税收支出（如研发用地的房地产税或与研发相关的进口材料的关税等）以及研发用设备和其他相关资产的折旧费。其中，如果机器和设备同时用于研发/设计和非研发/设计活动，则仅就该机器和设备用于研发/设计的天数按比例计算折旧中的合格成本。

二是间接费用。如公用事业服务费、交通费、通信费、维修费、保险费等，但不包括分摊的管理费用。

三是研发费用必须发生在土耳其境内。

---

① 2016年2月26日，土耳其颁布了关于研发改革一揽子计划的第6676号法，自2016年3月1日起实施：修订了相关法律定义，设计活动也被纳入研发活动范围。

② 截至2021年1月，土耳其认定的研发中心共1244个，研发人员67007人；设计中心364个，设计人员7861人。详见https：//www.ttgv.org.tr/tur/images/publications/616d3c9738fea.pdf，第44页。

（二）企业代扣研发人员工资所得税减免

企业研发中心或设计中心雇用从事研发或设计活动的研发人员和辅助人员，可以就其代扣代缴的相关工资所得税获得一定比例减免。减免比例具体为：①对于具有基础科学（数学，物理，化学和生物学）博士或硕士学位的人员为95%；②对于具有硕士学位或本科学位（后者必须是基础科学学位）的人员为90%；③对于所有其他人员为80%。但是，获得该项减免优惠的全职职工人数不能超过企业研发或设计中心全部全职雇员总数的10%。另外，企业在2023年12月31日之前所承担的社会保险费（social security premiums，SSPs）的50%，政府将进行补偿。

（三）技术开发区内的特殊税收优惠

在2023年12月31日之前，在技术开发区内（Technology Development Zones，TDZ），企业从软件生产和研发活动中获得的所得，免征企业所得税；仅在TDZs和主题性TDZs（为特定研发活动设立）生产的应用软件交付时免征增值税；有关软件工作人员和研发人员的工资所得免征个人所得税。

四、奥地利企业研发税收优惠政策

根据OECD最新数据，2019年，奥地利研发税优惠为企业减税9.93亿美元（当年汇率）。

（一）主要政策

2011年之前，奥地利研发税收优惠政策主要包括：总量加计扣除、总量8%税收抵免、增量加计扣除，但对于前两种优惠方式企业只能选择其一进行申请。从2011年开始，奥地利对研发税收优惠政策进行了改革，仅对企业合格研发支出总量给予10%税收抵免；2016年起，研发税收抵免率由10%提高至12%；2018年又提高至14%。

2021年，奥地利对于企业合格研发费用支出总量允许给予14%的税收抵免优惠；不足抵免部分可以获得现金形式的税收返还，并且没有返还上限限制，或者可以选择无限期向后结转。奥地利研发税收优惠对于企业内部研发费用没有上限限制，但企业外包研发支出要求每年不能超过100万欧元。

（二）研发活动与研发费用的界定

奥地利的研发税收优惠政策适用于所有企业，无行业或技术领域的限制，只要企业研发活动和有关费用符合条件，就可以申请并享受该优惠政策。

1. 研发活动的界定

一般来说，合格的研发活动是指在科学或技术领域，为生产新材料、新设备、新产品或新流程，或者对现有材料、设备、产品或流程进行实质性的改良而开展的系统或深入的研发活动，包括基础研究、应用研究以及试验开发。具体内容主要是OECD的《弗拉斯卡蒂手册》所界定的研发活动。此外，研发活动必须在奥地利进行。

2. 合格研发费用范围较为宽泛

主要包括：从事研发活动的研发人员工资、与研发项目直接相关的研发设备/基础设施（包括用于研发的房地产）、材料和其他成本的资本支出、直接归属于研发项目的融资成本、管理费用（如房屋租金、电力、电信和行政费用）、外包研发的分包商费用（有一定限制条件）。

如果企业将研发项目对外分包，分包商必须是在欧盟成员国或欧洲经济区（EEA）的合格机构，且委托人不得在分包商中拥有控股权益/股权。

（三）税务管理

2012年之前，企业申请研发税收抵免优惠不需要任何政府部门的批准，只需在填写年度所得税申报表时直接进行研发税收抵免申报。

2012年开始，研发税收抵免管理发生重要变化。企业申请研发税收抵免优惠必须由奥地利研究促进局（Austrian Research Promotion Agency，FFG）出具专家意见。企业在每个财政年度结束后，可以就本年度（或未来三年）的研发税收抵免在线填写申请，并由FFG免费评估研发项目的合格性。

五、新加坡企业研发税收优惠政策

新加坡对企业研发支出的税收激励力度在世界上处于前列。税收优惠政策相关内容在新加坡《所得税法》（简称SITA）第14D条、第14DA（1）条、第14DA（2）条和第14E条中有所规定，一般不需要预先审批。新加坡一般企业所得税率为17%。

（一）第14D条：研发费用100%一次性税前扣除（base deduction）

纳税人开展符合要求的研发活动所发生的有关合格研发费用可以在当期纳税年度一次性扣除；不足扣除的部分可以无限期向前结转，也可以选择在满足一定限制条件下向后结转。

其中，研发活动是指，为获取新知识或应用研究成果生产或改进材料、装置、产品或流程，而在科学或技术领域中开展的系统性和实验探索性并具有创新和技术风险的活动[①]。以下活动不属于研发活动：材料、设备或产品的质量控制或常规测试，社会科学或人文科学的研究，例行的数据收集，效率调查或管理研究，市场研究或销售推广，对材料、设备、产品、工艺或生产方法的例行修改或变化，对材料、设备、产品、工艺或生产方法进行常规修改或改变。

符合条件的研发费用包括：为研发活动直接发生的研发人员工资和薪金、消耗品费用（如材料、水电费用等）、研发外包支出以及政府研发补助盈余等。但研发外包支出仅允许计入60%。为开展研发活动发生的厂房、机械、土地、建筑物，或者建筑物的改建、增建或扩建等方面的资本性支出不包含在内。

2009—2025年，合格研发费用如果发生在新加坡境内，有关研发活动不需要与企业现有商业或业务有所关联；但如果发生在境外，研发活动则必须与企业现行业务有所关联，对企业本身有益。

此外，申请该项优惠的企业必须是研发活动的受益人，拥有由此产生的知识产权的所有权，并承担与研发项目相关的财务风险。

（二）第14DA（1）条：研发费用150%加计扣除（additional deduction）

2009—2025年，企业在新加坡境内所发生的符合条件的研发费用，除了可以在当期一次性扣除外，还可以再加计扣除50%。其中，合格研发费用包括在新加坡境内发生的人员工资薪金、消耗品费用和财政部长规定的其他费用。可加计扣除的研发费用范围明显小于可100%一次性税前扣除的研发费用范围。

2019年，新加坡政府修改了该条款，允许从2019—2025年，企业在新加坡境内所发生的符合条件的研发费用，除了可以在当期一次性税前扣除外，还可以再加计扣除150%（即税前扣除250%），但合格研发费用仅包括发生在新加坡境内的人员工资薪金和消耗品费用。

企业在提交年度纳税申报表的同时提交完整的研发优惠申请表，包括详细的研发项目描述和支出明细，相关文件也应保留以供税务机关审查和评估。为此，新加坡税

---

① 企业内部使用软件的改进等活动一般不符合研发活动的要求。

务局（IRAS）专门成立了技术咨询委员会（Technical Advisory Panel），存在以下情况时对研发项目进行鉴定：一是如果税务局两轮评审后仍然有异议，则提请技术咨询委员会鉴定；二是企业在提交申请时也可以主动要求研发项目转交技术咨询委员会鉴定。

（三）经政府批准的研发项目费用200%加计扣除（2020年到期）

对于在新加坡开展并在2020年3月31日前获得新加坡经济发展委员会（EDB）批准的研发项目，相关合格研发费用可以按200%税前加计扣除。

（四）生产力和创新抵免计划研发项目250%—300%加计扣除（2018年到期）

2011—2018年，新加坡政府实施了生产力和创新抵免计划（Productivity and Innovation Credit Scheme，PIC），为符合条件的研发费用支出提供250%—300%的税前加强扣除优惠。主要政策内容如下：一是对于每年发生的符合条件的研发支出的首笔40万新元或符合条件的中小企业60万新元将给予250%（新加坡本土研发）或300%（非新加坡本土研发）的加强加计扣除（自2015年纳税年度起生效）；二是对于每年超过40万新元或60万新元（符合条件的中小企业）支出上限的合格研发支出部分，仍然可以享受100%一次性税前扣除和50%加计扣除。其中，合格的中小企业是指在新加坡从事商业或业务活动、收入不超过1亿新加坡元或员工不超过200人的企业（独资企业、合伙企业或公司）①。该项优惠政策明显有利于研发投入规模有限的中小企业。

六、葡萄牙企业研发税收优惠政策

2002年开始，葡萄牙政府对企业研发支出（总量和增量）实施研发税收抵免计划（The Portuguese R&D tax credit scheme, SIFIDE），之后激励力度不断加大。2021年，研发税收抵免计划（SIFIDE II）有效期延长至2025年（之前规定有效期到2020年）。

（一）主要政策内容

1. 研发支出总量税收抵免

企业合格研发费用支出总量可以获得32.5%的税收抵免优惠，当年未使用的抵税额可以向后结转8年继续抵扣应纳所得税额。

---

① 该标准适用于集团层面。

2. 研发支出增量税收抵免

企业当年合格研发费用支出，与前两年合格研发费用支出平均值比较，如果有增加，则研发费用增量部分可以额外获得50%的税收抵免［增量支出共计获得82.5%（32.5%+50%）税收抵免］。但企业在这两年的业务必须处于活跃状态，且享受该项优惠的增量支出不能超过150万欧元。

3. 初创企业研发支出额外税收抵免

初创企业成立时间不足2年且未从增量研发支出税收抵免优惠中受益，其研发费用支出总量可以额外获得15%的税收抵免［共计47.5%（32.5%+15%）税收抵免］。

（二）合格研发费用（qualifying costs）范围与口径

主要包括以下研发费用：一是与研发活动有关的新增固定资产（建筑物和土地除外）的购置成本（按比列分配给研发活动）。二是直接参与研发活动的研发人员工资。但该员工必须已完成中等教育和培训，即必须达到国家资格框架（National Qualifications Framework）中规定的最低四级评级。此外，具有八级等级（博士学位）研发人员的工资可以按照120%比例计算并计入合格研发费用。三是参与研发机构管理的董事和专业人员的分摊成本。四是从公共实体和/或被认定具有研发能力的实体处承包研发活动的成本。五是部分运营成本，但总额不能超过研发人员成本的55%。这些成本包括：日常开支，例如电力、煤气、水、租金、维修和保养；研发服务签约（来自未被正式认定具有研发能力的实体）；资质等级在4级以下的研发人员工资。六是为研发机构筹集资金发生的开支，以及研发资助支出。七是专利注册和维护费用。八是与研发活动相关的专利购买成本（仅适用于中小企业）。九是研发审核费用（仅适用于中小企业）。十是已批准研发项目的演示活动费用。

（三）税务管理

企业申请研发税收抵免计划必须事前通过国家创新局认证。申请文件必须包括对所进行研发项目的技术细节说明，相应的合格支出以及与以前会计期间相比的相关增量金额说明等。企业也可能在项目结束时接受技术审计（即对项目技术规范进行审计，以核实所述活动）。

七、南非企业研发税收优惠政策

2006年，南非政府修订了《所得税法（1962）》，增加了研发税收激励计划。南非的企业所得税率一般为28%，小企业为0—28%不等。

（一）主要政策

1. 经常性研发支出50%“加计扣除”——特定行业

对于特定行业的企业，从事合格研发活动，在南非境内发生的有关合格经常性支出费用，可以150%税前加计扣除，不足扣除部分可以无限期向前结转。

这些行业包括：药物、软件服务、软件开发、创意设计、汽车、能源和公共事业、矿业和自然资源以及农业。

可进行加计扣除的经常性研发支出主要包括：工资薪金、原材料费用、研发外包合同成本等。

2. 资本性研发支出“加速折旧”——所有行业

无论何行业，企业从事合格研发活动发生的有关房屋、机器、厂房、用具、器具或物品等的资本化支出，可以加速折旧；其中除房屋外，其他资产必须是首次投入使用且专门用于研发。加速折旧的具体方法为：从资产投入使用年度起，资产成本将在四年内全部扣除完毕，其中第一年扣除成本的40%，第二、三、四年分别扣除成本的20%。

（二）研发活动的界定

南非对研发活动的界定基本是参考OECD的《弗拉斯卡蒂手册》。其中，合格研发活动的主要判断标准如下：第一，研发活动的目的是发现新颖的、有实践性的、不明显的信息，或者是规划、开发和创造出新发明、新设计、新计算机程序或有关新知识；第二，上述信息、发明、设计、计算机程序或知识必须具有科学或技术特征，发生的有关研发支出必须是用来生产给纳税人带来收益的“产品”，包括改进或提升产品的功能、性能、可靠性以及质量；第三，研发活动必须发生在南非境内。

以下活动明确规定不属于合格研发活动：石油、天然气或者矿产的勘探、勘探（不包括为开发勘探、勘探技术而进行的研发活动）；市场调研、市场测试、市场示范试验和促销；融资、管理、合规及类似支出；正常业务过程中的常规测试、分析、信息收集和质量控制；开发内部或管理业务流程，如内部使用工具、会计或人力资源软件或管理报告软件；金融工具或金融产品的创造或开发；创建或增强商标或商誉；获得专利的授予、恢复或延期；商标的注册和续展；外观设计的注册和延期注册；获得发明、专利、设计、版权、其他类似财产或对使用该等专利、设计、版权或其他财产或拥有该等权利必不可少的知识。

（三）税务管理

2012年开始，南非的研发税收激励计划由科技部（Department of Science and Technology，DST）、税务局（the South African Revenue Service，SARS）和财政部（The National Treasury）共同管理。具体责任划分如下。

1. 科技部的责任

总体来看，科技部要保障“研发税收激励计划”的有效管理并对政策效果进行监督评价；有责任完善“研发税收激励计划”并对战略和操作层面的有关问题向政府和私人企业提出建议。

为申请研发税收优惠政策，纳税人必须向科技部提交“研发税收激励表”，填写表中所要求的各种信息。与此对应，科技部的法定职责如下：第一，设计、发布和修改获取企业研发有关信息的表格，企业申请前必须在科技部网站上注册并填写和提交表格中需要的信息；第二，在纳税人和税务局之间就有关信息的获取进行沟通；第三，确保所获信息能够充分证明研发活动的合格性，为此科技部可能会在必要时拜访纳税人，以证实信息的真实性；第四，确保企业信息的完全保密；第五，对政策效果进行评估分析并向国会提交有关年度报告，主要内容包括：企业研发活动情况、税收激励对经济增长、就业和政府其他宏观目标的影响以及R&D活动的费用汇总[①]。

经过多年实践，南非对于申报程序进行了调整。从2012年10月1日起，申请研发税收优惠的企业必须先填报科技部编制的“研发税收激励事前申请表（pre-approval application form）”，并由科技部和税务局有关人员组成的“评审委员会”进行事前审核，只有通过审核的企业才能向税务局申报有关优惠。

2. 税务局的责任

税务局负责税收征收和确保所得税法的顺利实施。纳税人申请前也需要向税务局提交“研发税收激励表”，并通过完成企业所得税纳税申报表中的相关信息进行申请。

3. 财政部的责任

财政部负责税收政策的制定和有关税收法规的修改。研发税收优惠政策的修改必须经过财政部。

八、印度企业研发税收优惠政策

印度政府对企业研发费用实施加计扣除优惠，但优惠力度一直处于下降状态。

---

① 对于报告的最终形成，科技部还需与财政部、税务局和贸易工业部商议。

2020年，印度一般企业所得税率为25%。

（一）主要政策

2020年3月起，对于符合条件的企业，其发生在印度境内的内部研发费用允许100%加计扣除（2017—2019年150%加计扣除；2017年之前200%加计扣除），当年不足扣除的部分可以向后结转8年。

100%加计扣除优惠仅适用于从事生物技术、制造业和产品生产（不在下列负面清单的产品）的企业所得税纳税人。生产以下产品的纳税人不能享受该项优惠政策：酒精产品、烟草产品、化妆品、牙膏、混有香精浓缩物的汽水、甜点、电唱机、影像放映机、办公设备和装置、钢制家具、安全用品、乳胶泡沫、包装用的罐装软木和盖子等。

适用研发费用加计扣除的企业不再适用22%或15%的企业所得税率优惠。

（二）研发活动与研发费用要求

研发项目必须有专门的、显著的开展地点，并有专门的工作人员。允许加计扣除的研发费用包括：研发过程中的资本化支出，有关人员工资、消耗物资成本、水电气费等分摊支出以及其他直接用于研发活动的成本费用。以下费用则不允许加计扣除：土地和房屋的折旧费，专门用于市场调查、促销、质量控制、检测、商业生产、常规数据收集等类似性质的设备折旧费，管理费用和经营费用等。

（三）税务管理

对于享受该项优惠的研发设备，必须经印度科学和产业研究部（Department of Scientific and Industrial Research，DSIR）的批准，有关折旧费才能进行加计扣除。对于研发用设备，公司必须设立单独的会计账户对其进行核算，并开展年度审计，审计的复印件在下一年度的10月31日之前递交给DSIR秘书处。此外，改进科学研发设备而取得的资产没有DSIR秘书的批准不能随意处置。

九、爱尔兰企业研发税收优惠政策

2004年开始，爱尔兰对企业研发费用支出实施税收抵免优惠，且优惠力度不断加大。2009年，研发税收抵免率由20%提升至25%。2015年，为简化研发税收优惠制度，爱尔兰政府将研发费用增量优惠①彻底改革为总量优惠。

（一）主要内容

1. 企业研发税收抵免优惠

2015年开始，企业合格研发费用总量可以按照25%抵免率计算抵免额，直接冲抵企业应纳所得税额。企业可以就当年未使用的抵免额申请向后无限结转；也可以申请现金形式的税收返还。税收返还将在未来3年内按纳税年度分3次支付。但返还的现金总额不能超过以下两者中的较大者：一是企业申请税收返还之前10年中所支付的公司所得税总额；二是企业在当年和上一年发生的研发费用中应付工资税总额。

2. 企业研发活动关键雇员可以获得企业抵免额冲抵工资所得税

从事企业研发活动的关键雇员（Key Employee）可以从“员工奖励机制”中受益，以有效减轻其工资所得税。这种奖励机制就是获得研发税收抵免的企业，可以将抵免额转让给“关键雇员”，关键雇员用该抵免额可以抵扣其工资所得税。但必须满足以下条件：①雇员不能担任董事，或与企业有重大利益关系；②雇员必须至少50%的工作时间用于合同研发活动，同时至少50%的薪酬必须符合企业研发税收抵免的条件；③企业当年缴纳的企业所得税必须大于零；④雇员在获得抵免额后，有效工资所得税率不能低于23%。

（二）研发活动与研发费用界定

爱尔兰的研发税收抵免政策适用于所有企业，只要企业研发活动和有关费用符合条件，就可以申请该优惠。

1. 研发活动的界定

研发活动是在科学或技术领域进行的系统性、调查性或实验性的活动，以获得科学或技术进步、解决科学或技术不确定性为主要目标，包括基础研究、应用研究和试验开发。但研发活动所涉及的科学技术领域必须在以下四大范围：自然科学（如食品科学、软件开发、化学科学、生物科学）、工程技术（如机械、材料、电子、电气和通信工程、食品和饮料）、医药科学（如基础医学、临床医学、健康科学）与农业科学（如林业、渔业、兽医学）。

2. 合格研发费用范围与条件

允许抵免的研发费用包括：人员工资、材料消耗费用、管理费用、研发外包费

---

① 企业当年发生的合格研发费用支出超过“基数”的部分，可以按照25%计算抵免额。其中，“基数”在2012年之前为企业2003年12月31日前12个月的会计期间发生的合格研发费用；在2012年为10万欧元；2013年20万欧元；2014年30万欧元。

用、工厂和机器（Plant and Machinery，即P&M）折旧费等。

对于研发外包费用，允许计入合格研发费用的上限是企业研发费用总额的15%或者10万欧元，以较高者为准。此外，在付款之日或之前，企业必须以书面形式通知承包方不能就其承包的研发活动申请研发税收抵免。

对于工厂和机器折旧费用，该工厂和机器必须专门用于研发活动，同时必须满足磨损加速折旧条件。

用于合格研发活动的建筑物（如房屋）的建设和翻修支出也允许计入合格研发费用，但要满足一系列条件，包括该建筑物在4年内至少35%用于研发活动、用于研发活动必须至少10年、必须同时符合产业建筑物折旧条件。

此外，合格研发费用必须发生在爱尔兰境内、欧洲经济区（EEA）或者英国；但如果研发费用在其他EEA国家或者英国已经享受了有关税收优惠，就不能再申请爱尔兰的税收抵免。

（三）税务管理

爱尔兰研发税收抵免政策不需要事前审准，企业只需在费用发生的会计年度之后的12个月内向有关税务管理部门进行税收抵免申报即可。但企业在获得研发税收抵免之后的4年内，税务局将对该项申请进行审计。

十、新西兰企业研发税收优惠政策

2019年，新西兰颁布《研究与开发税收抵免法案》，实施全新的研发税收抵免优惠政策。

（一）主要内容

企业合格研发费用按照15%比例计算抵免额，抵扣企业所得税额；不足抵扣部分当年可以获得现金形式的税收返还。但该项抵免优惠有如下限制：一是每年合格研发费用必须超过5万新西兰元才有资格申请该项抵免优惠（若委托获批准的研究机构承担研发项目，则可以低于5万新西兰元）；二是企业每年可以获得的最高研发抵免上限为1.2亿新西兰元（除非获得限额提高的批准）；三是企业研发活动必须发生在新西兰，但研发费用允许发生在海外的比例不得超过10%；四是税收返还退款最高限额为25.5万新西兰元。

（二）企业资格条件

1. 企业必须从事合格研发活动。

2. 企业自身或者同集团的其他企业对于研发活动必须有控制权。

3. 对研发成果的所有权必须满足以下条件之一：一是开展研发活动的企业拥有研发成果；二是开展研发活动的企业有权应用研发成果；三是企业集团内部的另一家公司拥有研发成果，且必须是新西兰的居民纳税人或者是与新西兰有双重税务协定司法管辖区的居民纳税人。

4. 新西兰将从企业研发活动的完成中获得实际收益。

（三）合格研发活动的界定

合格研发活动包括核心研发活动（core R&D activities）和辅助研发活动（Supporting R&D activities）两大类。

1. 核心研发活动

核心研发活动必须同时满足以下四个条件：一是研发活动发生在新西兰；二是研发目的是探寻解决科学或技术上的不确定性；三是使用科学方法；四是寻求创造新知识，创造新的或改进的流程、服务或商品。其中，科学或技术不确定性测试必须是合格的专业测试。如果对于科学或技术不确定性的解决信息是公开的或者可以从同领域的合格专业人员推导出来，则相关活动不属于合同研发活动。如果合格的专业人员不能判断企业活动是否可以获得预期结果，而必须通过一系列测试或分析或者建模来解决不确定性，则该项活动就可能是研发活动。

2. 辅助研发活动

在研发活动中，可能存在一些与核心研发活动相关的活动，尽管这些活动不符合核心研发活动的界定标准，但却是核心研发活动所必需的和不可或缺的部分。辅助研发活动必须同时满足以下两个条件：一是该活动的唯一目的或主要目的就是支持核心研发活动；二是该项活动是核心研发活动的必要组成部分。

（四）合格研发费用的范围

一是研发用资产折旧费用。如果资产同时用于合格研发活动和其他活动，折旧费用就必须在两者之间进行合理分摊，通常通过各自所用时间（不包含停机时间）来分摊。

二是人员费用。包括：薪金、工资、加班费、奖金、病假、年假及长期服务假，以及企业对员工的股权激励成本。如果研发人员同时从事研发活动和履行其他职责，则必须合理地分摊人员成本，并用时间表、项目计划或其他明确分类的文件等进行记录。

三是商品和服务消耗费用，即研发活动中使用的商品和服务（资产以外的资产）的购买费用。包括：间接费用、所使用的材料费用和研发外包费用。

四是管理费用。

（五）税务管理

从2020年开始，新西兰引入了研发项目预先批准机制。企业需要在其开展研发项目的当年向税务部门提出鉴定意见，获得鉴定意见后才有信心明确其活动符合研发活动的界定。如果企业研发费用超过200万欧元，研发项目鉴定将适用不同的流程。

十一、意大利企业研发税收优惠政策

意大利企业研发税收抵免优惠并非永久性政策，处于不断变化之中。2007年，意大利将企业研发费用增量税收抵免改为总量抵免，但不足抵扣部分不能返还，也不允许向后结转抵扣。2010年，研发总量抵免又改回增量抵免，2015年不足抵扣部分允许获得可返还税收或者向后无限结转抵扣。2017年，研发增量税收抵免率统一为50%，2019年降低至25%。2020年，意大利又将企业研发费用增量税收抵免改为总量抵免，并于2021年进一步加大了优惠力度。2019年，根据OECD最新数据，意大利企业研发税收抵免优惠为企业减税43.38亿美元（当年汇率）。

（一）主要内容

1. 研发税收抵免优惠

按照OECD《弗拉斯卡蒂手册》界定的研发活动，合格研发费用按照20%比例（2020年为12%）计算的税收抵免额，可以在当年和未来两年内用于抵扣企业任何类型的应缴税款（企业所得税、IRAP、增值税、工资税、预扣税以及社会保障或福利缴款等）。企业获得该项优惠的合格研发费用有门槛与上限规定，即企业享受该项抵免的合格研发费用必须至少3万欧元，但上限不能超过400万欧元（2020年为300万欧元）。

2. 技术创新税收抵免优惠

企业从事有助于新产品开发或者提升产品、工艺稳定性的其他技术创新活动（按照《奥斯陆手册》界定，但并非研发活动），可以按照10%比例计算税收抵免额（2020年为6%），但享受该项抵免优惠的技术创新费用上限为200万欧元（2020

年为150万欧元)。其中，对于实施“国家数字工业4.0计划”或者“绿色转型计划”的技术创新费用，税收抵免率为15%。

3. 创意设计税收抵免优惠

企业为规划和生产新产品或样品而发生的创意设计费用，可以按照10%比例计算税收抵免额(2020年为6%)，但享受该项抵免优惠的创意设计费用上限为200万欧元(2020年为150万欧元)。其中，对于实施“国家数字工业4.0计划”或者“绿色转型计划”的创意设计费用，税收抵免率为15%。创意与设计可能由生产不同产品的企业实施，如纺织、服装、鞋类、眼镜、黄金、家具和摆设、陶瓷等。

(二) 合格研发费用范围与要求

合格研发(技术创新与创意设计)费用包括的范围比较广，但必须与研发活动、技术创新活动或者创意设计活动相关，而且属于合理支出。主要包括以下几类：研究人员和技术人员的人员费用、研发设备折旧费以及有形资产和软件租赁费、研发外包费、外购知识产权折旧费(仅适用于研发活动)、相关咨询和同等服务费、材料费等。其中，符合条件的研究人员与技术人员的人员费用支出可以按照150%计算抵免额。主要条件包括：首次参加工作、35岁以下并持有博士学位、雇佣合同为固定期限。

此外，很多费用在计算抵免额时都有上限限制。例如，有形资产或软件相关折旧费和租赁费最高不能超过研究与技术人员费用的30%；外购知识产权折旧费不能超过100万欧元；材料费用不能超过人员费用和研发外包费用总额的30%。

(三) 税务管理

为了获得研发税收抵免，企业必须就其研发费用的合理性和财务记录的匹配性等方面进行外部审计并获得证明报告(审计费用允许计入合格研发费用，最高不超过5000欧元)；同时，必须对其研发活动撰写技术报告，说明当年从事研发项目的目的、内容和结果等。此外，出于统计目的，企业必须向经济发展部(the Ministry of Economic Development)提交税收抵免相关信息。企业如果对其研发项目是否属于研发活动有所疑惑，可以向经济发展部提出技术鉴定申请；如果对于税收抵免政策有所不解，可以向税务部门请求规则裁决。

十二、挪威企业研发税收优惠政策

挪威自2002年开始对中小企业实施研发税收抵免计划，抵免率为20%；2003年开始允许大型企业适用研发税收抵免计划，抵免率为18%。2020年，挪威政府对研发税收抵免计划进行了简化，统一税收抵免率为19%，同时调低抵免额上限，但调高了研发人力成本上限。

（一）主要内容

企业合格研发项目发生的合格研发费用按照19%计算税收抵免额，用于抵扣企业所得税应纳税额；不足抵扣部分，将以现金形式支付给企业（即税收返还）。但适用研发税收抵免的研发费用有上限限制，每年不能超过2500万挪威克朗（2020年前为5000万挪威克朗），因此，研发税收抵免上限为475万挪威克朗（即2500万挪威克朗的19%）。

（二）研发活动与研发费用的界定

1. 研发项目（活动）的界定

研发项目是指企业为开发新型或改进产品、服务或生产过程而创造新知识或获得新技能的研发活动，并且新知识或新技能对企业有利。但公司发展、员工培训、生产设施准备等只是有利于实现业务目标，不属于合格研发项目。

2. 合格研发费用的范围与口径

合格研发费用主要包括：研发人员费用、管理费用、购买支出（包括研发服务、研发设备、技术秘密和专利）以及建筑物和场地的租金等。其中，研发人员费用为“人员费用/小时”乘以“研发人员在合格研发项目上的工作小时数”，其中人员费用/小时按照商定年薪的0.12%计算，但不能超过每小时700挪威克朗（2020年前为600挪威克朗），且每个研发人员在合格研发项目上的工作小时数最大为1850小时/每年。

研发服务如果是由关联方提供，相关协议必须包括研发时间表等文件，劳动力成本上限也需要按照研发人员费用的计算要求进行计算，并且承包方需要对该项研发项目建立专账管理。

（三）税务管理

企业研发项目必须事前获得挪威研究委员会（Research Council of Norway）的批准，才有资格获得研究抵免。研发项目批准申请可以在一年中的任何时间提交。如果申请在9月1日前提交，将在年底前处理，一旦批准，该研发项目发生的合格研发费用将可以在申请年度享受研发税收抵免优惠；否则，将在第二年得到批准与否的结果。

十三、韩国企业研发税收抵免优惠

根据OECD最新数据，2019年，韩国企业研发税收抵免优惠为企业减税27.09亿美元（当年汇率）。

（一）一般税收抵免优惠

企业合格研发支出可以从以下两个税收抵免政策（总量与增量优惠）中选择其一：

一是对于当期研发支出总量，大型企业税收抵免率为0—2%，中型企业税收抵免率为8%，中小企业税收抵免率为25%。

二是对于当期研发支出超过前期的增量支出，大型企业税收抵免率为25%，中型企业为40%，中小企业为50%。其中，增量税收抵免的适用条件是：前一年研发支出大于前四年研发支出平均值。

中小企业的主要条件：年销售收入从400亿韩元到1500亿韩元，具体要看企业所在的行业；资产总额小于5000亿韩元。中型规模企业的主要条件：不满足中小企业条件，但是前三年销售收入平均值小于5000亿韩元。

（二）新经济引擎技术研发加强税收抵免优惠

如果企业研发活动发生在符合条件的新经济增长引擎和核心技术领域，企业研发支出可适用更加优惠的税收抵免率，由20%—40%不等，具体抵免率取决于企业规模。当年未用完的抵免额可在未来5年内继续使用。其中，对于大型和中型规模企业，抵免率=20%+（新经济引擎技术研发支出/总销售收入）×3，但最高不能超过30%；对于中小企业，抵免率=30%+（新经济引擎技术/总销售收入）×3，但最高不超过40%。

2020年，新增长引擎和核心技术领域增加至12大类，涵盖223项具体技术。其中，12大类包括：未来汽车，智能新信息（如人工智能），下一代软件或安全，下一代电子信息设备（如柔性显示、3D打印），下一代广播通讯，生物健康，能源，环境，新材料、部件与设备，机器人与航空航天。

十四、德国企业研发税收抵免优惠

2019年11月29日，德国联邦参议院批准通过了《研究津贴法》。2020年1月1

日，《研究津贴法》生效，德国将首次对企业研发给予税收抵免。

（一）主要内容

从2020年开始，该法案将允许企业申请相当于支付给研发人员工资的25%的税收抵免。该项税收抵免额每年不能超过50万欧元，可以直接抵减企业代扣代缴的个人所得税或企业所得税额；当前不足抵扣的抵免额，则会以现金形式返还给企业。所有从事基础研究、产业研究和试验开发的企业都有资格享受该项税收抵免。此外，每个企业和每个研发项目所获得的国家补贴总额，包括该项研发税收抵免额，不得超过1500万欧元。

（二）合格研发活动与研发费用界定

1. 研发活动界定

研发项目必须属于研发活动，即基础研究、应用研究或实验开发中的一种或多种。如果一项产品或工艺已经基本确定，在此基础上进一步展开研发活动的目的是开发市场或使生产系统顺利运行，则该活动不属于研发活动。

2. 研发项目类型

符合条件的研发项目包括：一是企业内部研发或委托研发；二是企业与其他企业的合作研发；三是企业与其他研发机构的合作研发。其中，对于委托研发，承包方必须位于欧盟成员国或《欧洲经济区协定》适用国，且根据合同义务在审查委托研发资格条件时，所在国家能够按照《欧盟行政协助法》提供行政协助。

3. 研发费用范围

一是企业对参与合格研发项目研发人员应缴纳工资税的工资薪金，以及根据双重征税协议没有义务缴纳工资税的工资薪金。企业必须对雇员在相应研发项目中所做的工作时间和贡献进行持续地记录。

二是对于独资经营者或合伙人个人，其参与合格研发项目的薪酬按照每小时40欧元计算，但每周参与时间上限为40小时。

三是对于委托研发项目，计算抵免额的基础按照委托费用的60%计算。

（三）税务管理

1. 研发项目认证

企业在研发项目实施之前或实施期间，或在申请研究津贴的决算年度结束之后，必须向“研究津贴认证中心”（BSFZ）提交其研发项目的认证申请。“研究津贴认证中心”负责审查企业研发项目是否属于《研究津贴法》中界定的研发项目，并颁发认证证明。

按照《研究津贴法》，在德国联邦财政部、联邦经济事务和能源部同意的情况下，联邦教育和研究部有权通过法令来授权一个或多个机构成为“研究津贴认证中心”，并制定认证程序及认证收费等详细信息[①]。研发项目证明的具体模式，由联邦财政部与各州最高财政部门协商，并经联邦经济事务和能源部以及联邦教育和研究部同意。

2. 研发津贴申请

在决算年度结束时，企业应通过联邦财政部指定界面，向税务局提交研究津贴申请。申请书应详细说明研发项目及研发费用，以便核查；同时应附有研发项目认证证明，并在申请书中保证在认证过程中声明的、作为认证依据的事实没有发生改变。

第十节 我国研发费用加计扣除政策完善方向

研发费用加计扣除优惠是我国激励企业技术创新的重要创新政策，也是我国对企业研发活动给予财政间接投入的主要方式。近年来，我国企业享受研发费用加计扣除优惠的减免税规模快速增长，2021年达到4400亿元左右[②]（2018年2794亿元[③]、2017年约1000多亿元[④]），约占我国财政直接投入的36.7%。但在我国加快实现高水平科技自立自强等新要求下以及财政收支矛盾加剧等新形势下，我国研发费用加计扣除优惠政策亟待由“粗放型”向“精细化”转变，提高政策精准性与政策效果。

一、政策发展历程

我国的研发费用加计扣除优惠政策最早始于1996年的“技术开发费用税前扣除

① 有关认证的信息和研究津贴认证中心的链接可以在联邦教育和研究部的网站上找到，https：//www.bmbf.de/de/faq-zur-bescheinigungsstelle-und-zum-bescheinigungsverfahren-10875.html。

② 2021年《政府工作报告》。

③ 国家税务总局于2019年7月23日新闻发布会。

④ 国家税务总局于2017年10月27日新闻发布会。

政策”。2006年我国科学技术发展中长期规划配套政策发布之后，全新的“研发费用税前扣除优惠政策”发布实施，并经过多次修订和补充，政策覆盖面和税收优惠力度都大幅提升。

（一）1996—2005年："技术开发费”税前据实扣除、年增速10%以上的总量加计扣除50%

1. 税前据实扣除的企业范围不断扩大

1996年，《关于促进企业技术进步有关财务税收问题的通知》（财工字〔1996〕41号）发布实施，国有、集体工业企业发生的技术开发费不受比例限制，全额计入管理费用，在税前扣除。

1999年，《企业技术开发费税前扣除管理办法》（国税发〔1999〕49号）扩大适用该优惠的企业范围为“国有、集体工业企业及国有、集体企业控股并从事工业生产经营的股份制企业、联营企业”；同年的《关于外商投资企业技术开发费抵扣应纳税所得额有关问题的通知》（国税发〔1999〕173号）又将优惠政策的适用范围扩大到在我国境内发生技术开发费的外商投资企业。

2003年，《关于扩大企业技术开发费加计扣除政策适用范围的通知》（财税〔2003〕244号）将可以享受该优惠的企业范围扩大到了“所有财务核算制度健全、实行查账征收企业所得税的各种所有制的工业企业”。

2. 技术开发费年度增长超过10%的企业，技术开发费实际发生额可税前加计扣除50%

1996年，《关于促进企业技术进步有关税收问题的补充通知》（国税发〔1996〕152号）规定，盈利企业研究开发新产品、新技术、新工艺所发生的各项费用，比上年实际发生额增长达到10%以上，实际发生额在税前据实扣除外，还可加计扣除50%；不足抵扣部分，当年和以后年度均不再抵扣。

3. 税务管理由税务审批到自行申报

1996年，《关于促进企业技术进步有关税收问题的补充通知》（国税发〔1996〕152号）要求加计扣除优惠需在年终经由主管税务机关审核批准后才允许享受。

1999年，《企业技术开发费税前扣除管理办法》（国税发〔1999〕49号）明确了税务机关负责对企业技术开发费税前扣除进行审核批准。

2004年，《关于做好已取消和下放管理的企业所得税审批项目后续管理工作的通知》（国税发〔2004〕82号）将企业技术开发费的加计扣除由主管税务机关审核批准改为由纳税人根据有关税收优惠政策规定自主申报扣除，主管税务机关进行后续管理，着重审查其账证是否健全。

（二）2006—2016年："研发费用"总量税前加计扣除50%，规范研发活动与研发费用范围

1. 扩大受惠企业范围，取消加计扣除增长率限制，允许不足扣除部分在5年内继续税前扣除，规范研发活动与研发费用范围

2006年，我国颁布了《国家中长期科学和技术发展规划纲要（2006—2020年）》（国发〔2005〕44号）和《关于实施国家中长期科学和技术发展规划纲要的若干配套政策》（国发〔2006〕6号），文中的配套政策取消了技术开发经费应逐年增长10%的限制，同时允许当年未抵扣完的加计扣除额可在未来5年内继续抵扣。

同年，《关于企业技术创新有关企业所得税优惠政策的通知》（财税〔2006〕88号）落实了上述内容，并将享受优惠的主体由"工业企业"扩大到所有财务核算制度健全、实行查账征税的内外资企业、科研机构和大专院校。

2007年，《中华人民共和国企业所得税法》第30条第一款规定：开发新技术、新产品、新工艺发生的研究开发费用可以在计算应纳税所得额时加计扣除。《中华人民共和国企业所得税法实施条例》第95条、第66条、第67条是对《企业所得税法》第30条第一款的细化规定。

2008年12月，《关于印发〈企业研究开发费用税前扣除管理办法（试行）〉的通知》（国税发〔2008〕116号）全面规范、细化和阐明了优惠政策涉及的研发活动概念、研发费用范围、研发活动的范围与开展方式、研发费用的财务核算等，为各地的税务机关和企业全面贯彻落实研究开发费用的税前扣除提供了统一、全面的操作程序。

2. 中关村国家自主创新示范区试点新政策并全国推广：扩大研发费用范围

2010年10月，《对中关村科技园区建设国家自主创新示范区有关研究开发费用加计扣除试点政策的通知》（财税〔2010〕81号）发布实施，与一般性政策相比，中关村试点政策的重点是有两个突破：一是可加计扣除的研发费用范围增加了四项，即"五险一金"费用，仪器设备的运行维护和维修等费用，样品、样机及一般测试手段购置费，以及新药研制的临床试验费；二是研发活动涉及的领域扩大。

2013年9月，《关于研究开发费用税前加计扣除有关政策问题的通知》（财税〔2013〕70号）规定，企业可享受加计扣除的研发费用扩展为：①符合规定的"五险一金"费用；②专门用于研发活动的仪器、设备的运行维护、维修等费用；③不构成固定资产的样品、样机及一般测试手段购置费；④新药研制的临床试验费等。自此，在中关村国家自主创新示范区试点的研发费用加计扣除政策推广至全国。

3. 2015年重新修订，继续扩大研发费用范围，行业负面清单企业不能受惠

2015年，财政部、税务总局和科技部联合发文《关于完善研究开发费用税前加

计扣除政策的通知》（财税〔2015〕119号），对研发费用加计扣除政策再次进行了修订。主要突破有四：一是取消研发活动的技术领域限制，增加行业负面清单；二是继续扩大可加计扣除的研发费用的范围；三是进一步规范研发活动定义，并列明研发活动的负面清单；四是委外费用的80%可计入加计扣除范围，不再提供费用明细。

（三）2017年至今：加计扣除比例进一步提高，研发费用范围进一步扩大，税务管理进一步宽松

1. 2017年税务管理进一步优化，科技型中小企业研发费用加计扣除比例提高至75%

2017年，科技部、财政部和税务总局联合发文《关于进一步做好企业研发费用加计扣除政策落实工作的通知》（国科发政〔2017〕211号），要求科技、财政和税务主管部门建立工作协调机制，明确界定有异议研发项目的鉴定流程与要求。

同年，财政部、税务总局和科技部联合发文《关于提高科技型中小企业研究开发费用税前加计扣除比例的通知》（财税〔2017〕34号）和《关于印发〈科技型中小企业评价办法〉的通知》（国科发政〔2017〕115号），规定在2017—2019年，将科技型中小企业研究开发费用的税前加计扣除比例由50%提高至75%。

2. 2018年研发费用加计扣除比例普遍提高至75%，委托境外研发费用允许加计扣除，税务管理进一步落实放管服要求

2018年，财政部、税务总局和科技部联合发文《关于提高研究开发费用税前加计扣除比例的通知》（财税〔2018〕99号），规定在2018—2020年，将75%的研发费用税前加计扣除比例从科技型中小企业推广至所有企业。

同年，三部委联合发布《关于企业委托境外研究开发费用税前加计扣除有关政策问题的通知》（财税〔2018〕64号），明确委托境外进行研发活动所发生的费用，按照费用实际发生额的80%计入委托方的委托境外研发费用，委托境外研发费用中不超过境内符合条件的研发费用三分之二的部分，可以按规定在企业所得税前加计扣除。

2018年，为落实放管服改革精神与要求，国家税务总局发布新版《企业所得税优惠政策事项办理办法》（国家税务总局公告2018年第23号），明确企业享受研发费用加计扣除优惠时，采取“自行判别、申报享受、相关资料留存备查”的办理方式。

2021年发布的《关于进一步完善研发费用税前加计扣除政策的公告》（财政部 税务总局公告2021年第13号）规定，制造业企业研发费用加计扣除比例由75%提高至100%。2022年发布的《关于进一步提高科技型中小企业研发费用税前加计扣除比例的公告》（财政部 税务总局 科技部公告2022年第16号）将科技型中小企业研发费用加计扣除比例也同步提高至100%。

二、政策主要不足

我国研发费用加计扣除优惠政策经历多次完善与修订，优惠力度与政策覆盖面都大幅增加，但在优惠方式、特惠目标、税务管理等方面还存在不足，不利于进一步提升政策效果、顺应甚至引导科技创新的新形势。

（一）优惠方式不利于政策效果进一步提升

1. 加计扣除优惠方式对大量适用税率优惠的企业的激励效果大打折扣

研发费用加计扣除优惠属于税基优惠，企业实际获得的税收优惠额度受其适用的企业所得税率影响；税率越高，可获得的税收优惠额度越高。但我国企业所得税率优惠政策众多，如高新技术企业、软件企业、集成电路企业、技术先进型企业、西部大开发企业、小型微利企业等都适用较低税率，这些企业从研发费用加计扣除中获得的税收优惠额度较少，导致政策激励效果大打折扣。比如，在研发投入规模相同的情况下，适用15%税率的高新技术企业与适用25%一般企业所得税率的普通企业相比，可获得的税收优惠额度减少了40%［(25%−15%）/25%］。从国际实践看，为避免税率波动对研发税收优惠效果的影响，在对企业研发费用实施税收优惠的国家中，绝大多数国家都采用税收抵免的优惠方式。

2. 纯总量优惠对企业增加研发投入的激励作用不足

我国研发费用加计扣除优惠属于纯总量优惠。按照现行政策，企业只要有研发投入就可以享受优惠，对企业增加研发投入的边际激励作用不够。国际上，日本、韩国、葡萄牙、西班牙等很多国家采用总量优惠与增量优惠相结合的混合优惠模式；日本、澳大利亚等国家还通过对研发强度高的企业给予特殊激励的方式，激励企业增加研发投入。

（二）优惠对象未适应科技创新的新变化与新需求，不利于激励原始创新

1. 研发资助未明确明确规定可以加计扣除，不利于开放式创新与前沿技术研发

我国研发活动和研发费用范围总体上符合国际主流，但研发资助未明确规定可以列入合格研发费用，不符合研发组织模式变化的新趋势。在新科技革命和产业变革推动人类社会从工业经济时代加速迈向知识经济的新时代，创新组织模式逐渐呈现创新主体的协同化、开放化，企业研发活动的组织方式不再局限于自主研发、合作研发与委托研发，研发资助也成为企业参与开放式创新，特别是交叉科技、前沿

科技研发的重要方式。国际上，加拿大、英国、澳大利亚等国家都明确研发资助允许计入合格研发费用，并规定了严格的界定条件，以适应研发活动组织方式的变化。

我国企业也存在研发资助支出。比如，我国部分企业近年来与国家自然科学基金、地方自然科学基金设立联合基金投入基础研究，利用自然科学基金高层次平台及专业化管理能力，达到企业委托研发和科学捐赠无法实现的基础研究目标，即在更大范围内筛选优秀研究团队、丰富未来知识储备、寻找未来研究方向，以支撑企业未来5年甚至更长期的发展目标。企业对“联合基金”的出资属于研发资助，但由于不属于政策允许的四种研发方式之一①，且无法按照研发项目归集研发费用，因此无法适用研发费用加计扣除优惠。这显然不利于支持企业参与协同创新，也不利于激励企业投入基础研究。

2. 没有针对科学研究投入的特殊优惠，不利于激励企业提高研发质量

我国研发费用加计扣除政策对于不同类型的研发活动给予无差别的税收待遇，这对优化企业研发投入结构无法发挥积极作用。我国要想实现高水平科技自立自强，重要基础是增强原始创新能力。目前，我国企业研发投入中基础研究和应用研究的经费占比极低，2019年这一比例尚不足4.0%，而日本约为50%，韩国为57%，美国为28%。

从国际上看，很多国家通过对高质量研发合作给予特殊激励，促进企业增加科学研究投入。比如，法国企业如果将研发项目外包给予其没有关联关系的公共研究机构、高等教育机构、经认证的科技合作基金或公共研究利益基金，外包研发费用可以200%加计计入合格研发费用；美国对于企业支付给合格大学或州立实验室的外部研究费用允许100%计入抵免额基数，但一般仅按65%计入；对于企业委托合格研究组织开展“基础研究”发生的研究费用超过基数的“增量”单独按照20%抵免率计算抵免额。

（三）对中小企业研发激励仍然不足，不利于颠覆性创新

创新历史表明，中小企业新技术的研发效率远高于大企业，是颠覆性技术创新的主要力量。我国虽然对中小企业制定了“科技型中小企业”评价办法，但在研发上的特殊支持效果并不明显。一是，科技型中小企业的研发费用加计扣除比例从2022年开始虽然由统一的75%提高至100%，但该比例仅与制造业企业持平；二是，虽然科技型中小企业亏损时的结转年限由5年延长至10年，但由于无法在当年就从研发费用加计扣除中获利，税收优惠难以发挥“雪中送炭”的支持作用。相反，国际上多数国家都对中小企业研发加大优惠力度，特别是允许当年全部或较高比例的

---

① 四种研发方式包括：自主研发、合作研发、委托研发、集团研发。

税收返还，以支持亏损时的中小企业。

（四）行业性倾斜与行业负面清单同时存在，不符合产业融合发展新趋势

我国对制造业企业给予较大的研发费用加计扣除优惠，这对服务业企业带来明显的税收不公平。在当下数字经济发展和传统产业融合的大趋势下，服务业与制造业的科技创新价值同样重要。

此外，我国规定了研发费用不允许加计扣除的行业负面清单。但在产业融合背景下，产业边界越发模糊。事实上，科技创新已经无所不在，研发活动发生在各行各业。因此，设置行业负面清单有失“税收公平”，不利于产业融合发展。

从国际实践看，尚未发现有国家设置了适用研发税收优惠的行业负面清单，也极少有国家对不同行业的研发活动制定差别性税收优惠。即使在特殊优惠中有一定行业性倾斜，一般也会弱化行业性特点，突出技术领域特点（如韩国）、国家战略特点（如意大利）等，或者更加精准聚焦某个细分行业（如美国）。

（五）相关管理制度对优惠政策的准确落实与系统完善尚未发挥应有作用

1. 研发项目判断确定性不够，优惠政策“不敢用”与“滥用”并存

研发项目的准确判断是研发费用加计扣除政策的管理难点。目前我国采用企业自行申报的管理方式，研发项目无须前置审核，也没有前置审核选择权。在我国目前税收征管水平与税法遵从环境都较为一般的情况下，会导致两个极端问题同时存在：一方面，部分企业对研发活动缺乏自行判断的专业能力，一旦判断失误，后续税务风险较大，甚至可能面临行政处罚，因此都会谨慎申请，有的甚至主动放弃优惠；另一方面，部分企业虚构研发项目，夸大研发费用，滥用优惠政策。

从国际实践来看，多数国家选择科技管理部门对企业研发项目前置审核或者赋予企业前置审核的选择权，以提高政策落实的准确性和确定性，切实发挥政策效能。美国、英国、加拿大、日本等少数税法遵从环境较好的国家才采用企业自行申报研发税收优惠的方式，即便如此，也会通过加强纳税指导、纳税服务或设立增强确定性的制度，提高企业政策享受预期。

2. 政策评估、研判与调整制度尚不健全

一是缺乏专业化的定性与系统性评估；二是我国未建立税式支出制度，研发费用加计扣除政策落实的数据和相关信息尚无法公开或在部门之间共享；三是对政策前瞻与研判机制不完善，难以根据企业技术创新与产业变化以及科技创新发展新需要进行政策的及时调整和跟进。

国际上，很多国家都在不同程度上建立了税式支出预算；定期开展研发税收优

惠政策的系统评估，有的还会向社会公开；评估结果则推动了这些国家研发税收优惠政策的不断完善，美国、英国等国家的现行研发税收优惠都经历了10次以上的修订。

三、政策建议

总体看，我国对企业研发投入的优惠力度在世界上已经处于中等偏上水平，短期内不适合再次普遍提高优惠力度。未来政策完善方向应聚焦在进一步提高政策效果，顺应我国科技创新的新需求。

（一）创新优惠方式，提高政策激励效果

一是建议我国探索研发税收抵免的优惠方式。若保持现行优惠力度不发生大变化，经过测算，抵免率应在20%左右（见表2-24）。

表2-24　优惠力度不变情况下加计扣除比例与对应的税收抵免率

企业所得税率	加计扣除比例	对应的抵免率
25%（一般税率）	75%（一般企业）	18.75%
	100%（制造业）	25%
15%（高企税率）	75%（一般企业）	11.25%
	100%（制造业）	15%

二是探索并允许亏损科技型中小企业的税收返还。借鉴国际经验，对科技型中小企业当年不足抵扣额允许一定比例的税收返还，使其当年即可获得税收优惠收益，发挥政策对中小企业“雪中送炭”的支持作用。由于该政策突破较大，建议在国家自主创新示范区先行试点或者自愿试点，税收返还资金由地方政府支付。

三是对研发投入强度大、增长率高的企业提高优惠力度。为促进企业增加研发投入，建议借鉴美国、韩国、澳大利亚等国家经验。方案一：企业研发投入增长率越高，享受优惠力度越大；比如，设计若干增长率区间（如5%、10%），增长率越高可享受优惠力度越大；或者对企业研发投入增量给予更大优惠力度。方案二：设计若干研发投入强度区间（如3%、5%），企业研发投入强度越高享受优惠力度越大。

（二）对科学研究投入给予特殊激励，支持企业优化研发投入结构

2022年《政府工作报告》再次提出，对企业基础研究投入实施税收优惠。但考虑到基础研究界定的复杂性，将基础研究与其他研发活动区分的可操作性难度较

大。因此，建议对接近基础研究且容易判断的研发活动进行单列，加大优惠力度。

一是允许特定研发资助适用研发税收优惠并加大优惠力度。比如，对于企业与省级及以上自然科学基金联合设立“联合基金”企业出资部分，允许按照出资金额的150%计入合格研发费用范围，并以合作协议、往来票据为确认依据。

二是对于具有明显科学研究性质的特定研发费用加大优惠力度。比如，企业资助或参与共建国家实验室的资金投入、企业与国家实验室的委托研发或合作研发支出、企业承担国家科技计划项目的配套经费支出等，允许按照出资金额的150%计入合格研发费用范围，并以合同协议、往来票据为确认依据。

三是对于高质量研发合作加大优惠力度。比如，企业与基础前沿研究类、公益性研究类中央级科研机构①的委托研发或者合作研发支出，允许按照出资金额的150%计入合格研发费用范围，并以合同协议、往来票据为确认依据。符合条件的中央级科研机构名单由科技部向社会公开。

（三）顺应产业科技创新趋势，提高政策普惠性和公平性

一是彻底取消行业负面清单，促进产业融合发展和传统产业转型升级。

二是提高服务业企业的研发费用加计扣除比例至100%，消除行业间税收优惠待遇差别。

（四）进一步完善管理与评估制度，提高企业享受优惠的确定性与准确性

一是赋予企业研发项目前置鉴定的选择权。支持地方政府建立研发项目鉴定服务专业平台，探索多种方式的确定性加强制度，减少企业对享受研发税收优惠的不确定性，使企业由“不敢享”变为“放心享”，提高企业研发投入积极性。

二是赋予企业对研发项目鉴定意见存在异议的复核权，解决政企相关争议。税务机关或企业对科技部门出具的鉴定意见有异议的，可以在收到鉴定结果后7个工作日内向上级税务部门提出复核申请，通过实地鉴定等方式重新复核。

三是进一步加强纳税指导与服务。建议借鉴英国经验，支持地方政府建立研发费用归集专业指导组，指导企业完善其研发管理与财务管理制度。指导组可采用劳务购买方式引进外部专业合格服务团队，或者由科、财、税三部门联合成立专门服务团队、设立专门服务窗口，方便企业高效便捷地学会享受政策，且可以确保企业历年申请的一致性与准确性。

四是升级指引版本，进一步解释研发活动概念，加深企业理解与把握。企业活动是否为研发活动是享受优惠的第一道门槛，很多企业把握不清。建议在现行《研

① 目前，中央级科研机构依然按照基础前沿研究类、公益性研究类和应用技术研发类进行分类。

发费用加计扣除政策执行指引1.0》基础上，结合《弗拉斯卡手册》对研发活动的解释与操作难点，对合格研发活动进行更加深入的解释说明，并通过正面与负面案例加强具有可操作性的对比说明。

五是建立科技、财政、税务部门的联合事后抽查制度。相关部门成立联合事后抽查办公室，每年对获得研发税收优惠的企业进行随机抽查，提高政策适用的准确性，并探索增加透明度的可行方式，增加公众对受惠企业的社会监督。

六是探索税式支出预算管理制度，完善政策评估。针对研发费用税收优惠政策先行先试税式支出预算制度，在精准掌握优惠规模的基础上，实施政策评估，为政策决策的精准性奠定基础。相关部门建立数据和信息共享机制，定期开展深入、全面评估，评估成果共享并作为未来政策完善的重要依据。

第十一节
我国企业出资设立联合基金的税收激励政策

以研发费用加计扣除为主的税收优惠政策在激励企业增加研发投入方面发挥了重要作用，但在引导企业参与基础研究方面尚未发挥应有作用。2018年，我国提出利用税收杠杆激励企业加大基础研究，“十四五”规划明确提出，“对企业投入基础研究实行税收优惠，鼓励社会以捐赠和建立基金等方式多渠道投入。”浙江省、中关村也在探索联合基金企业出资部分享受税收激励的具体举措。然而，在实际操作中仍然存在诸多障碍，在很大程度上制约着基础研究多元化投入格局的形成。

一、联合基金已成为企业参与基础研究的重要渠道

（一）企业投入基础研究的主要方式

企业研发经费投入分为内部投入和外部投入两类，除了自身开展基础研究外，通过外部渠道资助基础研究的方式主要包括委托研发、捐赠以及设立基金等。相对于内部投入而言，企业通过外部渠道投入基础研究的方式更加多样，且每种渠道又有不同的层次。如以公益捐赠方式投入基础研究既包括直接向科研机构捐赠，又包括通过慈善基金会开展间接捐赠；设立联合基金既有与现有的自然科学基金会共同

发起设立联合基金，也有设立新的基金会，如上海探索者计划等（见表2–25）。

表2–25 企业投入基础研究的主要渠道

<table>
<tr><th>渠道</th><th colspan="2">方式</th><th>案例</th></tr>
<tr><td>内部</td><td colspan="2">直接开展基础研究</td><td>如华为2012实验室、阿里巴巴达摩院</td></tr>
<tr><td rowspan="6">外部</td><td colspan="2">委托研发</td><td>普遍的外部投入方式</td></tr>
<tr><td rowspan="2">捐赠</td><td>通过基金会间接捐赠</td><td>小米公益基金会捐赠北京市自然科学基金、企业向高等学校教育基金会捐赠资助基础研究</td></tr>
<tr><td>直接向科研机构捐赠</td><td>……</td></tr>
<tr><td rowspan="3">联合基金</td><td rowspan="2">在自然科学基金中设立联合基金</td><td>中广核等5家企业与国家自然科学基金委设立联合基金</td></tr>
<tr><td>企业与北京、广东、山东、浙江等地自然科学基金委设立联合基金</td></tr>
<tr><td>与政府设立联合基金</td><td>上海探索者计划、天津市应用基础研究多元投入基金</td></tr>
</table>

统计数据显示，企业的研发经费主要用于试验发展。2020年，企业执行的研发经费中96.46%用于试验发展，基础研究经费占其研发支出的比例仅为0.51%；基础研究经费主要由研究与开发机构和高等学校执行，企业执行比例较低，2020年，研究与开发机构和高等学校执行了88.53%的基础研究经费，仅有6.52%由企业执行。

目前，我国企业主要投入基础研究的渠道是委托研发，相对而言，企业“以捐赠和建立基金等方式多渠道投入”还处于起步和探索阶段，是政策引导的重点方向。数据显示，近年来部分企业通过与国家自然科学基金设立联合基金开展基础研究的资金有6亿—7亿元，部分企业与地方政府或自然科学基金设立联合基金，合计资助金额10亿元。

（二）企业参与联合基金的意义

调研显示，企业参与设立联合基金的积极性较高，主要因为自然科学基金为企业提供平台，能够达到企业委托研发和科学捐赠无法实现的基础研究目标。一是可在更大范围内筛选更加优秀的研究团队。国家和地方科技计划层级较高，参与竞争的机构水平也更高，因此可以帮助企业找到更高水平的研究团队，并由此与研究团队建立联系，为企业提供产学研合作机会。二是自然基金委可凝练基础研究目标，相对于委托研发项目站位更高，甚至能够通过研究方向的确定引导企业未来5年甚至更长期的发展目标。

企业参与联合基金也是落实我国科技自立自强战略的重要方式。一是有利于构建基础研究多元化投入格局，提高基础研究投入占比，设立联合基金的企业纷纷表示，要加大资助规模并鼓励行业企业加入；二是有利于加强问题导向基础研究，从企业实际需求中提炼科学问题，为知识源头创新提供契机，进一步促进科技与经济的紧密结合。

二、联合基金资助现状

早在20世纪90年代初，国家自然科学基金委就开始尝试与地方政府、科研与行业部门以及企业开展不同方式的联合资助工作，但是近年来才真正在制度上以联合基金的方式资助基础研究。随着党中央、国务院不断加大对基础研究多元化投入的战略部署，企业设立联合基金资助基础研究开始变得普遍。

（一）参与企业快速增加

一是示范带动作用明显。自2015年北京市自然科学基金引入企业设立企业创新联合基金以来，特别是国家自然科学基金委与企业共建“企业创新发展联合基金”以来，多个地方政府或其自然科学基金设立了企业联合基金。目前，上海和天津市政府以及北京、广东、山东、浙江、安徽等地自然科学基金均联合企业设立了企业创新联合基金。

二是参与企业增加，资助规模扩大。从较早设立企业创新联合基金的地区看，无论是参与的企业还是资助的规模，基本都经历了从无到有、从少到多的变化趋势。在国家层面，企业资助金额已达6亿—7亿元；地方层面也有显著增加，如北京、广东、山东等都在第一个联合基金执行期内就启动了新的联合基金，有的地方资助规模提升了一倍以上。其中，北京市自然科学基金于2015年与北京一家食品企业按照1∶4的比例共同出资设立联合基金，此后三年资助了17个母婴健康相关领域的基础研究项目，累计资助金额867万元。此外，企业还参与设立了北京市自然科学基金—交控科技轨道交通联合基金和北京市自然科学基金—海淀原始创新联合基金，其中前者合作期内资助金额1500万元全部来自企业，后者四年来累计资助了1.1亿元，也主要来自企业和社会服务机构[①]。2017年，广东省自然科学基金第一次与企业联合设立基金，到2020年，广东省自然科学基金联合基金的参与企业已经达到5家，资助金额也从最初的企业出资3000万元增加到联合资助1.6亿元；山东省自然科学基金目前有三只企业联合创新基金，每只基金资助规模1000万—2000万元不等，其中一半资金为企业资助；2020年，浙江省首次设立“企业创新发展联合基金”，相关企业意向投入5000万元（见表2-26）。

① 海淀区政府联合北京协同创新研究院以及部分企业，预计共同出资1.2亿元，数据显示前4年累计资助已经达到1.1亿元。

表2-26 部分联合基金情况

自然科学基金	名称	合作企业	设立年份	资助年限	资助金额	合作期限
国家自然科学基金	企业创新发展联合基金	中国广核集团有限公司	2017	重点项目资助期4年，培育项目资助期3年	重点支持项目260万元，集成项目1100万元	
		中国石油化工股份有限公司	2018			
		中国海洋石油集团有限公司	2018			
		中国电子科技集团有限公司	2018			
	航天先进制造技术研究联合基金	中国航天科技集团有限公司	20191[①]			
北京市自然科学基金	三元联合基金	北京三元食品股份有限公司	2015	持续至今	72万元	
	交控科技轨道交通联合基金	北京交控科技股份有限公司	2016		合作期内总经费不少于1500万元	5年
	海淀原始创新联合基金	北京市商汤科技开发有限公司和北京佰才邦技术有限公司等企业	2017		基金、区、企业与社会组织共同投入1.2亿元	5年
广东省基础与应用基础研究基金	企业联合基金（公共卫生与医药健康领域）	广东凯普生物科技股份有限公司（凯普生物联合基金）	2021		联合出资1.6亿元	3年
		广东一方制药有限公司（一方制药联合基金）				
		江苏恒瑞医药股份有限公司（恒瑞医药联合基金）				
		北京中卫生物科研转化研究中心（中卫科研联合基金）				
		广州阳普医疗科技股份有限公司等（精准医疗联合基金）				

① 2017年，国家自然基金委曾发布“国家自然科学基金委员会—中国航天科技集团公司航天先进制造技术研究联合基金”。

续表

自然科学基金	名称	合作企业	设立年份	资助年限	资助金额	合作期限
浙江省自然科学基金	企业创新发展联合基金	杭州中美华东制药有限公司	2020			
		中国电建集团华东勘测设计研究院有限公司	2021			
山东省自然科学基金创新发展联合基金	智慧计算联合基金	浪潮集团有限公司		3	每年资助总额2000万元；省市企出资比例为3∶2∶5	
	氟硅材料联合基金	山东华夏神舟新材料有限公司		3		
	生物医药联合基金	齐鲁制药集团		3	每年资助1000万元；省市企出资比例为3∶2∶5	
天津市应用基础研究多元投入基金	高端装备		2021			
	智慧民航		2021			
上海探索者计划		联影集团等	2021		政府与企业按1∶3资助，2021年度资助1500万元	

资料来源：作者整理。

（二）合作方式多种多样

地方在联合基金的合作方式中有较多探索，从基金的设立到合作方的组成和资金的资助都有所不同。

一是依托平台不同。从联合基金依托的平台看，目前主要分为两种类型，一种是依托自然科学基金设立联合基金，另一种是政府与企业发起设立单独的基础研究联合基金。从当前的实践看，以前者居多，如北京、山东、广东、浙江等地自然科学基金设立了由企业出资的联合基金；少数地方政府采用后者，如上海的“探索者计划”、由社会力量出资的“天津市应用基础研究多元投入基金”。

二是参与主体不同。已设立的大部分联合基金发起方为单层结构，即“自然科学基金委+企业”或“本级政府+企业”；北京、山东、广东等属于多层结构，即“自然科学基金委+下级政府+企业”的资助结构。

三是参与主体职能不同。大部分联合基金属于政府和企业共同出资，也有部分地方基金委仅提供平台和项目管理服务，但不提供资金资助，企业是联合基金的唯一资助方[①]，如北京市自然科学基金交控科技轨道交通联合基金。联合出资的联合基金与参与主体相关，如山东省自然科学基金的联合基金的出资人除企业外，还包括山东省科技厅及出资企业所在地科技局；也有引入第三方机构的，如北京市自然科学基金海淀原始创新联合基金的资助方不仅包含海淀区政府、企业，还包括海淀区内的一家社会服务机构。

（三）联合基金的共同点

虽然联合基金的合作方式各不相同，但是整体上联合基金具有许多共同点：一是联合基金参照科技计划管理。项目管理与其他项目管理的流程一致，都是按照公平、公开的原则执行；二是资助对象多为高校和科研院所。项目承担单位基本都是高校与科研院所，享受项目成果所有权[②]；三是企业发挥多重作用。企业既是出资方，同时也参与到计划的多个环节中，如项目指南通常由企业参与编制，反映企业的研究需求，且必须为基础研究；企业参与项目结题评审等环节，对项目成果享受优先合作权。

---

① 实际上出资方不仅限于企业，广东省也有单纯社会服务机构出资设立的联合基金。

② 《浙江省自然科学基金联合基金项目管理办法（试行）》提出：“可以经事先书面合同约定或事后书面协议变更确定研究成果及其所形成的知识产权的权属，一般情况下可以约定由项目实施方与联合资助方共有。”《浙江省自然科学基金企业创新发展联合基金申请须知》明确：“项目成果归项目实施方和企业资助方共同所有，具体比例由双方协商确定。企业资助方可优先转化应用项目研究成果。”

三、激励企业设立联合基金税收优惠处于空白

近年来，我国不断完善激励企业研发投入的税收优惠政策，企业自身开展研究或是委托其他机构开展研发，可享受研发费用加计扣除政策；企业通过捐赠投入研发可享受公益捐赠税前扣除政策，也能体现企业的社会责任感。但企业通过联合基金的投入方式，还处于税收政策激励的空白。

（一）联合基金不适用公益性捐赠税前扣除

联合基金企业出资部分不仅难以适用研发费用获得税前加计扣除优惠，也无法适用公益捐赠进行税前扣除。从联合基金企业出资部分的资金公益性看，企业向基金委提供资金具有明显的公益性特征。我国《企业所得税法》规定，企业发生的公益性捐赠支出准予在计算应纳税所得额时扣除，但实际上企业出资设立联合基金无法适用该政策。

我国现行法律政策规定，仅有“县级以上人民政府及其部门”和“公益性社会组织”可能获得“公益捐赠税前扣除资格”[①]。2015年，“公益捐赠税前扣除资格”从审批改为确认；2020年开始，事业单位无法自动获得该资格，也无法通过确认获得该资格。而我国目前多数自然基金委为事业单位性质，无法取得“公益捐赠税前扣除资格”。按现行政策，仅有企业以捐赠方式与政府部门联合设立基金，才可享受公益性捐赠税前扣除政策。

（二）联合基金难以适用委托研发费用加计扣除政策

一是联合基金不属于可享受研发费用加计扣除政策的研发组织方式。现行政策规定，企业以自主研发、委托研发、合作研发和集团研发四种组织方式支出的研发费用，可以在计算应纳税所得额时按一定比例加计扣除。目前，企业出资设立的联合基金不属于上述四类组织方式，作为出资方的企业与作为被资助方之间不存在委托、合作关系，联合基金中的企业出资部分无法适用委托研发和合作研发。实际上，联合基金是企业与政府部门或其直属机构之间建立的委托—代理关系，企业的资金直接进入联合基金的管理机构，而不进入受资助单位，无法形成出资企业与项目承担单位之间的委托代理关系。

二是联合基金转换成委托研发手续复杂。调研中发现，在浙江省政府协调下，联合基金承担单位在与基金委签订合同的同时，与联合基金出资企业签订补充协

① 《关于公益性捐赠税前扣除有关事项的公告》（财政部 税务总局 民政部公告2020年第27号）。

议，从而出资企业以委托研发方式享受研发费用加计扣除[①]。但联合基金出资企业及相关自然基金委认为程序相对复杂，并且在项目数量较多时操作成本大，造成出资企业、承担单位额外负担，不符合科技管理改革做“减法”的要求，也不利于未来联合基金规模的扩大。

三是联合基金转换委托研发面临税务风险。理论上，联合基金向自然基金委出资，自然基金委开具相应票据，承担单位获得联合资金资助，向自然基金委开具相应票据。但是转换成委托研发，除了需要有证明出资企业与承担单位之间委托研发关系的补充协议，还需要承担单位向出资企业提供相应票据。事实上存在出资企业、自然基金委和承担单位之间出现资金和票据无法对应的问题，从而造成联合基金转换委托研发存在税收风险。

四是企业出资设立联合基金难以适用研发费用加计扣除操作。调研发现，基金委收到企业出资不作为应税收入开具收据，但如果企业出资部分适用研发费用加计扣除政策，则收到资金的基金委需要将其作为应税收入开具税票。基金委反映，由于企业承诺出资与项目发布、立项之间存在时间差，通常要求发布指南前企业资金全部到位。基金委开具税票情况下，如资金跨年支付，则需缴纳企业所得税，给基金委带来税收负担。

四、政策建议

“十四五”规划明确指出，要对企业投入基础研究实行税收优惠，企业对联合基金的研发投入基本属于基础研究投入。因此，为了落实“十四五”规划精神，引导企业增加基础研究投入，对于企业与自然科学基金联合设立的“联合基金”企业投入部分，应纳入研发费用加计扣除优惠的适用范围。

一是将企业向省级以上（含省级）政府部门及其直属机构出资设立联合基金的资金，计入可加计扣除的研究开发费用范围，并以政府部门或自然基金委开具的统一收据作为研发费用归集凭据；企业通过联合基金资助基础研究的研发费用，参照制造业和科技型中小企业相关政策，适用100%税前加计扣除。

二是政府部门或基金委接受的资金不作为应税收入。为了促进联合基金持续运行，政府部门或自然基金委收到企业资金，允许其在三年内完成拨付计划，期间发生跨年结余，可不缴纳企业所得税；因特殊情况未拨付、退回的，企业应于收到退回资金的当年，在可加计扣除的研发费用中减掉相应金额。

---

① 浙江省的联合基金规定成果为出资企业与承担单位共享，也更加贴近委托研发，因此其通过签订补充协议的方式将二者关系定位为委托研发关系也有合理性。

第三章

技术交易税收优惠政策

随着全球科技创新竞争加剧，为激励企业通过创新提高经济效益，同时弥补企业因创新获得的知识产权回报与其产生的社会效益之间存在不匹配的市场失灵，许多国家开始探索对企业技术创新的商业化给予激励。技术转移及相关的技术转让是技术创新商业化过程中的重要步骤，其中税收政策作为一种对市场影响较小的政府行为也被广泛采用。欧洲国家纷纷引入了“专利盒”税收优惠政策，对知识产权商业化开发所产生收入给予企业所得税减免优惠。

技术交易是技术转移与商业化的重要途径。本章主要研究技术所有权转让（以下简称“技术转让”）、技术使用权许可（以下简称“技术许可”）、技术入股、技术开发与咨询服务等技术交易涉及的税收政策。其中，“技术”是非常广泛的概念，可能是专利、知识产权或者资本化的无形资产。

技术输出方从技术交易中获得的收入一般面临两类税种：一是所得税，二是增值税（商品税）[①]。其中，如果技术输出方是企事业法人、非营利机构等，所得税是指企业所得税；如果是自然人、合伙企业等，所得税是指个人所得税。

技术入股是一种特殊的技术交易，交易收入不是现金或其他财产，而是“股权”；交易性质既可以是技术转让，也可以是技术许可[②]。因此，除非特别说明，技术入股税收政策或者适用技术转让税收政策，或者适用技术许可税收政策。

2006年开始，我国实施企业技术转让所得税优惠政策，经过多次试点或修订，政策效果有所提升，但受惠企业数量仍然较少。为此，建议进一步降低条件、扩大适用范围，包括取消对许可使用权转让的时间限制、扩大合格技术范围、扩大技术转让行为范围、扩大受惠纳税人范围等；明确非必须资本化，适时以技术转让总收入为减免税基础；对外购技术增加限制条款。

---

① 对于在商品或劳务销售环节的课税，一般称作“商品税”。但世界上多数国家实施的是增值税；少数国家，如美国，实施的是商品零售税。

② 从国内外实践来看，技术入股一般是指“技术所有权转让”；但也不排除技术使用权许可的可能。

第一节
国际“专利盒”税收优惠政策发展概况

21世纪以来，随着“里斯本战略”[①]的实施，欧洲国家纷纷引入了“专利盒”（Patent Box，也称为知识产权盒或创新盒）税收优惠政策，即通过对知识产权商业化开发所产生收入给予企业所得税减免优惠。“专利盒”税收优惠政策是对企业技术创新的商业化给予激励，只有成功的商业化，即企业从技术创新中获得了收入，才能享受优惠。不同地，研发税收优惠政策是对企业研发投入给予激励，无论研发成果是否可以商业化。因此，“专利盒”税收优惠政策可看作是对研发税收优惠政策的“衔接”，一定程度上也会对企业研发投入有所激励。

一、专利盒基本情况[②]

目前，专利盒税收优惠政策在欧洲国家中已得到广泛采用，28个欧盟成员国中有16个国家建立了专利盒税收优惠政策，分别是爱尔兰（1973年）、法国（2001年）、匈牙利（2003年）、比利时（2007年）、荷兰（2007年）、卢森堡（2008年）、西班牙（2008年）、马耳他（2010）、瑞士（Nidwalden地区，2011年）、塞浦路斯（2012年）、英国（2013年）、葡萄牙（2014年）、意大利（2015年）、立陶宛（2018年）、斯洛伐克（2018年）和波兰（2019年），此外，安道尔、圣马力诺（2013年）、土耳其（2015年）和印度（2015年）等非欧盟国家/地区也实施了专利盒税收优惠政策（见表3-1）。

专利盒税收优惠政策的受益人通常既包括本国税收居民，也覆盖到在当地设有常设机构（Permanent Establishment）的非居民纳税人。目前，在各国专利盒税收优惠政策实践中，最常见的合格知识产权类型是专利和版权软件（copyrighted software）；合格收入通常是指合格资产的许可、转让、使用带来的相关的收入，包括特许权使用费收入、资本利得、内嵌收入[③]、赔偿收入等基本类型。

---

① “里斯本战略”是欧盟于2000年3月在葡萄牙首都里斯本通过的2000—2010年欧盟地区基本经济发展战略规划。该战略旨在通过提高创新和就业水平，使欧盟成为全球最有活力和最具竞争力的知识型经济体，要求各成员国在知识和创新方面增加投入、释放企业（特别是中小企业）业务增长潜力。

② 本部分主要基于本节共20个国家的专利盒税收优惠政策进行分析。

③ Embedded Income，即合格知识产权产生的内嵌于产品或服务销售价格的收入。

表3-1 2019年各有关国家专利盒税收优惠政策对比

国别	开始实施年份	新版适用时间	合格资产范围			专利盒税率	基准税率	总收入/净收入	外购适用	适用收入类别			
			专利	软件	其他					许可收入	转让收入	内嵌收入	赔偿收入
爱尔兰	1973	2016.1	√	√	√	6.3%	12.5%	净收入	√	√	–	√	√
法国	2001	2019.1	√	√	–	10.0%	34.4%	净收入	√	√	√	–	–
匈牙利	2003	2016	√	√	–	4.5%	9.0%	净收入	√	√	√	√	–
比利时	2007	2016.7	√	√	–	4.4%	29.0%	净收入	√	√	√	√	√
荷兰	2007	2017.1	√	√	√	7.0%	20%①	净收入	√	√	√	√	–
卢森堡	2008	2018.1	√	√	–	5.2%	26.0%	净收入	√	√	√	√	√
西班牙	2008	2018.1	√	√	–	10.0%	25.0%	净收入	√	√	√	–	–
马耳他	2010	2019.1	√	√	–	1.8%	35.0%	净收入	√	√	√	√	√
瑞士②	2011	2016	√	–	–	8.8%③	14.5%	净收入	√	√	√	–	–
塞浦路斯	2012	2016.7	√	√	√	2.5%	12.5%	净收入	√	√	–	√	–
圣马力诺	2013	2018	√	√	–	8.5%	17.0%	净收入	√	√	√	√	–
英国	2013	2016.7	√	–	–	10.0%	19.0%	净收入	√	√	√	√	√
葡萄牙	2014	2016.7	√	–	–	10.5%	21.0%	净收入	–	√	√	√	–
意大利	2015	2019.7	√	√		14.0%	27.9%	净收入	√	√	–	√	–
土耳其	2015		√	–	–	11.0%	22.0%	净收入	√	√	√	√	–

① 荷兰企业所得税基准税率为20%—25%。
② 适用于瑞士Nidwalden州。
③ 瑞士Nidwalden州专利盒有效税率为8.8%—12.6%。

续表

国别	开始实施年份	新版适用时间	合格资产范围			专利盒税率	基准税率	总收入/净收入	外购适用	适用收入类别			
			专利	软件	其他					许可收入	转让收入	内嵌收入	赔偿收入
印度	2016	2017.4	√	–	–	10.3%[①]	30.9%[②]	总收入	–	√	√	–	–
立陶宛	2018	2018	√	√	–	5.0%	15.0%	净收入	√	√	√	–	√
斯洛伐克	2018	2018.1	√	√	–	10.5%	21.0%	净收入	√	√	–	√	–
波兰	2019	2019	√	√	–	5.0%	19.0%	净收入	√	√	√	√	√
安道尔		2018	√	√	–	2.0%	10.0%	净收入	√	√	–	–	–

注：（1）专利是指广义的专利权，包括实用新型、植物品种权、罕见病用药专有权、补充保护证书（SPC）等。

（2）“外购适用”是指在外购知识产权基础上做出进一步开发和改进。受关联法限制，在计算关联比率时，外购知识产权本身的购置支出不得作为合格支出，但进一步开发和改进所发生的支出可以作为合格支出。同时，部分国家还对外购知识产权适用专利盒政策设置了进一步的限制条件，如法国要求外购知识产权的持有期必须超过2年，荷兰要求外购知识产权的后续开发主要发生在荷兰境内等。

资料来源：（1）安永（EY）.Worldwide R&D Incentives Reference Guide 2019［DB/OL］.（2019–09）［2021–03–15］.https：//assets.ey.com/content/dam/ey–sites/ey–com/en_gl/topics/tax/tax–guides/ey–2019–worldwide–rd–incentives–reference–guide.pdf？download.

（2）OECD.OECD Compendium of Information on R&D tax incentives 2019［DB /OL］.（2020–01）［2021–03–15］. https：//www.oecd.org/sti/rd–tax–stats–compendium.pdf.

（3）相关国家官方网站（如爱尔兰为https：//www.revenue.ie/en/companies–and–charities/ reliefs–and–exemptions/knowledge–development–box–kdb/index.aspx；英国为https：//www. gov.uk/ guidance/corporation–tax–the–patent–box）.

① 印度专利盒实际税率为10.3%—11.85%（2018年）。
② 印度企业所得税基准税率为30.91%—35.54%（2018年）。

二、BEPS对专利盒税收优惠政策的规制

专利盒税收优惠政策的目的是吸引创新资源，激励和促进企业在该国开展研发创新活动等。然而，专利盒的实施增加了税收体系的复杂程度、激化了国家之间的税收竞争，并成为跨国公司避税安排的有力工具、导致跨国税基侵蚀问题更加突出，从而引发了专利盒税收优惠政策是否真正有效地推动了创新的质疑。2013年，二十国集团（G20）领导人委托经济合作与发展组织（OECD）启动了税基侵蚀与利润转移（Base Erosion and Profit Shifting，BEPS）项目，旨在遏制跨国企业规避全球纳税义务、侵蚀各国税基的行为。OECD在《2015年第5项行动最终报告》（以下简称《2015年最终报告》）中提出了专利盒税收优惠政策应当满足的“实质性活动标准”（Substantial Activity Requirement，即纳税人必须自身从事核心经营活动，并确保征税和真实经济活动实质相一致），并进一步提出“关联法（Nexus Approach）”用来判断企业是否开展了实质性活动。“实质性活动标准”和“关联法”的提出进一步限制了专利盒税收优惠政策适用合格的知识产权范围，并要求研发支出、知识产权资产和知识产权收入之间具有实质联系[①]。BEPS对专利盒税收优惠政策的规制主要体现在以下五个方面。

1. “合格知识产权（Qualifying IP Assets）”范围收窄

在《2015年最终报告》中，BEPS项目建议各专利盒税收优惠政策实施国按照“实质性活动标准”和“关联法”要求，限定只有专利和其他在功能上等同于专利且受法律保护的其他知识产权（主要包括广义的专利、受版权保护的软件等）才有资格享受专利盒税收优惠，并明确将商标、品牌等与市场营销相关的知识产权排除在外，聚焦高质量专利，大大缩小了合格知识产权的范围。

2. 设定中小企业特殊优惠条款

在收紧合格知识产权范围的同时，BEPS还建议有关国家对于一定规模以下的企业（即近五年全球范围年均营业收入不超过5000万欧元且从知识产权资产中获得的年均收入不超过750万欧元的企业）设置特殊优惠条款，将其所持有的具有专利特征且由政府主管机构认证的知识产权纳入专利盒税收优惠政策的覆盖范围。

3. “关联法”和关联比率（Nexus Ratio）得到核心应用

BEPS项目对于专利盒税收优惠政策进行规制的核心在于：①应用“关联法”

---

① OECD/G20 Base Erosion and Profit Shifting Project.Countering Harmful Tax Practices More Effectively，Taking into Account Transparency and Substance，Action 5 – 2015 Final Report [R]. OECD Publishing，2015.

来定性确认知识产权资产是否与纳税人研发活动/成本直接相关；②应用“关联比率”来定量测度纳税人从事实质性研发活动的程度，以此判定可其享受专利盒税收优惠政策优惠的收入比重。关联比率的计算公式为：

$$关联比率=\frac{合格支出}{支出总额}$$

其中，合格支出（Qualifying Expenditures）是符合条件的纳税人发生的、与合格的知识产权直接相关的研发支出，包括纳税人内部的直接研发支出和外包给非关联方的研发支出，可按照实际发生额的130%计算，但最高不得超过纳税人的支出总额（Overall Expenditures），以保证关联比率不大于1。支出总额除包括纳税人实际发生的内部直接研发支出和外包给非关联方的研发支出之外，还包括外购知识产权支出和外包给关联方的研发支出。各国有权自行认定合格支出和支出总额的范围，但BEPS在《2015年最终报告》排除了利息支出、建筑成本等其他不属于实际研发活动的成本的特定类型的支出。

但如果纳税人能够证明采用关联比率计算的可享受的税收优惠与其开展的研发活动程度不相匹配，BEPS项目在一定条件下还允许纳税人推翻关联比率，采用与税务当局协商的方式确定其替代比率。

4. 以净收入减免为基本优惠方式

在BEPS项目之前，各国专利盒税收优惠政策在计税依据选择上，有总收入和净收入两种基本形式[①]。《2015年最终报告》以“净收入”的形式统一确定了专利盒税收优惠政策下纳税人可享受减免优惠的基本依据，各国可采用税基式减免或税率式减免优惠的方式，通过设定相关“净收入”的减免比例或降低适用税率来实现税收优惠。其中：

可享受税收优惠的净收入=关联比率×合格净收入

合格净收入=合格总收入－支出总额

合格总收入和合格净收入的范围同样由各国自主认定，但应局限于合格无形资产产生的收入。

5. 纳税人核算要求提高

为申请专利盒相关优惠政策，纳税人应当为每项合格知识产权资产建立账簿和维护收支记录，将研发支出和知识产权收入分配给每项合格资产，用以单独核算各项资产的合格净收入（特定情况下也可以按照产品和服务类型来进行收入和成本分配）。从而增加了相关工作的复杂性，提高了对纳税人核算的精细化要求，对于资

---

① 以总收入计税是指对专利等获取的经济利益全额按优惠税率计算，而与专利获取有关的成本、费用则按照普通税率在计算整体应纳税额时予以扣除；以净收入计税是指对获取的经济利益扣除对应的成本、费用之后的净收入按优惠税率计算应纳税额。

源有限的中小型企业带来的影响将更为显著[①]。

目前，“实质性活动标准”和“关联法”已成为BEPS项目参与国应遵守的基本标准，对参与国知识产权相关税收优惠政策的设计形成实质性限制。为了适应这些要求，相关国家在过去几年间陆续对其专利盒税收优惠政策进行了修订。根据OECD《2018年有害税收实践进度报告》，接受审议的各国专利盒优惠税制已全部被认定为“无害（Not Harmful）”[②]。

三、“专利盒”税收优惠政策国别实践

（一）爱尔兰

爱尔兰1973年便建立了全球首个“知识产权盒（IP Box）”制度，是采用低税制鼓励创新行为的先驱，也是首个遵从BEPS“关联法”规则对专利盒税制进行修订的国家，修订形成的“知识发展盒（Knowledge Development Box）”政策自2016年初已开始生效。[③]“知识发展盒”对合格资产的净收入提供6.25%的优惠税率。

1. 合格资产排除营销型知识产权

“知识发展盒”政策中合格资产主要包括版权软件和专利（含补充证书、植物品种权等）。对于中小企业来说，若其发明能够得到专利、设计和商标管理人（Controller of Patents, Designs and Trade Marks）的认证，同样有资格享受知识产权税收减免。与覆盖广泛的“知识产权盒（除专利和软件版权外，还涵盖了专有技术、注册外观设计，以及品牌、商标、商业秘密以及相关的商誉等）”相比，“知识发展盒”政策更加注重技术型产权开发和利用的激励。

2. 关联比率应用

采用了BEPS所建议的关联比率计算方式。

3. 合格收入排除转让收入

合格收入是指通过因合格资产的积极使用（如许可、开发或管理，以及销售商品/服务）而产生的收入，主要包括特许权使用费收入、内嵌收入及损害赔偿或补偿收入等，而将合格资产的转让所得排除在外。

---

① 例如，根据英国税务和海关总署（HMRC）对专利盒税收优惠实施情况的统计，2016财年（即专利盒新增实施的首年）数量占比不足1/3的“大企业”所享受优惠金额占比为96.3%，较2015财年的95.5%和2014财年的94.6%明显提高。

② OECD. Harmful Tax Practices - 2018 Progress Report on Preferential Regimes [R]. OECD Publishing, 2019.

③ https: //www.revenue.ie/en/companies-and-charities/reliefs-and-exemptions/knowledge-development-box-kdb/index.aspx .

（二）法国

由于此前法国专利盒税收优惠政策未能符合BEPS“关联法”要求（主要由于对研发支出的发生地没有要求），法国政府对其进行了重大修订，2019年版专利盒税收优惠政策已遵循“关联法”，仅在纳税人的合格资产与其在法国境内进行的研发活动具有实质联系的条件下，才允许纳税人选择对其合格资产的许可或转让收入适用税收优惠[①]。

1. 合格资产类型增加

除此前的专利、补充保护证书（SPC）、实用新型、公共便利许可证，生产流程专有权等之外，合格资产还增加了受版权保护的软件，从而扩大了政策的行业受益面。同时，对中小型企业（SMEs）予以特殊优惠，一定规模以下的中小型企业（即近五年全球范围年均营业收入不超过5000万欧元且从知识产权资产中获得的年均收入不超过750万欧元的企业）尚未获得专利授权的发明也可适用政策优惠。

2. 税率优惠幅度加大

2019年，专利盒税收优惠政策下的有效税率为10%，较2018年下降了5个百分点，与34.43%的基准税率相比具有很大的优惠力度。

3. 关联比率应用

采用了BEPS所建议的关联比率计算方式。在采用过渡性机制的情况下，允许纳税人（或合并纳税集团）在2019财年和2020财年计算公司整体的“关联比率”，对于过去两个财年每个资产或资产组的“关联比率”不予追溯跟踪；但自2021财年开始，企业必须对其当前及此前两个财年的每个资产或资产组的所有合格费用的“关联比率”进行分别核算。在特定条件下，可以通过法国税务机关严格的裁定程序提供其他替代比率。

4. 合格收入认定趋严

合格收入包括合格资产的许可收入和转让收入，其中许可收入是指根据合格资产的许可协议获取的特许权使用费等净收益，转让收入限于非关联方之间转让合格资产的净收益，且出让方对被转让合格资产的持有期限应当超过两年。

（三）匈牙利

匈牙利于2003年开始实施知识产权盒政策，根据BEPS项目“关联法”要求，于2016年通过了有关知识产权盒政策的税法修正案。在新旧两版政策下，符合条件的知

---

① https：//home.kpmg/xx/en/home/insights/2019/02/tnf-france-corporate-tax-measures-enacted-for-2019.html.

识产权净收入均可减按50%计算缴纳企业所得税，2019年的实际优惠税率为10.5%。

根据新政策，合格资产包括专利、受版权保护的软件和某些在功能上等同于专利的其他知识产权（如专利设计、补充保护证书、植物品种权和罕见病用药专有权等）。合格收入是指使用或处置合格资产所获得的收入，包括特许权使用费收入、内嵌收入、转让收入和资本利得等。关联比率决定了纳税人可以从该政策中受益的合格净收入的比例。

（四）比利时

比利时“专利收入减免（Patent Income Deduction）”政策自2007年开始实施，针对其境内的居民企业和外国公司的常设机构符合条件的专利收入进行税收优惠。2017年，比利时基于BEPS项目“关联法”，推出了“创新减免（Innovation Deduction）”政策，并追溯至2016财年实施。

与“专利收入减免”相比，“创新减免”政策的主要变化体现在：

1. 合格资产范围变化

在“创新减免”政策下，合格知识产权资产包括纳税人作为所有人、共有人、用益权人、被许可人或经济所有权持有人所持有的下列知识产权：①专利和补充保护证书（SPC）；②受版权保护的专利；③2016年7月后申请/获得的罕见病用药；④2016年7月后申请/获得的医药产品数据/市场独占权；⑤2016年7月后申请/获得的植物品种权[①]。

其中，受版权保护的软件和医药产品数据/市场独占权是“创新减免”政策新增的知识产权类别，但同时政策还要求部分知识产权资产仅能就增量部分申请适用政策优惠。

2. 税基减免比例提高

应税收入减免优惠比例从“专利收入减免”政策时期的80%提高至当前的85%，合格知识产权收入的实际税率据此可降低至4.4%（2018财年和2019财年）。

3. 关联比率应用

为确保只有纳税人发生合格支出时，才能申请适用税收优惠，“创新减免”政策采用了BEPS所建议的关联比率计算方式。

4. 合格总收入范围扩大

合格总收入的范围包括合格资产的特许权使用费收入、内嵌收入、资本利得和侵权赔偿收入等，其中资本利得为新增的合格收入类型。同时，计税依据从此前的总收入变为净收入。

---

① 在比利时“创新减免”政策下，无论其境内纳税人的合格知识产权在哪个国家受到保护，都可以申请适用该政策优惠。

（五）荷兰

荷兰创新盒（Innovation Box）自2007年开始实施，为加强与BEPS“关联法”的协调，修订版的创新盒政策自2017年初开始执行。根据新版创新盒政策，纳税人合格知识产权的净收入将按照7%的优惠税率计算缴纳企业所得税（企业所得税基准税率为25%），而净损失可按照25%的基准税率进行税前扣除，因政策产生的净运营损失可向前结转一年或向后结转6年[①]。

1. 合格资产范围

根据新版创新盒政策，合格资产范围包括纳税人自行研发并已取得荷兰经济事务部（Ministry of Economic Affairs）授予“研发证明（R&D Declaration）”的以下知识产权：①专利权和植物品种权（已取得或已申请）；②受版权保护的软件；③植物或药物许可证；④补充保护证书（SPC）；⑤实用新型。

对于规模在一定条件以下的纳税人（跨国集团在全球范围五年内的总收入少于2.5亿欧元，且合格资产在五年内产生的收入少于3750万欧元），在获得“研发证明”的条件下，即可对其自行开发的知识产权申请适用创新盒政策。

2. 关联比率应用

引入关联比率作为计算可适用政策优惠的合格资产收入比例的依据。

3. 合格收入范围

合格收入类型包括内嵌收入、特许权适用费收入和知识产权转让相关的资本利得。纳税人一般需要就其关联比率的计算方式以及内嵌收入的确定方法等与税务机关达成预先税务裁决（Advance Tax Ruling）。

（六）卢森堡

卢森堡于2008年开始实施“专利盒”政策（Intellectual Property Regime），对于企业从合格的知识产权获得的净收入减按20%征收企业所得税（2018专利盒税收优惠政策实际税率为5.202%）。为加强与BEPS“关联法”的协调，卢森堡于2018年3月对其税法进行了修订，推出了新版专利盒税收优惠政策。与之前的专利盒税收优惠政策相比，新版政策维持了此前的税基减免力度，但在覆盖范围和合格净收入的计算方式等方面做出了重大变更[②]。

1. 合格资产范围

新版政策中的合格资产主要包括两大类：①专利、实用新型以及其他在功能上

---

① Ernst & Young. Worldwide R&D Incentives Reference Guide 2019.

② PwC. New IP tax regime in Luxembourg 2018.

等同于专利的受知识产权保护的发明（含补充保护证书、植物品种证书等）；②受国家或国际规范版权保护的软件权利。此前政策曾包括的商标等营销型知识产权不再属于合格资产。

2. 关联比率应用

“关联比率”[①]反映的是与研发活动直接相关的支出占实质性活动的比例，与BEPS项目所提出的“关联法”相契合。

$$关联比率=\frac{合格支出}{支出总额}$$

支出总额含合格支出、收购支出和关联研发支出，相关支出均应在发生时予以全额确认，无论是否出于任何其他目的采用任何会计或税务处理。其中，合格支出是指与合格知识产权资产直接相关的研发活动所发生的必要支出，按照实际发生额的130%计算。收购支出是购买或获取其他知识产权的成本（与正在开发的知识产权资产直接相关，并反映在该知识产权资产的价值中）。关联研发支出是与合格知识产权创造或开发直接相关的、应付给关联方的必要研发支出。

3. 合格收入范围

合格净收入=合格总收入-支出总额

合格总收入是指纳税人使用合格的知识产权获取的收入，包括特许权使用费收入、内嵌收入、知识产权转让实现的资本利得以及相关侵权赔偿、保险补偿收入等。

调整后的合格净收入=合格净收入×关联比率

新版专利盒税收优惠政策要求对于合格净收入经“关联比率”乘数的进一步调整，以得出适用减按20%征税的调整后合格净收入金额。

（七）西班牙

西班牙于2008年开始实施专利盒税收优惠政策。为与BEPS行动5提出的“关联法”保持一致，西班牙在自2018年开始对专利盒税收优惠政策进行了修订。符合条件的知识产权许可或转让净收入的60%免予缴纳企业所得税，即可享受10%的优惠企业所得税税率（企业所得税基础税率为25%）[②]。

1. 合格资产范围

合格资产是指由纳税人研发的以下知识产权：①专利、实用新型、补充保护证

① “关联比率”计算过程中使用的合格支出和总支出的数据不仅要参照产生合格净收入期间的支出，还要参照以前所有期间的支出来确定，相关计算可能出现较为复杂的情况。

② Ernst & Young. Worldwide R&D Incentives Reference Guide 2019.

书以及受保护的研发和技术设计等；②受版权保护的软件。与之前政策相比，最为明显的修正是从合格的知识产权清单中删除了专有技术，并增加了版权软件。

2. 关联比率应用

引入关联比率作为计算合格净收入减免的依据。

3. 合格收入类型

合格收入是指纳税人因转让合格资产使用权或所有权而获取的收入，包括特许权使用费收入和资本利得收入等。

（八）马耳他

马耳他于2010年引入了专利盒税收优惠政策，对于专利、软件版权、商标等知识产权相关收入给予免税优惠。由于受到BEPS“有害税收实践”的质疑，马耳他废止了专利盒税收优惠政策。2019年8月，在对此前专利盒税收优惠政策进行重大修订的基础上，马耳他开始实施专利盒扣除政策（Patent Box Regime Deduction），使积极参与知识产权开发和利用的纳税人可以选择适用特殊的计算扣除规则，对合格净收入的95%予以税前扣除/免税[①]。

1. 合格资产范围

合格资产是指纳税人作为所有者或专有许可持有者所拥有的专利（含申请中的专利）、补充保护证书（SPC），以及受国家和国际法律保护的实用新型和版权软件。

2. 关联比率应用

引入关联比率作为计算合格净收入减免的依据。

$$\text{税前扣除额}=\frac{\text{合格知识产权支出}}{\text{知识产权支出总额}}\times\text{合格净收入}\times 95\%$$

3. 合格收入范围

合格收入包括使用合格知识产权所产生的收入和资本收益，含特许权使用费收入、内嵌收入、转让收入以及相关侵权赔偿收入等。

（九）瑞士

瑞士Nidwalden州自2011年开始实施许可箱（License Box）政策，2016年根据BEPS提出的“关联法”进行了有关修正，目前该政策的实际有效税率为8.8%—12.6%（法定税率14.5%）。[②]

---

① http://www.mondaq.com/x/847544/Patent/The+Maltese+Patent+Box .

② Ernst & Young. Worldwide R&D Incentives Reference Guide 2019.

1. 纳税人范围

仅有在Nidwalden州拥有分支机构或子公司的法律实体才可申请适用许可箱政策。

2. 合格资产范围

根据新版政策，合格资产仅限于纳税人所持有的专利（含补充保护证书和类似权利）。而在最初的许可箱政策下，合格资产涵盖了专利、商标、设计或模型、计划、秘密配方或工艺以及与工业生产有关的知识，商业或科学经验等内容，具有广泛的适用性。因此，新版许可箱大大缩小了合格知识产权的范围。

3. 合格收入范围

专利箱政策适用于合格资产的特许权使用费收入和转让相关的资本利得。

4. 最新动向

2019年8月，新的公司税制改革方案已经获得瑞士议会通过，其中改革的创新之一是在州、市级所得税方面引入了专利盒税收优惠政策，允许各州、市最高减免应税所得的90%，新政策将于2020年初起开始实施[①]。

（十）塞浦路斯

与安道尔类似，塞浦路斯也因其较低的企业所得税法定税率（12.5%）、大量的税收减免优惠政策以及与主要国家广泛签订了避免双重征税的国际税收协定而成为著名的“避税天堂”[②]。2012年1月，塞浦路斯推出了与知识产权投资相关的减免激励措施，即知识产权盒（IP Box）政策。为适应BEPS“关联法”要求，塞浦路斯于2016年7月开始实施新版知识产权盒政策[③]。新版知识产权盒政策还通过了“欧盟行为规范”的审查，被评估为符合欧盟标准。根据新版政策，合格知识产权净收入可以享受80%的所得税减免，即按照2.5%的实际税率计算缴税[④]。新版政策与旧版政策的区别主要有：

1. 合格资产范围显著缩小

根据新版政策，合格资产包括：①发明专利；②受版权保护的软件；③实用新型、植物品种权，罕见药及补充保护证书（SPC）；④年均营业收入不超过5000万欧元且从知识产权资产中获得的年均收入不超过750万欧元的企业所拥有的经认证的其他有用、新颖的无形资产。与之前政策相比，用于销售产品和服务的商业名称

---

① https：//www.feltenlawyers.com/2020-tax-refort-patent-box-regime/ .

② https：//www.ey.com/gl/en/services/tax/international-tax/alert--cyprus-introduces-new-rules-for-application-of-ip-box-regime.

③ http：//mof.gov.cy/en/taxation-investment-policy/1-tax-incentives/tax-incentives.

④ https：//www2.deloitte.com/content/dam/Deloitte/cy/Documents/tax/Cyprus%20-%20An%20ideal%20location%20for%20intellectual%20property%20assets.pdf.

（含品牌），商标，图像权和其他知识产权不再被视为合格资产。

2. 关联比率应用

以BEPS建议的关联比率（即关联比率=（合格支出+加计支出）/支出总额）计算纳税人适用专利盒税收优惠政策的计税基础。其中，合格支出是指专门用于开发、改进或创造合格资产的研发支出，其范围与BEPS的建议相统一，未附加额外限制。

3. 合格总收入范围保持一致

合格总收入的类型包括合格资产的特许权使用费收入、内嵌收入和其他合格收入，与原政策相同。

（十一）圣马力诺

圣马力诺是世界上袖珍的国家之一，也是世界著名的离岸金融中心和“避税天堂”。圣马力诺于2013年引入了专利盒税收优惠政策，对于合格资产相关所得按照8.5%的优惠税率进行征税（企业所得税基准税率为17%）。合格资产包括纳税人通过研发活动获取的专利（含补充保护证书、实用新型、植物品种权）以及受版权保护的软件[①]。

（十二）英国

英国专利盒税收优惠政策于2013年4月开始实施，允许纳税人选择对利用专利和某些其他类型的知识产权收入按照10%的优惠税率缴纳企业所得税（法定基准税率为20%）。最初实施的专利盒税收优惠政策并未要求申请税收减免的纳税人在英国境内进行任何研发活动，即特惠税制缺乏足够的经济实质，导致BEPS项目在2015年10月将英国专利盒税收优惠政策认定为“有害税收实践（Harmful Tax Practice）”[②]。英国政府于2015年12月迅速发布了适应新的国际税收规则、引入“关联法”的新版专利盒税收优惠政策立法草案，并于2016年7月起生效实施[③]。在新版专利盒税收优惠政策下，可享受的税收优惠取决于研发活动与相关知识产权联系的密切程度，部分研发活动可以外包、但最高不得超过合格研发支出的30%，从而激励创新型企业在英国创造和开发更多知识产权，同时减少企业有害避税的

---

① OECD. Harmful Tax Practices – 2018 Progress Report on Preferential Regimes [R] . OECD Publishing，2019.

② Countering Harmful Tax Practices More Effectively，Taking into Account Transparency and Substance，Action 5 – 2015 Final Report，OECD/G20 Base Erosion and Profit Shifting Project (2015) <http：//www.oecdilibrary.org/taxation/countering–harmful–tax–practices–more–effectivelytaking–into–account–transparency–and–substance–action–5–2015–finalreport_9789264241190–en >.

③ 尽管旧专利盒制度已于2016年7月1日被新制度取代，但过渡性条款意味着在此日期（即2016年6月30日）之前已适用该制度的纳税人可以继续从旧规则中受益，直至2021年6月30日。

机会[①]。

纳税人必须满足三个基本条件才能申请享受专利盒低税率优惠：

1. 合格知识产权

必须拥有合格知识产权（Qualifying IP Right）所有权或独占许可权，合格的知识产权应具备以下条件。

（1）特定授予主体：英国知识产权局（UK Intellectual Property Office）、欧洲知识产权局（European Patent Office，EPO）以及欧洲经济体（European Economic Area）中特定国家[②]授予。

（2）特定知识产权类型：专利和以下类型的知识产权，含：①符合《专利法》要求但由于关系到国家或公共安全而未予以公开的发明；②药物、植物品种相关的类专利知识产权，如欧盟法律给予有关产品的"市场保护"或"数据保护"权利[③]。

2. 合格开发

必须积极地持有合格的知识产权。即通过为专利的创造作出重大贡献或针对专利进行大量开发活动（如生产专利产品）的形式对相关知识产权进行"合格开发（Qualifying Development）"。如果纳税人是集团公司的一部分，并通过另一集团成员的活动满足了该项要求，则要求该纳税人必须对其合格的知识产权进行了积极的管理。

3. 合格收入

必须通过利用合格的知识产权获得了相关收入，其涵盖的收入种类包括：①专利产品或服务的销售收入；②知识产权许可收入；③知识产权转让收入；④纳税人因其他公司侵犯或涉嫌侵犯其合格知识产权所得获得的直接侵权赔偿收入；⑤与合格知识产权相关的保险赔偿等其他补偿收入。

（十三）葡萄牙

葡萄牙自2014年起引入了专利盒税收优惠政策，并在BEPS"关联法"的要求下对政策进行了修订，并自2016年7月起开始实施修订后的新政策，对合格资产相关应税所得减按50%征税（2019年优惠税率为10.5%，基准税率为21%）[④]。

1. 合格资产范围

新版专利盒税收优惠政策仅适用于纳税人在2016年7月及之后获得的专利和工

---

① https：//www.gov.uk/hmrc-internal-manuals/corporate-intangibles-research-and-development-manual/cird200000 .

② 特定国家包括奥地利、保加利亚、捷克、丹麦、爱沙尼亚、芬兰、德国、匈牙利、波兰、葡萄牙、罗马尼亚、斯洛伐克和瑞典，这些国家与英国具有相似的专利审查审批标准。

③ 例如药物补充保护证书（Supplementary Protection Certificate，SPC）、植物育种者权利，植物品种权等。

④ Ernst & Young. Worldwide R&D Incentives Reference Guide 2019.

业外观设计。合格资产类别与此前政策相同，但新政策覆盖范围不再涉及实施前已有的专利。

2. 关联比率应用

引入关联比率作为计算应税所得减免的依据。

3. 合格收入范围

合格收入类型包括特许权使用费收入、资本利得以及赔偿金收入等，与此前政策保持一致。为防止税收优惠被滥用，葡萄牙专利盒还规定：若合格资产相关收入来源于税收天堂国家，则该政策将不适用。

（十四）意大利

意大利于2015年引入了专利盒税收优惠政策，2017年依据BEPS“关联法”对政策进行了修订。根据新版专利盒税收优惠政策，合格资产可享受的税收减免额为其净收入的50%，目前实际有效税率为13.95%（法定基准税率27.9%）。符合条件的纳税人可以选择适用专利盒优惠，一经选定，该政策将在5年内有效。

1. 合格资产范围排除商标权

根据新版政策，合格资产范围包括纳税人直接拥有或使用的以下知识产权：①已授予/授予中的工业专利（含生物技术发明和补充保护证书）、实用新型、植物品种权和半导体产品拓扑图；②受版权保护的软件；③受法律保护的模型和设计；④专业技术（含作为机密信息且受法律保护的商业和科学技术）。

与之前的政策版本相比，现行政策中的合格资产删除了商标权，主要由于BEPS《2015最终报告》明确将商标权排除在合格资产之外。

2. 税收减免优惠力度提高

专利盒税收优惠政策在2015年的税基减免比例为30%，2016年提高至40%，2017年起进一步提高到50%。

3. 关联比率的应用

在计算可享受税收优惠的合格净收入时引入关联比率，关联比率由合格资产的合格支出与支出总额之间的比值来确定。

4. 合格收入的确认

合格收入是指纳税人直接和间接（许可）使用合格资产所产生的收入，主要包括内嵌收入和特许权使用费收入等。其中，在直接使用合格资产产生内嵌收入情况下，纳税人应使用可比非受控价格法（CUP）、利润分割法（PSM）来公允反映和计算合格资产的相关回报。而间接使用的收入计算通常基于合格资产许可所得到的特许权使用费收入等净对价。

（十五）土耳其

2015年，土耳其引入了知识产权收入的减免优惠条款，对发明和实用新型专利的许可、转让或使用所得，即相关的特许权使用费收入、资本利得和内嵌收入等减免50%的企业所得税。纳税人为获得相关税收减免，应提供所许可或转让的合格资产价值评估报告[①]。

（十六）印度

印度于2016年引入专利盒制度，并于2017年4月起开始生效。根据该政策，纳税人在印度开发[②]并依据其《专利法》（1970年版）注册的专利所取得的特许权使用费收入（包括专利许可、转让所得，不含内嵌收入），可就总收入按照10%的优惠税率征税，且不得就相关支出进行进一步扣除。

（十七）立陶宛

立陶宛于2018年引入专利盒税收优惠政策，允许纳税人对来自合格资产的净收入按照5%的优惠税率计算缴纳企业所得税（企业所得税基准税率为15%）[③]。

1. 合格资产范围

合格资产包括纳税人自行研究开发的或以获取独家许可的方式拥有并进一步开发的以下无形资产：①受版权保护的计算机软件；②专利权（含正在申请的专利[④]及补充保护证书，但不包括实用新型、植物品种权和罕见病用药专有权）。

2. 关联比率的应用

应用关联比率来反映研发支出、合格资产和应税净收入之间的关系。

3. 合格收入的范围

合格收入包括合格资产有关的特许权使用费收入、转让收入和相关侵权赔偿收入等，但内嵌收入并不属于合格收入。相关净损失也可以在未来的合格收入范围内无限期结转。

4. 管理要求

专利盒税收优惠政策通常要求纳税人应分别计算每项无形资产的应税净收入。但若纳税人能够证明由于实际原因导致基于每项资产的净收入不可行，经税务部门

---

① Ernst & Young. Worldwide R&D Incentives Reference Guide 2019.

② 要求专利研发费用的75%以上发生在印度境内。

③ European Council: Code of Conduct Group ST 9652 2019 ADD 3. Lithuania's patent box（LT007）.

④ 若专利申请最终被撤销，则与其使用、转让或其他与该资产相关的收入将重新计算纳税。

批准可采用基于产品计算净收入的方案。

（十八）斯洛伐克

斯洛伐克于2018年初开始引入专利盒税收优惠政策，对纳税人合格的知识产权所得减免50%企业所得税（企业所得税法定税率为21%，专利盒优惠税率10.5%）[①]。

1. 合格资产范围

合格资产限定于纳税人在斯洛伐克境内创造和开发的支持产权，具体包括专利、专利设计、实用新型和版权软件。

2. 合格收入范围

合格收入是指纳税人对合格资产的许可和使用收入，包括特许权使用费收入和内嵌收入等。

3. 受益的时间限制

纳税人可在合格资产的资本化成本折旧/摊销期内申请该政策优惠。若纳税人在合格资产成本资本化之前就获得了收入，则仅可按照一定比例申请适用政策优惠，即合格收入=总收入×（资本化成本/总研发成本[②]）。

（十九）波兰

波兰于2019年初引入了创新盒政策（Innovation Box regime），对符合条件的知识产权收入提供5%的优惠税率（法定基础税率为19%）[③]。

1. 合格资产范围

合格资产包括纳税人在研发活动中创造、开发或改进，且受其国内法或国际法保护的以下知识产权：①发明专利；②实用新型、工业设计专利；③集成电路图登记权；④医药产品和植物保护专利的补充保护证书（SPC）；⑤药品注册权；⑥植物或动物新品种权；⑦软件版权。

2. 关联比率应用

波兰创新盒政策同样采用了BEPS“关联法”所提出的关联比率计算方式。

3. 合格收入范围

合格收入类型包括合格资产许可收入、转让收入、内嵌收入，以及在合格资产诉讼或仲裁中获取的侵权赔偿收入。其中，内嵌收入的计算以转移定价原则（Transfer Pricing Principles）为基础。

---

① European Council：Code of Conduct Group ST 14364 2018 ADD 9. Slovakia's patent box regime（SK007）.

② 具体来说，是与该合格资产相关的不超过前5个纳税年度的研发成本。

③ Ernst & Young. Worldwide R&D Incentives Reference Guide 2019.

4. 亏损结转限制[①]

合格资产的净损失仅限于在以后年度的合格净收入中进行结转。若纳税人计算合格净收入的结果是出现了净亏损，则允许纳税人将相关亏损在以后的5个纳税年度内从合格净收入中进行扣除。

（二十）安道尔

安道尔作为欧洲地区“袖珍国”之一，因其长期推行低税政策而成为著名的“避税天堂”。以企业所得税税率为例，安道尔的法定基础税率为10%，2018年之前其对无形资产的跨国运营（即专利盒税收优惠政策）、跨国贸易以及跨国公司内部融资和投资活动取得的收入等按照2%的优惠税率征税，造成其有效税率远远低于其他大多数欧盟国家，从而导致了不公平的税收竞争，导致安道尔被欧盟列入“避税灰名单”。为加强与BEPS项目框架和欧盟商业税收行为准则（EU’s Code of Conduct Group on Business Taxation）的协调，安道尔于2018年通过了税法修正案，取消了对跨国贸易公司、财务公司等的税收优惠待遇，并提高了专利盒税收优惠政策的适用条件。

根据安道尔新版专利盒税收优惠政策，在采用“关联法”和关联比率的条件下，可减免纳税人80%的合格净收入[②]，实际优惠税率为2%。其中，合格知识产权资产包括专利、实用新型和受版权保护的软件。合格收入限于合格资产的许可收入；合格支出的定义基本沿用了BEPS的建议，但限定外包至国外非关联方的研发支出不得超过合格支出的25%，从而强化了“实质性活动标准”的应用，更加注重将自主研发作为政策优惠的前提。

第二节 自然人技术转让、许可及入股税收政策概况

本章第一节介绍的“专利盒”税收优惠政策针对的是企业，涉及企业所得税政策。本节针对的是自然人，重点研究自然人在技术（专利）转让、许可和技术入股[③]中涉及的个人所得税政策，其中自然人包括从高校和科研院所技术入股公司获

---

① European Council：Code of Conduct Group ST 9652 2019 ADD 3. Poland's IP regime（PL012）.

② https：//orbitax.com/news/archive.php/Andorra-Enacts-Reform-Law-Incl-31703.

③ 如前文所述，“技术入股”既可能是以技术所有权交换股权（技术转让），也可能是以技术使用许可权交换股权（技术许可）。但由于都是以技术换股权（IPs are exchanged for stock），特征较为突出，因此本节单独对其进行讨论。

得股份的研发人员。同企业技术交易量相比，自然人的技术交易量不大，但却是科研成果商业化的重要组成，特别是在创建科技企业方面发挥重要作用。

一、自然人技术转让与许可税收政策国际实践

（一）基本概况

1. 总体特点

总体看，自然人技术转让和技术许可所得涉及两类税收政策实践。第一，有的国家规定了统一的个人所得税政策，并无区别对待。其中，有的国家将两类所得都视为普通所得，无税收优惠政策；也有奥地利等国家对两类所得都给予了相同的税收优惠。第二，有的国家对两类所得实施不同的个人所得税政策。其中，多数国家将技术许可所得视为普通所得，对技术转让所得规定了特殊的税收优惠；也有法国等少数国家对两类所得都规定了不同的税收优惠政策。

此外，对于技术入股，除非特别说明，或者适用技术转让所得税政策，或者适用技术许可所得税政策。

2. 自然人技术转让税收优惠的主要特点

第一，优惠对象多是技术发明人，既包括专业发明人，也包括非专业发明人。

第二，享受优惠的条件差异较大，特别体现在技术范围、持有期限、转让行为的界定等方面。

第三，税收优惠方式多样。有的国家将技术转让所得视为长期资本利得而适用优惠税率，如美国、法国；有的国家直接采用税率优惠甚至免税，如德国对于符合条件的个人技术转让所得予以免税。

（二）国别实践

1. 美国

根据美国《国内收入法典》第1221条、第1231条和第1235条款，如果自然人的技术转让满足以上三个条款中任何条款的要求，转让所得可以视为长期资本利得，适用优惠税率；相反，如果不满足，转让所得视为普通所得，适用较高税率。

其中，第1221款和第1231款只适用于独立的、非专业的专利发明人，对于视为长期资本利得的其他要求与第1235款相同。

第1235款规定的有关要求如下：①专利所有权必须是全部转让，包括排他性

的创作、使用和转让专利的权利。如果所转让的专利在转让后受到原专利所有人在使用地理位置、使用期间、使用领域等方面的限制，此种专利转让便不属于技术转让。此外，技术转让是采用分期付款支付转让费还是根据受让人获利情况支付等并不影响技术转让的确定。②专利所有人是专利创造人，即在转让之前专利创造者拥有专利权且在专利交易过程中获得现金或现金等价物的人。此人必须是自然人，不包括合伙企业；但如果是合伙企业拥有专利，自然人合伙人可视为专利所有人。③专利所有人既包括非专业的专利发明人也包括专业研究机构中的专利发明人。

2. 德国

德国对于个人技术转让，如果满足持有期要求，技术转让所得可以免税。对于持有期间的要求是：如果技术转让人在转让之前已从该技术中获得收入，持有期必须大于10年；其他情况下，持有期应至少超过1年。其中，“技术”包括专利、商标、版权、设计权、秘密信息（confidential information)、使用模型（ utility models）等。

3. 奥地利

奥地利对专利许可和转让所得规定了相同的税收政策，并且对于作为自然人的技术发明人给予一定税收优惠。具体地，技术发明人获得的专利许可或转让所得可以享受减半征收的优惠税率。需满足的条件如下：①该优惠只适用于专利发明人；②发生交易的专利必须是受专利法保护的专利，包括许可费支付或者专利转让期间，并且该项税收优惠只在专利法规定的保护期间有效。其中，“专利”包括专利、商标、版权、设计权、秘密信息（confidential information）等。

4. 法国

一般地，法国居民纳税人来源于专利等无形资产的许可收入适用累进个人所得税；但如果纳税人是无形资产发明人，可以在以下两种税收优惠中选择其一：一是许可收入的30%免税；二是在满足一定条件下许可收入适用16%低税率。法国居民纳税人转让无形资产获得的收益则视为长期资本利得，适用16%低税率。其中，“无形资产”包括专利、商标、版权、设计权（design right）和秘密信息。此外，满足一定条件下，商业名称和域名也可视为无形资产。

二、自然人技术入股税收优惠政策的国际实践

从已经查阅资料来看，多数国家未对自然人技术入股单独出台税收政策；但是有的国家针对个人技术入股或者从高校和科研院所技术入股公司获得股份的研发人

员[①]给予了延期纳税的税收优惠。本节分别以美国和英国为例进行说明。

1. 美国对于技术入股个人给予的延期纳税优惠

根据《国内税收法典》第351条，一人或多人以其符合条件的财产（property）入股某一公司（财产入股），并在入股后成为公司控制人（一人或多人一起），财产转让的收益（损失）视为零，即不用缴纳个人所得税；直到下一个收益确认的事件发生（通常是股票转让时）。其中，财产不包括现金、股票、其他有价证券和外汇等，但包括“知识产权（IP）”。根据《国内税收法典》第368条，公司控制人的条件是：通过现金或财产对公司进行出资的企业所有人，所持公司股份至少达到股份总额的80%。

因此，在美国，在满足一定条件的情况下，进行技术入股的个人可以在技术入股时不用缴纳个人所得税，而是直到转让这些股票时才就其取得的股份转让收入全额缴纳个人所得税。其中，需满足的条件主要包括两方面：一是，进行技术入股的个人或与其他财产入股人一起，所持公司股份占股份总额的80%或以上；二是，技术转让是“技术所有权”的全部转让，不能对转让后技术使用的地理位置、期间、领域等有所限制。

明显地，上述税收优惠是一种延期纳税优惠。因为，如果技术入股时须就取得股份的市场价值缴纳个人所得税，那么转让这些股份时，就应就股份转让的净收入，即收入全额减去获得时的市场价值（即成本），缴纳个人所得税。但这里只在股份转让时课征个人所得税，并且是转让收入的全额，这就相当于将技术入股时应缴纳的税收都包括在内，只是缴纳的时间延后到股份转让时为止。

2. 英国大学独立公司（University Spin-outs）涉及的税收优惠政策

根据英国《所得税法2003》[Income Tax (Earnings and Pensions) Act 2003，ITEPA] 第7部分第4章，从2004年12月6日起，研究人员在取得独立公司股份或在科研院所（IR，包括高校）向独立公司无形资产转让（transfer of IP）并获得股票时（技术入股），低价取得股票所获得的收益免征个人所得税与社会保险税（NIC）。其中，低价取得股票的情况主要有以下两种：第一，由于高校或科研院所对独立公司的无形资产转让，独立公司股票市场价值增加[②]；第二，研究人员在高校和科研院所技术入股后获得独立公司股份，知识产权价值在研发人员低价获得股份时没

---

① 在此种情况下，虽然是高校和科研院所技术入股，但是有关研发人员获得了入股公司的股份。在本节视同研发人员间接“技术入股”。

② 举例：某高校的某名研发人员成立了独立公司，以市场价值认购了50股（1英镑/股）；之后，由于进一步研发还不足够实现商业化，其所在高校将其现有的某一市场价值达7000英镑的知识产权转让给该独立公司，并以1英镑/股的价格共认购了20股。此时，该独立公司70股的市场价值是7070英镑，即每股1010英镑。因此，该研发人员所持的50股增值了5000英镑（1000英镑/股）；但在此税收优惠政策下，该研发人员因此获得的股票增值收益免征个人所得税和社会保险税。

有完全反映[①]。当研究人员从成功的独立公司退出时，股票转让收益适用资本利得税。

（1）英国“大学独立公司”的含义：英国高校和科研院所（RI）对其拥有知识产权（IP），经常采用与研发该项知识产权的研究人员合作成立独立公司（spin-out company）的方式，对具有商业前景的知识产权进行进一步开发，以实现其商业化。

英国大部分高校和科研院所都实施了“知识产权分享政策”，即与研发人员之间签有“知识产权分享协议（IP-sharing agreement）”，以保证对知识产权研发有突出贡献的研究人员能够分享该知识产权带来的许可费及转让给独立公司的股份。一般地，研究人员获得独立公司股份，其分享的收益来自所持独立公司股份的价值升值，因此必须放弃与高校或科研院所拥有股份相关的全部权利。

建立这种独立公司有不同的方式：①高校和科研院所为进一步开发某项具有商业前景的知识产权，建立了一个独立公司并认购股票；然后将无形资产转让给该独立公司（如果商业化失败，知识产权将归还给高校或科研院所）；之后，独立公司再以某一价格向研发人员分配股权（该股权在高校或科研院所认购的股权之外）。②研究人员先成立一个空壳公司（shell company），以为独立公司的建立做准备；然后高校或科研院所向该公司转让无形资产。③高校或科研院所委托中介公司对其无形资产转让活动进行管理，该中介公司能够代表高校或科研院所拥有知识产权，建立独立公司，并开展有关融资活动（initial funding）。④在无形资产转让给独立公司之前，知识产权的研发可以由高校或科研院所与其他高校或科研院所或商业机构联合进行并共同拥有该项知识产权。⑤协议建立独立公司，根据协议，高校或科研院所同意将其无形资产转让给独立公司、研发人员获得股份，同时风险投资等资金进入。

（2）主要条件：第一，对于知识产权的转让，一个或多个科研机构必须与独立公司签订有关协议；第二，研究人员必须是在知识产权转让协议签订之前或者之后的183天内获得独立公司股票；第三，能够获得独立公司股票的研究人员必须受雇于独立公司或者科研机构（包括兼职）；第四，研究人员必须参与了向独立公司转让的知识产权的研发活动。

（3）主要概念界定。第一，科研机构包括两大类：一是公共资金支持的大学和其他高等教育研究机构；二是非营利研究机构，包括部分慈善机构和健康信托。第二，知识产权（IP）包括：①专利、商标、注册设计、版权或设计权、植物育种权

① 举例：某高校成立独立公司，认购了20股（1英镑/股），然后将知识产权转移给该公司；之后，该知识产权的两名研发人员也以1英镑/股的价格共认购了30股。但是，该独立公司股票的市场价值现在是1000英镑/股（由于该知识产权的市场价值较高）。因此，每名研发人员拥有的独立公司股份价值实际为1500英镑，较其实际支付的15英镑高出14985英镑。在此税收优惠政策下，研发人员低价购买独立公司股份所获得的收益免征个人所得税和社会保险税。

（plant breeder' s rights）以及《植物品种法1997》第7部分规定的权利；②在英国境外国家注册的上述权利；③具有工业、商业或其他经济价值的信息（information）或技术（technology）；④与前三类知识产权有关的许可权（license）或其他权利；⑤与上述四类相关且按财务规定形成的商誉。第三，知识产权转让（transfer of IP）包括知识产权转让和使用权授予。

第三节
我国企业技术转让所得税优惠政策完善方向

技术转让是促进知识流动和科技成果转化的重要环节。2006年，我国开始实施企业技术转让所得税优惠政策，鼓励研发成功的技术更快进入市场，加速技术扩散。为扩大政策适用面，进一步促进技术转移与转化，该项政策经过多次试点或修订，政策效果大幅提升。

一、政策沿革与现状

（一）2008年至2015年9月：企业技术转让所得税优惠政策实施与试点

依据《中华人民共和国企业所得税法》第二十七条，《中华人民共和国企业所得税法实施条例》第九十条，国家税务总局先后发布《关于技术转让所得减免企业所得税有关问题的通知》（国税函〔2009〕212号）、《关于居民企业技术转让有关企业所得税政策问题的通知》（财税〔2010〕111号）与《关于技术转让所得减免企业所得税有关问题的公告》（国家税务总局公告2013年第62号），明确技术转让企业所得税优惠政策的实施细则（主要内容见表3-2）。

表3-2　企业技术转让的企业所得税优惠主要内容

优惠内容	居民企业技术转让所得不超过500万元的部分，免征企业所得税；超过部分，减半征收。
技术范围	专利技术、计算机软件著作权、集成电路布图设计权、植物新品种、生物医药新品种、财政部和国家税务总局确定的其他技术。
技术转让	两类：技术所有权转让；5年以上（含5年）全球独占许可使用权转让。

续表

技术转让所得	技术转让所得=技术转让收入－技术转让成本－相关税费	
	其中：技术转让收入	技术转让收入是指当事人履行技术转让合同后获得的价款，不包括销售或转让设备、仪器、零部件、原材料等非技术性收入。不属于与技术转让项目密不可分的技术咨询、技术服务、技术培训等收入，不得计入技术转让收入。
		符合条件的技术咨询、技术服务、技术培训收入可以计入技术转让收入：①在技术转让合同中约定的与该技术转让相关的技术咨询、技术服务、技术培训；②技术咨询、技术服务、技术培训收入与该技术转让项目收入一同收取价款。
	技术转让成本	转让的无形资产净值，即该无形资产的计税基础减除在资产使用期间按照规定计算的摊销扣除额后的余额。
	相关税费	技术转让过程中实际发生的有关税费，包括除企业所得税和允许抵扣的增值税以外的各项税金及其附加、合同签订费用、律师费等相关费用及其他支出。
技术转让合同	境内需经省级科技部门认定登记。	
	跨境须经省级商务部门认定登记。	

2010年，我国开始建设国家自主创新示范区（以下简称“自创区”），中关村自创区为首家。为发挥自创区先行先试的试点作用，财政部、国家税务总局、科技部联合开展多项激励企业技术创新的税收试点工作。2013年，技术转让企业所得税试点在中关村开始实施（《关于中关村国家自主创新示范区技术转让企业所得税试点政策的通知》（财税〔2013〕72号）），技术转让的范围由“5年以上全球独占使用权技术转让”扩大至“5年以上非独占许可使用权转让”。

（二）2015年10月至今：企业技术转让所得税优惠政策适用面扩大与再试点

2015年10月，依据《关于将国家自主创新示范区有关税收试点政策推广到全国范围实施的通知》（财税〔2015〕116号），自创区试点的技术转让企业所得税优惠政策向全国推广。国家税务总局随后发布《关于许可使用权技术转让所得企业所得税有关问题的公告》（国家税务总局公告2015年第82号），明确实施细则（主要内容见表3-3）。

表3-3　企业许可使用权技术转让的企业所得税优惠主要内容

优惠内容	全国范围内的居民企业转让5年（含，下同）以上非独占许可使用权取得的技术转让所得不超过500万元的部分，免征企业所得税；超过部分，减半征收。
技术范围	专利（含国防专利）、计算机软件著作权、集成电路布图设计专有权、植物新品种权、生物医药新品种、财政部和国家税务总局确定的其他技术。
技术转让	企业转让符合条件的5年以上非独占许可使用权的技术，限于其拥有所有权的技术。

续表

技术转让所得	技术转让所得=技术转让收入－无形资产摊销费用－相关税费－应分摊期间费用。	
	其中：无形资产摊销费用	该无形资产按税法规定当年计算摊销的费用。
	相关税费	技术转让过程中实际发生的有关税费，包括除企业所得税和允许抵扣的增值税以外的各项税金及其附加、合同签订费用、律师费等相关费用。
	应分摊期间费用	技术转让按照当年销售收入占比分摊的期间费用。
其他方面	参照：国税函〔2009〕212号、财税〔2010〕111号、国家税务总局公告2013年第62号。	

2020年，中关村自创区再次开展企业技术转让所得税优惠试点，财政部 税务总局 科技部 知识产权局联合发布《关于中关村国家自主创新示范区特定区域技术转让企业所得税试点政策的通知》（财税〔2020〕61号），将适用免税的500万元技术转让所得提高至2000万元，将非独占许可使用权转让由“5年以上”的时间要求下调至“3年以上”（主要内容见表3-4），以适应技术转让的最新发展特点与规律。

表3-4 中关村自创区企业技术转让的企业所得税优惠试点主要内容

优惠内容	在中关村国家自主创新示范区特定区域（朝阳园、海淀园、丰台园、昌平园、顺义园、大兴-亦庄园）内注册的居民企业，符合条件的技术转让所得不超过2000万元的部分，免征企业所得税；超过部分，减半征收。
技术范围	专利（含国防专利）、计算机软件著作权、集成电路布图设计权、植物新品种、生物医药新品种、财政部和国家税务总局确定的其他技术。
技术转让	三类：技术所有权转让；3年以上（含3年）非独占许可使用权；全球独占许可使用权。
其他方面	参照：国税函〔2009〕212号、财税〔2010〕111号、国家税务总局公告2013年第62号。

二、政策实施效果

（一）受惠企业数量较少，但获得的减免税额有所增加

我国企业技术转让所得税优惠政策实施以来，受惠企业数量并不多。据监测，2012年全国享受该项优惠的企业不足400户；2016年不足800户。

但随着优惠条件的放宽，企业享受的减免税额大幅增加。如表3-5所示，据10个自创区统计，2015—2017年，享受优惠的技术转让合同数量维持在270—300项，涉及的企业所得税减免额增加了2倍多；但享受优惠的企业数量和涉及合同金额有所下降。值得关注的是，10个自创区共21家企业约270项技术转让合同享受了“5年以上非独占许可”优惠，涉及合同金额近6亿元，分别占技术转让所得税优惠受益企业总量、合同总量和合同金额的19%、31.5%和52.2%。

表3-5 10个自创区企业技术转让所得税优惠政策实施情况

	2015年	2016年	2017年
享受优惠的企业数量（家）	240	226	110
涉及的技术转让合同数量（项）	297	280	270
涉及的技术转让合同金额（万元）	18.39	13.6	11.34
涉及的所得税减免额（万元）	8.73	12.24	17.69

注：数据来自11个自创区统计，包括张江、中关村、合芜蚌、苏南、山东、杭州、天津、珠三角、郑洛新和福夏泉。

（二）受惠企业数量较少的主要原因

一是可享受优惠的许可权转让时间条件要求仍然过高。许可权转让是技术交易的重要组成部分，我国目前允许享受优惠的技术许可权转让必须满足“5年以上”的时间限制。但在企业实际技术交易中，5年的时间限制并无实际意义。

二是大量技术未在优惠允许的技术范围之内。2010—2021年，“技术秘密转让合同”的数量在技术转让合同中的占比始终在60%以上，但这技术秘密不在技术转让所允许的“技术”范围之内。此外，受法律保护的国家新药、国家一级中药保护品种、国家级农作物品种等知识产权也不在技术转让所允许的“技术”范围之内。但上述知识产权都属于高新技术企业认定中的一类知识产权。

三是技术转让成本核算困难阻碍优惠政策落实。我国技术转让所得税优惠以技术转让净收入为基础进行减免税，但多数企业及高校、科研院所通常不对自主研发活动中发生的研发费用进行专账管理和资本化处理，因此无法核算技术成本，导致企业符合条件的技术转让得不到激励。

此外，即使企业进行了资本化核算，为增加优惠享受程度，也会尽量减少资本化支出的计入。因此，我国现行优惠政策对企业是否进行资本化处理的决策会产生影响，不利于体现税收中性。据企业反映，有的地方税务部门对经登记的技术转让合同所列“技术转让所得”和“成本费用”不予认可，而是对有关成本费用重新核定。企业涉税风险增大，出于谨慎考虑，有的主动放弃优惠政策享受。

四是技术入股与个人技术转让并不在优惠对象之内。依据《关于完善股权激励和技术入股有关所得税政策的通知》（财税〔2016〕101号）第三条，“以技术成果投资入股”“可选择适用递延纳税优惠政策”。技术入股无论是所有权转让还是许可权转让，都属于一种特殊的技术转让，但并不在企业技术转让所得税优惠的适用对象范围。此外，我国现行企业技术转让所得税优惠仅针对企业纳税人，个人纳税人并没有相应优惠。

三、政策建议

我国技术转让所得税优惠政策的出台背景和原因与欧洲“专利盒”政策相似，与高新技术企业税率优惠政策一起，构成了我国的“专利盒”政策。为提高政策效果，建议结合我国技术转让实践与发展特点、欧洲“专利盒”经验以及国际税收新规则，在以下方面进一步进行政策完善。

（一）进一步降低条件、扩大适用范围

一是将免税门槛由500万元提升至2000万元，将中关村相关试点内容在全国推广。

二是取消对许可使用权转让的时间限制。目前在已经实施“专利盒”政策的国家，都未对许可使用权有时间限制。

三是扩大合格技术范围。对于受法律保护的国家新药、国家一级中药保护品种、国家级农作物品种等知识产权，允许相关技术转让享受技术转让所得税优惠。这也是国际普遍做法。依照BEPS项目建议，各国专利盒税收优惠所针对的知识产权范围有所缩小，但除专利外，其他在功能上等同于专利且受法律保护的其他知识产权都可以享受专利盒税收优惠。

四是扩大技术转让行为范围。允许符合条件的技术入股行为在股权转让时，按照技术转让行为享受所得税优惠。

五是扩大受惠纳税人范围。允许个人技术转让也享受类似的减免税优惠，这也是目前欧洲“专利盒”政策的普遍做法。

（二）明确非必须资本化，适时以技术转让总收入为减免税基础

在现行政策下，为增加政策可操作性和确定性，建议政策中应明确合格技术需专账管理但可不进行资本化。在条件允许的情况下，建议将减免税基础从技术转让的“净收入”改为“总收入”。在实施“专利盒”政策的国家中，很多国家选择的减免税基础就是总收入。

（三）对外购技术增加限制条款

建议对企业外购技术的技术转让区别对待。可借鉴欧洲专利盒政策经验，对外购技术转让要求必须提供进一步开发的证明，才允许享受技术转让税收优惠。

第四章

高新技术企业税收优惠政策

本章高新技术企业税收优惠政策是指我国高新技术企业可以享受的15%优惠企业所得税率政策。该项政策对于我国高新技术企业的“做大”“做强”发挥了积极作用。但是，相对于我国科技创新发展新要求，我国高新技术企业税收优惠政策存在政策门槛指标较容易被企业迎合、政策精准性不足、与其他税收优惠政策缺少统筹协调等问题。为了促进高新技术企业的高质量发展，我国高新技术企业税收优惠的政策目标亟须由重视投入规模和速度向重视投入效率和质量转变，应提高高新技术企业税收优惠政策精准性，探索高新技术企业分类优惠，对重点高新技术企业适用力度更大的税率优惠。

第一节
高新技术企业税收优惠政策的国际实践

目前，国际上并未发现与我国高新技术企业完全一致的税收优惠政策。但从优惠目标上看，该政策是对特定技术领域的高科技企业群体的优惠，同时属于对核心自主知识产权应用下的高新技术产品收入奖励性知识产权优惠；从优惠方式上看，属于对企业应纳税所得额的税率优惠；从优惠对象上看，该政策属于主体优惠和行业（技术）性优惠，且主体的确定标准采用“门槛式”方法。从上述三个角度看，国际上存在与我国高新技术企业税收优惠政策类似的企业所得税率优惠政策。

一、国际企业所得税制的发展特点

自2008年国际金融危机以来，在世界经济复苏和经济全球化浪潮的推动下，世界税制迎来了新的发展和变革，特别是2017年美国税改加快了世界税制改革的进程。此轮税制改革的主要目标是促进经济增长，因此以吸引资本为中心的税收竞争不断加剧。企业所得税是对企业投资的净利润课税，从本质上看就是对资本的课税。因此，企业所得税减税成为世界税收竞争的焦点，减税的方向主要有以下两方面。

（一）公司所得税法定税率不断下降

根据经济合作与发展组织（OECD）《公司所得税收入统计2018》报告，各国公司所得税的法定税率在过去20年间出现了明显下降趋势，各级政府合并后的公司所得法定税率从2000年的28.6%降到了2018年的21.4%，OECD成员国的公司所得税最高税率的平均值从2000年的32.5%降到了2018年的23.9%。在OECD税率数据可用的94个国家中，76个国家在2018年的税率降低了，12个国家保持税率不变，只有6个提高了税率（见附表4-1）。

其中，美国实施了最大的公司所得税法定税率下降，2017年美国联邦公司所得税税率从35%降到了21%。这进一步加速了世界公司所得税法定税率的下降趋势，英国、法国、意大利等很多OECD成员国和欧盟成员国随后陆续下调了公司所得税率或制定了降低税率的多年计划。

现在大多数国家和地区的企业所得税率水平介于15%—25%，其中欧洲公司所得税法定税率的平均值为全球地区中最低，只有18.38%。

（二）企业所得税优惠方向进一步聚焦创新创业

在普遍降低企业所得税率的同时，各国开始重视企业所得税优惠政策的清理，以尽可能减少公司所得税收入的下降和防范所得税优惠滥用。在创新驱动发展的新时代，为促进经济长期可持续发展，公司所得税的优惠方向进一步向以下三方面聚焦。

1. 鼓励创新：鼓励创新投入、奖励创新产出、吸引创新投资

很多国家加大对企业研发投入的税收激励，对知识产权收入给予税收优惠（专利盒政策），对新设备投资、科技企业和新兴行业给予一定税收支持（见第二、第三章及本章附表4-2—附表4-4）。

2. 激励创业与就业：扶持新成立企业、初创企业和中小企业

多数国家对中小企业给予公司所得税率优惠和研发税收特殊激励，近些年很多国家放宽了中小企业标准，对新成立企业或初创企业制定了特殊的企业所得税优惠（见附表4-5）。

3. 支持绿色经济：鼓励节能环保领域的投资与消费

很多国家对节能环保行业企业、技术研发、固定资产投资、服务收入和服务或产品消费等给予所得税优惠（见附表4-6）。

二、鼓励技术创新的企业所得税优惠国际发展概况

从广义来看，中小企业是技术创新的主体，绿色经济更是创新驱动，因此，世界企业所得税优惠实际上越来越有利于和聚焦企业技术创新，相关企业所得税优惠都可看作鼓励技术创新的税收优惠政策。但各类优惠政策在功能、目标、方式等方面存在一定差异。

（一）主要优惠目标与优惠政策

鼓励技术创新的企业所得税优惠从本质上都是鼓励科技创新投资，但侧重的优惠目标有所不同，具体如下。

1. 激励企业增加研发投入的研发税收优惠

研发税收优惠已经成为世界多数国家采用的企业研发补贴政策（第二章）。在该政策保持确定性的情况下，企业在研发投资决策前就已经将税收优惠计算在研发

成本之中。因此，该政策是通过降低研发成本来直接激励企业增加研发投资，不论研发成功还是失败。

此外，从主要国家研发税收优惠实践看，很多国家仅鼓励境内研发，即不允许境外发生的研发费用享受优惠（见表4-1）。

表4-1　部分发达国家研发税收优惠中对境外研发费用的不同规定

国别	境外发生的研发费用不允许享受研发税收优惠
美国	在美国领土之外开展的研究活动不属于“合格研究活动”，不适用研发税收抵免优惠
加拿大	在加拿大境内开展符合条件的研发活动才适用研发税收抵免
	特定地区外发生的研发费用不允许享受研发税收优惠
法国	在欧盟地区开展的研发支出都可享受研发税收抵免
荷兰	研发活动必须在欧盟范围内开展
	境外发生的研发费用经过审批才允许享受研发税收优惠
澳大利亚	一般地，只有在澳大利亚进行的研发活动才能够享受研发税收抵免；但如果在海外进行的研发活动符合澳大利亚《产业研究与开发法案1986》第28C（1）（a）条款，并经过创新与科学理事会审核批准后也可以享受研发税收抵免
	境外发生的研发费用允许享受研发税收优惠
英国	对境外发生的研发费用没有特殊待遇
日本	对境外发生的研发费用没有特殊待遇

2. 奖励企业研发产出的知识产权税收优惠

以专利盒所得税优惠政策为代表的知识产权税收优惠已在很多国家实施（第三章）。企业只要取得符合条件的知识产权收入，就可以获得税收优惠，研发收益因而提高。因此，该政策是奖励成功的研发，通过提高研发收益来直接激励企业增加研发投资。

3. 间接促进企业科技创新的投资税收优惠

从国家创新系统的角度，企业科技创新离不开资金、人才、固定资产等必要的创新要素；从创新链条的角度，技术创新成果必需商品化和产业化，这就需要市场支持。因此，鼓励其他创新要素和新产品市场消费的税收优惠，对企业科技创新能够起到间接激励作用。国外普遍对风险投资给予税收优惠就是对其他创新要素给予优惠的典型代表，风险投资公司也在优惠对象范围。新机器设备则作为技术创新的重要产出，成为很多国家激励公司投资的重要对象，这实际就是对创新产品价格给予税收补贴，以鼓励市场消费。

4. 支持特定科技企业群体的企业税收优惠

特定科技企业群体的选择有很多种：按照企业规模，很多国家对初创企业和中小企业给予特别税收优惠（见附表4-5）；按照企业功能，部分国家对研发中心性质的企业给予特别税收优惠，如日本、俄罗斯等（见附表4-3）；按照技术领域或行业，很多国家对高科技行业给予税收优惠（见附表4-4）；按照地域，部分国家对科技园区企业给予特别税收优惠，如乌兹别克斯坦、白俄罗斯等（见附表4-3）；按照研发等门槛条件，部分国家对符合条件的科技企业给予税收优惠，如越南、以色列等（见附表4-3）。此类税收优惠通过增加企业税后收益扶持或奖励特定科技企业，以鼓励创业与相应投资。

（二）主要优惠方式

鼓励创新的企业所得税优惠方式有多种，很多国家会采用多种优惠方式的组合，比如英国对小企业研发费用允许加计扣除、对大企业研发费用实施税收抵免、对知识产权收入给予税率优惠。具体优惠方式如下：

1. 税率优惠

一是对企业的应纳税所得额适用低于法定公司所得税率的优惠税率。此外，企业就其应纳税所得额全额享受的免税优惠，也可视为此种税率优惠，即税率为零。比如，很多国家针对中小企业、科技企业和新兴行业的企业所得优惠是对纳税人应纳税所得额给予优惠税率。相比较其他优惠方式，此种税率优惠操作简单；但政策针对性相对不高、税收成本相对较大。总体看，发达国家较少采用针对企业应纳税所得额给予税率优惠的方式，即使对中小企业也多是采用累进税率。

二是对企业符合条件的部分应税收益给予优惠税率，比如很多国家针对知识产权收益给予的税率优惠。

2. 税基优惠

直接减少企业应纳税所得额的优惠。具体方式包括增加当期成本的税前扣除（如加速折旧、加计扣除），减少当期收入计入应税收入或直接给予免税（如某项收入减半计入、某项所得免税）以及非成本性支出允许税前扣除（如某项投资额一定比例的税前扣除）。在同一税率下，“针对符合条件的部分应税收益的优惠税率”与“减少某项应税收入计入或直接给予免税的税基优惠”两个优惠方式效果相同；但在累进税率下，“减少某项应税收入计入或直接给予免税的税基优惠”可能导致企业适用的税率更低，优惠力度也可能更大。

但是，相比较针对应纳税所得额的税率优惠，税基优惠的针对性相对更强、税收成本相对较小。因此，为提高政策精准性和效率，发达国家更多使用税基优惠的方式。比如，很多国家对固定资产允许加速折旧甚至一次性税前摊销；对企业研发费用允许税前加计扣除；对知识产权收入允许按照一定比例减征；对非营利组织符合非营利宗旨的相关活动所得免税；对风险投资允许符合条件的投资额按照一定比例税前扣除，等等。

3. 税收抵免

企业按照某项支出和抵免比率计算抵免额，并以抵免额直接冲减其当年的应纳所得税额。其中，某项支出具体可以是：某项成本支出（如研发投入、研发人力成本、节能环保设备采购）或者某项投资支出（如风险投资、节能环保项目投资、新设备投资）。相比较税基优惠，纳税人可以获得的税收抵免额，即税收优惠额度，不会受到税率变动的影响。在公司所得税率不断下调、公司所得税率存在多档或者很多优惠的情况下，该优惠方式可以增加纳税人可获得税收优惠的确定性，有利于纳税人形成有关投资成本的预期并做出相应决策，因此也有利于政策目标的实现。实践中，很多国家对研发投入、节能环保项目和设备投资等采用税收抵免的优惠方式。其中，美国在投资、研发、就业等方面大量应用税收抵免，是世界上税收抵免优惠方式应用最多的国家之一。

4. 延长结转年限

企业经营亏损、税基优惠、税收抵免都可能引起企业应纳税所得额或者应纳所得税额为负，不足税前扣除额或者不足税收抵免额允许在相对较长的年限内继续扣除或抵免。对于当年盈利能力不强因而无法从税基优惠或税收抵免中受益的企业，税基优惠和税收抵免往往结合较长结转年限优惠，以对上述企业起到延长受益时限的作用，更好发挥激励作用。国际上，法国、澳大利亚、英国、德国、新西兰等国家对所有企业都给予了无限期的经营亏损结转；美国、加拿大、墨西哥、西班牙等国家允许的经营亏损结转年限则都至少10年（见表4-2）。

表4-2　部分OECD国家公司所得税亏损结转弥补情况　单位：年

国别	美国	加拿大	法国	荷兰	爱尔兰	日本	韩国	卢森堡	墨西哥
向后结转年限	20	10	无限	无限	无限	5	5	无限	10
向前结转年限	0	3	3	3	0	0	1	0	0
国别	葡萄牙	西班牙	英国	比利时	澳大利亚	奥地利	捷克	丹麦	芬兰
向后结转年限	6	15	无限	无限	无限	无限	5	无限	10
向前结转年限	0	0	1	0	0	0	0	0	0
国别	匈牙利	意大利	新西兰	挪威	波兰	瑞典	瑞士	土耳其	德国
向后结转年限	无限	5	无限	10	5	无限	7	5	无限
向前结转年限	0	0	0	0	0	0	0	0	0

5. 税收返还（退税）

企业应纳所得税额为负时可以获得现金形式的退税。如第二章所述，英国、法国、加拿大、澳大利亚等很多实施研发税收优惠的国家对中小企业当年不足税前扣除或未用完的税收抵免额允许税收返还。总体看，税率优惠、税基优惠与税收抵免都属于激励性税收优惠，所得税优惠的减免额度与税收贡献成正比，因此对于经济效益不高或处于亏损的中小企业来说往往很难从中受益。虽然延长或允许较长的亏损结转年限或抵免扣除年限，可以将当前未受益的税收优惠向后延期享受，但企业仍然无法在当年受益。因此，为弥补激励性税收优惠的上述不足，很多发达国家通过税收返还制度（现金返还）来解决中小企业特别是初创企业面临的激励性税收优惠失效问题和现金流限制。

（三）主要优惠对象

根据优惠政策的落脚点，激励技术创新的企业所得税优惠在优惠对象上具有较大差异甚至具有相反性。

1. 行为优惠与主体优惠的特点与应用

两类政策在优惠对象、目标和方式上基本都具有相反性，是两类完全不同的优惠。

行为优惠是指：优惠政策直接针对创新行为，即只要创新行为符合条件就可以享受优惠，不论创新主体如何。行为优惠对应的优惠目标包括激励研发投入、奖励研发成功、鼓励创新投资等；对应的优惠方式一般是税基优惠、税收抵免以及针对特定应税收益的税率优惠。国际上很多国家特别是发达国家，激励创新的企业所得税优惠都属于行为优惠，包括基于研发行为、风险投资行为、技术转让或应用行为、节能产品消费行为等。因此，仅针对知识产权收益的专利盒税率优惠从优惠对象上看属于行为优惠。

主体优惠是指：优惠政策针对特定企业群体，即只要企业符合条件就可以享受优惠，因此此类优惠属于主体"选择性优惠"。主体优惠对应的优惠目标是支持特定科技企业群体，选择的具体标准包括企业规模，企业所在技术领域或行业或区域，或者企业需满足的一系列严格的门槛条件（又称"门槛式优惠"）；对应的优惠方式一般是针对企业应纳税所得额的税率优惠。总体看，除了世界各国普遍对中小企业给予税率优惠之外，此类主体优惠的优惠对象并不具有普遍性，因为此类选择性优惠往往带来不公平、征纳成本上升、政策落后于实践等问题。从实践看，发展中国家相对采用较多。

2. 区域性优惠与行业（技术）性优惠的特点与应用

两类政策的优惠对象在理论上既有差异又可兼容，优惠目标和优惠方式在理论上也存在各种可能性。

在实践中，为避免出现“税收洼地”，出于公平性考虑，区域性优惠并不是各国税制的发展方向，与行业性优惠也不会兼容。在现行激励创新的企业所得税优惠中，区域性优惠一般是针对科技园区之类的特定地区，优惠方式主要是税率优惠。比如，乌兹别克斯坦对创新科技园区企业，白俄罗斯对高科技园区和大石工业园区企业、墨西哥对特别经济特区企业都给予了较长的公司所得税免税期优惠，以色列对注册在“A级开发区”的“优先级企业”“特殊优先级企业”和“优先级科企业”给予较低的公司所得税率优惠。

行业性优惠目前聚焦在新兴产业（如附录5中的企业所得税优惠）。但在实践中，为避免WTO专项补贴之嫌，很多国家特别是发达国家，不会直接对特定行业给予税率优惠，而是多在优惠对象上结合研发、投资等行为采用税基优惠或税收抵免的优惠方式。比如，韩国对从事符合《新增长引擎产业》的研发活动，有关研发费用除享受一般税收抵免外，还可再享受30%的税收抵免；巴西对IT企业研发用设备投资给予额外加计扣除；美国对企业支付给“能源研究团体”开展“能源研究”的合格研究支出，允许按照实际发生额的20%单独计算抵免额。

3. 供给侧优惠与需求侧优惠的特点与应用

供给侧优惠主要是指直接激励企业增加投入或投资的优惠政策；相反，需求侧优惠主要是指直接激励市场消费的优惠政策。明显，两类政策的优惠对象相反，但优惠目标与方式存在多种组合的可能性。在实践中，需求侧优惠政策主要是鼓励固定资产购置和绿色节能产品消费，比如美国、比利时、俄罗斯、德国等国家都对购置节能设备或环保汽车给予一定比例的费用扣除或税收抵免；其他优惠基本都属于供给侧优惠。

三、高新技术企业税率优惠政策的国际相似典型案例

从优惠目标、从优惠方式与从优惠对象上，国际类似的企业所得税率优惠政策如下。

（一）国际上对科技企业的门槛式税率优惠典型

从优惠目标、方式和对象上看，法国、以色列和越南对科技企业设有门槛式税率优惠政策。但从优惠的具体目标上看，法国政策主要是针对中小规模的科技企业，以色列政策主要是针对企业的知识产权收入。相比较我国高新技术企业认定的

门槛条件，法国和以色列政策的门槛条件较为简单，越南科技企业的门槛条件与我国最为接近，但并未发现有知识产权要求。

1. 法国“创新型新企业（Jeunes Entreprises Innovantes）”税率优惠

主要门槛条件：①成立时间不超过8年；②规模为中小企业，年度营业额不超过5000万欧元、员工少于250人、总资产不超过4300万欧元；③符合条件的研发费用支出占本年度可税前扣除费用总额的比例不小于15%；④法律上具有独立性，至少50%股权由个人、合伙企业、公益协会或科学基金持有。企业通过税务部门认定成为JEI后，有效期10年（2022年之前7年）。

主要税收优惠：①通过认定后，自盈利年度起，企业所得税可以第一年免税，第二年减半征收；②企业研发人员、技术人员、研发项目经理等雇员的工资收入7年内免缴社会保障金；③地方政府可酌情减免地方经济捐税。其中，研发费用范围与口径与研究税收抵免优惠所规定的研发费用范围与口径大致相同。

但该项优惠受到欧洲最低援助限额规则（European de minimis rule）的限制，公司在三年内获得受规则约束的所有税收优惠减免总额不能超过20万欧元。

2. 以色列“优先级科技企业（Preferred Technology Enterprises）”和“特殊优先级科技企业”税率优惠政策

前者所在集团的全球合并年收入必须低于100亿谢克尔；后者则必须高于100亿谢克尔。其他门槛条件相同，主要包括：①企业过去三年内研发支出占总收入的比重等于或超过7%，或者每年研发支出都超过7500万谢克尔。②满足以下条件之一：第一，企业雇员中超过20%为研发人员或者研发人员超过200人；第二，曾经获得过一笔超过800 万新锡克尔的风险资本投资，且企业自获得投资起并未改变经营领域；第三，企业在过去三年内，销售额年均增速达到或超过25%，或者每年的年收入超过1000万谢克尔；第四，企业在过去三年内，雇员数量年均增速达到或超过25%，或者每年新增雇员超过50人。③企业获得以色列技术创新局（National Authority for Technological Innovation）的审批。

“优先级科技企业”与“特殊优先级科技企业”可享受的优惠企业所得税率不同，但优惠税率都仅针对符合条件的“知识产权收入”。具体优惠政策主要包括：①“优先级科技企业”的知识产权收入适用12%税率；如果注册地位于“A级开发区”，可适用7.5%税率。②“特殊优先级科技企业”的知识产权收入则适用6%税率，且优惠期至少10年。其中，“知识产权收入”主要包括：无形资产使用收入、软件服务收入、研发服务收入（不能超过企业总收入的15%）以及财政部认可的其他收入。

3. 越南“高科技企业”享受税率优惠

2015年，越南政府发布《确定高科技企业标准的决定》，要求高科技企业除满足《投资法》所规定的鼓励投资行业等条件外，还必须达到以下三项指标：一是高科技产品营业额要占每年营业额的70%以上；二是在越南实施的研发费用占每年营业额的1%以上；三是具有本科以上学历直接参与研发人数占总人数的5%以上。自2016年开始，符合条件的科技企业可以享受免征企业所得税四年或九年减半征收的奖励性企业所得优惠。

4. 阿根廷“数字经济企业”享受税率等税收优惠

2019年5月，阿根廷推出“促进知识经济税收法案（Tax promotional regime for knowledge-based economy）”，以促进知识为基础的数字经济活动[①]。该法案取代了此前实施的“促进软件业税收法案（Software promotional regime，已于2019年末到期）”，有效期至2029年。

根据该法案，满足条件的居民企业可以获得以下税收优惠：①适用15%的企业所得税优惠税率；②免征增值税预提税和反向预提税；③有条件的国际税收全额抵免；④按照社会保障税缴纳额的1.6倍抵免联邦税收（如增值税和企业所得税）。

主要门槛条件包括：①企业总收入中至少70%来自以下经济活动：软件、计算和数字服务[②]，视听制作和后期制作活动，生物技术，地质和勘探服务以及与电子和通信有关的服务专业服务，纳米技术和纳米科学，航空航天与卫星工业核工业工程，使用工业4.0技术进行自动化产品的制造和服务；②企业注册地符合“促进知识经济税收法案”的注册要求；③至少满足以下要求中的两项：第一，根据公认的质量标准，企业获得对产品、服务和流程进行持续改进的认证；第二，企业用于符合条件的经济活动的研发支出占企业总收入的3%以上，或相关员工培训支出占员工工资总额的8%以上；第三，企业产品/服务出口收入占符合条件的经济活动收入的13%以上。

（二）国际上对知识产权收入的奖励性税率优惠典型

从优惠目标和优惠方式上看，“专利盒（Patent Box）”政策是对企业知识产权收入给予奖励性优惠的典型，优惠方式有税率优惠和税基优惠两种。其中，税率优惠针对的是符合条件的知识产权收入；税基优惠主要是允许知识产权收入以某一比例减征，与税率优惠的效果基本一致。总体看，相对于我国对高新技术企业应纳税所得额允许适用的税率优惠，“专利盒”优惠的目标更加明确。

21世纪以来，欧洲国家纷纷制定“专利盒”，对合格知识产权商业化所产生的

---

① 资料来源：https：//www.internationaltaxreview.com/article/b1g74xhky85b51/argentina-new-tax-promotional-regime-for-knowledge-based-activities。

② 包括软件产品和基于软件的服务（SAAS）、嵌入式软件、视频游戏和云服务开发。

收入（又称“知识产权收入”）给予优惠。其中，知识产权收入主要包括三大类：使用权许可收入、所有权转让收入以及企业自己应用知识产权获得的产品销售收入或服务收入（又称“内嵌收入”）。合格知识产权的范围目前严格限定为：专利以及受法律保护的其他知识产权（如软件著作权）。世界“专利盒”政策概况如第三章所述，以色列“优先级科技企业”和“特殊优先级科技企业”税率优惠政策实际上也属于“专利盒”政策，只是对享受优惠的企业设有门槛条件。

（三）国际上对高科技行业（技术领域）企业群体给予税率优惠的典型

从优惠对象上看，很多发展中国家对高科技行业（技术领域）企业给予税率优惠，但较少设置门槛条件。

具体典型包括：乌克兰对符合条件的IT公司给予5%的优惠企业所得税率，政策有效期为2013—2023年；印度尼西亚对特定先驱行业企业给予5—20年不等的企业所得税免税期限，免税期后的2年还可获得50%所得税减免，其中符合条件的先驱行业包括：半导体和其他计算机制造、智能手机通信设备制造、工业机器设备制造、汽车制造、机器人制造以及发电和基础设施等；哥伦比亚对文化创意和数字创业企业给予企业所得税免税优惠；马来西亚将对符合条件的电子电气行业公司给予最长10年的所得税免税和特别投资扣除优惠，以促进5G数字经济和工业4.0建设；等等。

第二节
我国高新技术企业税收优惠政策完善路径①

自20世纪90年代以来，高新技术企业税收优惠已经成为我国激励企业科技创新的重要政策。《中华人民共和国国民经济和社会发展第十四个五年规划和2035年远景目标纲要》（以下简称“‘十四五’规划纲要”）指出：“坚持创新在我国现代化建设全局中的核心地位，把科技自立自强作为国家发展的战略支撑”“实施……高新技术企业税收优惠等普惠性政策”。在我国科技创新新形势和新要求下，深刻认识我国高新技术企业税收优惠政策，有助于更好地发挥该项政策的激励作用。

---

① 本节部分内容已经发表，见：薛薇，张嘉怡.高新技术企业税收优惠政策完善路径研究［J］.税务研究，2021（7）：52-59.

一、对高新技术企业税收优惠政策的认识

（一）政策初衷：以高新技术企业引导高新技术产业“做大”“做强”

党的十三大提出“注重发展高技术新兴技术产业”以来，高新技术企业作为主要政策载体之一，为我国高新技术产业实现跨越式发展发挥了重要作用。在我国高新技术产业发展的不同时期，高新技术企业税收优惠的政策初衷有所不同。

第一阶段（1991—2007年）：支持高新技术产业发展壮大。20世纪80年代末，我国高新技术产业基本空白。为做大高新技术产业，1988年国务院批准设立国家级高新技术产业开发区（以下简称“国家高新区”）。为支持国家高新区发展高新技术产业，1991年高新技术企业税收优惠政策发布实施①，高新技术企业的认定范围限定在国家高新区内。经过多年发展，高新技术产业逐步扩展到国家高新区外，1996年高新技术企业认定范围也扩展到了高新区外②。在高新技术企业优惠政策的激励下，2007年我国高新技术企业数量达到5.6万家③。

第二阶段（2008年至今）：支持持续研发并具有核心自主知识产权的扩张发展期企业，引导我国高新技术产业“由大到强”。④在高新技术企业税收优惠政策的支持下，我国高新技术产业“由无到有”“由小变大”，但却面临“大而不强”的局面：研发投入严重不足，缺少核心自主知识产权，长期处于加工装备的价值链低端。为此，我国科技发展中长期战略围绕“提高自主创新能力”“企业是技术创新主体”作出了重大战略部署⑤。为落实该战略部署，2008年实施的《企业所得税法》及其实施条例明确，继续实施高新技术企业税收优惠政策，并对高新技术企业认定条件作出调整⑥。为落实《企业所得税法》精神、细化政策实施细节，2008年全新的高新技术企业税收优惠政策发布实施⑦，在认定条件和管理方

---

① 1991年《国务院关于批准关于高新技术产业开发区和有关政策规定的通知》的附件一为《国家高新技术产业开发区高新技术企业认定条件和办法》，附件三为《国家高新技术产业开发区税收政策的规定》。

② 见《国家高新技术产业开发区外高新技术企业认定条件和办法》（国科发火字〔1996〕018号）。2000年，高新技术企业认定办法又有所修订，见《国家高新技术产业开发区高新技术企业认定条件和办法》（国科发火字〔2000〕324号）。

③ 王元.高新技术企业发展报告2009［M］.北京：北京出版社，2010.

④ 郭戎，郭建平，李亚军.新时期高新技术企业政策的七大导向［J］.中国科技产业，2011（3）：132-135.

⑤ 2006年，国务院发布《国家中长期科学和技术发展规划纲要（2006-2020年）》和《实施〈国家中长期科学和技术发展规划纲要（2006—2020年）〉的若干配套政策》。其中，配套政策明确提出要“完善促进高新技术企业发展的税收政策”，赋予其满足新时期创新需要的新功能。

⑥ 《企业所得税法》第二十八条规定，“国家需要重点扶持的高新技术企业，减按15%的税率征收企业所得税”；《企业所得税法实施条例》第九十三条则规定了高新技术企业认定需要满足的条件。

⑦ 见《高新技术企业认定管理办法》（国科发火字〔2008〕172号）和《高新技术企业认定管理工作指引》（国科发火字〔2008〕362号）。

面都有重大突破，以期发挥以下新功能[①]。一是引导扩张发展期企业快速成长，帮助其突破增长制约。扩张发展期企业主要是指，企业在研发和新产品生产方面有较长时间积累，且已经有所盈利但尚不能覆盖前期大量投入同时又面临业务扩展的资金压力。因此，扩张发展期企业从企业规模上看偏向中等规模企业。这也使得2008年版高新技术企业税收优惠在政策定位上有别于针对初创科技类企业的支持政策，以期形成不同政策的有效协同，发挥政策合力。二是引导企业创造和运用核心自主知识产权，提高企业对知识产权的管理认识和水平，加强应用与转化。三是引导企业持续研发投入，制订长期研发计划，提升研发管理水平。四是设计三部门联合认定等管理制度，加强政策落实[②]。2016年高新技术企业认定办法和指引修订后发布[③]，政策内涵和认定逻辑未发生根本改变，但对中小企业有一定倾斜。

（二）优惠方式："门槛式"税率优惠

高新技术企业税收优惠首先是税率优惠，即高新技术企业可以享受15%税率优惠（以下简称"高企税率优惠"）。但高企税率优惠方式有门槛要求，即企业需要满足8大指标才能获得有效期为3年的高新技术企业认证。门槛指标具体涉及注册时间、核心知识产权获取方式、核心技术所在技术领域、科技人员占比、研发强度指标、高新技术产品（服务）收入占比、企业创新能力评价以及无违法行为。

（三）优惠性质：主体选择性优惠、特定技术领域优惠与知识产权奖励性优惠

我国高新技术企业税收优惠具有多重属性。一是针对符合门槛条件企业群体的"选择性优惠"，与针对所有企业的研究开发、技术转让等行为的"普惠性优惠"相对应。二是支持特定技术领域的优惠政策，不同于我国针对集成电路、软件等行业的税收优惠政策。三是奖励研发产出的知识产权优惠政策，不同于激励研发投入的研发费用税收优惠政策[④]。

---

① 郭戎，郭建平，李亚军. 新时期高新技术企业政策的七大导向［J］. 中国科技产业，2011（3）：132–135.

② 2008年之前，由于高新技术企业认定缺乏管理、监督检查等规定，高新技术企业税收优惠政策面临落实难的窘境。因此，此次高新技术企业认定改革除了在政策定位和认定条件上进行了重大调整，在认定管理机制上也作了重大调整。

③ 见《高新技术企业认定管理办法》（国科发火〔2016〕32号）和《高新技术企业认定管理工作指引》（国科发火〔2016〕195号）。

④ 我国高新技术企业税收优惠作为我国知识产权税收优惠政策的代表，自2013年开始多次接受OECD有害税收论坛的审议并最终于2017年以"无害"结论通过了审议。参见：周梅锋，宋哲. 后BEPS时代高新技术企业税收优惠政策再审视［J］. 国际税收，2020（6）：20–24.

二、近年来高新技术企业发展状况及其税收优惠享受情况

（一）高新技术企业数量近10年间增长近9倍，但其中盈利与享受高企税率优惠的企业数量占比呈下降趋势

根据《中国火炬统计年鉴2020》，2019年我国高新技术企业数量达21.85万家，是2009年的8.6倍。根据国家税务总局数据，2018年享受高新技术企业税收优惠政策的企业5.27万户，仅占当年高新技术企业总量的30.64%，减免企业所得税1900亿元①。但如图4-1所示，高新技术企业中的盈利企业占比和享受高企税率优惠的企业占比都呈下降趋势。

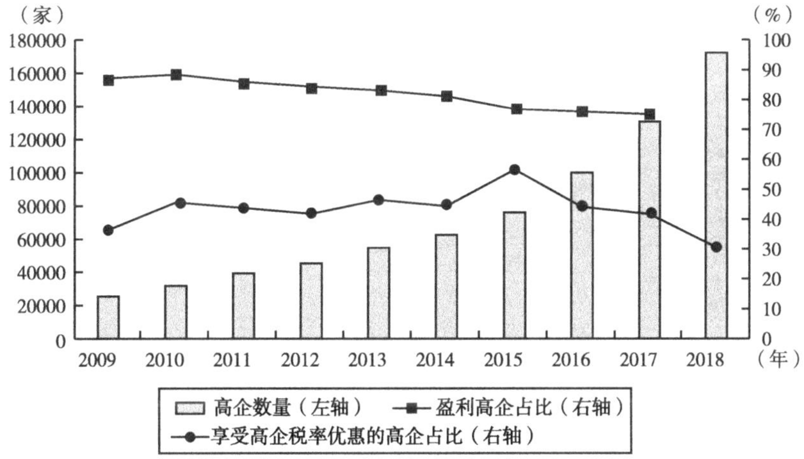

图4-1　高新技术企业盈利与享受高企税率优惠情况

数据来源：（1）2009—2017年数据来自：王元，张志宏. 高新技术企业发展报告2013年［M］. 北京：科学技术文献出版社，2015；李希义，郭建平. 高新技术企业发展报告2018年［M］.北京：科学技术文献出版社，2019.

（2）2018年数据来自：国家税务总局办公厅. 国家税务总局召开新闻发布会：在深入开展主题教育中促进减税降费落实落地［EB/OL］（2019-07-23）［2021-03-15］. http：//www.chinatax.gov.cn/chinatax/n810219/n810724/c4539716/content.html.其中没有盈利高企数据。

① 国家税务总局办公厅. 国家税务总局召开新闻发布会：在深入开展主题教育中促进减税降费落实落地［DB /OL］（2019-07-23）［2021-03-15］. http：//www.chinatax.gov.cn/chinatax/n810219/n810724/c4539716/content.html.

（二）高新技术企业中营业收入不足2000万元企业数量占比较高，但盈利能力不强，研发投入强度呈下降趋势

从高新技术企业规模看，近年来营业收入在2000万元以下的高新技术企业占比呈明显上升趋势（见图4-2）。统计数据显示，高新技术企业规模与企业盈利能力、享受高企税率优惠比例、税收优惠额度都呈正比例关系（见表4-3）。2017年，营业收入在2 000万元以下的高新技术企业占比超过40%，[①]比2013年提高了14.37个百分点，[②]但享受高企税率优惠的企业占比仅为27.25%，[③]获得的税收减免额占全国的比重仅为0.94%（见表4-3）。此外，与其他规模的高新技术企业相比，营业收入在2000万元以下的高新技术企业研发投入强度呈持续下降趋势（见图4-3）。

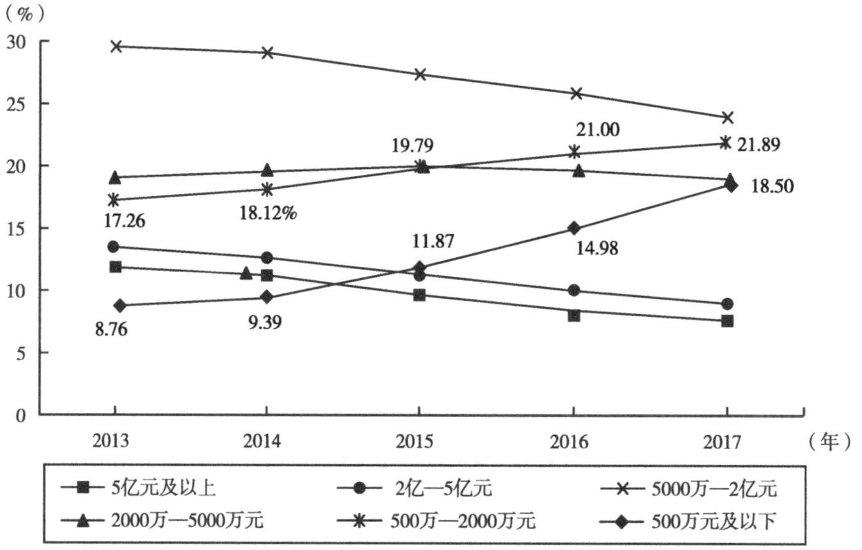

图4-2 不同规模高新技术企业占比情况

数据来源：李希义，郭建平. 高新技术企业发展报告2018年［M］.北京：科学技术文献出版社，2019.

---

① 根据图4-2，2017年营业收入500万元以下的高新技术企业占比为18.5%，500万—2000万元的高新技术企业占比为21.89%，两者相加为40.39%。

② 根据图4-2数据计算而得：40.39-8.76-17.26=14.37。其中，2013年营业收入500万元以下的高新技术企业占比为8.76%，500万—2000万元的高新技术企业占比为17.26%。

③ 根据表4-3数据计算而得。2017年，营业收入2000万元以下的高新技术企业共52761家（28596+24165），其中享受高企税率优惠的高新技术企业10207家（7607+2600），两者相除为27.25%。

表4-3　　2017年全国高新技术企业所得税减免额的规模分布情况

营业收入	高新技术企业数量（家）	其中:				
		盈利高新技术企业占同规模高新技术企业总数的比重（%）	享受高企税率优惠的高新技术企业		其中:	
			数量（家）	占同规模高新技术企业总数的比重（%）	高企税率优惠税收减免额占全国高新技术企业税收减免额的比重（%）	户均高企税率优惠税收减免额（万元）
100亿元（含）以上	348	96.26	241	69.25	19.06	14566.53
50亿（含）—100亿元	511	92.95	342	66.93	8.89	4786.61
10亿（含）—50亿元	4287	92.77	2926	68.25	29.66	1866.72
5亿（含）—10亿元	4826	91.57	3324	68.88	12.81	709.42
2亿（含）—5亿元	11754	91.56	8043	68.43	14.77	338.23
5000万（含）—2亿元	31331	88.06	18455	58.90	11.57	115.42
2000万（含）—5000万元	24814	80.97	10934	44.06	2.30	38.73
500万（含）—2000万元	28596	69.42	7607	26.60	0.81	19.53
500万元以下	24165	43.51	2600	10.76	0.13	9.53

数据来源：李希义，郭建平. 高新技术企业发展报告2018年［M］.北京：科学技术文献出版社，2019.

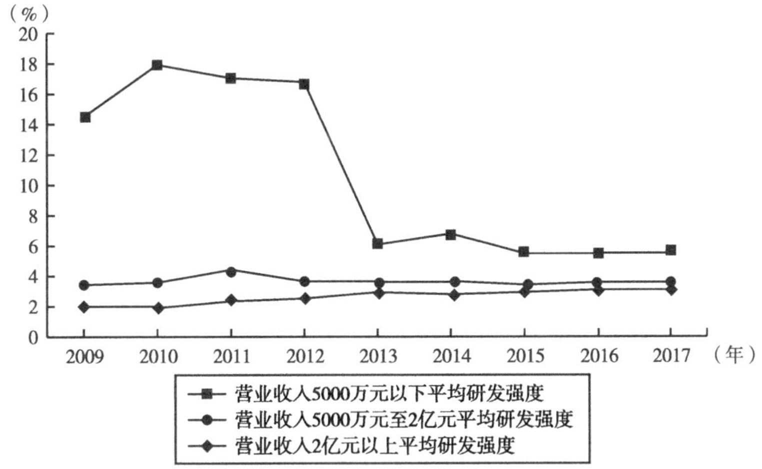

图4-3　不同规模的高新技术企业研发投入强度变化情况

注：（1）平均研发强度为同规模高新技术企业的研发投入总额与销售收入总额相除；

（2）计算研发投入强度的研发投入为企业内部研发费用支出。

数据来源：

（1）王元，张志宏.高新技术企业发展报告2013年［M］.北京：科学技术文献出版社，2015.

（2）李希义，郭建平.高新技术企业发展报告2018年［M］.北京：科学技术文献出版社，2019.

三、我国高新技术企业税收优惠政策存在的主要问题

我国高新技术企业税收优惠政策的产生与发展具有明显的阶段特征，符合我国当时高新技术产业的发展需要。但近几年，高新技术企业税收优惠政策面临很多质疑，特别集中在“假高新”、研发投入或研发产出的政策效果不显著等方面（吴松彬等，2019；陈远燕等，2018）。归纳起来，我国高新技术企业税收优惠政策存在以下主要问题。

（一）高新技术企业税收优惠政策现有门槛指标较容易被企业迎合，高新技术企业“含金量”下降

企业通过寻租（林毅夫等，2017；何熙琼等，2019）、研发操控（杨国超等，2017；张子余等，2019）等行为，再加上中介机构的“帮助”，较容易通过数量的增加，达到高新技术企业认定的最低门槛指标。此外，地方政府为支持高新技术企业，制定了很多与高新技术企业挂钩的财政、金融、人才等政策。企业为获得多重政策利益，对高新技术企业税收优惠的政策迎合行为进一步加强。因此，很多“为认定而认定”的高新技术企业存在创新短视、突击增加研发投入、大量外购知识产权、实质性创新不足等问题。

（二）高新技术企业税收优惠政策在创新发展新时期的政策精准性凸显不足

我国现行高新技术企业认定办法虽是2016年制定，但仅是基于2008年版认定办法的修订，政策定位与认定指标未发生根本性变化。2008年版认定办法距今已超过12年，期间我国经济与科技发展所处的国内外环境发生了重大变化。特别是，国家对于经济发展、科技发展提出了新要求。2017年，党的十九大提出，我国经济要“由高速增长阶段转向高质量发展阶段”；2020年，党的十九届五中全会提出要“以高质量科技供给助推经济高质量发展”；2021年的“十四五”规划纲要指出，“必须坚持深化供给侧结构性改革，以创新驱动、高质量供给引领和创造新需求，提升供给体系的韧性和对国内需求的适配性”。这就要求高新技术企业税收优惠的政策定位要符合新时期要求，高新技术企业内涵和政策精准性需要进一步提升。

1. 对知识产权自主研发方式和质量要求不够高，不利于激励企业提升研发质量

企业研发能力与质量的提升是我国实现高质量科技供给助推经济高质量发展的重要路径，而这只能依靠企业持续地自主研发才能实现。我国2016年版高新技术企

业认定办法也有意加强对自主研发的引导，删除了“独占许可”方式，但仍保留了受让、受赠和并购这些获取外部知识产权的方式。这不利于激励企业的自主研发，不利于企业研发能力与质量的提高。

知识产权质量提升是研发质量提升的重要表现，高质量的知识产权要求有助于引导企业提升研发质量。我国2016年版高新技术企业认定办法也有意加强对高质量知识产权的引导，将知识产权给予分类评价①，但在我国知识产权“虚火”较大②和企业政策迎合行为的推动下，企业通过获得一定数量的Ⅱ类知识产权就可通过高新技术企业认定。

2. 对研发费用口径要求相对较宽，研发强度指标单一，不利于激励企业增加研发投入

增加研发投入特别是增加基础研究和应用研究投入，是解决我国原始创新不足的重要保障，也是提升税收优惠对研发投入激励效率的重要体现。研发强度是高新技术企业认定条件中唯一与研发投入相关的门槛指标，但是高新技术企业认定中要求的研发费用口径较宽③，且没有研发投入速度、质量等方面的条件要求，企业操控和实现研发强度指标相对容易，不利于引导高新技术企业增加研发投入。

3. 企业全部所得都可以享受高企税率优惠，不利于激励企业增加高新技术产品收入

高新技术企业认定虽然要求“近一年高新技术产品（服务）收入占企业同期总收入的比例不低于60%”，但是其他收入也可享受税率优惠带来以下问题：一是投资收益、营业外收益等其他收入与企业研发投入和知识产权没有直接关系，但也享受高企税率优惠，这对于非高新技术企业的同类收入而言存在明显的不公平（龚辉文，2018）；二是在企业政策迎合行为的推动下，企业增加高新技术企业产品收入的动力不足；三是与OECD推行的BEPS（税基侵蚀与利润转移）行动中的“关联法”精神不符④。

4. 企业成长性指标不能较好体现企业扩张发展特点

高新技术企业认定中要对“企业成长性”打分，涉及“净资产增长率”和“销售收入增长率”两个指标。但“净资产增长率”指标较容易被企业操控，对“轻资产”型企业也较难适用。

---

① 其中：发明专利（含国防专利）、植物新品种、国家级农作物品种、国家新药、国家一级中药保护品种、集成电路布图设计专有权等按Ⅰ类评价；实用新型专利、外观设计专利、软件著作权等（不含商标）按Ⅱ类评价。其中，按Ⅱ类评价的知识产权在申请高新技术企业时每项只能使用一次。此外，在“企业创新能力评价”中的“知识产权”评价中，Ⅰ类知识产权数量达到1项及以上可获得7—8分的得分，Ⅱ类知识产权数量达到5项及以上可获得5—6分的得分，两者仅差2分。

② 主要表现在知识产权数量较大但质量不高。

③ 相比较研发费用加计扣除优惠，高新技术企业研发费用口径较宽主要体现在以下两方面：一是高新技术企业认定允许房屋建筑物的租赁费、折旧费等列入研发费用，而加计扣除不允许；二是高新技术企业认定允许“其他费用”计入研发费用的比例上限为20%，而加计扣除的上限为10%。在2008年高新技术企业认定办法制定时，基于两个政策目标并不一致以及高新技术企业研发强度指标仅是8个门槛条件之一等考虑，放宽高新技术企业的研发费用范围在当时有其合理性。

④ 按照关联法规则，可享受税收优惠的所得应仅限于与知识产权相关的所得。

（三）高新技术企业税收优惠政策与其他税收优惠政策之间统筹协调不够，政策效果大打折扣

1. 高企税率优惠与小微企业税收优惠之间未实现有效协调

如前文所述，2008年以来的高新技术企业税收优惠政策初衷是通过支持扩张发展期高新技术企业、引导我国高新技术产业“由大到强”。但2016年新修订的高新技术企业认定办法向中小企业倾斜，再加上地方政府片面追求高新技术企业数量，高新技术企业中的小规模企业占比持续走高（见图4–2），越来越背离政策初衷。数据和调研显示，小规模高新技术企业多数亏损（见表4–2）或者选择享受小型微利企业税收优惠①，这成为高新技术企业税收优惠享受比例较低的重要原因之一，高新技术企业税收优惠的激励作用无从发挥。

2. 高企税率优惠与其他行业税率优惠、地区税率优惠之间未实现有效协调

除了高新技术企业税率优惠外，我国还有大量税率优惠，包括针对集成电路企业、软件企业、技术先进型服务企业和动漫企业等的行业性税率优惠。这些政策的优惠力度至少与高新技术企业税率优惠力度相同。此外，我国西部大开发税收优惠政策也是实施15%企业所得税率优惠。据调研，很多企业倾向选择享受条件相对简单的高企税率优惠之外的税率优惠。这也是高企税率优惠享受比例较低的重要原因之一。

四、政策建议

在科技创新发展新要求下，我国支持企业技术创新的财税政策亟须由重视规模和速度向重视效率和质量转变，高新技术企业税收优惠政策也是如此。

（一）调整和优化高新技术企业税收优惠政策，提高高新技术企业税收优惠精准性

一是回归政策初衷，增加对高新技术企业的盈利能力要求。①对净利润为负的企业不允许申请高新技术企业认定，比如近3个会计年度企业净利润有1年为负的

---

① 近年来，我国对小型微利企业逐渐放宽优惠范围，同时加大优惠力度。根据《财政部 税务总局关于实施小微企业普惠性税收减免政策的通知》（财税〔2019〕13号）第二条，小型微利企业是指从事国家非限制和禁止行业，且同时符合年度应纳税所得额不超过300万元、从业人数不超过300人、资产总额不超过5 000万元等三个条件的企业。小型微利企业税收优惠为：企业年应纳税所得额不超过100万元的部分，减按25%计入应纳税所得额，按20%的税率缴纳企业所得税；年应纳税所得额超过100万元但不超过300万元的部分，减按50%计入应纳税所得额，按20%的税率缴纳企业所得税。

企业。但此类企业只要有研发投入可享受研发费用加计扣除优惠，小型微利企业还可以享受小微企业所得税优惠。这样有利于发挥税收政策体系的整体效率。②在企业成长性指标中增加“盈利能力”指标，例如“净利润增长率”。

二是聚焦科技创新新需求，提高高新技术企业的认定门槛条件。①在知识产权条件方面：一是限制核心知识产权的获得方式仅为自主研发；二是在企业创新能力评价中，进一步拉大Ⅰ类和Ⅱ类知识产权的打分差距；三是增加对I类知识产权质量的主观打分。②在研发投入条件方面：一是缩小研发费用口径，实现与研发费用加计扣除口径的统一；二是在高新技术企业认定的客观条件中或企业创新能力评价打分中，增加研发费用投入年度增长率、基础研究投入等指标。

三是借鉴国际作法，缩小享受高企税率优惠的收入范围。初步思路：所得范围尽量向“高新技术产品收益”靠近。可供选择方案：一是企业投资净收益、营业外收益不允许享受高新技术企业所得税率优惠；二是借鉴国外做法，将高新技术企业税收优惠政策改造成更加类似于“专利盒”的税收政策，仅对高新技术产品收益给予税率优惠。

（二）探索高新技术企业分类优惠，对重点高新技术企业适用力度更大的税率优惠

“十四五”规划纲要提出要“实施更大力度的……高新技术企业税收优惠等普惠性政策”。加大优惠力度主要是指高新技术企业可适用更加优惠的企业所得税税率，比如由目前的15%下调为10%。笔者认为，加大高新技术企业的税收优惠力度，还须在进一步提高高新技术企业政策精准性的前提下进行。可供选择方案：一是对所有的高新技术企业实施普惠性政策税率优惠（比如现在实施的15%）；二是探索高新技术企业分类优惠，将高新技术企业分为“普通高新技术企业”和“重点高新技术企业”两大类，其中只有“重点高新技术企业”才允许适用更加优惠的企业所得税税率（比如10%），但需满足的门槛指标更高，这样更有利于引导高新技术企业质量的不断提升，政策引导作用也更加明显。分类激励在国内外都有实践经验，例如我国集成电路和软件企业中的重点集成电路企业和重点软件企业，以及以色列“优先级科技企业”中的“特殊优先级科技企业”，都适用优惠力度更大的税收优惠。

附表4-1　　世界公司所得税率近年变化动态

OECD成员公司所得税率（中央或联邦政府比例税率或最高边际税率）　　单位：%

国家	2013年	2014年	2015年	2016年	2017年	2018年	2019年
澳大利亚	30	30	30	30	30	30	30
奥地利	25	25	25	25	25	25	25
比利时	34	33	33	33	33	29	29
加拿大	15	15	15	15	15	15	15
智利	20	22.5	22.5	24	25	25	25
捷克	19	19	19	19	19	19	19
丹麦	25	23.5	23.5	22	22	22	22
爱沙尼亚	21	20	20	20	20	20	20
芬兰	24.5	20	20	20	20	20	20
法国	34.4	34.4	38	34.4	44.4	34.4	32
德国	15.8	15.8	15.8	15.8	15.8	15.8	15.8
希腊	26	26	29	29	29	29	28
匈牙利	19	19	19	19	9	9	9
冰岛	20	20	20	20	20	20	20
爱尔兰	12.5	12.5	12.5	12.5	12.5	12.5	12.5
以色列	25	26.5	26.5	25	24	23	23
意大利	27.5	27.5	27.5	27.5	24	24	24
日本	28.1	23.9	23.9	23.4	23.4	23.2	23.2
韩国	22	22	22	22	22	25	22
卢森堡	22.5	22.5	22.5	22.47	20.33	19.26	18.2
墨西哥	30	30	30	30	30	30	30
荷兰	25	25	25	25	25	25	25
新西兰	28	28	28	28	28	28	28
挪威	28	27	27	25	24	23	22
波兰	19	19	19	19	19	19	19
葡萄牙	30	28	28	28	28	30	30
斯洛伐克	23	22	22	22	21	21	21
斯洛文尼亚	17	17	17	17	19	19	19
西班牙	30	30	30	25	25	25	25
瑞典	22	22	22	22	22	22	21.4
瑞士	8.5	8.5	8.5	8.5	8.5	8.5	8.5
土耳其	20	20	20	20	20	22	22
英国	23	20	20	20	19	19	19
美国	35	35	35	35	35	21	21

资料来源：OECD Tax Database.

2013—2019年其他主要国家的公司所得税率（联邦与地方最高税率之和）　单位：%

国家	2013年	2014年	2015年	2016年	2017年	2018年	2019年
巴西	34	34	34	34	34	34	34
埃及	25	25	22.5	22.5	22.5	23	22.5
印度	33.99	33.99	34.61	34.61	34.61	35	30
马来西亚	25	25	24	24	24	24	24
巴基斯坦	35	34	33	32	31	30	30
菲律宾	30	30	30	30	30	30	30
俄罗斯	20	20	20	20	20	20	20
新加坡	17	17	17	17	17	17	17
南非	28	28	28	28	28	28	28
泰国	20	20	20	20	20	20	20
越南	25	22	22	22	20	20	20

资料来源：KPMG Tax Rates Online.

附表4-2　新设备投资企业所得税优惠政策近年变化动态

国别	新设备投资企业所得税优惠动态
马来西亚	2019年10月，2020年预算：对制造业的加速折旧政策和自动化设备特别折旧政策延长至2023征收年度。
印度	2016年起，购买安装价值超过2.5亿INR的新机器可获得的15%投资免征额。
乌兹别克斯坦	根据投资额规定了3—10年的免税期。其中，投资额超过1000万美元的，10年免税期结束后的5年内减半征收公司所得税；符合条件的生产可再生能源设施的公司免税期为5年。
罗马尼亚	2015—2016年，对再投资于技术设备的利润免税。2016年9月，财政部宣布延长对所得再投资于经济活动所用IT与技术设备的生产和（或）购买的税收豁免期限。
俄罗斯	2017年，将企业利润再投资长期资产（例如先进技术机器）的公司所得税税率从20%降低到5%，以激励国内制造商的创新和现代化。
比利时	2015年10月，比利时政府公布了2015—2016年度预算中的税收转移计划，对涉及企业所得税的投资扣除率提高至8%，并对用于高科技产品生产的固定资产投资引入一项补充扣除。

资料来源：中国国际税收研究会，相关年度的《世界税收发展研究报告》。

附表4–3 科技企业（研发中心）企业所得税优惠近年变化动态

国别	科技企业（研发中心）企业所得税优惠动态
日本	2012年，为了跨国公司将其研发中心和亚洲总部落户日本，自批准之日起5个财政年度内，应税所得减免20%。
马来西亚	2019年10月，马来西亚财政部长向议会提交2020年预算：实施为期5年的特别投资优惠措施，以吸引从事高科技、制造、创意和经济领域的《财富》世界排行榜500强公司和全球独角兽公司
土耳其	2016年2月26日，土耳其颁布了关于研发改革一揽子计划的第6676号法：①科技开发中心纳税人在2023年12月31日前通过研发、创新与设计活动取得的所得免税；②在2023年前对科技开发中心内纳税人的不超过50万土耳其里拉的资本支持款项允许所得税前扣除。
越南	自2016年8月1日，对于符合条件的科技企业给予免征企业所得税四年或九年减半征收。科技企业必须满足以下三项指标：一是高科技产品营业额要占每年营业额的70%以上；二是在越南实施的研发费用占每年营业额的1%以上；三是具有本科以上学历直接参与研发人数占总人数的5%以上。
乌兹别克斯坦	2017年，决定在塔什干地区建立创新科技园区，且在科技园内开展实验性工业项目或小型创新项目的企业免税期最长为10年。
罗马尼亚	2017年，对专门从事创新、研发及相关活动的纳税人，免征公司所得税10年。
俄罗斯	2019年，根据对创新中心实行税收优惠的法律草案，在创新中心从事科技活动的企业将享受以下税收优惠：①在一定条件下免征公司所得税和增值税，其中对在创新中心从事科技活动的企业免征企业所得税；对动漫电影科技园区企业的所得税率从17%降至12.5%；②免征土地税；③降低社会保障缴费率，并免除国家对作为项目雇员的外国专家的工作许可义务，其中在创新中心从事科技活动的企业、动画电影制片企业的社会保障金率由30%降低至14%；自雇人士将免除社会保障缴款。
白俄罗斯	2018年，扩大了高科技园区（HTP）的激励机制，作为高科技园区居民注册的企业继续享受企业所得税免税优惠。

资料来源：中国国际税收研究会，相关年度的《世界税收发展研究报告》。

附表4–4 新兴行业企业所得税优惠的近年变化动态

国别	新兴行业企业所得税优惠动态
马来西亚	2012年，工业设计服务供应商率先享受为期5年的法定所得70%免税优惠，至2016年12月31日止；2020年，对符合条件的电子电气行业（E&E industry）公司给予最长10年的所得税免税和特别投资扣除优惠，以促进向5G数字经济和工业4.0版转型。
孟加拉国	扩大信息和通信技术的免税清单。
巴基斯坦	2018年，对计算机软件、IT服务或信息技术服务出口收入的免税期限延长至2025年6月30日。
巴基斯坦	对计算机软件或信息技术服务出口收入的免税期限延长至2025年6月。
亚美尼亚	2017年《国家信息技术部门援助法修正案》延长了IT初创企业的免税期。

续表

国别	新兴行业企业所得税优惠动态
印度尼西亚	2018年，印度尼西亚财政部颁布第35/PMK.010/2018号法规，规定了特定先驱行业的免税政策：①符合条件的先驱行业包括：半导体和其他计算机制造、智能手机通信设备制造、工业机器设备制造、汽车制造、机器人制造以及发电和基础设施等行业；②全额免税，具体免税期限5—20年不等，取决于新投资额的大小；③符合条件的纳税人将在免税期后的2年内可获得50%所得税减免；④符合条件的纳税人必须在印度尼西亚注册，并遵守法定的债务股本比率；⑤免税申请必须在商业生产开始前或投资登记后一年内与新投资申请一并提交；⑥已获免税期的纳税人，须在年度终了后30天内向税务总局提交年度报告，并保留免税行业的单独账户；⑦经审计发现享受免税待遇的纳税人不符合规定条件，税务机关将撤销或者变更所授予的免税期。
乌克兰	2012年5月30日，乌克兰议会批准了向信息技术（IT）行业提供税收优惠的法案。符合条件的IT公司将可以享受以下优惠：①2013—2020年，免缴增值税；②2013—2023年，公司税税率为5%；③享受社会保障缴款优惠税基。
意大利	《2018年预算法》：符合条件的文化企业可享受相当于文化服务和产品开发、生产和推广费用的30%的税收抵免。
丹麦	2017年11月，政府就2017年投资和研发措施达成协议，自2019年起，为生命科学行业引入税收优惠制度。
摩尔多瓦	2017年，IT园区公司适用7%的统一税率。优惠条件包括：软件开发、IT管理、数据库管理等相关业务收入占总营业收入的70%以上。
乌拉圭	第19637号法律：对在乌拉圭开发的与生物技术、生物信息学和软件生产领域相关服务所得免税。

资料来源：中国国际税收研究会，相关年度的《世界税收发展研究报告》。

附表4-5　　中小（新成立）企业所得税优惠近年变化动态

国别	中小（新成立）企业所得税优惠动态
哈萨克斯坦	2017年，专利税制要求中小企业每半年缴纳营业额的2%，2018年降至2%；中小企业还可以选择一次性扣除收益的30%。
日本	2012年，中小企业购买新设备的税收抵免与特别设备加速折旧政策将延长两年。
新加坡	2014年，公司所得税改革与技术创新：对新建公司满足条件的研发支出造成的税收亏损给予现金返还。
亚美尼亚	2017年3月，亚美尼亚《国家信息技术部门援助法修正案》：①延长了IT初创企业的免税期。具体规定如下：员工人数不超过30人的新注册登记的IT企业免税，免税期限是5年。政策有效期至2022年。②IT初创企业雇员收入将以10%的优惠税率缴纳个人所得税

续表

国别	中小（新成立）企业所得税优惠动态
印度	2016年1月，印度政府在印度初创企业峰会上公布了一项促进初创企业发展的行动计划，有关措施主要有：①投资者若将取得的资本利得通过风险投资基金投资于各种规模的初创企业，或是投资于购置初创企业核心业务活动所需的电脑或软件，可以免缴资本利得税；②不分配股息的初创企业可享受3年的所得税免税期；③根据所得税法案的有关规定，初创企业取得的股权对价中超过其市场公允价值的部分须确认为其他所得并就其缴纳所得税。由于初创企业股权的市场公允价值难以确定，目前“孵化器”企业与风险投资者向初创企业支付的股权对价无须遵守这一规定。 2016年2月，印度财政部长向议会提交了2016—2017年度预算：2016—2019年注册成立、年营业额不超过2.5亿卢比、持有部际认证委员会颁发的经营许可证的初创企业（包括有限责任合伙企业），在其开始进行技术或知识产权驱动的新产品、流程、服务的革新、开发、部署或者商业化经营之时起的5年内，连续3年免税。但须满足以下条件：①该业务不是通过拆分或重组已存在的业务而形成的；②该业务不是通过先前被用于其他目的、之后被移用于一项新业务的机器或工厂形成的。 2016年5月，印度人民院通过了2016年财政法案（2016—2017年度预算），对新成立国内企业的25%优惠税率，适用范围由制造业企业扩大至与商品生产相关的研发企业以及商品分销企业。
越南	2017年，研发创新产品的初创企业适用17%和15%的优惠税率。
泰国	2017年2月生效的泰国第637号皇家法令，2017年成立的符合规定的创业企业将获得免税期。 2018年，经营目标行业的初创企业可享受5个财政年度的免税期。
柬埔寨	2017年和2018年自愿注册纳税的小企业免税。
波兰	2017年，无法取得或足额取得收入以完全利用研发税收优惠的新成立企业，可以就未利用的研发费用扣除额取得现金退税。初创企业在开始经营活动的第一年可以享受退税，中小型企业在开始经营活动的头两年可以享受退税。
意大利	2012年10月，意大利发布一项法律，给予创新型创业公司特殊的税收优惠措施，以鼓励意大利经济增长。根据该法律，按照意大利法律或欧盟法律成立的、符合以下条件的公司为创业公司：①属于意大利居民公司且向意大利纳税；②未上市且个人持有51%以上的股份；③成立时间不超过48个月，且不是兼并、收购或被出售的公司；④公司营业额不超过500万欧元；⑤不分配股息；⑥以开发和交易创新型高技术产品或服务为唯一目的。此外，该公司还必须符合以下条件之一：①研发支出总额达到产品价值或总成本二者之中较高者的至少30%；②雇员的至少1/3为高素质人员；③公司是与其经营活动相关的专利权的持有人或特许制作人。根据该法律第26条，创业公司可以获得的税收优惠政策包括：①可免缴与注册相关的印花税及年度商会费；②即使该创业公司注册为有限公司，也允许其向公众发行无投票权股票，制定股票选择权和股权计划。根据这些计划得到的报酬可不缴纳社会保障缴款，也不包含在管理人、雇员和合作者的应纳税所得中。个人和公司投资者可获得的税收优惠为：在2013、2014、2015纳税年度，投资于创业公司的，可以从其应纳税所得额中扣除其投资总额20%（能源部门的创业公司，该扣除比例为27%），年度最大扣除额为180万欧元。

续表

国别	中小（新成立）企业所得税优惠动态
法国	2013年12月，《2014年财政预算案》对新设的创新型公司免征公司所得税。2015年11月，《2015年财政法案》（修订案）缩小适用于建立时间不超过10年的创新型中小企业的税收优惠政策的优惠范围；对中小型企业机器加速折旧优惠期延长至2016年底。2016年9月，《2017年财政法案》对新成立创新型企业的公司所得税与地方税收免税，其适用范围扩大至2019年12月31日前成立的此类公司。 2016年11月22日，法国国民大会完成了对2017年财政法案的初轮商讨与修改，中小型企业15%低税率的适用范围将扩大，适用的年营业额标准将自2019年1月1日起由不超过763万欧元提高至不超过5000万欧元。 2016年9月，《2017年财政预算案》：①“竞争力与员工税收抵免”的抵免率由6%提高至7%。②对新成立创新型企业的公司所得税与地方税收免税优惠，其适用范围扩大至2019年12月31日前成立的此类公司。
匈牙利	2017年起，对初创企业实施所得税优惠政策，在第一年适用10%税率（年收入低于5亿福林）的中小型初创企业，税基可以按股权成本的2.5倍扣除，而其他适用19%税率的初创企业，税基可以按股权成本的1.5倍扣除。
比利时	2017年，年应纳税所得额不超过10万欧元的部分适用优惠税率20%。
荷兰	2017年，中小企业适用14%的优惠税率。
丹麦	2017年预算提案：2017—2019年新成立的、应税利润不超过700万丹麦克朗的企业，将享受三年的公司所得税免税期。
爱尔兰	2014年10月，爱尔兰财政部向议会提交《2015年爱尔兰共和国政府财政预算案》：对初创型企业给予所得税优惠。新办企业从事交易的前3年取得的交易收入（和某些资本利得）免征企业所得税。
罗马尼亚	微型企业的认定标准从年营业收入不超过10万欧元提高至不超过50万欧元；根据雇员人数的不同适用1%或3%的不同税率。
加拿大	2018年中小企业适用税率从10.5%降至10%，2019年降至9%。
斯洛文尼亚	2016年11月，一项公司所得税法修订案：①公司所得税税率从17%提高至19%；②取消对风险投资公司的优惠税率；③取消对处置风险投资公司普通股的资本利得的免税优惠。
墨西哥	2017年，小微纳税人一次性扣除固定资产。
澳大利亚	2015—2016财年预算案：①小企业的所得税率由30%降到28.5%；②允许小企业即刻扣除特定专业费用，同时成本不超过2万澳元的资产可加速折旧。
新西兰	2013年5月，《2013/2014财政年度新西兰政府财政预算案》宣布，政府向因研发支出造成税收流失的研发密集型初创小企业提供有限的税收返还。 2018年，新西兰政府宣布，为在税收激励的第一年向初创企业和亏损企业提供税收返还，税收返还率由12.5%增加至15%；最低研发开支门槛由每年10万新西兰元降低至每年5万新西兰元。

资料来源：中国国际税收研究会，相关年度的《世界税收发展研究报告》。

附表4-6 支持绿色经济的企业所得税优惠近年变化动态

国别	支持绿色经济的企业所得税优惠动态
菲律宾	2016年，政府对保护与恢复环境相关的“绿色职位”提供税收优惠，所有企业以及自营职业者可以就经气候变化委员会认证的“绿色职位”的技能训练与研究开发费用支出享受50%的加计扣除。
老挝	2016年，所有企业以及自营职业者可以就经气候变化委员会认证的“绿色职位”的技能训练与研究开发费用支出享受50%的加计扣除。
马来西亚	2019年10月，2020年预算：将现行的绿色投资扣除优惠和绿色投资免税优惠延长至2023征收年度，以促进可持续发展；对从事太阳能租赁活动（solar leasing activities）的公司将给予最高70%的所得税免税优惠。
印度	2016/2017年度预算：某些资产（如可再生能源设备和空气污染控制设备）的加速折旧率由80%—100%降低至40%。
孟加拉国	对拥有国际认可的绿色建筑认证的企业，税率降至14%。
荷兰	2017年，节能设备投资额超过2500欧元的，根据设备类型可以扣除的比例分别为36%、27%和13.5%。
美国	2015年财政预算法案：①为国内先进的清洁能源生产的投资提供额外的税收抵免；②对生产先进技术车辆提供税收抵免。 2015年2月，《2016财年预算案》涉及鼓励科技研发的税收计划主要如下：①对用于国内先进清洁能源生产的投资提供额外的税收抵免；②不断完善和持续推进对再生电力能源生产的税收抵免以及对特定的能源资产投资的税收抵免。 2016年2月，《2017财年政府预算》对先进国内清洁能源的制造和高科技车辆的生产给予额外税收抵免。
加拿大	2016年3月22日，加拿大财政部长公布了2016年预算，扩大对清洁能源的税收优惠，对电动汽车充电站、电能存储与放电交易项目等提供税收优惠。
墨西哥	2017年税收改革一揽子计划：纳税人投资电动汽车充电设备可享受当年投资额30%的税收抵免，且取得的税收抵免不会被视为应税所得。

资料来源：中国国际税收研究会，相关年度的《世界税收发展研究报告》。

第五章

风险投资税收优惠政策

风险投资[①]（Venture Capital，VC）是一种长期权益性资本投资，与传统投资相比，投资对象一般为处于起步阶段（初创期、种子期）的高技术企业，特别是新兴的、具有巨大竞争潜力的企业，并在企业资产增值尤其上市后，选择适当时机通过资本市场交易或企业回购等方式退出。“天使投资（Angel Investment）”是一种更加特殊的风险投资，其投资对象处于企业生命周期的最前端，与风险投资多为机构投资不同，天使投资者一般为个人或者非公司形式。

在科技与金融结合的理论中，较为著名和影响较广的是佩蕾丝（1985，2007）的“技术—经济范式”理论[②]，认为技术革命是新经济模式的引擎，金融是新经济模式的燃料，二者结合起来就是新经济模式的动力所在。根据佩蕾丝的“技术—经济范式”理论，在信息与远程通信技术革命中，新创企业具有规模小、轻资产化[③]、知识（人力）资本价值高、多样性等特征，而风险投资的对象符合上述特征，与创业板市场、科技银行等一同成为推动信息技术革命的重要金融资本。美国创新经济的发展历史也证明了风险投资在20世纪90年代中期开始显示出强大威力，成为推动高技术产业发展的发动机，使许多创新者的创业梦想成真，微软、苹果、亚马逊等世界著名高科技企业在创业初期都获得了风险投资的支持。

为鼓励社会资本进行风险投资，很多国家出台了一系列鼓励风险投资发展的政策或制度安排，其中税收优惠政策是重要内容。但是我国创业投资税收政策尚不完善，建议围绕引导金融资本投早、投小、投科，统筹设计创业投资税收优惠政策，并加大结构性优惠、扩大优惠范围、降低优惠条件，同时加强专业评估与系统研究，以适应创业投资发展规律，更好地发挥风险投资对我国新技术产业化规模化应用的支持作用。

---

① 我国常将风险投资称为“创业投资”，本节根据不同国家习惯采用风险投资、创业投资的表述。

② 卡萝塔·佩蕾丝.技术革命与金融资本［M］.田方萌，胡叶青，刘然，等，译.北京：中国人民大学出版社，2007.

③ 非固定资产的比例较高。

第一节
国际风险投资税收政策主要特点

税收政策对风险投资收益影响较大，成为很多国家支持风险投资发展的重要政策工具。风险投资不同主体（有限合伙制基金、公司制基金，公司股东，法人或个人LP、GP[①]）的有关收入（股权转让收益[②]、股息红利、管理与咨询服务收入等）面临的实际所得税负将直接影响其投资行为和决策。风险投资有关税收政策总体可分为两部分：一是对所有股权投资都适用的基本税收制度；二是专门针对风险投资的税收优惠政策。

一、有利于风险投资的基本税制

对股权投资影响较大的基本税制主要有三个：一是资本利得税制；二是合伙企业税收制；三是股息红利重复课税的税收处理制度。总体看，发达国家上述三种基本税收制度都对风险投资较为有利。

（一）“轻税”的长期资本利得税制度有利于激励风险投资

资本利得是资本性资产的增值，其主要来源包括公司留存收益的转化，如留存收益再投资，会带来公司总资产增加，进而引起股票价格增加；公司预期收益的变化，如公司盈利能力、市场利率等影响预期收益，当预期收益增加，股票价格会增加；资产价值的自然增长；加速折旧以及通货膨胀。

资本利得税通常是指对纳税人出售或转让资本性资产所实现的增值收益课征的税，即对实现的资本利得课税，对未实现的不课税。因此，在一定程度上，资本利得税会制约资本性资产的正常流动，即产生“锁住效应”。其中，资本性资产是指纳税人持有或使用的资产，具体包括土地、建筑物等不动产，股票、债券等有效证

① LP（limited partnership）是指有限合伙人，GP（general partnership）是指无限合伙人。有限合伙风险投资企业（基金）的无限合伙人是企业（基金）的经营管理者，不提供风险投资资金，收取管理费和回报分成，一般为个人；相反，有限合伙人是风险投资资金的提供者，但不参与企业的具体经营管理。

② 指股权买卖差价，若盈利一般称为“资本利得”；若亏损一般成为“资本损失”。

券，设备、艺术品等有形动产，专利权、著作权等无形资产。

从国际实践看，资本利得税具有以下两个突出特点：一是长期资本利得的税负较轻。资本利得通常划分为长期资本利得与短期资本利得，其中，持有期在1年以上资产转让后取得的利得为长期资本利得，1年以下的为短期资本利得。在税收政策上，短期资本利得通常视为普通所得课税，税负较重；相反，出于减轻通货膨胀影响、减轻锁住效应影响、培养市场等目的，长期资本利得往往税负较轻。轻税的主要方式包括：税基折计、低税率、简易办法征收等。二是资本损失允许抵扣资本利得。对资本利得课税，从本质上来看，属于政府与纳税人共享收益；而如果对于出现的资本损失不予以退税，纳税人就要独自承担资本投资损失的风险。因此，对于资本损失的税收处理，一般都与经营性损失的税收处理一样，允许抵扣资本利得（有的要求抵扣同类资本利得或者普通所得），不足抵扣的部分允许结转（公司与个人的规定可能有所不同）。

美国的资本利得税制度是比较典型的鼓励长期投资的制度，由于按照资产持有时间长短以及应纳税所得额档次不同适用不同税率，从而鼓励了长期投资。实际上，长期资本利得税率最低可实现0税率；澳大利亚改良的资本利得税制度允许转让持有时间超过12个月的资产享受资本利得税打折优惠。实际上很多国家都有类似的制度，如日本、英国等，都会根据持有资产时间长短给予区别对待，从而实现了对长期持有的鼓励。

（二）所得性质可“穿透”的合伙企业所得税制度有利于合伙制风险投资

国内外的风险投资基金绝大多数采用合伙制的组织方式，合作企业所得税制对于合伙人的所得性质与税负具有重要影响。

综观各国合伙企业所得税制，按照合伙企业是否是纳税人，大致分为两种课税模式：实体课税模式和非实体课税模式。前者合伙企业是纳税人，后者合伙人是纳税人。在非实体课税模式中，根据应税所得的计算和纳税申报不同，又分为税收分配制度（Tax Attribution Rule）和税收透明制度（Tax Transparency Regime），前者直接在合伙人之间分配利润和亏损，要求合伙人而不是合伙企业报告其收益或亏损，并最终付税；后者则先计算合伙企业的税基，扣除、宽免，然后分配给合伙人，要求合伙企业和合伙人两者都要履行报告义务①。对于合伙制风险投资基金，如果合伙所得税制采用的是非实体课税模式下的税收透明制度，有利于投资所得直接穿透到合伙人，保持投资所得性质，保持投资所得轻税。

美国的合伙企业所得税制倾向于“非实体课税模式下的税收透明制度”。根据

① 魏志梅.合伙企业所得税制研究［J］.税务研究，2014（4）：32-39.

美国税法，一般地，合伙企业和合伙人实施一体化的所得税待遇，即将合伙企业所得归集为合伙人的所得并征收所得税①。因此，在美国，符合条件的合伙企业②是非公司所得税纳税主体，合伙企业的各类所得和费用都可以按照“流经原则”直接分配给合伙人，再由合伙人进行纳税核算和申报纳税，股权转让所得也可以独立出来适用较普通所得更优惠的资本利得税率。

（三）可部分消除股息红利重复课税的税收处理制度有利于公司制风险投资

风险投资基金也可以选择公司制的组织方式，股息红利的税收处理制度对于公司制风险投资基金的个人股东有重要影响。

从国际实践看，目前在OECD成员国中，实行独立课征制或所谓古典制（双重征税）的国家占26.7%；实行归并课征制或所谓公司所得税与个人所得税一体化制度的占66.7%。在实行归并课征制的国家中100%的国家放弃了公司环节的归并制，实行了个人环节的归并制。在实行个人层次归并制的国家中70%的国家选择了税收减免制，只有30%的国家选择归集抵免制。在实行税收减免制的国家中，采用税基减免和税率减免的国家各占50%③。

比如，美国、日本等国家都是在公司层面对于分配的利润正常征收公司所得税；在股东层面，对于公司股东的股息免税，对个人股东的股息给予一定的税率优惠，以此减少重复征税的负面影响。

二、专门激励风险投资的税收优惠政策

英国、日本、美国（联邦、州）、加拿大（联邦、州）、法国、以色列、意大利、葡萄牙、西班牙、韩国和马来西亚等很多国家都特别针对风险投资制定了专门的税收优惠政策。主要特点如下：

（一）多数国家对从事符合条件的风险投资行为给予税收优惠

从优惠路径角度看，风险投资税收优惠主要有两种方式：一是直接对投资者向中小企业的投资行为提供优惠；二是对投资者向风险投资基金（企业）的投资行为提供优惠，从而间接鼓励投资者对中小企业投资。美国的天使税制、加拿大的工

---

① 存在例外情况，比如，如果满足条件，合伙企业也将被视为企业，按照实体法人缴纳企业所得税。

② 在美国，合伙制企业必须满足打钩规则才可以成为非纳税主体；如果不满足，也必须缴纳公司所得税；同样地，公司制企业如果是有限责任公司、S型公司或通过打钩规则等情况下也可以成为非纳税主体。

③ 马国强，李维萍.股息红利双重征税的税收处理问题［J］.财经问题研究，2008（12）：77-81.

会风险投资公司税收优惠、澳大利亚的风险资本投资者税收优惠、日本的天使投资税收优惠和企业风险投资税收优惠都属于间接鼓励投资者为中小企业投资的税收优惠。

（二）很多国家对风险投资不同环节都制定了税收优惠

一是在投资时，对投资额给予税收抵免或税前抵扣优惠，不论投资成功与否，这种前端优惠有利于即刻就对投资期较长、风险较大的风险投资降低税负；二是在投资退出时，对资本利得给予减免税，或者允许资本损失抵扣普通所得，这种后端优惠有利于提高风险投资收益，降低失败损失；三是在再投资时，对用于再投资的资本利得允许延期到投资退出时再纳税。

比如，根据英国的企业投资计划（Enterprise Investment Scheme，EIS），个人投资者以现金认购符合条件小企业新发行的普通股，将有资格获得投资额一定比例的税收抵免、资本利得免税和延迟纳税以及资本损失抵扣的个人所得税优惠。日本的“天使税制”在投资环节允许投资额按一定比例税前扣除；在股权转让环节，允许股权转让收益减半计税。澳大利亚在“风险投资有限合伙计划”中，允许符合条件的外国投资者从基金（合伙制）获得的利润（资本或收入）免征所得税和资本利得税，国内投资者投资损失允许扣除；对投资合格早期创新企业的早期投资者则允许获得相当于投资金额20%的税收抵免。

（三）多数国家都对被投资企业设有严格条件

第一，都要求必须是未上市的中小企业，满足总资产、职工人数和成立时间等条件，但没有行业或领域限制。如在企业成立时间上，日本要求在3年（优惠政策A）或10年（优惠政策A）以内，意大利要求7年以内，西班牙要求新成立。第二，多数国家并未对研发、技术领域等相关方面有所要求，仅日本、以色列等少数国家有研发支出、人员等条件要求。

（四）多数国家仅对个人投资者给予税收优惠且要求长期持股

第一，都是以投资行为为政策着力点，无论是直接投资还是通过风险投资基金间接投资，只要投资行为符合条件就可以享受优惠；第二，多数都要求长期持股，如英国、以色列、意大利等国要求最少3年，美国、法国等要求至少5年，加拿大要求8年；第三，多数都制定了享受优惠的上限。

第二节
美国风险投资税收政策

美国联邦政府并未明显针对风险投资制定专门的税收优惠政策，但是很多基本税制安排均有利于风险投资发展，其面向“小企业投资者”的特别资本利得税政策起到了“天使税制”的作用。此外，美国很多州政府还制定了多项促进天使投资的税收激励政策。

一、美国有利于风险投资发展的基本税制安排

（一）资本利得税制度

股权转让收益是风险投资的主要收入来源。美国风险投资的组织形式以有限合伙为主，因此企业层面没有税收。有限合伙人多为个人或非公司纳税人，在纳税的“管道”原则下，其从有限合伙企业分得的源自股权转让的收益适用个人资本利得税政策；普通合伙人的回报分成收入（carry）也视为资本利得而非普通所得课税。因此，美国风险投资必然受到资本利得税制度的影响。

1954年起，美国就对包括股票转让收益在内的资本性资产转让收益征收资本利得税。其中，公司的资本利得收入一般按照普通所得课征公司所得税；但资本损失只能抵扣当期资本利得，不足抵扣部分可向前结转3年和向后结转5年。

个人的资本利得收入适用的税率按照资产持有时间长短不同而不同。一般地，持有时间不足一年的短期资本利得按普通所得税率征税（见表5-1）；持有一年以上的长期资本利得，税率为0、15%或20%（见表5-2）。资本损失一般首先要冲抵当期资本利得，不足冲抵部分可冲抵普通所得，但最高不超过3000美元[①]。本节对资本利得税率的讨论也主要是指个人资本利得税。

① 对于已婚分别申报的纳税人，最高不能超过1500美元。

表5-1 2022年美国短期资本利得税率（普通所得税率）

应纳所得税额（美元）				税率（%）
单身申报	已婚联合申报（含丧偶者）	已婚分别申报	户主申报	
0—10275	0—20550	0—10275	0—14650	10
10276—41775	20551—83550	10276—41775	14651—55900	12
41775—89075	83551—178150	41776—89075	55901—89050	22
89076—170050	178151—340100	89076—170050	89051—170050	24
170051—215950	340101—431900	170051—215950	170051—215950	32
215951—539900	431901—647850	215951—323925	215951—539900	35
539901—	647851—	323926—	539901—	37

注：美国适用各档次个人所得税率的门槛会根据通货膨胀率进行调整，因此每年会有所变化。

表5-2 2021—2022年美国一般长期资本利得税率

应纳所得税额（美元）				税率（%）
单身申报	已婚联合申报（含丧偶者）	已婚分别申报	户主申报	
0—40400	0—80800	0—40400	0—54100	0
40401—445850	80801—501600	40001—250800	54101—473750	15
445851—	501601—	250801—	473751—	20

（二）非公司纳税人所得税制度

美国的企业类型主要分为两大类：一是公司；二是非公司型企业。二者适用不同的税收制度，其中公司型企业需要缴纳公司所得税，其股东还需要就其分得的股息收入缴纳个人所得税，造成了“重复征税”；非公司型企业不缴纳公司所得税，而是按照“流经原则”由股东缴纳个人所得税。如非公司型企业中的独资企业（Sole Proprietorship，SP）、合伙企业①和有限责任公司（Limited Liability Company，LLC）②均不用缴纳公司所得税。

对于风险投资公司而言，如果注册为公司型企业，则因股东因投资而分的较多股息收入而导致“重复征税”带来的税收负担更明显。美国税制为这类公司也提供了避免“重复征税”的机制，其主要机制在于美国将公司型企业又分为公众公司（C型公司）和封闭公司，其中公众公司必须缴纳公司所得税，为公司所得税纳税人，其股东在没有相关减免税规定下还需就其分得的股息收入缴纳个人所得税。但对于封闭公司，只要符合一定条件并做出选择，可以成为“S型公司（仅是税收概念）”，成为非公司纳税人。因此，就不用缴纳公司所得税，而是按照“流经原则”

① 合伙企业又分为普通合伙（GP）、有限合伙（LP）和有限责任合伙（LLP）等。

② 美国的有限责任公司与我国的是两个完全不同的概念。我国的有限责任公司和股份有限公司一样，都属于公司，但美国的则是非公司型企业。

由股东缴纳个人所得税，避免“重复征税”。

可以看到，在美国，合伙制风险投资基金（企业）的各类所得和费用都可以按照“流经原则”直接分配给合伙人，再由合伙人进行纳税核算和申报纳税，股权转让所得也可以独立出来适用较普通所得更优惠的资本利得税率。即使风险投资企业的组织形式是公司制，也可以通过成为“S型公司”或有限责任公司（LLC）而避免“重复征税”。

二、美国的小企业投资者税收优惠政策

美国《国内税收法典》对“小企业投资者”的长期投资规定了特别资本利得税优惠。“小企业投资者”包括“天使投资者”。因此，该优惠政策也可间接地视为美国联邦政府对“天使投资者”的税收优惠。

（一）股票持有5年以上的资本利得100%减征

根据《国内税收法典》第1202条款，非公司纳税人（non-corporation taxpayer）持有符合条件的小企业股票（Qualified Small Business Stock，QSBS）满5年，实现的资本利得按照50%[①]减征资本利得税。2008年开始，为应对金融危机、稳定就业，美国政府出台了一系列对小企业救助和扶持的政策，包括不断加大小企业长期投资者的资本利得税优惠力度。一是逐步将减征比例从50%提高到100%；二是100%减征从特殊优惠转变为永久化（见图5-1）。

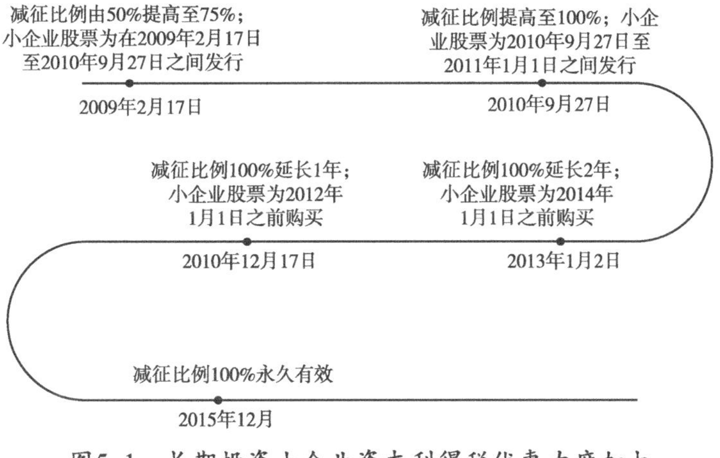

图5-1 长期投资小企业资本利得税优惠力度加大

① 对于在2000年12月21日之后购买并在2015年之前出售的某些授权区域股票的任何交换或出售，减征比例60%。

如表5-3所示，对小企业股票持有超过5年的资本利得税实际税率为0，这显然有助于支持创业者与创业企业的投资者。虽然该政策在减征比例上逐步加大，但是政策适用的被投资对象条件（见表5-4）及投资者减征资本利得的总量限制没有改变。其中，减征的资本利得总量不能超过以下两者中的较大者：一是1000万美元；二是股票转让收益的10倍。

表5-3 2020年小企业投资者面临的实际资本利得税率

持有不足1年 短期资本利得税率	持有1年以上 长期资本利得税率	持有超过5年 （100%减征）
10%	0%	0%
12%	0%	0%
22%	15%	0%
24%	15%	0%
32%	15%	0%
35%	15%、20%[①]	0%
37%	20%	0%

表5-4 合格被投资小企业及其发行股票条件

小企业	股票
属于公众型的股份公司（C公司）	1993年8月11日以后由符合条件的小企业发行，投资者直接购买或通过承销商购买。
总资产在股票发行时和发行后不能超过5000万美元，并向IRS和股东报告	
80%的资产必须用于“活跃”的贸易或商业活动（active trade or business）	

注：活跃贸易或商业活动不包括农业、经营旅馆或饭店的企业和与特定服务相关的行业，诸如银行、保险、融资、投资、租赁和其他类似业务以及那些在法律、健康、表演艺术、体育、咨询、金融服务、建筑和经纪等领域。

（二）再投资延期纳税

根据《国内税收法典》第1045条款，如果非公司纳税人在持有某符合条件的小企业股票超过6个月后转让该股票并获得资本利得，并且在转让后的60天内又将所实现的资本利得用于购买其他符合条件的小企业股票，那么已实现的资本利得可延期纳税，直到不再进行类似的再投资。再投资延期纳税政策中有关非公司纳税人、

① 个人应税收入在$207351—$518400之间，且持有不足1年时，短期资本利得税率是35%；但个人应税收入在$207351—$518400之间，但持有超过1年时，$207351—$441450的长期资本利得税率是15%；$441450—$518400的长期资本利得税率是20%。

符合条件的小企业及股票的规定与前述持有5年以上资本利得50%减征政策的条件相同；但相对于投资小企业长期资本利得减免，该项优惠没有优惠上限限制，对于小企业投资者来说非常重要。

（三）资本损失视为普通损失

根据《国内税收法典》第1244条款，符合条件的小企业投资者转让小企业股票的资本损失（capital losses）可以视为普通损失（ordinary losses）冲抵普通所得（ordinary income）。因此，该项税收优惠可以更有利于减轻投资者投资小企业的风险。但是，对视为普通损失的资本损失有上限限制：对于单个纳税人每个纳税年度不能超过5万美元；夫妻联合纳税的不能超过10万美元。其中符合条件的小企业需满足以下条件：第一，在发行此类股票时，该小企业属于公众型的股份公司（C型公司）；第二，公司发行股票所获得的现金和其他财产（总股本）总计不能超过100万美元；第三，在股票亏损发生前的最近5个纳税年度，公司来自特许权使用费、租金、股息、利息、年金以及出售股票或有价证券的收入不能超过总收入的50%。

三、美国州政府实施的天使投资税收优惠政策

美国许多州政府直接对投资于小企业的天使投资者提供税收优惠，特别是在国际金融危机爆发之后，该类税收优惠越发普遍。各州税额抵免政策的制定，综合考虑了本地区的经济发展情况、财政承受力与激励力度。

虽然各州对天使投资税收激励的名称各不相同，但总体上都是以给予合格投资人一定税收抵免，激励合格投资人开展符合条件的天使投资。综合分析各州政策，就投资人条件、被投资对象条件以及政策力度方面的异同总结如下。

（一）普遍要求投资人具有较高收入水平

大多数州对投资者的认可要求为拥有超过100万美元净值的个人包括原著居民，并且近两年内的年收入应不少于20万美元，是美国人均收入的5倍多。

（二）通过政策内容实现不同政策目标

虽然各州政策的目标均为激励小企业投资，但各州通过限定被投资对象的规模、领域、注册地等条件最大限度发挥政策对投资者的引导作用。具体模式如下：

一是部分州明确要求被投资的小企业为科技型企业，如夏威夷要求被投资企业50%以上的商业活动以及75%以上的总收入需来源于研究活动[①]。

二是部分州仅对特定领域的投资给予优惠，如亚利桑那州资本投资税收抵免限定于投资生物科学等小型企业；康奈迪克州对合格企业的限定为参与“生物科学、先进材料、光电、信息技术以及清洁技术或其他新兴技术”，而马里兰州直接将政策命名为“马里兰州生物技术投资激励税收抵免（Maryland Biotechnology Investment Incentive Tax Credit，BIITC）”；俄勒冈州仅对高校风险投资基金的捐赠给予优惠。

三是部分州对不同区域的投资给予不同优惠，以引导投资流向。如亚利桑那州、内布拉斯加州、缅因州以及科罗拉多州等对本州内高失业地区或经济不发达地区给予的抵免率比本州经济发达地区高；明尼苏达州曾经仅对该州的边界城市实施抵免政策，以平衡与其相邻的北达科他州边界城市的税额抵免可能带来的不利，减少投资流失。

（三）抵免率存在差异

如果比较各州抵免率，即税收抵免额占投资额的比例，会发现各州的抵免率有一定差异，从纽约州的10%到夏威夷的100%不等，相对集中分布在25%—50%。其中多数州是单一抵免率，少数州将抵免额分到不同年度，且各年度抵免率不同，如夏威夷州在5年内给予100%的投资额抵免，但投资的第一年可抵免35%，第二年到第五年的抵免率分别为25%、20%、10%和10%。进一步分析发现，经济越发达的州抵免率越低，这也充分说明了天使投资税收抵免政策的价值，即利用税收优惠将投资吸引至经济相对落后的地区。如北达科他州和肯塔基州等部分经济较不发达的州，其抵免率比周边各州高；有些州内部也存在这种差异，如缅因州和内布拉斯加州对高失业地区以及经济较为落后的地区给予更大的抵免幅度，在缅因州，投资高失业地区企业的抵免额为合格投资的60%，一般地区则为40%。

（四）抵免额限额不同

大多数州对抵免限额做出规定，但差异较大。其中，新墨西哥州、北达科他、罗得岛州等经济较为落后州给予的抵免额为75万—350万美元；也有的州限额为1000万—4000万美元，如印第安纳州的风险资本投资税收抵免规定每年给予抵免总额的上限为1250万美元、亚利桑那州对资本投资激励项目给予2000万美元的抵免总额。除了对抵免总额进行规定，有的州也对纳税人年度投资额及抵免额进行规定，如夏威夷州规定投资者每人每年对每个合格企业投资不超过200万美元，且投

① 数据来源：Center for Venture Research.

资者对同一合格企业在所有年度的投资额中，所能够抵免的投资总额为200万美元。

（五）结转、返还及转让规定不同

各州对税额抵免超过应纳税额的部分是否可以向后结转的规定差异比较大，从不可结转到可无限期结转。其中，纽约州、夏威夷、马里兰州、内布拉斯加州等不可结转；而俄勒冈州可无限期结转。大部分可向后结转，结转年限包括3年（亚利桑那州、罗德岛、新墨西哥州等）、4年（北达科他州、明尼苏达州等）、5年（科罗拉多州、科罗拉多州等）、9年（阿肯色州等）以及15年（肯塔基州、缅因州、威斯康星州等）。部分州则允许转让，如肯塔基州允许非营利机构的税收抵免转让，阿肯色州可转让，但仅能转让一次。

第三节 英国风险投资计划

英国的风险投资计划（Venture Capital Scheme）主要是向符合条件的风险投资者提供税收优惠，鼓励其投资于成立时间较短、规模较小的非上市企业，以帮助小企业成长和发展。主要的优惠方式包括：投资税收抵免、投资损失减免以及资本利得减免等。

一、英国风险投资计划发展历史

（一）税收政策的主要类别

目前，英国风险投资计划主要由五项核心计划构成，即鼓励个人直接投资的企业投资计划（Enterprise Investment Scheme，EIS）、鼓励对早期阶段小企业投资的种子企业投资计划（Seed Enterprise Investment Scheme，SEIS）、鼓励个人通过风险投资信托间接投资的风险投资信托计划（Venture Capital Trust scheme，VCT）和鼓励对社会企业投资的社会投资税收减免（Social Investment Tax Relief，SITR）以及个人和投资公司处置股份时的股票损失减免（Share Loss Relief，SLR）等子计划。实际上，英国在不同时期还推出过其他激励风险投资的税收计划，如创业计划

（Business Start-Up Scheme，BSC）、业务扩展计划（Business Expansion Scheme，BES）、企业风险投资计划（Corporate Venturing Scheme，CVS）等已经不再有效的税收优惠政策。

（二）税收政策的发展历史

1980年，英国首次推出鼓励对小型私营贸易公司投资的税收减免举措，即此类公司未上市股票的损失减免所得税，该政策被称为股票损失减免（SLR）。1998年，该政策与企业投资计划（EIS Enterprise Investment Scheme，EIS）的规定统一。

1981年，英国推出了创业计划（Business Start-Up Scheme，BSC），也被称为新公司贸易投资减免计划（Relief for Investment in New Corporate Trades）；两年后，该计划就被业务扩展计划（Business Expansion Scheme，BES）取代。后者对新设和现有贸易公司的投资进行税收减免；到1986年，BES在原有优惠基础上免除资本利得税（Capital Gains Tax，CGT）。

BES于1993年底结束，并于1994年被EIS取代，后者是对BES的修订和微调，并在现有股份认购所得税减免、出售股份资本利得税豁免两项优惠基础上增加了资本利得税递延减免优惠。1998年开始，无论购买新股时是否适用所得税减免优惠，都可以享受递延减免。

1995年，英国又引入了风险投资信托计划（Venture Capital Trusts，VCT），该计划对投资于风险投资信托的个人进行税收减免，风险投资信托是经批准且主要投资于小型未上市贸易公司的机构。

2000年，作为促进企业风险投资活动之一，英国推出了为期10年的企业风险投资计划（Corporate Venturing Scheme，CVS），[①]投资公司也能够获得企业投资计划（Enterprise Investment Scheme，EIS）类似的税收减免。

2012年，英国推出了激励对小型初创公司投资的种子企业投资计划（Seed Enterprise Investment Scheme，SEIS）；2014年，又推出了旨在鼓励个人投资社会企业的社会投资税收减免计划（Social Investment Tax Relief，SITR）[②]。

2015年，为符合国家资助规则，EIS和VCT规则进行了调整，引入了新的投资期限和终生投资限额，对于被投资企业而言，引入成长性条件、提高了知识密集型公司条件。2018年，在EIS、SEIS和VCT税收优惠政策中引入风险资本条件（risk-to-capital condition）[③]。风险资本条件要求被投资公司应具有长期增长和发展目标，

---

① 2010年到期后没有继续。

② 2017年该计划将适用对象扩大到2017年4月6日及以后进行的合格投资。

③ 风险投资税收政策旨在帮助风险较高的初创小企业获得投资，但也创造了以避税为目的的低风险投资机会。投资者可通过“保本”安排，利用该计划提供的税收减免，使其投资风险降至最低。风险资本条件的推出正是应对“保本”投资对税收优惠的不恰当使用。

且需要承担巨大资本损失风险的投资。具体而言，被投资企业有长期发展目标；投资活动要存在重大风险，投资者的损失很可能超过其回报[①]。特别需要注意的是，资本风险条件是一项原则性条件，也就是说，被投资企业与投资活动满足该条件后，才能考虑其他条件。

二、英国风险投资税收政策的主要内容

（一）企业投资计划（EIS）

企业投资计划规定，个人投资者以现金认购符合条件小企业新发行的普通股，将有资格享受个人所得税优惠。

1. 政策内容

该项优惠政策主要包括投资额一定比例的税收抵免、资本利得免税和延迟纳税以及资本损失抵扣。但是，如果自认购符合条件的小企业股票起3年内，投资者处置股票或出现不满足条件的情形，则已享受的税收优惠将被撤回。一是投资额可税收抵免。个人投资者在股票发行年度可按其投资额的30%获得个人所得税抵免[②]，不足抵免部分可向前结转。在2018—2019纳税年度，投资者在一个纳税年度的抵免限额为100万英镑，如果投资者对一家或多家知识密集型企业投资超过100万英镑，则抵免限额为200万英镑。二是资本利得免税。个人投资者转让持有3年以上的股票，所获资本利得免于征税，但当按投资额和抵免率计算的抵免额大于抵免限额时，可免税的资本利得=实际资本利得×（抵免额上限/投资额×抵免比率）。三是符合条件的资本利得可延迟纳税。个人投资者或信托的受托人处置某项资产获得的资本利得，如果用于投资符合EIS条件的小企业，则该资本利得可延迟至处置再投资股票时纳税。四是资本损失可抵扣。个人投资者转让持有3年以上的股票，所发生资本损失可抵扣当年的资本利得或以前年度的任何所得，但损失额须减除投资者已经获得的抵免额。

2. 适用条件

被投资企业需要满足多项条件，其中既包括业务活动、规模以及未上市等基本条件，还对财务状况、股权控制情况等有要求（见表5-5）。

---

① 税收减免视同收入。

② 2011年4月6日之前发行的股票，按20%抵免个人所得税。

表5-5 （种子）企业投资计划的被投资企业条件

条件	EIS判断标准	SEIS判断标准
在英国有常设机构	常设机构包括用于开展全部或部分营业活动的固定营业场所，以及拥有并习惯性行使代表公司签订合同的权力的代理人。	为英国居民企业，或在英国有常设机构。
财务状况	财务健康。 当企业无法偿还到期债务或者企业资产小于负债（包括或有负债和预计负债）时，将被英国税务与海关总署（HM Revenue & Customs，HMRC）视为出现财务困境。	财务良好。
合格业务	当企业为独立企业时，须从事合格业务；当企业为集团母公司时，集团从事非合格业务①所产生的营业额或占用的资本不得超过总业务的20%。	从事合格业务或为从事合格业务集团的母公司；从事合格商业活动②；股票发行之日至终止之日期间，新合格业务或与之相关的研发活动须由企业自己或符合资质的90%子公司进行； 在开始新业务之前不得从事其他业务。
上市情况	未上市；股票发行后企业可上市，但在股票发行时不得上市或有上市计划。	未上市。
被投资情况	–	未接受任何EIS或VCT投资； 接受最近一次SEIS投资的3年内，所获国家资助总额不高于15万英镑。
股权控制	不受其他企业控制③，也不独立或与关联方联合控制上市公司中不符合条件的子公司。	不被其他企业或与其他企业有关联的任何个人所控制； 不得控制或共同控制不符合资质的其他企业； 该企业或符合资质的90%子公司均不能成为合伙企业的合伙人。
企业规模	一是企业总资产在股票发行前不得超过1500万英镑，股票发行后不得超过1600万英镑（如果2012年4月6日之前发行股票，限制分别为700万英镑和800万英镑）；对于有子公司的企业，应将子公司资产计入。 二是企业全职员工或兼职员工不得超过250人，如果该企业是集团成员，则250人上限适用于集团。	员工人数不得超过25人；总资产不得超过20万英镑。

企业投资计划税收优惠政策除设定了被投资企业条件，也设置了个人投资者及投资活动基本条件，具体包括：一是与被投资企业没有关系。在认购企业股份前2年和认购后3年，投资者及其亲属、合伙人不得与被投资企业或其附属机构、子公

① 包括房地产业、投资业、金融保险业、资产租赁、法律会计咨询、煤铁开采、伐木业、园艺农业、造船业、旅馆业等相关业务。

② 包括从事新合格业务，为从事新合格业务而做准备，开展对新合格业务有益、在股票发行时或随后必须进行的研发活动。

③ 凭借所持股份、投票权或文件授予的任何权力，使企业各项事务按照其意愿进行。

司等有经济利益关系[①]或雇用关系。二是无与认购股份相关的负债[②]。在认购企业股份前2年和认购后3年，投资者及其亲属、合伙人未申请与认购股份相关的贷款。三是投资不得以避税为目的。投资者必须是出于合理商业目的认购股份，而不是以避税为唯一或主要目的。

（二）种子企业投资计划（SEIS）

作为企业投资计划的补充，种子企业投资计划旨在帮助规模更小、风险更高的初创企业，以更大的税收优惠力度缓解企业成立初期融资困难的问题。

1. 政策内容

一是投资额可税收抵免。个人投资者可按其投资额的50%获得个人所得税抵免，不足抵免部分不可结转，且投资者在一个纳税年度享受优惠的投资额不得超过10万英镑。

二是资本利得免税。个人投资者转让持有3年以上的股票，所获资本利得免于征税，但免税额受按投资额和抵免率计算的个人所得税抵免额是否全部获得的限制。

三是资本损失可抵扣。个人投资者转让持有3年以上的股票，所发生资本损失可抵扣，但损失额须减除投资者已经获得的抵免额。

四是资本利得再投资SEIS小企业可延迟纳税。个人投资者在2012—2013年度处置某项资产获得的资本利得再投资对象如符合SEIS条件，则再投资额可免资本利得税；对于2013—2014年度及以后年度发生的再投资额，其50%可免资本利得税。享受优惠的再投资额不得超过10万英镑。

2. 适用条件

要享受种子企业投资计划税收优惠，被投资企业和投资者均需要符合一定的条件，其中被投资的种子企业的基本条件包括了业务范围、规模、控股及被投资等多方面的条件，相对而言较企业投资计划中的被投资企业条件更多（见表5-5）。

个人投资者需满足的主要条件包括以下几个方面：一是不是被投资企业的员工。股票发行之日起3年内，投资者及其亲属、合伙人不得被企业或其子公司雇用，担任主管除外。二是与被投资企业没有实际利益关系[③]。企业成立之日至股票发行3年内，投资者不得与企业有实际利益关系。三是没有关联投资安排。投资者认购股份，不得出于与企业实际利益人互惠的投资安排。四是没有取得与认购股份相关的贷款。在认购企业股份前2年和认购后3年，投资者及其亲属、合伙人没有取得与

---

① 作为合伙人、主管等。

② 如果不是为了投资EIS企业，投资者及其亲属、合伙人不可能取得或不可能以同等条件取得的贷款。

③ 拥有企业30%以上的股份、投票权或资产清算权。

认购股份相关的贷款。五是不以避税为目的。投资者必须是出于合理商业目的认购股份，而不是以避税为唯一或主要目的。

（三）风险投资信托计划（VCT）

风险投资信托公司（VCTs）是经HMRC批准，向非上市小企业进行股权投资或提供信贷资金的公司，相对于直接投资企业或种子企业，投资者通过投资风险投资信托公司进行投资，可以有效分散风险。因此，为鼓励对未上市小企业投资，风险投资信托公司及其投资人均可享受税收优惠。

1. 政策内容

对于风险投资信托公司而言，其本身就可获得税收优惠，即投资合格公司获得的资本利得免征公司所得税①。

对于投资风险投资信托的个人投资者而言，可获得如下税收优惠：一是个人所得税抵免。认购时可按投资额的30%获得个人所得税抵免，但投资者在一个纳税年度享受优惠的投资额不得超过20万英镑，且持股时间至少为5年。二是股息收入免税。个人投资者购买普通风险投资信托股份获得的相关股息收入免征个人所得税，可获得优惠的股份最高限额为20万英镑（按市值计算）。三是股票转让所得免征资本利得税。个人投资者出售风险投资信托普通股免征资本利得税，可享受优惠的股份最高限额为20万英镑（按市值计算）。

2. 政策适用条件

英国会批准符合条件的风险投资信托享受税收优惠，部分条件不满足的也可以临时批准享受优惠。其中，完全批准的风险投资信托需要在最近的会计年度满足的条件较多，不仅要求是非封闭公司，对其收入、投资的限制也较多，如全部或主要收入来源于股票或证券，对单一公司的投资不超过自身全部投资的15%，合格投资不得低于80%②，合格持股不得低于70%，此外，对被投资企业的企龄、商业并购、从业范围等也有严格限制，风险投资信托投资收入留存不得超过15%。

（四）社会投资税收减免（SITR）

社会企业是旨在解决社会问题、增进公众福利，而非追求自身利润最大化的企业，符合税收优惠的社会企业需要满足以下条件之一：①社区利益公司③（Community Interest Company，CIC）；②虽然不是慈善机构但是属于有资产的社区福利机构；

① 相对于企业投资计划和种子企业投资计划，风险信托投资计划投资损失不得抵扣。

② 2019年4月6日前为70%。

③ CIC是英国政府于2005年引入的一种新型公司，专门为希望将利润和资产用于公益事业的社会企业而设计。CICs具有公司形式的灵活性、确定性和一些特殊功能，以确保它们为社区服务。

③税务机关认可的慈善机构（可以是公司或信托）；④为已授权的社会影响承包商（Accredited Social Impact Contractor）。根据企业年龄和投资历史，社会投资税收减免分为两类：对于经营时间超过7年的社会企业，3年内最高可获得20万欧元的投资，以及终身最高150万英镑的投资；对于经营时间少于7年的社会企业，每次接受的投资额没有限制，但终身最高可获得150万英镑的投资。

为鼓励投资者对社会企业投资，英国于2014年推出了社会投资税收优惠政策。具体而言，如果投资者对包括慈善机构在内的社会企业进行合格投资，则可享受以下税收优惠：一是投资额抵免：投资额的30%抵免个人所得税。二是再投资延迟纳税：如果投资人的任何投资收益对社会企业进行再投资，则可延迟缴纳资本利得税。三是资本利得减免：如果投资社会企业，则持股满3年后可免征处置股份的资本利得。

（五）股票损失减免（SLR）

股票损失减免税收优惠的目的是扩大股票损失的减免范围，鼓励对中小型非上市企业的投资。具体而言，允许个人或机构投资者在符合条件情况下，用处置股票造成的资本损失抵扣应税收入。该政策的基本条件与企业投资计划的条件基本相同，因此适用于企业投资计划的股票可以直接享受股票损失减免优惠政策。

三、英国风险投资计划的实施情况与政策效果

数据显示，英国的一系列风险投资税收优惠政策实施以来，受惠企业数量总体呈增长态势，侧面说明政策发挥了一定效果。

根据HMRC于2020年5月发布的《EIS、SEIS和SITR计划统计报告》，自2014年实施EIS以来，截至2018—2019纳税年度，共有31365家小企业通过其进行股权融资，融资总额达220亿英镑，约161万人次享受了相关税收优惠（见图5-2）。2018—2019纳税年度，3905家小企业通过EIS获得了总额18.24亿英镑的投资，1470家小企业首次获得了总额5.04亿英镑的投资，约20万人次享受了相关优惠。

自2013年实施SEIS以来，截至2018—2019纳税年度，共有12040家小企业通过其进行股权融资，融资总额超10亿英镑，约20万人次享受了相关税收优惠（见图5-3）。2018—2019纳税年度，1985家小企业通过SEIS获得了总额1.63亿英镑的投资，1530家小企业首次获得了总额1.4亿英镑的投资，约2.5万人次享受了相关优惠。

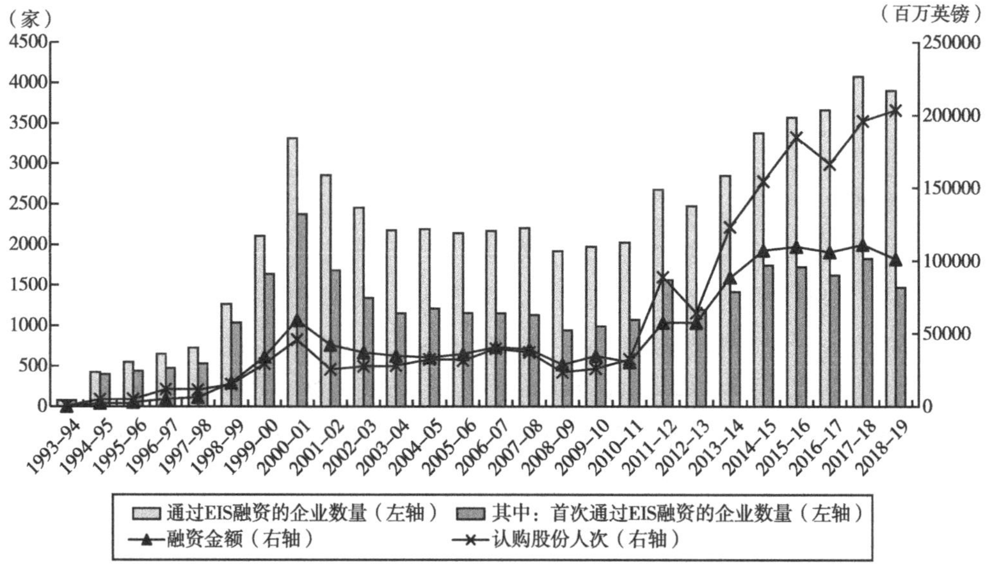

图5-2 英国EIS实施情况（1993—2019纳税年度）

注：2018—2019年纳税年度数据下降，可能是由于引入了资本风险条件。

自2015年实施SITR以来，截至2018—2019纳税年度，共有110家社会企业通过其获得了约1120万英镑的资助（见图5-4）。2018—2019纳税年度，75家社会企业通过SITR获得了约360万英镑的资助，与2017—2018纳税年度①相比出现大幅增长。

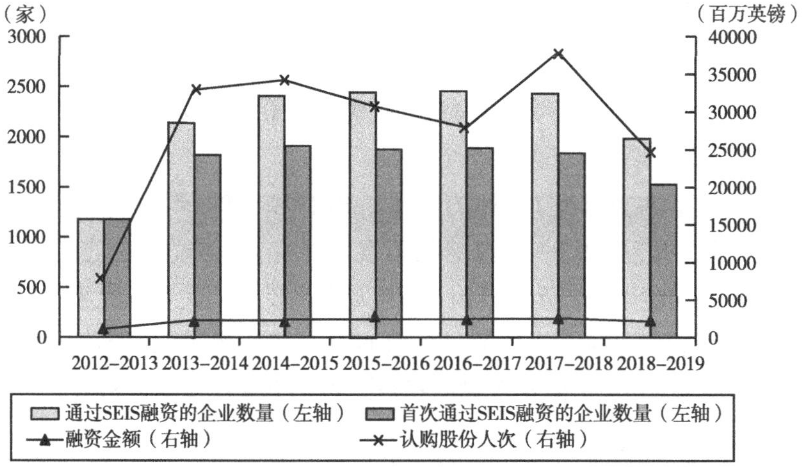

图5-3 英国SEIS实施情况（2012—2019纳税年度）

注：2018—2019纳税年度数据下降，可能是由于引入了资本风险条件。

① 共有25家社会企业获得总额约220万英镑的资助。

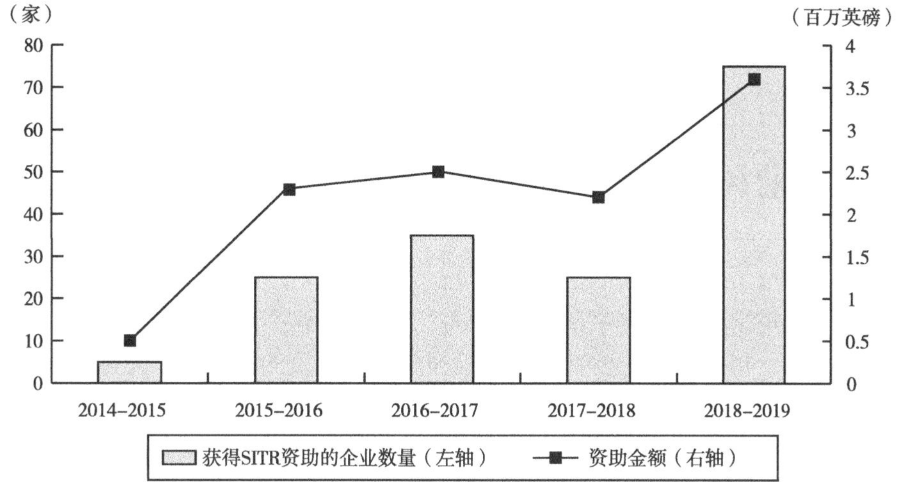

图5–4　英国SITR实施情况（2014—2019纳税年度）

数据来源：HM Revenue & Customs, Enterprise Investment Scheme, Seed Enterprise Investment Scheme and Social Investment Tax Relief statistics：May 2020.

根据HMRC于2019年12月发布的《VCT计划统计报告》，自1996年实施VCT以来，截至2018—2019纳税年度，共有1068家次的VCTs通过其进行融资，融资总额约84亿英镑（见图5–5）。

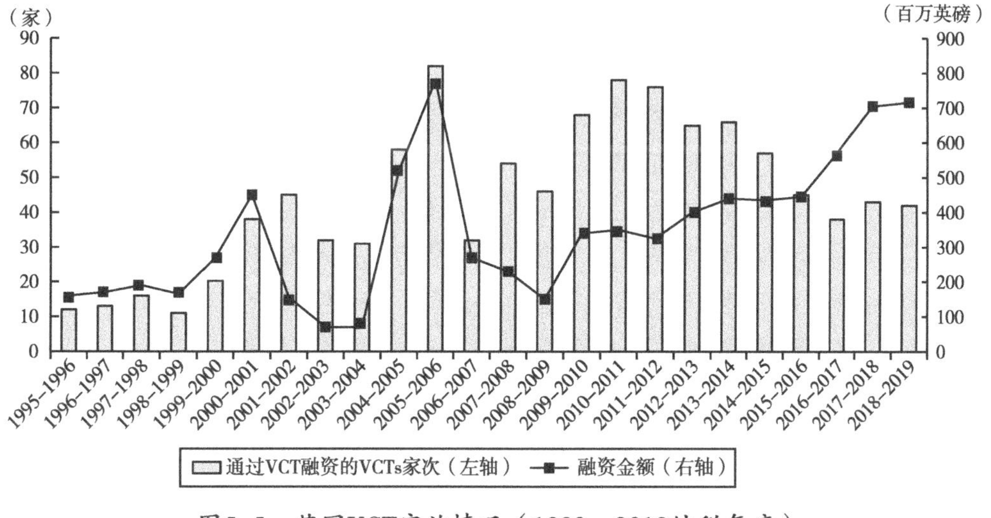

图5–5　英国VCT实施情况（1993—2019纳税年度）

数据来源：HM Revenue & Customs, Venture Capital Trusts Statistics：December 2019.

第四节
加拿大创业风险投资税收政策

加拿大的创业投资税收政策分为两类，一类是鼓励直接投资合格小企业的个人或机构投资者；另一类则主要针对向风险投资机构投资的投资者。无论是直接投资合格小企业还是投资风险投资机构，投资者均能享受税收抵免优惠。但是不同的投资行为，享受的优惠政策有较大差异。目前，上述两类税收优惠政策均在省层面执行，联邦政府没有优惠政策，且不同省份或地区的政策也有一定的差异。

一、小企业投资税收抵免（SBVCTC）

加拿大某些省或地区为鼓励对初创企业直接投资，对购买合格被投资企业股票的个人或机构投资者提供小企业风险投资税收抵免。

（一）针对个人投资者的税收抵免

不同省或地区制定的政策在抵免金额、比例以及结转年限方面有较大差异（见表5-6）。如有的地区可提供50%的税收抵免，有的地区仅提供25%的抵免；有的地区年最高地面额仅为1.25万元，但是有的地区年最高抵免额达到45万元。相同点在于各地区的抵免均允许结转，区别仅在于结转方式，多数地区既允许向前结转也允许向后结转，部分地区仅允许向前或向后结转。而合格被投资企业条件方面，除了规模外，多数要求设立机构，部分对所在行业领域进行了限制。

曼尼托巴省向投资于合格被投资企业的个人投资者提供45%的税收抵免，可享受优惠的最低年投资额为1万美元[①]，最高年/终身投资额为45万美元，当年未抵完部分可向前结转10年或向后结转3年。阿尔伯塔省向投资于合格被投资企业的个人投资者提供30%的税收抵免，年最高抵免额为6万美元，当年未抵完部分可向前结转4年。该优惠政策自2019年10月24日起逐步取消，并于2020年3月30日彻底失效。不列颠哥伦比亚省向投资于合格被投资企业的个人投资者提供税收抵免，年最

① 2018年3月12日前为2万美元。

高抵免额为12万美元[①]，当年未抵完部分可向前结转4年。新不伦瑞克省向投资于合格被投资企业的个人投资者提供50%的税收抵免，年最高抵免额为1.25万美元，当年未抵完部分可向前结转7年或向后结转3年。育空地区向投资于合格被投资企业的个人投资者提供25%的税收抵免，当年未抵完部分可向前结转7年或向后结转3年。

表5-6　加拿大不同地区小企业风险投资税收优惠政策适用合格被投资企业条件

省或地区	合格被投资企业
曼尼托巴省	为加拿大人控制的私人企业，且在曼尼托巴省有常设机构；主要取得积极所得；已发生至少25000美元的现金投资；年收入小于1500万美元或全职员工少于100人；至少25%的员工为曼尼托巴省居民；未公开发行股票[②]；已核准被投资企业的终身股票发行额不得超过1000万美元。
阿尔伯塔省	合格被投资企业须为从事新技术、新产品、新工艺研发和商业化的阿尔伯塔省小企业，或为互动数字媒体开发、视频后期制作、数字动画和旅游行业企业。
育空地区	合格被投资企业须满足：第一，在育空地区有常设机构；第二，资产少于2500万美元；第三，至少50%的资产和工资支出在育空地区。

（二）针对机构投资者的税收抵免

曼尼托巴省向投资于合格被投资企业的机构投资者提供45%的税收抵免，可享受优惠的最低年投资额为1万美元[③]，最高年/终身投资额为45万美元，当年未抵完部分可向前结转10年或向后结转3年。不列颠哥伦比亚省向投资于合格被投资企业的机构投资者提供税收抵免，年最高抵免额为12万美元[④]，当年未抵完部分可向前结转4年。新不伦瑞克省向投资于合格被投资企业的机构投资者提供15%的税收抵免，年最高抵免额为75000美元，当年未抵完部分可向前结转7年或向后结转3年。

二、风险投资机构投资者税收抵免

除了给予直接投资小企业的个人或者机构税收抵免，加拿大还对投资风险投资机构的投资者实行税收抵免政策，其中比较普遍的是工会风险投资机构税收抵免，即投资者通过购买工会风险投资公司发行的基金、股票向工会风险投资公司投资，相应的投资额可以获得一定比例的税收抵免，部分省份或地区对于非工会风险投资

① 2019年2月20日前为6万美元。
② 要求被投资企业不应是Reporting Issuer，即不是证券发行人，因此被投资企业不应该是公开发行证券的企业。
③ 2018年3月12日前为2万美元。
④ 2019年2月20日前为6万美元。

公司的投资者也给予税收抵免政策。

（一）工会风险投资公司税收抵免

1. 优惠内容

工会风险投资公司是工会设立、专门向中小企业进行风险投资的公司[①]。如果投资者购买上述风险投资公司发行的基金（股票），就能享受税收抵免。魁北克省是最早设立工会风险投资公司的地区，当时该省正经历经济衰退，亟须向濒临破产的中小企业投资。1982年，魁北克省劳工联合会（Quebec Federation Labour）提议设立团结基金，省政府对购买该基金的个人投资者提供税收抵免，以吸引风险资本投资于该省的中小企业。1984年，马尔罗尼政府推出联邦LSVCC税收抵免政策，个人投资者可按每年最高5000美元的投资额获得20%的税收抵免[②]，冲抵其应纳个人所得税。

2. 发展趋势

从该项优惠政策的发展趋势看，由于优惠仅适用于工会设立风险投资机构的投资者，对于非工会设立的风险投资机构存在不公，许多学者和机构认为该政策工具是一种无效的投资工具，且挤出了回报更高的私人风险投资公司。因此，《2013加拿大经济行动计划》提出逐步取消针对联邦注册工会风险投资公司的税收抵免，2015纳税年度个人投资者购买联邦注册工会风险投资公司的股票可获得的税收抵免从15%降至10%、2016纳税年度降至5%、2017及以后纳税年度完全取消。也就是说，2017年之前，无论是投资联邦注册的工会风险投资公司还是投资省或地区注册的工会风险投资公司，均能获得税收抵免，且后者可同时获得联邦和地方税收抵免。2017年以后，个人投资者购买联邦注册工会风险投资公司的股票不再享受该优惠政策，购买省或地区注册工会风险投资公司的股票仍享受该优惠政策，可按每年最高5000美元的投资额申请获得15%的联邦税收抵免。为鼓励长期投资，联邦政府要求个人投资者须承诺持有工会风险投资公司股票8年以上，如果在8年内处置股票则应退还联邦税收抵免优惠税款。

不仅联邦政府政策进行了调整，部分地方政府的税收优惠也进行了调整，如安大略省早在2012年就取消了针对该省注册工会风险投资公司的税收抵免，因此到2017年投资注册在该省的工会风险投资公司，则不能享受任何税收抵免。

目前，魁北克省、新斯科舍省、新不伦瑞克省、曼尼托巴省、萨斯喀彻温省和育空地区共6个省或地区仍保留地方LSVCC税收抵免政策。各省或地区LSVCC税

---

① 字面意思是劳工保证风险投资公司，实际上是工会投资设立的风险投资机构。
② 1996年抵免比例降至15%。

收抵免政策的主要规定如表5-7所示，此外，各省或地区均要求个人投资者持有工会风险投资公司股票8年以上。

表5-7　各省或地区LSVCC税收抵免主要规定

省或地区	享受优惠的年投资限额（单位：$）	抵免比例（%）
魁北克省	5000	15；20[①]
新斯科舍省	10000	20
新不伦瑞克省	10000	20
曼尼托巴省	12000	15
萨斯喀彻温省	5000	17.5
育空地区	5000	25

在政策实施过程中，各省或地区对合格的个人投资者和投资活动作出了具体规定。以信息较为完整的新斯科舍省为例，合格的个人投资者须为年满19周岁的新斯科舍省居民。合格的投资活动须满足：第一，所购股票为新斯科舍省工会风险投资公司新发行的普通股；第二，持股8年以上；第三，投资活动出于正当理由，不以避税为动机；第四，投资活动未享受除联邦LSVCC税收抵免外的其他税收抵免政策。此外，新斯科舍省规定年最高抵免额为2000美元，当年未抵完部分不可退还、不可结转。

（二）风险投资税收抵免（VCTC）

除了较为普遍的工会风险投资公司制定投资税收抵免政策，部分地区还制定了鼓励投资者购买非工会风险投资公司股票的投资者税收抵免政策。

新斯科舍省向投资于合格风险投资公司的投资者提供15%的税收抵免，当年未抵完部分可向前结转7年或向后结转3年。该省财政部长和财政委员会（Minister of Finance and Treasury Board of the Province）会向投资于合格风险投资公司的投资者发放税收抵免证，证书上列有可享受优惠的最高年投资额。如新斯科舍省和纽芬兰与拉布拉多省对购买非LSVCC风险投资基金公司股票的个人和机构投资者提供税收抵免。纽芬兰与拉布拉多省向投资于合格风险投资公司的投资者提供30%的税收抵免，年最高抵免额为7.5万美元，当年未抵完部分可向前结转7年或向后结转3年[②]。该省政府会向投资于合格风险投资基金公司的投资者发放税收抵免证。

① 魁北克劳工团结基金（le Fonds de solidarité des travailleurs du Québec，FTQ）股票适用15%；国家工会合作与就业联盟发展基金（le Fonds de développement de la Confédération des syndicats nationaux pour la coopération et l'emploi）股票适用20%。
② 但不能早于2014年。

三、风险投资税收优惠政策效果

根据OECD统计的成员国家机构风险投资额占GDP的比例数据，加拿大在20世纪90年代后期领先于多数OECD成员国家，甚至在1997年上升至第1位。之后排名呈先降后升趋势，自2012年起稳定在第3位，风险投资税收优惠政策的调整可能在其中发挥了一定作用（见表5-8）。

表5-8　英国机构风险投资额占GDP比例

年度	机构风险投资额占GDP比例（%）	在OECD当年统计的成员国家中排名
1995—1999	0.16	2
2000—2003	0.294	3
2005	0.121	9
2008	0.083	7
2009	0.031	15
2012	0.08	3
2014	0.082	3
2016	0.155	3

数据来源：OECD， Science， Technology and Industry Scoreboard，1999-2017.

第五节 日本的风险投资税收制度

按照政策对象不同，日本风险投资税收政策可分为面向个人投资者的天使税制和面向企业投资者的企业风险投资促进税制两种[①]。

一、天使税制

天使税制是面向个人投资者的税收优惠制度，鼓励个人投资于符合要求的初创

① 天使税制为“エンジェル税制”，企业风险投资促进税制为“企業のベンチャー投資促進税制”。

企业，以帮助企业健康发展。该制度在投资阶段和股权转让阶段均提供税收优惠，投资阶段的税收优惠又分为优惠措施A和优惠措施B，个人投资者可选择其中一种措施。

（一）政策内容

1. 投资优惠

日本天使税制设置两种可选的投资优惠措施，投资者可在以下两种优惠措施中选择其一。

一是优惠措施A（投资额抵扣应纳税所得额）。个人投资者投资于成立未满3年且符合一定条件的中小企业，在计算当年应纳税所得额时，可按投资额减去2000日元后的差额抵扣应纳税所得额。若实际投资额超过1000万日元或应纳税所得额的40%，则以较低者[①]为计算扣除额的投资额，否则以实际投资额为计算扣除额的投资额。

二是优惠措施B（投资额抵扣其他股权转让收入）。个人投资者投资于成立未满10年且符合一定条件的中小企业，在计算当年应纳税所得额时，可从其他股权转让收益中扣除实际投资额，即不存在扣除上限。

2. 转让优惠

一是股权转让损失扣除。个人投资者转让股权发生资本损失，损失额[②]可抵扣当年其他股权转让收益，当年没有抵扣完的损失额可向前结转三年。

二是股权转让收益减半。对于在2000年4月1日至2008年4月30日期间认购的股权，自认购股权的次日起[③]，若个人投资者持有超过3年，发生的转让收益在计算应纳税所得额时可减半。

（二）适用条件

1. 投资人适用条件

无论是申请投资阶段的税收优惠，还是股权转让阶段的税收优惠，个人投资者均需满足以下条件：一是以现金认购被投资企业股权。个人投资者通过他人转让、实物投资等方式取得股权，不得享受该制度的税收优惠。二是不归属于同族公司前三大[④]股东集团。当被投资企业前三大股东集团合计持有的股份或决议权超过50%时，该企业被视为同族公司，此时个人投资者不得归属于前三大股东集团。

---

① 1000万日元和应纳税额的40%两者取其低。

② 若个人投资者在投资当年享受了优惠措施A或B，则转让股权时，可抵扣的损失额为购入原值减去可扣除金额等费用后的差额。

③ 若在被投资企业上市后转让股权，则计时自上市之日起。

④ 所持股份或决议权排名前三。

2. 被投资企业适用条件

如表5-9所示，被投资企业首先需要满足未上市、未从事禁止行业[1]、特定股东集团[2]所持股份未超已发行股份的5/6、单一大规模法人集团所持股份未超企业已发行股份1/2且多家大规模法人集团持股合计不超过2/3。此外，还对成立时间不同的企业设置了不同的要求。其中，投资阶段的税收优惠按照不同优惠措施对应不同条件，而享受股权转让优惠则适用任何一类投资优惠措施即可。

2020年，日本天使税制改革除了调整了企业成立时间限制，针对个人投资者通过股权众筹进行投资的，取消了与研究人员或新业务活动从事者、研究开发费、销售额增长率以及特定股东集团持股比例等相关条件。此外，还简化了申请手续和提交材料。

表5-9　日本“天使税制”被投企业条件

<table>
<tr><th>成立时间</th><th>优惠措施A</th><th>优惠措施B</th><th>成立时间</th></tr>
<tr><td rowspan="2">未满1年</td><td>未跨纳税年度的：有2名以上研究人员[3]或新业务活动从事者[4]，人数占专职董事、全体员工10%以上。</td><td rowspan="2">有2名以上研究人员或新业务活动从事者，人数占专职董事、全体员工10%以上。</td><td rowspan="2">未满1年</td></tr>
<tr><td>跨纳税年度的：①有2名以上研究人员或新业务活动从事者，人数占专职董事、全体员工10%以上；②直到投资前一个季度，经营活动现金流量依然为赤字。</td></tr>
<tr><td rowspan="2">1年以上未满2年</td><td>①有2名以上研究人员或新业务活动从事者，人数占专职董事、全体员工10%以上；②直到投资前一个季度，经营活动现金流量依然为赤字。</td><td rowspan="2">需满足有2名以上研究人员或新业务活动从事者，人数占专职董事、全体员工10%以上，或满足实验研究费等费用占收入比重超过3%。</td><td rowspan="2">1年以上未满2年</td></tr>
<tr><td>①实验研究费[5]等费用占收入比重超过3%；②直到投资前一个季度，经营活动现金流量依然为赤字。</td></tr>
<tr><td rowspan="2">2年以上未满5年[6]</td><td>①实验研究费等费用占收入比重超过3%；②直到投资前一个季度，经营活动现金流量依然为赤字。</td><td rowspan="2">实验研究费等费用占收入比重超过3%，或满足销售额增长率超过25%。</td><td rowspan="2">2年以上未满5年</td></tr>
<tr><td>①销售额增长率超过25%；②第二，直到投资前一个季度，经营活动现金流量依然为赤字。</td></tr>
<tr><td>—</td><td>—</td><td>实验研究费等费用占收入比重超过5%。</td><td>5年以上未满10年</td></tr>
</table>

① 指色情等行业。
② 持有该企业30%以上已发行股份的股东、股东亲属及相关企业。
③ 拥有特定研究题目且主要在公司内部进行研究的人员，其研究费用从公司的实验研究费中列支。
④ 公司内部致力于新产品或服务的企划、开发人员，或为了提升新产品或服务的市场认知度而进行必要广告宣传、市场调查的计划人员。
⑤ 包括宣传费、营销费。
⑥ 2020年改革之前为成立2年以上未满3年。

（三）申请流程

被投资企业需向当地政府申请颁发“确认书”，政府确认其与个人投资者符合天使税制条件后，会向该企业颁发“确认书”。随后，由被投资企业向个人投资者交付“确认书”“股权变动情况明细书”等申报纳税的必要文件。个人投资者申报纳税时，需向税务署提交上述文件，才可享受税收优惠。

（四）实施情况

天使税制于1997年开始实施，但并没有得到广泛应用，主要原因在于适用条件严苛、手续繁杂。随着近年来股权众筹的发展，获得天使投资的企业数量也应增长，但天使税制未能很好发挥促进投资的作用，实际获得天使投资的企业数量与投资金额一直不高（见表5-10）。其中，2018年日本实际获得天使投资的企业数量仅为171家，总额仅为43亿日元（约2.1亿人民币）。

表5-10　日本天使投资税制实际利用情况（1997—2018年）

年度	直接投资金额（百万日元）	获得实际投资的企业数量
1997	79	4
1998	23	3
1999	55	2
2000	179	10
2001	104	7
2002	149	10
2003	914	33
2004	847	32
2005	951	21
2006	686	18
2007	278	23
2008	1124	78
2009	845	74
2010	799	51
2011	998	51

续表

年度	直接投资金额（百万日元）	获得实际投资的企业数量
2012	961	45
2013	1693	70
2014	2431	99
2015	2792	106
2016	4147	122
2017	4547	159
2018	4261	171

二、企业风险投资促进税收制度

根据《产业竞争力增强法》，日本政府于2014年出台旨在鼓励企业通过风险投资基金投资创业公司的税收政策。

（一）政策内容

根据该政策，如果企业通过经认证的基金投资创业公司，则企业可按投资额的一定比例计提损失准备金，并将累计金额作为可抵扣费用扣除。起初该政策允许企业最高按照投资额的50%计提损失准备金，2018年，该比例提高至80%。

（二）适用条件

1. 认定基金条件

根据相关法律，只有对经认定的有限责任合伙基金出资才能享受相关税收优惠政策。基金的要求根据相关法律要求为合伙制基金；基金存续期不超过10年，允许对存续期进行一次变更，但变更后的存续期最长不超过13年（含变更前存续时间）；基金的目标内部收益率应在15%以上；基金在进行认证前未开展投资（未取得股份）；基金的投资对象仅限于新业务开拓及附属活动①；此外，普通合伙人（管理人）出资比例应超过1%，且普通合伙人不得为暴力组织。2019年之前认定了11只有限责任投资基金（见表5-11）。

① 仅限于取得新事业开拓事业者的新股预约权、对新事业开拓事业者的贷款等对新事业开拓事业者的投资事业附带的事业，不能取得新事业开拓事业者以外的事业者的股份。

表5-11　日本认证有限责任投资基金

投资基金名称	认定时刻	备注
多众投资2号投资事业有限合伙企业	2019年3月20日	
创新发现1号投资事业有限合伙企业	2017年11月29日	
都城京大创新P投资事业有限合伙企业	2017年3月31日	2020年撤销认证
多众投资1号投资事业有限合伙企业	2017年3月31日	已解散
日本天使投资株式会社（NAIC）风险投资促进税制投资事业有限合伙企业	2017年3月30日	
软银投资（SBI）风险投资促进税制投资事业有限合伙企业	2016年7月29日	
地方创生新潟1号投资事业有限合伙企业	2016年6月24日	
催化1号投资事业有限合伙企业	2016年5月12日	
快行道倡议2号投资事业有限合伙企业	2015年4月15日	
下一代日本尖端技术培养基金投资事业有限合伙企业	2015年4月10日	2017年3月更名为：真实科技基金1号投资事业有限合伙企业
引领成长3号投资事业有限合伙企业	2014年11月28日	

2. 投资人条件

有限合伙人（投资人）不得为暴力团伙，且不得为普通合伙人的母公司、子公司、亲属等关联机构。此外，投资者的出资总额（约定出资金额）应该在20亿日元以上。

3. 被投资企业条件

该政策要求，被投资企业应从事“新事业开拓”，其中的特定新事业应符合以下条件：一是开发或生产出日本尚未普及的商品、开发或提供日本尚未普及的服务、引入日本尚未普及的商品生产方式或销售方式，或引入日本尚未普及的服务提供方式等；二是试图在创造新价值的市场占一席之地；三是属于《产业竞争力强化法》第2条第5项规定的“开拓新事业的单位”。

（三）申请流程

按照政策，基金需要认定为合格的基金，而被投资企业是否符合要求则需要认定基金提交申请进行认定。

第六节
澳大利亚风险投资税收制度

澳大利亚的资本利得税制度对风险投资具有激励作用，早期投资者持有合格股票1年（12个月）以上10年以下，已取得或应计的资本收益免征资本利得税；持有少于十年的股份所产生或应计的资本损失也被忽略。此外，澳大利亚还专门出台了针对早期投资者（Early stage investors）和风险投资（Venture capital investors）的税收优惠政策。

一、早期投资者税收优惠政策

（一）政策内容

投资符合条件的早期创新企业的早期投资者可获得相当于投资金额[①]20%的税收抵免。投资者及其关联企业在一个收入年度内获得的抵免额不得超过20万美元，其中包括以前年度结转至当年的以及间接投资所取得的抵免额；投资者与关联方的抵免额合计不能超过上限；如果投资者不符合“成熟投资者”资格，那么可抵扣的投资总金额不超过5万美元[②]。

早期投资者投资所持股份必须是在该政策生效日或之后发行的，而且必须是股票发行后立即购买的；如果股票是以转换可转化票据方式发行，则日期以相应的转换日为准；企业在发行股票后不再符合早期创新企业条件并不影响早期投资者享受该政策。该政策也不限制是否为澳大利亚居民，非居民投资者同样可享受该政策。

（二）适用条件

投资人是否能够享受早期投资者税收优惠，取决于投资者自身条件及所投企业

① 包括非现金支付。

② “成熟的投资者”须满足资产、收入、执照等方面的要求，如过去两年年收入至少达到25万美元或者净资产达到250万美元（均需要通过有资质的机构进行认证）、拥有或控制至少1000万美元的总资产、被认定为“专业投资人”等。

在发行股票时是否符合早期创新企业条件。

1. 投资者条件

一般情况下早期投资税收优惠都面向直接投资者，但是间接投资同样可享受该政策，但是最终享受政策的依然是个体，如信托或合伙企业的合格投资，也适用税收优惠政策，但是实际享受政策的是信托的成员和受托人、合伙企业的合伙人。

一是直接投资者。直接投资必须是直接从早期创新公司购买新发行的股票，其他不是直接购买新发行股票均不属于直接投资者，包括但不限于通过员工持股计划持有股份。此外，作为直接投资者，还不得属于以下任何一种情形：①早期风险投资有限合伙企业；②属于广泛控股公司其全资子公司[①]；③未经成熟投资者测试[②]，但对一个或多个早期创新公司的总投资超过5万美元[③]；④与早期创新公司存在关联；⑤获得早期创新公司新发行股票后对其具有较大控制权[④]。

二是信托或合伙企业。信托成员（受益人、份额持有人或对象）或合伙企业合伙人也能享受该政策，但需要满足以下条件：在收入年度结束时是信托成员或合伙企业的合伙人，且不是广泛控股公司或其全资子公司。如果信托或合伙企业为个人投资者，则该信托或合伙企业获得抵免；如果信托或合伙企业的成员是另一家信托或合伙企业，则抵免穿透至非信托或合伙企业的最终成员。信托成员或合伙企业合伙人获得的抵免额按其获得资本收益比例分配。如果信托的受托人满足一定条件，也可享受税收优惠。

三是养老基金。养老基金的受托人可以享受早期创新公司税收优惠，同时也可享受改良的资本利得税政策优惠；受托人按照持有比例享受税收优惠。

2. 被投资企业条件

投资者欲享受税收政策，被投资企业也需要满足一定条件。具体而言，被投资企业必须是国内企业，且必须在向投资者发行新股后，立即通过以下两项测试达到“早期创新企业”标准[⑤]。

一是早期测试（Early Stage Test）。企业需要满足四项要求：第一，该企业已在澳大利亚成立，或在澳大利亚商业登记簿（Australian Business Register，ABR）上登记；第二，该企业（及其全资子公司）在上一收入年度的总支出不得超过100万美元；第三，该企业（及其全资子公司）在上一收入年度的应税收入不得

---

① 广泛控股公司是在经批准的证券交易所上市的公司或拥有超过50名股东的公司，该条件同样适用于信托或合伙企业。

② 成熟投资者测试仅要求投资者通过至少一个股票发行相关的测试。

③ 既不适用早期创新投资税收政策，也适用改良的资本利得税政策。

④ 可以获得公司或实体全部收入（或资本分配）的30%以上，或具有公司或实体30%以上的实际控制权；如某实体与早期创新公司存在控制关系或与早期创新公司均受第三方实体控制，则该实体与早期创新公司存在关联。

⑤ 如果该企业通过测试后不再符合ESIC的要求，并不会影响投资者获得税收抵免的权利。

超过20万美元；第四，该企业的股权在澳大利亚或国外任何证券交易所均为列出报价。

二是创新测试。创新测试包括两类，企业通过其中任何一类均被认为符合创新企业标准。分别是百分创新测试（100-point innovation test）和基于原则的创新测试（Principles-based Innovation Test)。前者是用一系列客观创新标准对企业的创新性进行评价，企业自己对照标准自评至少达到100分（见表5-12)；而后者则是企业向澳大利亚税务局（Australian Taxation Office，ATO）提出申请，对其是否真正专注于一项或多项创新以促进商业化、与上述创新有关的业务是否具有较高的增长潜力、是否有能力扩大业务规模、是否有能力进入本地以外乃至全球市场、是否有具备竞争优势等五个方面进行主观判断后给出评判。

表5-12 百分创新测试

分数	标准
75	上一收入年度的总支出中至少有50%符合研发税前扣除条件。
75	企业获得了加速商业化补助①，这项补助不计入企业的应税收入，仅作早期测试之用。
50	上一收入年度的总支出中至少有15%（但少于50%）符合研发税前扣除条件。
50	企业已完成或正在进行一项符合条件的加速计划②。
50	①一个或多个第三方此前共支付了至少5万美元以获得企业发行的新股； ②第三人在企业发行股份前并非该企业的合伙人； ③企业至少在测试时间前一天向第三方发行股份； ④第三方购买这些股份的主要目的不是协助另一实体获得早期投资者税收优惠。
50	企业通过以下途径取得可强制执行的创新权利：过去五年内在澳大利亚被授予标准专利；或过去五年内在澳大利亚被授予植物育种权；或过去五年内在其他国家被授予同等知识产权。
25③	企业通过以下途径取得可强制执行的创新权利：过去五年内在澳大利亚被授予创新专利；或过去五年内在澳大利亚被授予设计权；或过去五年内在其他国家被授予同等知识产权。
25	企业与以下实体签署书面协议，约定对一项创新进行共同开发和商业化：1988年《高等教育资助法案》附表1所列的机构或团体；或根据1986年《工业研发法案》第29A节注册为研究服务提供商的实体。

① 加速商业化补助能够为中小企业、企业家和研究人员的商业化项目负担高达50%的合格支出。

② 该计划为创业的企业家提供支持（包括指导、培训、教育等），企业家必须通过公开竞争方式选拔；该计划时长必须超过6个月，并且支持至少一批企业家。

③ 该项分数只有在企业持有标准专利、植物育种权或海外同等权利未获得50分的情况下有效。

二、风险资本投资者税收优惠政策

针对比较普遍的合伙制创业投资活动，澳大利亚对风险投资合伙人进行税收激励，根据风险投资阶段不同，又分为风险投资有限合伙计划（Venture Capital Limited Partnerships，VCLPs）和早期风险投资有限合伙计划（Early Stage Venture Capital Limited Partnerships，ESVCLPs）。

（一）风险投资有限合伙计划

1. 优惠内容

该计划通过为基金经理及投资者（主要是符合条件的外国投资者）提供税收优惠促进合伙基金筹集风险投资基金，以加大对澳大利亚创新企业的投资。由于合伙企业不是纳税主体，根据流经原则，由投资收入和收益最终流向的投资人纳税。因此，该项优惠政策主要是对获得投资收益的投资人也就是合伙制投资基金的有限合伙人，以及获得投资附带权益的普通合伙人也就是管理者给予优惠。

具体的税收优惠政策如下：一是投资者（有限合伙人）税收优惠：符合条件的外国投资者从基金（合伙制）获得的利润（资本或收入）免征所得税和资本利得税①；国内投资者投资损失允许扣除。二是基金经理（普通合伙人）税收优惠：普通合伙人按照附带权益从合伙制基金中获得投资收益分配，则被视为资本利得征税；如普通合伙人有资格享受资本利得税折扣优惠，则该附带收益适用该优惠②。

2. 适用条件

一是合伙企业需要满足的条件包括：新设立的合伙基金；有限合伙人是在澳大利亚或与澳大利亚有税收协定的国家注册；普通合伙人是澳大利亚居民，或是与澳大利亚有税收协定的国家的居民；有限合伙人承诺出资额不低于1000万美元③。

二是合伙企业仅能开展“合格风险投资”，其条件包括：投资标的应为公司或信托份额；非上市公司；单笔投资不超过承诺出资额的30%；投资价值和收益存在风险。

三是被投资企业条件：接受投资前总资产不得超过2.5亿美元；超过50%的员工和资产位于澳大利亚等；不从事房地产或土地开发、基础设施建设或收购以及金

① 有限合伙风险投资企业持有这项投资至少12个月；合伙人在其居住国免税，若不能免税，合伙人承诺出资不得超过合伙制企业总出资额的10%。

② 普通合伙人必须至少在12个月之前签订了有关收益产生和分配的合伙协议。

③ 达不到该条件的合伙企业可申请有条件的注册，其必须提供充分的证据，使创新投资委员会（The Innovation Investment Committee）相信其有可能在24个月内筹集到1000万美元。

融保险等被动投资活动[①]。

（二）早期风险投资有限合伙计划

1. 优惠内容

该计划旨在刺激澳大利亚的早期风险投资。具体的税收优惠政策与风险投资有限合伙计划类似，但适用对象范围更广。涉及合格外国投资者和澳大利亚本地投资者的有限合伙人，澳大利亚居民或与澳大利亚有双重征税协定的国家的居民的普通合伙人。

2. 适用条件

一是合伙企业应为新注册企业，而非对已有合伙企业的重组；普通合伙人是澳大利亚居民，或是与澳大利亚有税收协定的国家的居民；有限合伙人承诺出资金额在1000万美元至2亿美元，但出资额不得超过基金总规模的30%[②]；有合规的合伙协议，且协议中至少包括以下内容：合伙关系存续5—15年，合伙人在需要时出资，除协议规定外禁止增加新的合伙人或提高承诺出资额，普通合伙人有权要求合伙人按承诺出资，明确列出预期投资活动，明确投资活动侧重于对早期风险投资业务进行合格的风险投资投资。

二是投资必须符合批准的投资计划；在基金的投资计划范围内；单一项目总投资额不得超过基金总承诺出资额的20%。

三是被投资对象条件：首次接受该基金投资时未上市，被投资前总资产不超过5000万美元[③]。

第七节 我国创业投资税收政策完善方向

创业投资[④]是科技与金融结合的主要战场，是推动新企业加快成长、新产业加速扩张的重要引擎。早在2005年，国家发展改革委等10个部门就发布了《创业投资企业管理暂行办法》，开启了我国创业投资的时代大幕。为激励创业投资，2009

① 开发用于金融、保险或进行被动型投资的技术不在限制之内。

② 仅银行、寿险、公开发行的基金、公开发行的国外风险投资基金等经委员会批准的投资者承诺出资比重可超过30%。

③ 如果在被投资对象总资产达到2.5亿美元年度或其后得到半年内处置资产，那么就不能完全享受税收优惠，应纳税所得额=无税收优惠情况下的应纳税所得额-总资产超额年度后6个月末纳税时的应纳税所得额。

④ 我国在政策文件中以“创业投资”的表述替代了“风险投资”的表述，但两者本质上相同。

年，《关于实施创业投资企业所得税优惠问题的通知》（国税发〔2009〕87号）首次明确了符合条件的创业投资额可以70%税前扣除。在多方政策支持下，经过20多年的发展，从机构数与管理资金规模看，自2015年起，我国已超过欧洲、日本、以色列等国，成为全球仅次于美国的第二大创业投资市场①。经过多轮修订，我国创业投资税收优惠政策不断完善，但在我国现行税制下对于投资风险分担、耐心资本支持等缺乏政策设计，在实际操作中也存在落实难等问题。面对我国高质量发展需要与科技创新能力支撑不足之间的矛盾，未来创业投资无论在总量上，还是结构上，都亟待与我国科技创新自立自强、提质增效相匹配。因此，创业投资税收政策也必须随之调整。

一、政策现状

如前文所述，股权投资所得是创业投资企业的主要收入来源。我国创业投资基金的收入主要来自股权转让收入与股息红利收入，2021年占总收入的比重分别为46.7%与29.3%②。因此，我国创业投资税收政策主要涉及两方面：一是对未上市公司股权投资相关的一般性所得税政策；二是对符合条件的创业投资行为的专门税收优惠政策。

（一）一般性所得税政策

不同组织形式的创业投资企业及其投资人适用的所得税政策有所差异（见表5–13）。

一是创业投资公司与一般法人企业一样，属于企业所得税纳税人，法人股东分得的股息收入免税，个人股东分得的股息收入需要按照20%税率缴纳个人所得税。

二是创业投资合伙企业在企业层面不需要缴纳企业所得税，但合伙企业需按照“先分后税”原则，在合伙企业层面计算应纳税所得额，并按照合伙协议规定的分配比例划分给合伙人，由合伙人分别缴纳相应的所得税，不管所得是否实际分配。其中，公司合伙人缴纳公司所得税，个人合伙人按照“个体工商户生产经营所得”应税项目缴纳个人所得税。值得关注的是，虽然合伙企业投资所得的性质无法直接“穿透”至合伙人，但有例外。如果合伙企业取得股息所得，依据《国家税务总局

① 张俊芳.中美两国风险投资行业比较分析及启示［J］.世界科技研究与发展，2018，40（1）：104–112.
② 中国科学技术发展战略研究院.中国创业投资发展报告2021［M］.北京：科学技术文献出版社，2021.

关于〈个人独资企业和合伙企业投资者征收个人所得税的规定〉执行口径的通知》（国税函〔2001〕84号），所得性质可以“穿透”至个人合伙人，即个人合伙人可以按照个人股息红利的应税项目适用20%个人所得税率。

表5-13　　　　　　我国创业投资一般性所得税政策

<table>
<tr><th rowspan="2"></th><th colspan="3">公司制创投基金（企业）</th><th colspan="4">合伙制创投基金（企业）</th></tr>
<tr><th>企业层面</th><th>公司股东</th><th>个人股东</th><th>企业层面</th><th>公司合伙人</th><th>合伙企业合伙人</th><th>个人合伙人</th></tr>
<tr><td>企业所得税</td><td>一般25%</td><td>股息免税</td><td>—</td><td>无</td><td>归属的应纳税所得额正常缴纳</td><td>无</td><td>—</td></tr>
<tr><td rowspan="2">个人所得税</td><td rowspan="2">—</td><td rowspan="2">—</td><td rowspan="2">股息20%（投资收益所得）</td><td rowspan="2">—</td><td rowspan="2">—</td><td rowspan="2">无</td><td>归属的应纳税所得额按个体生产经营所得适用5%—35%的五级超额累进税率（年度应纳税所得额超过50万适用35%）</td></tr>
<tr><td>但如果合伙企业对外投资分回的是股息、红利，不并入企业收入，而是单独作为投资者个人取得的股息、红利，按照个人“利息、股息、红利所得”应税项目按次计算缴纳个人所得税，税率为20%</td></tr>
<tr><td>其他情况</td><td></td><td></td><td></td><td></td><td></td><td>归属的应纳税所得额继续向下“分”</td><td></td></tr>
</table>

资料来源：作者整理。

（二）创业投资专门性所得税优惠政策

1. 全国性的所得税优惠政策

（1）投资环节的投资额税前扣除优惠：无论是创业投资公司、创业投资合伙企业，还是天使投资个人，都可以享受对合格投资额70%税前扣除的税收优惠。根据《关于创业投资企业和天使投资个人有关税收政策的通知》（财税〔2018〕55号，以下简称“55号文”），创业投资企业和天使投资个人采取股权投资方式直接投资“初创科技型企业”满2年的，可以按照投资额的70%在股权持有满2年的当年抵扣相应的应纳税所得额；当年不足抵扣的，可以在以后纳税年度结转抵扣。但不同组织形式的创业投资企业以及不同类型的投资人，可抵扣的应纳税所得额范围与结转扣除规定有所差异（见表5-14）。

表5-14　我国创业投资与天使投资个人所得税优惠政策

<table>
<tr><th colspan="2"></th><th>可抵扣的应纳税所得额规定</th><th>结转抵扣规定</th></tr>
<tr><td colspan="2">公司制创投企业</td><td>抵扣该创业投资公司的应纳税所得额。</td><td>当年不足抵扣的，可以在以后纳税年度结转抵扣。</td></tr>
<tr><td rowspan="3">合伙创投企业</td><td rowspan="2">法人合伙人（LP或GP）</td><td>抵扣法人合伙人从合伙创投企业分得的所得。</td><td rowspan="2">当年不足抵扣的，可以在以后纳税年度结转抵扣。</td></tr>
<tr><td>如果投资于多个符合条件的合伙创投企业，可合并计算其可抵扣的投资额和分得的所得。</td></tr>
<tr><td>个人合伙人（一般为LP）</td><td>抵扣个人合伙人从合伙创投企业分得的经营所得。</td><td>当年不足抵扣的，可以在以后纳税年度结转抵扣。</td></tr>
<tr><td colspan="2" rowspan="2">天使投资个人</td><td>抵扣转让该初创科技型企业股权取得的应纳税所得额。</td><td>当期不足抵扣的，可以在以后取得转让该初创科技型企业股权的应纳税所得额时结转抵扣。</td></tr>
<tr><td>投资多个初创科技型企业的，对其中办理注销清算的初创科技型企业，对其投资额的70%尚未抵扣完的，可自注销清算之日起36个月内抵扣天使投资个人转让其他初创科技型企业股权取得的应纳税所得额。</td><td></td></tr>
</table>

资料来源：依据《关于创业投资企业和天使投资个人有关税收政策的通知》（财税〔2018〕55号）与《国家税务总局关于创业投资企业和天使投资个人税收政策有关问题的公告》（国家税务总局公告2018年第43号）整理。

（2）合伙制创业投资个人合伙人拥有核算方式选择权，并适用不同的个人所得税率。如前文所述，通过合伙创业投资企业进行股权投资的个人合伙人，取得的除股息所得外的其他所得，都需要按照“个体生产经营所得”缴纳个人所得税，最高边际税率高达35%。但个人如果直接进行股权投资，股权转让所得可以按照“财产转让所得”适用20%个人所得税率。因此，相比较而言，合伙创业投资企业的个人合伙人税负较高。

为了缓解不同投资方式带来的税负差异，鼓励高净值人群增加创业投资，我国允许合伙创业投资企业个人合伙人选择不同的核算方式，在单一投资基金核算选择下，个人合伙人分得的股权转让所得和股息红利所得都可以直接适用20%的个人所得税率（见表5-15）。

表5-15　合伙制创投个人合伙人的个人所得税政策选择（2019—2023年）

<table>
<tr><th></th><th>选择1（原政策）</th><th>选择2（新政策）</th></tr>
<tr><td>核算方式</td><td>企业年度整体核算。</td><td>单一投资基金核算。</td></tr>
<tr><td>应税所得</td><td>个人合伙人分得的所得（纳税年度收入总额-成本、费用和损失）。</td><td>个人合伙人分得的股权转让所得和股息红利所得。</td></tr>
<tr><td>适用税率</td><td>个体工商户生产经营所得3%—35%超额累计税率。</td><td>投资所得20%税率。</td></tr>
<tr><td>适用税收优惠政策</td><td>《关于创业投资企业和天使投资个人有关税收政策的通知》（财税〔2018〕55号）。</td><td>《关于创业投资企业和天使投资个人有关税收政策的通知》（财税〔2018〕55号）。</td></tr>
<tr><td rowspan="3">费用扣除</td><td>企业年度所得整体核算，是指将创投企业以每一纳税年度的收入总额减除成本、费用以及损失后，计算应分配给个人合伙人的所得。</td><td>单个投资项目的股权转让所得，按年度股权转让收入扣除对应股权原值和转让环节合理费用后的余额计算。</td></tr>
<tr><td rowspan="2">个人合伙人无综合所得的，可依法减除基本减除费用、专项扣除、专项附加扣除及国务院确定的其他扣除。</td><td>单一投资基金的股权转让所得，按一个纳税年度内不同投资项目的所得和损失相互抵减后的余额计算。</td></tr>
<tr><td>单一投资基金发生的包括投资基金管理人的管理费和业绩报酬在内的其他支出，不得在核算时扣除。</td></tr>
<tr><td>选择更改</td><td colspan="2">3年内不得更改。</td></tr>
</table>

资料来源：依据《关于创业投资企业个人合伙人所得税政策问题的通知》（财税〔2019〕8号）整理。

2. 区域性的所得税优惠政策

为避免对创业投资公司个人股东投资所得的重复征税，并鼓励长期股权持有，我国从2020年开始在中关村国家自主创新示范区（以下简称“示范区”）实施新的试点政策，允许创业投资公司按个人股东持股比例减免企业所得税政策，并且转让股权的持股年限越长，减免税力度越大（见表5-16）。

2021年，上海市浦东新区在特定区域也开始试点上述针对创业投资公司的税收优惠政策①。

表5-16　我国试点的公司制创业投资税收优惠内容

转让所得占比	优惠内容
转让持有3年以上股权的所得占年度股权转让所得总额的比例超过50%。	按照年末个人股东持股比例减半征收当年企业所得税。
转让持有5年以上股权的所得占年度股权转让所得总额的比例超过50%的。	按照年末个人股东持股比例免征当年企业所得税。

资料来源：依据《关于中关村国家自主创新示范区公司型创业投资企业有关企业所得税试点政策的通知》（财税〔2020〕63号）整理。

① 《关于上海市浦东新区特定区域公司型创业投资企业有关企业所得税试点政策的通知》（财税〔2021〕53号）。

二、主要突破

早在2009年,《关于实施创业投资企业所得税优惠问题的通知》(国税发〔2009〕87号)(以下简称"87号文")首次明确了符合条件的创业投资额可以70%税前扣除的税收优惠政策。目前,与87号文相比,现行创业投资税收优惠政策的适用对象进一步扩大、适用条件有所下降、优惠方式更加多样。

(一)扩大优惠政策的适用对象

创业投资合格投资额70%税前扣除政策出台以来,经过多轮修订,其中最重要的一点就是适用对象不断扩大。2012年,适用对象由创业投资公司扩大拓展到苏州工业园内的合伙创业投资企业的法人合伙人[①];2013年又扩展到中关村示范区内的合伙创业投资企业的法人合伙人[②];2015年中关村政策推广至全国;2017年,合伙创业投资企业个人合伙人和天使投资人也可享受合格投资额70%税前扣除优惠[③],实现了各种创业投资主体的全覆盖(见图5-6)。

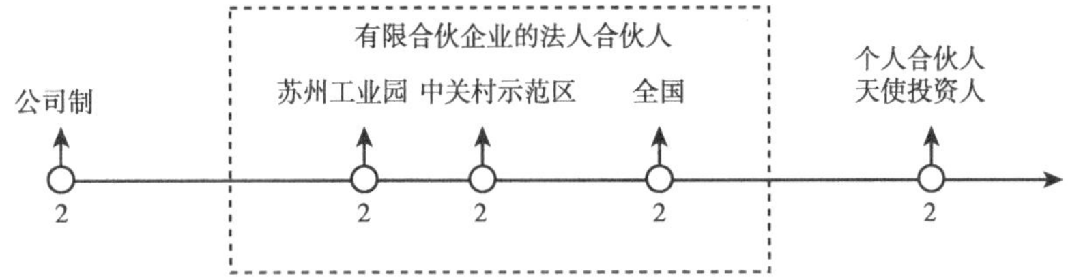

图5-6　创业投资税前扣除政策适用范围扩大路线

(二)扩大被投资企业范围,同时降低被投资企业条件

一是被投资企业的范围由中小高新技术企业扩展到初创科技型公司[④];二是被投资

---

① 《关于苏州工业园区有限创业投资合伙企业法人合伙人企业所得税试点政策的通知》(财税〔2012〕67号)首次允许合伙制企业合格投资额税前扣除。

② 《关于中关村国家自主创新示范区有限创业投资合伙企业法人合伙人企业所得税试点政策的通知》(财税〔2013〕71号)。

③ 《关于创业投资企业和天使投资个人有关税收试点政策的通知》(财税〔2017〕38号)首次提出"天使投资个人采取股权投资方式直接投资于初创科技型企业满2年的,可以按照投资额的70%抵扣转让该初创科技型企业股权取得的应纳税所得额;当期不足抵扣的,可以在以后取得转让该初创科技型企业股权的应纳税所得额时结转抵扣。"

④ 《关于创业投资企业和天使投资个人有关税收试点政策的通知》(财税〔2017〕38号),初创科技型企业,应同时符合以下条件:①在中国境内(不包括港、澳、台地区)注册成立、实行查账征收的居民企业;②接受投资时,从业人数不超过200人,其中具有大学本科以上学历的从业人数不低于30%;资产总额和年销售收入均不超过3000万元;③接受投资时设立时间不超过5年;④接受投资时以及接受投资后2年内未在境内外证券交易所上市;⑤接受投资当年及下一纳税年度,研发费用总额占成本费用支出的比例不低于20%。

企业在从业人员、销售额与资产总额三方面的条件总体看有所降低（见表5-17、图5-7）。

表5-17 被投资企业标准条件的变化

企业类型	从业人员（人）	销售额（亿元）	资产总额（亿元）
中小高新技术企业	500	2	2
初创型科技企业（2017年）	200	0.3	0.3
初创型科技企业（2019-2023年）	300	0.5	0.5

资料来源：依据《财政部 税务总局关于实施小微企业普惠性税收减免政策的通知》（财税〔2019〕13号）、《关于延续执行创业投资企业和天使投资个人投资初创科技型企业有关政策条件的公告》（财政部 税务总局公告2022年第6号）等相关政策文件整理。

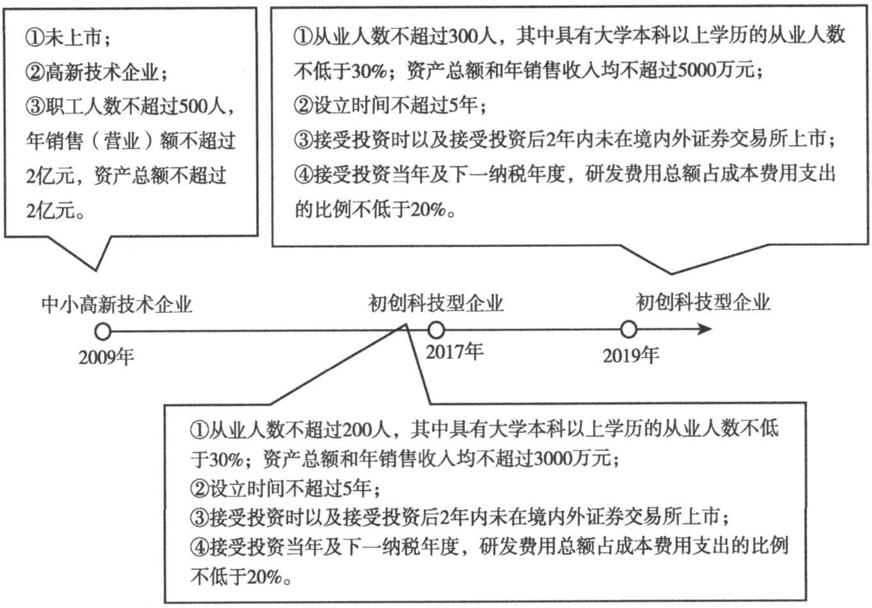

图5-7 创投机构税前扣除政策中被投资对象条件变化

（三）提高收益环节的税收优惠力度

2009年以来，在投资环节，我国创业投资税收政策的优惠力度始终维持合格投资额70%抵扣水平。但需要注意的是，在退出获得收益的环节，合伙创业投资的个人合伙人可以通过选择单一投资基金核算的方式，股权转让所得适用税率为20%的财产转让个人所得税，而非最高边际税率达35%的个体生产经营个人所得税。此外，目前在中关村示范区和上海市浦东新区试点的创业投资税收优惠政策，也是在退出获得收益环节，允许创业投资公司符合条件的股权转让所得按个人股东持股比例适用50%或100%的企业所得税减免优惠（见表5-16）。

三、突出问题

（一）合伙企业税制对多层“嵌套”的合伙人架构并不明确，带来创业投资税收优惠政策的不确定性与不公平性

合伙制是我国股权投资企业（基金）采取的主要组织形式，并存在合伙制创业投资基金的合伙人仍然是合伙企业的多层“嵌套”复杂情况。如图5-8所示，创业投资合伙企业的有限合伙人（LP）和普通合伙人（GP）本身也是合伙企业。由于我国合伙企业所得税制改革滞后，目前合伙企业的所得性质无法“穿透”至合伙人，这导致我国现行的股权投资税收政策和创业投资税收优惠政策无法适用上述多层“嵌套”结构下的上层合伙企业及其合伙人。

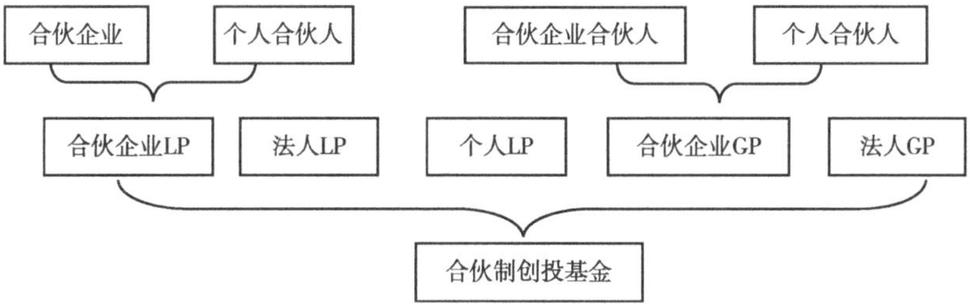

图5-8　创业投资合伙企业合伙人多层“嵌套”情况示意图

一是合伙制母基金不适用创业投资税收优惠政策。按照55号文，合伙制创投基金的法人合伙人与个人合伙人都适用投资额70%税前扣除优惠。但如果合伙制创投基金的LP是合伙制母基金，则无法适用创业投资税收优惠。但母基金具有投资长期化、科技价值导向、风险分散的特点，是创业投资基金的重要募资来源。其中，市场化母基金多采用合伙制的组织方式。

二是单一基金核算政策不适用多层“嵌套”合伙企业的个人合伙人。对于两层及两层以上“嵌套”的创业投资合伙企业，其上层到顶层的个人合伙人，目前无法适用单一基金核算方式下的个人合伙人20%税率政策。

（二）合伙企业“先分后税”与规范化资本利得税制“缺失”，带来现行政策对投资失败的风险分担不足，创业投资税收优惠对此突破有限

创业投资的“盈利”模式是以少数投资项目的超额收益弥补多数投资项目亏损，以谋求整体盈利。对于个人投资人，无论是创业投资合伙基金的LP，还是天使

投资个人，都是依据此种盈利模式投资，关注的是投资整体收益。但在我国现行税制下，对于进行创业投资的自然人，无论是投资所得、投资损失，还是投资额抵扣使用，都无法实现合并计算。具体表现如下：

一是天使投资个人不能合并计算“财产转让所得”与“可抵扣的投资额”。因此，如果某一项目的股权转让取得收益，需按20%税率缴纳个人所得税；如果亏损，无须纳税，但也无法抵扣其他股权转让收益，未使用的可抵扣投资额也无法用于抵扣其他投资收益。此外，天使投资个人的70%投资额抵扣范围主要限于单一项目的投资所得，抵扣其他项目的门槛过高（见表5-14）。因此，如果对某初创科技型企业的投资失败，相关投资额抵扣优惠无处有效使用，只有在该被投资企业注销清算之日起36个月后，才可用于抵扣其他初创科技型企业的投资所得；但在实践上，被投资企业往往并不办理破产清算，投资者几乎无法享受该项优惠政策。

二是个人合伙人仅能以创业投资基金为核算单位，即使在单一投资基金核算方式下，也不能合并计算不同基金的股权转让收益与损失。个人合伙人作为创业投资基金的LP，可以合并计算该基金不同投资项目的投资所得、投资损失以及可抵扣的投资额，这也是我国天使投资机构化的重要原因[①]。但是，如果个人合伙人投资于多个符合条件的创业投资基金，并无法像法人合伙人一样，合并计算可抵扣的投资额和分得的所得（见表5-14）。因此，对于个人合伙人，如果在某基金下可抵扣的投资额未使用完，无法抵扣其他所投资基金分得的所得。此外，即使在单一投资基金核算方式下，股权转让所得与损失可以单独核算，也不允许在不同基金间合并计算，更不允许与其他股权转让所得与损失合并计算。

三是法人合伙人投资于多个创业投资基金，投资损失不能抵扣其他股权转让所得。根据55号文，法人合伙人如果投资于多个符合条件的合伙创投企业，可合并计算其可抵扣的投资额和分得的所得；但是对于亏损，并没有明确是否可以抵扣该法人合伙人的其他资本利得或者应纳税所得额。

（三）单一基金核算的优惠力度不足

单一基金核算的选择权下放至了创业投资合伙企业，但在实际操作中，很多创业投资企业反映，地方税务部门强行要求按单一基金核算，且在单一基金核算下的税负“不降反增”。主要原因如下：

一是管理费与业绩报酬不允许扣除。一般地，创业投资合伙企业的GP是基金管理人，按照基金认缴规模向投资人（LP），收取1%—2%的管理费，并对超额收益（超过门槛收益）部分要求20%的业绩报酬。因此，管理费与业绩报酬属于管理

---

① 在发达国家，天使投资人一般是个人。

人所得，不属于作为LP的个人合伙人所得。

二是对管理费与业绩报酬所得存在重复征税。一方面，如上所述，个人合伙人需就包含了管理费与业绩报酬在内的股息与股权转让所得缴纳个人所得税；另一方面，管理人还需就管理费与业绩报酬所得缴纳相应的所得税。据调研，在实践中，管理人的情况较为复杂，有法人形式，有合伙形式。其中，合伙形式的管理人很多情况包括LP，以分享更多的投资收益。

（四）对耐心资本缺乏引导

当前无论是股市、创业投资、私募股权投资，还是银行贷款都存在严重的短期化问题，投资硬科技、颠覆性技术的耐心资本偏少，支持中小企业、初创企业的资金偏少。从股权投资看，虽然近年来出现了投资前移的趋势，但是整体上股权资本依然追求上市前融资、头部企业融资。根据2021年我国创业投资调查数据，2020年我国创业投资投向种子期和起步期的投资金额占比只有9.22%和24.11%，投资项目占比只有18.40%和31.90%，都较2019年大幅下降；但投向成长（扩张）期的投资金融与投向项目占比分别高达54.87%和42.60%[①]。但是，我国现行创业投资税收优惠仅关注投资数量，并未关注投资质量特别是耐心资本不足这一核心问题。目前在中关村与上海浦东新区试点的创业投资税收优惠政策，有意从鼓励长期持股，但优惠面过小、条件过高。

（五）落实中诸多难点导致优惠政策难以落地

1. 备案要求高，很多创业投资企业无法完成备案

按照要求，创业投资额70%税前扣除优惠仅适用于符合规定的创业投资机构（公司制、合伙制或天使投资人）[②]。但在实际操作过程中，以下问题较为突出，导致很多创业投资企业无法完成备案。

一是受出资人身份限制，部分创业投资企业虽然开展的是符合税收优惠条件的创业投资业务，但只能备案为私募股权投资机构，无法享受相关优惠。较为典型的是出资人中如有保险机构，则受制度限制，投资基金不能备案为创业投资机构[③]。

二是备案条件主要适用于大型机构，不适用于规模较小的机构。调研中发现，一些小型机构在备案时还会因注册资金或管理资本规模过小、投资人或管理人员数

① 胡志坚，等. 中国创业投资发展报告2021［M］. 北京：科学技术文献出版社，2022.

② 创业投资股权退出所得税率反向挂钩政策属于《企业所得税法》中规定的“企业所得税专项优惠政策”，未限制适用对象进行限制。

③《保险资金投资股权暂行办法》中关于保险资金“不得投资创业、风险投资基金。不得投资设立或者参股投资机构。”的条款虽然已经废除，但是调研中，机构反映保险机构还是不愿备案为创投机构。

量少、经营场所不正规或办公区域太小、未建立风险防控或信息披露制度等原因无法完成备案。其中一些要求仅为窗口指导的备案条件，并非制度要求的备案条件。很多民营天使投资基金、创业投资基金规模较小，难以完成备案。

三是部分地方税务部门要求“双重”备案。根据规定，创业投资企业需要按照《创业投资企业管理暂行办法》（发展改革委等10部门令第39号）完成发改委备案，或者按照《私募投资基金监督管理暂行办法》（证监会令第105号）完成基金业协会备案。一般地，所有基金都需完成证券投资基金业协会备案，只有国有创业投资还必须完成发改委的基金备案。但在部分地方，税务部门要求民营创业投资企业也必须完成发改委的基金备案。

2. 被投资企业难以清算，投资损失的确认条件高

按照规定，投资损失以被投资企业清算为判断依据。但在实操中，投资意义上的损失和工商登记上的企业清算之间存在差异，这导致投资机构实质性投资损失难以确认。据调研，部分机构反映，投资过程中被投资对象清算难，导致投资损失难以确认的现象较为普遍。主要原因如下：一是因为很多地方政府不办理或拖延办理企业清算。受到地方经济指标考核等因素影响，很多地方政府不愿意甚至不允许企业办理清算。二是投资意义上的损失并不以被投资企业清算为依据。一些项目虽然未彻底失败，但从投资角度被认为出现了损失，这部分损失无法得到确认。三是由于基金存续期有限，在基金存续期内未清算且未退出的投资，一旦基金清算也难以确认损失。

3. 人员流动较大，被投资企业从业人员数量确定困难

按照规定，初创科技型企业除了从业人员数量要求，还要求“具有大学本科以上学历的从业人数不低于30%”。但在实际操作中，由于创业企业的人员流动性强，往往在确认该项标准过程中面临操作性困难，特别是提交证据相对较难。

四、政策建议

税收优惠政策是引导金融资本的有效政策抓手，建议围绕引导金融资本投早、投小、投科，完善创业投资税收优惠政策。

（一）统筹设计创业投资税收优惠政策，适应创业投资发展规律

一是允许创业投资合伙企业的所得性质完全“穿透”至合伙人，至少“穿透”至合伙制母基金的合伙人。根据中基协基金备案要求，如果基金的合伙人为合伙制

企业，需要将该合伙制企业的合伙人信息进行备案，直到最终为公司法人和自然人。因此，在实操中，多层“嵌套”的创业投资企业合伙人能够追踪。

二是扩大天使投资个人与创业投资合伙企业合伙人的投资损失抵扣范围。至少允许天使投资个人的投资损失可以抵扣符合条件的其他项目“财产转让所得”；个人合伙人在单一基金核算方式下，股权转让损失可以抵扣其他创业投资企业的股权转让收益；法人合伙人投资多个创业投资基金的，投资损失可以合并计算。

三是天使投资个人与创业投资合伙企业个人合伙人的所得与“可抵扣的投资额”可以合并计算。天使投资个人投资多个项目的，符合条件的项目相关应纳税所得额与“可抵扣的投资额”可以合并计算。创业投资合伙企业个人合伙人投资多个创业投资企业的，分得的所得与“可抵扣的投资额”可以合并计算。

四是在单一核算方式下，个人合伙人分得的股权转让所得与股息所得，允许扣除管理费与业绩报酬。

（二）加大结构性优惠、扩大优惠范围、降低优惠条件

一是建立“阶梯式”创业投资税收优惠机制，鼓励长期投资。在对中关村与上海浦东新区的试点政策深入评估的基础上，研究在退出环节设计持股时间与适用税率反向挂钩政策，即股权投资期限越长，税收优惠力度越大。

二是扩大创业投资税收优惠政策适用范围，允许向投资符合条件的科创企业、中小高新技术企业投资且投资额达到一定比例的私募股权投资基金（机构），就其创业投资行为适用该项税收优惠政策，但仅限于单一基金核算。

三是简化创业投资机构的备案要求。备案要求虽有利于税务部门操作，但本质上相当于实质性审批。发达国家的类似政策并不要求备案等实质性审批条件，美国的创业投资甚至免于证券监管。因此，建议借鉴国际惯例，适时取消对创业投资机构的实质性审批以及税收优惠享受的相关备案要求。

四是调整被投资对象大学本科以上从业人员比例条件，明确其统计时点为投资前一个月，从业人员范围为该月缴纳社保人员总数。

五是调整被投资项目损失确认条件，将清算定义为工商登记注销或从业人员、销售额以及资产额等三个指标连续3年或5年下降。

（三）加强专业评估与系统研究

相比较一般性的股权投资基金、一般性的合伙企业，创业投资由于其投资对象、投资期限、盈利模式、投资人构成等较为特殊，因此各方面差异较大。我国目前的创业投资税收政策尚未充分考虑其特殊性，亟须专业评估与系统研究。

一是建议对创业投资税收政策进行全面评估，包括对一般性所得税政策、增值税政策以及创业投资税收优惠政策等税收政策的全面评估，同时实行第三方评估机制。

二是结合评估结论，系统研究创业投资税收政策，以支撑未来政策逐步完善。比如，研究创业投资机构能否按照基金存续期汇算清缴的税收制度，以适应创业投资基金投资期较长且无收益、退出期收益较高的特点；研究制定持股时间与适用税率反向挂钩政策，以培育耐心资本；研究合伙企业税制与资本利得税制在创业投资上的突破问题；研究创业投资业务的增值税政策等关键且重要的前瞻性议题。

附录：欧盟风险投资和天使投资税收激励①

该研究分析了欧盟28国（英国脱欧前）及其他8个国家②的风险投资税收优惠政策，36个样本国家中有19个实施了旨在促进风险投资的税收优惠政策，共有46种不同的优惠计划。就欧盟28国而言，欧盟15国与其他成员国之间在税收优惠的普遍性方面存在明显差异，这可以通过风险投资活动水平的差异以及使用定向税收优惠政策的偏好差异来解释。该研究部分从税收优惠的范围、合格标准和组织三个角度梳理了各国优惠计划的主要内容，并根据实践情况进行排名，评分最高的是英国的种子企业投资计划（Seed Enterprise Investment Scheme，SEIS）。

一、风险投资税收优惠政策实施情况

（一）优惠政策的普遍性与稳定性

截至2017年，在36个国家中，有19个国家实施了至少一项针对中小企业和初创企业天使投资人和风险投资的税收优惠政策。在未实施税收优惠政策的17个国家中，有2个国家宣布了未来实施此类税收优惠政策的计划（见附表5-1）。

就欧盟28国而言，欧盟15国与其他成员国之间在税收优惠的普遍性方面存在明显差异，欧盟15国中有9个实施税收优惠政策，而其他成员国中只有3个（马耳他、波兰和斯洛文尼亚）。这种差异可以从两个角度解释：第一，其他成员国通常选择通过基准税制来激励投资活动，如采用低税率；第二，与欧盟15国相比，其他成员国风险投资市场规模较小、发展程度较低，而投资活动能够推动对税收优惠政策的需求。

附表5-1还显示了2006—2016年被取消的税收优惠政策数量，可将其视为衡量一国税收优惠政策稳定性的指标。在36个国家中，只有3个国家在2006—2016年取消了税收优惠政策，说明样本整体在国家层面具有高度的政策稳定性③。

---

① 本报告翻译自《Effectiveness of tax incentives for venture capital and business angels to foster the investment of SMEs and start-ups》。

② 欧盟28国（英国脱欧前）和部分OECD成员国：澳大利亚、奥地利、比利时、保加利亚、加拿大、克罗地亚、塞浦路斯、捷克共和国、丹麦、爱沙尼亚、芬兰、法国、德国、希腊、匈牙利、爱尔兰、以色列、意大利、日本、拉脱维亚、立陶宛、卢森堡、马耳他、荷兰、波兰、葡萄牙、罗马尼亚、斯洛伐克、斯洛文尼亚、韩国、西班牙、瑞典、瑞士、土耳其、英国、美国。

③ 不代表计划层面的稳定性。

附表5-1 优惠政策的普遍性与稳定性

国家	实施税收优惠	税收优惠数量	2006—2016年取消的税收优惠数量	有未来计划实施的税收优惠
澳大利亚	√	3	0	×
奥地利	×	0	0	×
比利时	√	4	0	×
保加利亚	×	0	0	×
加拿大	√	3	0	×
捷克共和国	×	0	0	×
克罗地亚	×	0	0	×
塞浦路斯	×	0	0	×
丹麦	×	0	0	×
爱沙尼亚	×	0	0	×
芬兰	×	0	1	×
法国	√	6	0	×
德国	√	1	0	×
希腊	×	0	0	√
匈牙利	×	0	0	√
爱尔兰	√	1	0	×
以色列	√	2	0	×
意大利	√	3	0	×
日本	√	2	0	×
拉脱维亚	×	0	0	×
立陶宛	×	0	0	×
卢森堡	×	0	0	×
马耳他	√	1	0	×
荷兰	×	0	1	×
波兰	√	1	0	×
葡萄牙	√	2	0	×
罗马尼亚	×	0	0	×
斯洛伐克	×	0	0	×
斯洛文尼亚	√	1	0	×
韩国	√	2	0	×
西班牙	√	2①	0	×
瑞典	√	1	0	×
瑞士	×	0	0	×
土耳其	√	3	0	×
英国	√	6	1	√
美国	√	2②	0	×

① 其中一项与自治区实施的税收优惠政策有关。

② 其中一项与州实施的税收优惠政策有关

（二）税收优惠的范围（见附表5–2）

税收优惠的范围是决定优惠计划功能的关键因素，风险投资税收优惠的范围可分为四个部分：优惠形式、优惠时间、优惠基础和优惠税种。研究发现，各国最广泛采用的优惠形式是税收抵免（31项计划采用），优惠时间是初始投资阶段（29项计划采用），优惠基础是投资收益（29项计划采用），优惠税种是个人所得税（38项计划采用）。

1. 优惠形式

在已实施计划的19个国家中，以色列等12个国家偏好在一项计划中仅提供一种税收优惠，而英国等7个国家在一项计划中采用了多种形式的税收优惠。最广泛采用的税收优惠形式是税收抵免，46项计划中有31项采用了这种形式，其次是对投资收益或资本利得免税。

2. 优惠时间

几乎所有样本国家都在投资生命周期的多个阶段提供税收优惠。例如，英国的风险投资信托（Venture Capital Trust），该计划在投资者投资时、取得收益时和处置资产时均提供优惠。税收优惠最常见于初始投资时，46项计划中有29项在该阶段提供优惠，其次是在处置资产时，最后是在取得收益时。

3. 优惠基础

优惠基础是指可给予税收减免的投入或产出，各国采用的优惠基础可分为6种类型[①]，分别对应投资生命周期不同阶段的投入和产出。最常见的优惠基础是投资收益和资本利得，这与各国普遍在初始投资时提供税收优惠密切相关。

4. 优惠税种

样本国家在选择优惠税种方面高度一致，个人所得税是最常见的给予优惠的税种。有2个国家（法国和日本）还在其他税种上给予优惠，例如法国的财富税收减免（Wealth tax reliefs）对投资者提供投资额50%的财富税税收抵免。

（三）税收优惠的合格条件（见附表5–3）

引入明确的合格标准是设计税收优惠计划的一个重要环节，风险投资税收优惠计划的合格条件通常分为四类：被投资企业条件、投资者条件、投资活动条件和投资期限条件。研究发现，已实施计划的国家都设置了享受优惠的合格条件。各国在被投资企业条件和投资活动条件上一致性较高，而在投资者条件上差异较大。

1. 被投资企业条件

在有被投资企业标准的国家中，几乎所有国家都设置了财务规模、雇员人数和

---

① 投入投资收益、投入资本利得、股息收益、利息收益、处置资本利得和处置资本损失。

未上市条件。各国通常将目标锁定在特定行业中，或至少禁止某些行业参与优惠计划。多数国家要求被投资企业在辖区内有总部或常设机构，这一条件有助于形成促进境内中小企业和初创企业投资的溢出效应。

2. 投资者条件

多数优惠计划针对的是个人投资者，这些个人投资者要么是该国的税收居民，要么在该国发生足够多的纳税义务。优惠计划通常会排除与被投资企业有商业联系的投资者[①]，但英国等个别国家有特殊规定，允许商业天使在参与优惠计划的同时保持与被投资企业的商业联系。

3. 投资活动条件

在已实施计划的19个国家中，有15个国家对可享受优惠的货币价值设置了范围。可以看出，这些范围是根据投资活动的性质及其在生命周期中的不同阶段设置的，例如比利时的众筹贷款税收待遇计划限制享受优惠的最高投资额为15000欧元，这符合人们对众筹贷款规模的一般看法。

各国对股权投资和债权投资的处理存在分歧，有13个国家以股权投资为优惠对象，3个国家以债权投资为优惠对象，3个国家对股权投资和债权投资均提供税收优惠。在以股权投资为优惠对象时，各国通常会限制投资者持有被投资企业股份的最大比例。

4. 投资期限条件

在优惠计划中设置最短投资期限是惯例，但各国在具体期限的规定上有所不同，例如澳大利亚的最短投资期限为1年，而比利时的最短投资期限为4年或8年。

（四）税收优惠的管理（见附表5-4）

税收优惠的管理可分为两个部分：一是纳税人与税务机关的互动，二是对优惠计划实施情况的监测与评估。研究发现，各国普遍缺乏对税收优惠产生的政策成本和经济影响的透明监测。

1. 管理方式

优惠计划的管理方式会影响纳税人的遵从成本和税务机关的管理成本。英国是样本国家中唯一提供源头申请选择的国家，投资者可以选择在源头上申请税收优惠（如通过工资单），这将节约投资者的遵从成本。

2. 监测与评估

在已实施计划的19个国家中，有13个国家发布了财政成本估算。各国普遍缺乏对经济影响的监测，仅有加拿大等7个国家发布了实际影响评估。

---

① 例如被投资企业的雇员、主管。

附表5-2 税收优惠的范围

国家	计划	优惠形式					优惠时间			优惠基础						优惠税种			
		税前扣除	免税	税收抵免	延迟纳税	损失扣除	投资时	取得收益时	处置资产时	投入投资收益①	投入资本利得②	股息收益	利息收益	处置资本利得	处置资本损失	企业所得税	个人所得税	资本利得税	其他
澳大利亚	早期风险投资有限合伙计划（Early Stage Venture Capital Limited Partnership program）	×	√	√	×	×	√	√	√	√	√	×	×	√	×	×	√	×	×
澳大利亚	风险投资有限合伙计划（Venture Capital Limited Partnership program）	×	√	×	×	×	×	√	√	×	×	×	×	√	×	×	√	×	×
澳大利亚	早期投资者税收优惠（Tax incentive for Early Stage Investors）	×	√	√	×	×	√	×	√	√	√	×	×	√	×	×	×	√	×
比利时	创业投资避税（Tax shelter for investments in start-ups）	×	×	√	×	×	√	×	×	√	√	×	×	×	×	×	√	×	×
比利时	众筹贷款税收待遇（Tax treatment of crowdfunding loans）	×	√	×	×	×	×	√	×	×	×	×	√	×	×	×	√	×	×
比利时	双赢贷款计划（Win-Win Lending Scheme）	×	×	√	×	×	×	√	√	×	×	×	√	×	√	×	√	×	×
比利时	贷款“援助”（Loan “Coup de pouce”）（瓦隆）	×	×	√	×	×	√	×	×	√	√	×	×	×	×	√	√	×	×

① 投资于合格资产的其他来源的投资收益。
② 投资于合格资产的处置其他资产的资本利得。

续表

国家	计划	优惠形式					优惠时间			优惠基础						优惠税种			
		税前扣除	免税	税收抵免	延迟纳税	损失扣除	投资时	取得收益时	处置资产时	投入投资收益	投入资本利得	股息收益	利息收益	处置资本利得	处置资本损失	企业所得税	个人所得税	资本利得税	其他
加拿大	省劳工保证风险投资公司税收抵免（Provincial Labour-Sponsored Venture Capital Corporation Tax Credit）	×	×	√	×	×	√	×	×	√	√	×	×	×	×	√	√	×	×
	联邦劳工保证风险投资公司税收抵免（Federal Labour-Sponsored Venture Capital Corporation Tax Credit）	×	×	√	×	×	√	×	×	√	√	×	×	×	×	×	√	×	×
	省投资税收抵免（Provincial Investment Tax Credits）	×	×	√	×	×	√	×	×	√	√	×	×	×	×	×	√	×	×
法国	初创（注册年限小于10年）中小企业股票出售额外补贴（Additional allowance on sale of shares in young (< 10yrs incorporated) SMEs）	×	×	√	×	×	×	×	√	×	×	×	×	√	×	×	√	√	×
	“马德林”减税（“Madelin” tax reductions）	×	×	√	×	×	√	×	√	√	√	×	×	√	×	×	√	√	×
	财富税收减免（Wealth tax reliefs）	×	×	√	×	×	√	×	×	√	√	×	×	×	×	×	×	×	√

续表

国家	计划	优惠形式					优惠时间			优惠基础						优惠税种			
		税前扣除	免税	税收抵免	延迟纳税	损失扣除	投资时	取得收益时	处置资产时	投入投资收益	投入资本利得	股息收益	利息收益	处置资本利得	处置资本损失	企业所得税	个人所得税	资本利得税	其他
法国	风险投资公司[①]（Venture Capital Firms）	×	√	×	√	×	×	√	√	×	×	√	√	√	×	√	√	√	×
	风险投资基金[②]（Venture Capital Funds）	×	√	√	×	×	√	√	√	√	√	√	×	√	×	√	√	√	√
	PEA-PME	×	√	×	×	×	×	√	√	×	×	√	×	√	×	×	√	×	×
德国	INVEST-风险投资补助（INVEST-Venture Capital Grant）	×	×	√	×	×	√	√	×	√	√	√	×	×	×	×	√	×	×
爱尔兰	就业与投资激励计划（Employment and Investment Incentive Scheme）	×	×	√	×	×	√	×	×	√	√	×	×	×	×	×	√	×	×
以色列	高科技行业机构投资激励计划（Plan for Encouragement of Institutional Investment in Hi-Tech）	×	√	×	×	×	×	√	√	×	×	√	×	√	×	×	√	√	×
	天使法（The Angel Laws）	√	×	×	×	×	√	×	√	√	√	×	×	√	×	×	√	×	×

① Sociétés de Capital Risque或SCR。

② 包括风险共同投资基金（FCPR）、创新共同投资基金（FCPI）、区域性投资基金（FIP）。

续表

国家	计划	优惠形式					优惠时间			优惠基础						优惠税种			
		税前扣除	免税	税收抵免	延迟纳税	损失扣除	投资时	取得收益时	处置资产时	投入投资收益	投入资本利得	股息收益	利息收益	处置资本利得	处置资本损失	企业所得税	个人所得税	资本利得税	其他
意大利	风险投资基金（VCF）投资税收优惠（Tax incentives for investing in Venture Capital Funds）	×	√	×	×	×	×	√	×	×	×	√	√	×	×	√	√	×	×
	创新型初创企业与创新型中小企业投资税收优惠（Tax incentives for investing in innovative start-ups and innovative SMEs）	×	√	√	×	×	√	×	×	√	√	×	×	×	×	√	√	×	×
	个人储蓄计划（Piani Individuali di Risparmio, PIR）	×	√	×	×	×	√	×	×	√	√	×	×	×	×	√	√	×	×
日本	促风险投资税收优惠（Tax Incentives to Promote Venture Investment）	×	×	×	×	√	×	×	√	×	×	×	×	×	√	√	×	×	√
	天使税制（Angel Tax System）	×	×	√	×	√	√	×	√	√	√	×	×	√	√	×	√	√	×
马耳他	种子投资计划（Seed Investment Scheme）	×	×	√	×	×	√	×	×	√	×	×	×	×	×	×	√	√	×

续表

国家	计划	优惠形式					优惠时间			优惠基础						优惠税种			
		税前扣除	免税	税收抵免	延迟纳税	损失扣除	投资时	取得收益时	处置资产时	投入投资收益	投入资本利得	股息收益	利息收益	处置资本利得	处置资本损失	企业所得税	个人所得税	资本利得税	其他
波兰	股权处置免税（Tax exemption on the disposal of stocks and shares）	×	√	×	×	×	×	×	√	×	×	×	×	√	×	√	×	√	×
葡萄牙	种子计划（Programa Semente）	×	√	√	×	×	√	×	×	√	√	×	×	×	×	×	√	√	×
	商业天使税收减免（Tax Relief for Business Angels）	×	×	√	×	×	√	×	×	√	√	×	×	×	×	√	√	×	×
斯洛文尼亚	企业所得税制度（Corporate income tax regime）	×	√	×	×	×	×	√	√	×	×	×	×	√	×	√	×	×	×
韩国	风险投资公司免税（Tax exemptions for venture capital companies）	×	√	×	×	×	×	√	√	×	×	√	×	√	×	√	√	√	×
	风险投资基金个人投资者资本利得税税前扣除与免税（Tax deductions and exemption from capital gains tax for individual investors in venture capital funds）	×	×	√	×	×	×	√	√	×	×	√	×	√	×	×	√	√	×

续表

国家	计划	优惠形式					优惠时间			优惠基础						优惠税种			
		税前扣除	免税	税收抵免	延迟纳税	损失扣除	投资时	取得收益时	处置资产时	投入投资收益	投入资本利得	股息收益	利息收益	处置资本利得	处置资本损失	企业所得税	个人所得税	资本利得税	其他
西班牙	初创企业投资税前扣除（Deduction for investments in newly or recently created companies）	×	×	√	×	×	√	×	√	√	√	×	×	√	×	√	√	√	×
西班牙	区域性商业天使税收优惠（Regional incentives for business angels）	×	×	√	×	×	√	×	×	√	√	×	×	×	×	×	√	×	×
瑞典	新投资税收优惠（New Investment Incentive）	×	×	√	×	×	√	×	×	√	√	×	×	×	×	×	√	√	×
土耳其	商业天使计划（Business Angel Scheme）	×	×	√	√	×	√	×	×	√	√	×	×	×	×	×	√	×	×
土耳其	风险投资信托免税（Venture Capital Investment Trust Tax Exemption）	×	√	×	×	×	×	√	√	×	×	√	×	√	×	√	×	×	×
土耳其	私募股权投资基金（Private Equity Investment Fund）	×	√	√	×	×	√	√	√	√	√	√	×	√	×	√	√	×	×
英国	企业投资计划（Enterprise Investment Scheme）	×	√	√	√	√	√	×	√	√	√	×	×	√	√	×	√	√	×
英国	种子企业投资计划（Seed Enterprise Investment Scheme）	×	√	√	√	√	√	×	√	√	√	×	×	√	√	×	√	√	×

续表

国家	计划	优惠形式					优惠时间			优惠基础						优惠税种			
		税前扣除	免税	税收抵免	延迟纳税	损失扣除	投资时	取得收益时	处置资产时	投入投资收益	投入资本利得	股息收益	利息收益	处置资本利得	处置资本损失	企业所得税	个人所得税	资本利得税	其他
英国	风险投资信托（Venture Capital Trust）	×	√	√	×	×	√	√	√	√	√	√	×	√	×	√	√	√	×
	社会投资税收减免（Social Investment Tax Relief）	×	√	√	√	×	√	×	√	√	√	×	×	√	√	×	√	√	×
	私募预提税免税（Private Placement Withholding Tax Exemption）	×	√	×	×	×	×	√	×	×	×	×	√	×	×	√	×	×	×
	营业财产出售税收减免（Business Property Relief）	×	√	×	×	×	×	×	√	×	×	×	×	√	×	√	√	×	×
美国	合格小企业股票（Qualified small business stock，QSBS）	×	×	√	×	×	×	×	√	×	×	×	×	√	×	×	×	√	×
	投资税收抵免（Investment tax credits）	×	×	√	×	×	√	×	×	√	√	×	×	×	×	√	√	×	×

附表5-3 税收优惠的各项条件

国家	计划	被投资企业条件								投资者条件					投资活动条件					投资期限条件	
		年龄	财务规模	雇员人数	行业定位			未上市	辖区有总部或常设机构	机构投资者	个人投资者	税收居民	商业联系	商业天使特殊规定	核准风险投资基金投资	股权投资	债权投资	可享受优惠的货币价值范围	股权限制	投资期限标准	最短投资期限
					正向选择	逆向排除	无														
澳大利亚	早期风险投资有限合伙计划（Early Stage Venture Capital Limited Partnership program）	×	√	×	×	√	×	√	√	√	×	×	—	×	√	√	×	N/A	×	√	1年
	风险投资有限合伙计划（Venture Capital Limited Partnership program）	×	√	×	×	√	×	√	√	√	×	×	—	×	√	√	×	N/A	×	√	1年
	早期投资者税收优惠（Tax incentive for Early Stage Investors）	×	×	×	×	×	√	×	√	√	√	×	不允许	×	√	√	×	最高AUD 1m	×	√	1年
比利时	创业投资避税（Tax shelter for investments in start-ups）	×	√	√	×	√	×	√	√	×	√	√	允许	×	×	√	×	最高€100k	×	√	4年
	众筹贷款税收待遇（Tax treatment of crowdfunding loans）	√ 小于4年	√	√	×	×	√	√	√	×	√	√	允许	×	×	×	√	最高€15k	N/A	√	4年
	双赢贷款计划（Win-Win Lending Scheme）	√ 小于8年	√	√	×	×	√	√	√	×	√	√	不允许	×	×	×	√	最高€100k	N/A	√	8年
	贷款“援助”（Loan “Coup de pouce”）（瓦隆）	√ 小于5年	×	√	×	√	×	√	√	×	√	√	允许	×	×	√	×	最高€50k	√	√	4年

续表

国家	计划	被投资企业条件								投资者条件					投资活动条件					投资期限条件	
		年龄	财务规模	雇员人数	行业定位			未上市	辖区有总部或常设机构	机构投资者	个人投资者	税收居民	商业联系	商业天使特殊规定	核准风险投资基金投资	股权投资	债权投资	可享受优惠的货币价值范围	股权限制	投资期限标准	最短投资期限
					正向选择	逆向排除	无														
加拿大	省劳工保证风险投资公司税收抵免（Provincial Labour-Sponsored Venture Capital Corporation Tax Credit）	×	√	√	×	√	×	×	√	√	√	√	—	×	√	√	×	最高C$200k	×	√	—
加拿大	联邦劳工保证风险投资公司税收抵免（Federal Labour-Sponsored Venture Capital Corporation Tax Credit）	×	√	√	×	√	×	×	√	×	√	√	—	×	√	√	×	最高C$5k	×	-	—
加拿大	省投资税收抵免（Provincial Investment Tax Credits）	×	√	×	×	√	×	×	√	×	√	√	—	×	×	√	×	最高C$50k	×	√	—
法国	初创（注册年限小于10年）中小企业股票出售额外补贴（Additional allowance on sale of shares in young（< 10yrs incorporated）SMEs）	√ 小于10年	×	×	×	√	×	×	×	×	√	×	—	×	×	√	×	N/A	×	√	1年
法国	“马德林”减税（“Madelin” tax reductions）	√ 小于7年	√	√	×	√	×	√	×	×	√	×	—	×	×	√	×	最高€50k	×	√	5年

续表

国家	计划	被投资企业条件								投资者条件					投资活动条件					投资期限条件	
		年龄	财务规模	雇员人数	行业定位			未上市	辖区有总部或常设机构	机构投资者	个人投资者	税收居民	商业联系	商业天使特殊规定	核准风险投资基金投资	股权投资	债权投资	可享受优惠的货币价值范围	股权限制	投资期限标准	最短投资期限
					正向选择	逆向排除	无														
法国	财富税收减免（Wealth tax reliefs）	√ 小于7年	√	√	×	√	×	√	×	×	√	×	—	×	×	√	×	最高€90k	×	√	5年
	风险投资公司（Venture Capital Firms）	×	×	×	×	×	√	√	×	√	√	×	—	×	×	√	×	N/A	×	√	5年
	风险投资基金（Venture Capital Funds）	×	√	×	×	×	√	√	×	√	√	×	—	×	×	√	×	N/A	×	√	5年
	PEA-PME	×	√	√	×	×	√	×	×	×	√	×	—	×	×	√	×	最高€75k	×	√	5年
德国	INVEST-风险投资补助（INVEST-Venture Capital Grant）	√ 小于7年	√	√	×	×	√	×	√	×	√	×	×	×	×	√	×	最高€500k	×	√	3年
爱尔兰	就业与投资激励计划（Employment and Investment Incentive Scheme）	×	√	√	×	√	×	√	×	×	√	√	不允许	×	×	√	×	€250-€150k	最高30%	√	3年
以色列	高科技行业机构投资激励计划（Plan for Encouragement of Institutional Investment in Hi-Tech）	√ 大于3年	×	×	√	×	×	×	√	√	×	×	—	×	√	√	×	N/A	×	—	—

续表

国家	计划	被投资企业条件								投资者条件					投资活动条件					投资期限条件	
		年龄	财务规模	雇员人数	行业定位			未上市	辖区有总部或常设机构	机构投资者	个人投资者	税收居民	商业联系	商业天使特殊规定	核准风险投资基金投资	股权投资	债权投资	可享受优惠的货币价值范围	股权限制	投资期限标准	最短投资期限
					正向选择	逆向排除	无														
以色列	天使法（The Angel Laws）	√ 大于2年	√	×	×	×	√	√	×	×	√	×	—	×	×	√	×	最高 NIS 5m	×	√	3年
意大利	风险投资基金（VCF）投资税收优惠（Tax incentives for investing in Venture Capital Funds）	√ 小于3年	√	×	×	×	√	√	√	√	√	×	—	×	√	√	×	最低 €100k–€2.5m	×	—	—
	创新型初创企业与创新型中小企业投资税收优惠（Tax incentives for investing in innovative start-ups and innovative SMEs）	√ 小于5年	√	×	×	×	√	√	√	√	√	×	—	×	×	√	×	最高 €1.8m	×	—	—
	个人储蓄计划（Piani Individuali di Risparmio，PIR）	×	×	×	×	×	√	×	√	×	√	×	—	×	×	√	×	最高 €150	×	—	—
日本	促风险投资税收优惠（Tax Incentives to Promote Venture Investment）	—	—	—	—	—	—	—	—	√	×	×	—	×	×	√	×	N/A	×	—	—
	天使税制（Angel Tax System）	×	√	√	×	×	√	×	×	×	√	×	—	×	√	√	×	N/A	×	—	—

续表

国家	计划	被投资企业条件								投资者条件					投资活动条件					投资期限条件	
		年龄	财务规模	雇员人数	行业定位			未上市	辖区有总部或常设机构	机构投资者	个人投资者	税收居民	商业联系	商业天使特殊规定	核准风险投资基金投资	股权投资	债权投资	可享受优惠的货币价值范围	股权限制	投资期限标准	最短投资期限
					正向选择	逆向排除	无														
马耳他	种子投资计划（Seed Investment Scheme）	√ 小于3年	√	√	×	√	×	√	√	×	√	√	不允许	×	×	√	×	最高€714286	×	√	3年
波兰	股权处置免税（Tax exemption on the disposal of stocks and shares）	×	√	×	×	√	×	√	√	√	×	√	√	×	×	√	×	最高€50m	最高10%	√	2年
葡萄牙	种子计划（Programa Semente）	√ 小于5年	×	×	×	×	√	×	×	×	√	√	—	×	×	√	×	€10k-€100k	×	—	—
葡萄牙	商业天使税收减免（Tax Relief for Business Angels）	√ 小于3年	×	×	×	√	×	×	×	×	√	×	不允许	×	√	√	×	N/A	×	×	N/A
斯洛文尼亚	企业所得税制度（Corporate income tax regime）	×	×	×	×	×	√	×	×	√	×	×	—	×	×	√	×	N/A	×	—	—

续表

国家	计划	被投资企业条件								投资者条件					投资活动条件					投资期限条件	
		年龄	财务规模	雇员人数	行业定位			未上市	辖区有总部或常设机构	机构投资者	个人投资者	税收居民	商业联系	商业天使特殊规定	核准风险投资基金投资	股权投资	债权投资	可享受优惠的货币价值范围	股权限制	投资期限标准	最短投资期限
					正向选择	逆向排除	无														
韩国	风险投资公司免税（Tax exemptions for venture capital companies）	—	—	—	—	—	—	—	—	√	×	×	—	×	×	√	×	N/A	×	—	—
韩国	风险投资基金个人投资者资本利得税税前扣除与免税（Tax deductions and exemption from capital gains tax for individual investors in venture capital funds）	—	—	—	×	√	×	—	—	×	√	×	—	×	×	√	×	N/A	×	—	—
西班牙	初创企业投资税前扣除（Deduction for investments in newly or recently created companies）	×	√	×	×	√	×	×	×	×	√	×	—	×	×	√	×	最高€250k	×	√	3年
西班牙	区域性商业天使税收优惠（Regional incentives for business angels）	√	√	√	×	√	×	—	√	×	√	√	不允许	—	×	√	×	最高€3—100k	最高35%~40%	√	3—4年
瑞典	新投资税收优惠（New Investment Incentive）	×	√	√	×	√	×	√	√	×	√	√	—	×	×	√	×	最高SEK 1.3m	×	√	5年

续表

国家	计划	被投资企业条件								投资者条件					投资活动条件					投资期限条件	
		年龄	财务规模	雇员人数	行业定位			未上市	辖区有总部或常设机构	机构投资者	个人投资者	税收居民	商业联系	商业天使特殊规定	核准风险投资基金投资	股权投资	债权投资	可享受优惠的货币价值范围	股权限制	投资期限标准	最短投资期限
					正向选择	逆向排除	无														
土耳其	商业天使计划（Business Angel Scheme）	×	√	√	×	×	√	√	√	×	√	√	允许	√	×	√	×	TL 20k-TL 1m	×	√	2年
	风险投资信托免税（Venture Capital Investment Trust Tax Exemption）	×	×	×	×	×	√	×	×	√	×	√	—	×	√	√	×	N/A	×	×	N/A
	私募股权投资基金（Private Equity Investment Fund）	×	×	×	×	×	√	×	×	√	×	×	—	√	×	√	√	N/A	×	×	N/A
英国	企业投资计划（Enterprise Investment Scheme）	×	√	√	×	√	×	√	√	×	√	√	不允许	√	×	√	×	最高£1m	最高30%	√	3年
	种子企业投资计划（Seed Enterprise Investment Scheme）	√小于2年	√	√	×	√	×	√	√	×	√	√	不允许	√	×	√	×	最高£100k	最高30%	√	3年
	风险投资信托（Venture Capital Trust）	×	√	√	×	√	×	√	√	√	√	√	不允许	×	√	√	√	最高£200k	×	√	5年
	社会投资税收减免（Social Investment Tax Relief）	×	√	√	×	√	×		×	×	√	√	不允许	×	×	√	√	最高£1m	最高30%	√	3年

续表

国家	计划	被投资企业条件								投资者条件					投资活动条件					投资期限条件	
		年龄	财务规模	雇员人数	行业定位			未上市	辖区有总部或常设机构	机构投资者	个人投资者	税收居民	商业联系	商业天使特殊规定	核准风险投资基金投资	股权投资	债权投资	可享受优惠的货币价值范围	股权限制	投资期限标准	最短投资期限
					正向选择	逆向排除	无														
英国	私募预提税免税（Private Placement Withholding Tax Exemption）	×	×	×	×	×	√	√	×	√	×	√	—	×	×	×	√	N/A	×	√	3年
英国	营业财产出售税收减免（Business Property Relief）	×	×	×	×	×	√	√	×	×	√	√	—	×	×	√	×	N/A	×	√	2年
美国	合格小企业股票（Qualified small business stock，QSBS）	×	√	×	×	√	×	×	√	×	√	√	—	×	×	√	×	N/A	×	√	5年
美国	投资税收抵免（Investment tax credits）	×	×	×	×	×	√	×	√	√	√	√	—	×	×	√	×	N/A	×	各州不同	各州不同

附表5-4 税收优惠的管理

国家	计划	管理方式						监测与评估		
		线上申请	纸质申请	源头申请选择	收回条款	其他处罚	税务机关手册	财政成本估算	计划影响评估	实际影响评估
澳大利亚	早期风险投资有限合伙计划（Early Stage Venture Capital Limited Partnership program）	√	√	×	×	×	√	—	—	—
	风险投资有限合伙计划（Venture Capital Limited Partnership program）	√	√	×	×	×	√	—	—	—
	早期投资者税收优惠（Tax incentive for Early Stage Investors）	×	√	×	×	×	√	—	—	—
比利时	创业投资避税（Tax shelter for investments in start-ups）	√	√	×	×	×	×	√	—	—
	众筹贷款税收待遇（Tax treatment of crowdfunding loans）	√	√	×	×	×	×	√	—	—
	双赢贷款计划（Win-Win Lending Scheme）	√	√	×	×	×	×	√	—	—
	贷款“援助”（Loan “Coup de pouce”）（瓦隆）	√	√	×	×	×	×	—	—	—
加拿大	省劳工保证风险投资公司税收抵免（Provincial Labour-Sponsored Venture Capital Corporation Tax Credit）	√	√	×	×	×	√	√	—	√
	联邦劳工保证风险投资公司税收抵免（Federal Labour-Sponsored Venture Capital Corporation Tax Credit）	√	√	×	×	×	√	√	—	√
	省投资税收抵免（Provincial Investment Tax Credits）	√	√	×	×	×	√	√	—	—
法国	初创（注册年限小于10年）中小企业股票出售额外补贴（Additional allowance on sale of shares in young（< 10yrs incorporated）SMEs）	√	√	×	×	×	×	√	—	—
	“马德林”减税（“Madelin” tax reductions）	—	—	—	—	—	—	√	—	—
	财富税收减免（Wealth tax reliefs）	√	√	×	×	×	×	√	—	—
	风险投资公司（Venture Capital Firms）	—	—	—	—	—	—	√	—	—

续表

国家	计划	管理方式						监测与评估		
		线上申请	纸质申请	源头申请选择	收回条款	其他处罚	税务机关手册	财政成本估算	计划影响评估	实际影响评估
法国	风险投资基金（Venture Capital Funds）	—	—	—	—	—	—	√	—	—
	PEA-PME	—	—	—	—	—	—	√	—	√
德国	INVEST-风险投资补助（INVEST - Venture Capital Grant）	√	×	×	×	×	√	√	—	√
爱尔兰	就业与投资激励计划（Employment and Investment Incentive Scheme）	√	√	×	√	×	√	√	—	√
以色列	高科技行业机构投资激励计划（Plan for Encouragement of Institutional Investment in Hi-Tech）	—	—	—	—	—	—	√	—	—
	天使法（The Angel Laws）	—	—	—	—	—	—	√	—	—
意大利	风险投资基金（VCF）投资税收优惠（Tax incentives for investing in Venture Capital Funds）	×	√	×	×	×	√	—	—	—
	创新型初创企业与创新型中小企业投资税收优惠（Tax incentives for investing in innovative start-ups and innovative SMEs）	√	√	×	×	×	√	—	—	—
	个人储蓄计划（Piani Individuali di Risparmio，PIR）	—	—	—	—	—	—	—	—	—
日本	促风险投资税收优惠（Tax Incentives to Promote Venture Investment）	√	√	×	×	×	×	√	—	—
	天使税制（Angel Tax System）	—	—	—	—	—	—	√	—	—
马耳他	种子投资计划（Seed Investment Scheme）	×	√	×	√	√	√	√	—	×
波兰	股权处置免税（Tax exemption on the disposal of stocks and shares）	—	√	×	×	×	×	×	—	×
葡萄牙	种子计划（Programa Semente）	—	—	—	—	—	—	√	—	—
	商业天使税收减免（Tax Relief for Business Angels）	—	—	—	—	—	—	√	—	—
斯洛文尼亚	企业所得税制度（Corporate income tax regime）	—	—	—	—	—	—	—	—	—

续表

国家	计划	管理方式						监测与评估		
		线上申请	纸质申请	源头申请选择	收回条款	其他处罚	税务机关手册	财政成本估算	计划影响评估	实际影响评估
韩国	风险投资公司免税（Tax exemptions for venture capital companies）	—	—	—	—	—	—	—	—	—
	风险投资基金个人投资者资本利得税税前扣除与免税（Tax deductions and exemption from capital gains tax for individual investors in venture capital funds）	—	—	—	—	—	—	—	—	—
西班牙	初创企业投资税前扣除（Deduction for investments in newly or recently created companies）	×	√	×	×	×	×	—	—	—
	区域性商业天使税收优惠（Regional incentives for business angels）	—	—	—	√	—	—	—	—	—
瑞典	新投资税收优惠（New Investment Incentive）	—	—	—	—	—	—	√	—	—
土耳其	商业天使计划（Business Angel Scheme）	√	√	×	×	×	√	√	—	√
	风险投资信托免税（Venture Capital Investment Trust Tax Exemption）	—	—	—	—	—	—	√	—	—
	私募股权投资基金（Private Equity Investment Fund）	—	—	—	—	—	—	√	—	—
英国	企业投资计划（Enterprise Investment Scheme）	√	√	√	√	×	√	√	—	√
	种子企业投资计划（Seed Enterprise Investment Scheme）	√	√	√	√	×	√	√	—	×
	风险投资信托（Venture Capital Trust）	√	√	√	√	×	√	√	—	√
	社会投资税收减免（Social Investment Tax Relief）	√	√	√	√	×	√	√	—	×
	私募预提税免税（Private Placement Withholding Tax Exemption）	×	√	×	×	×	×	—	—	—
	营业财产出售税收减免（Business Property Relief）	√	√	×	×	×	×	√	—	—
美国	合格小企业股票（Qualified small business stock，QSBS）	√	√	×	×	×	×	√	—	—
	投资税收抵免（Investment tax credits）	×	√	×	×	×	×	—	—	√

二、风险投资税收优惠政策良好案例

（一）基准测试与优秀计划

该研究以2014年欧盟R&D税收优惠研究中的方法为框架，分四步进行基准测试，并根据基准测试结果评选出最优的税收优惠设计（见附表5-5）。评价标准包括：第一，税收优惠政策有助于降低对中小企业和初创企业投资的风险；第二，仅以高风险为标准来筛选优惠对象；第三，限制优惠政策被用于纯粹的避税目的，例如对关联方采取限制；第四，政策要素具备稳定性；第五，进行透明的、系统地监测和评估以改进政策设计。

附表5-5　排名前五的风险投资税收优惠计划

排名	计划	国家
1	种子企业投资计划（Seed Enterprise Investment Scheme）	英国
2	企业投资计划（Enterprise Investment Scheme）	英国
3	“马德林”减税（“Madelin” tax reductions）	法国
4	社会投资税收减免（Social Investment Tax Relief）	英国
5	风险投资信托（Venture Capital Trust）	英国
5	INVEST-风险投资补助（INVEST - Venture Capital Grant）	德国

英国的种子企业投资计划（SEIS）排名最高。该计划将年龄、规模和特定行业排除因素结合起来，以筛选被投资企业。它限制了关联方的参与，但引入了对商业天使的补贴。它以新发行的普通股为优惠对象，规定了可享受优惠的最高投资额和最短投资期限。它是在非全权基础上进行管理的[①]，且每年都要进行透明的财政成本监控。

英国的企业投资计划（EIS）排名第二。该计划提供前期税收减免和资本损失减免。它根据规模和特定行业排除因素筛选被投资企业，但没有设置年龄条件。它限制了关联方的参与，但引入了对商业天使的补贴。它是在非全权基础上进行管理的，且每年都要进行透明的财政成本监控。

法国的“马德林”减税计划排名第三。该计划前期提供投资额18%的税收抵

① SEIS is administered on a nondiscretionary basis.

免，并对处置所产生的资本利得提供税收减免。它通过年龄、规模和行业因素来筛选被投资企业，还规定了5年的最短持有期限和可享受优惠的最高投资额。

英国的社会投资税收减免（SITR）排名第四。该计划提供前期税收减免，但没有提供资本损失减免。它是在非全权基础上进行管理的，且每年都要进行透明的财政成本监控。尽管该计划在设计上与EIS十分相似，但其合格标准与EIS不同，它专门针对社会企业且不包含对商业天使的补贴。

德国的INVEST—风险投资补助排名第五。该计划对个人和机构投资者提供前期税收减免，投资者在购买股票时可获得投资额20%的税收抵免。它还有一种仅适用于个人投资者的退出减免（exit relief）。

英国的风险投资信托（VCT）计划也排名第五。该计划提供前期税收减免，并对处置所产生的资本利得提供税收减免。它采用了一套较为复杂的合格标准，且每年对其财政成本进行监控和披露。

排名前五的税收优惠计划主要提供前期税收减免，这表明了对投资成本进行补贴以解决投资者风险规避问题的重要性，同时也表明，这类投资的高风险性质将削弱对投资收益提供税收减免的激励作用。此外，排名前五的税收优惠计划以鼓励对中小企业和初创企业的直接投资为目标，而非鼓励通过基金等的间接投资。

（二）良好案例

该研究遵循以下标准评选出10个风险投资税收优惠政策良好案例（见附表5-6）：第一，基准测试得分较高；第二，设计新颖且前景好；第三，优惠方式多样。

附表5-6 风险投资税收优惠政策良好案例

计划	国家	原因
INVEST-风险投资补助（INVEST-Venture Capital Grant）	德国	基准测试得分较高
就业与投资激励计划（Employment and Investment Incentive Scheme）	爱尔兰	对投资的额外税收抵免产生了明显成效，例如促进就业和研发
众筹贷款税收待遇（Tax treatment of crowdfunding loans）	比利时	是唯一针对通过众筹平台投资于中小企业的投资者的优惠计划
“马德林”减税（“Madelin” tax reductions）	法国	合格标准设计较好
天使税制（Angel Tax System）	日本	提供前期税收减免和资本损失减免
风险投资信托（Venture Capital Trust）	英国	基准测试得分较高
社会投资税收减免（Social Investment Tax Relief）	英国	在基准测试中排名第三，是专门针对社会企业的优惠计划

续表

计划	国家	原因
风险投资有限合伙计划（Venture Capital Limited Partnership program）	澳大利亚	是唯一针对外国投资者的优惠计划
创业投资避税（Tax shelter for investments in start-ups）	比利时	是唯一根据经营规模区别税收减免的优惠计划
商业天使计划（Business Angel Scheme）	土耳其	通过收入/财富和经验标准，有效筛选出了可能不够专业或缺乏经验的商业天使

1. 德国的INVEST—风险投资补助（INVEST-Venture Capital Grant）

该计划对个人和机构投资者提供前期税收减免，投资者在购买股票时可获得投资额20%的税收抵免。它还有一种仅适用于个人投资者的退出减免。

2. 爱尔兰的就业与投资激励计划（Employment and Investment Incentive Scheme）

该计划是少有的使用绩效税收减免的优惠计划。它提供基本的30%前期税收抵免，如果企业被认为创造了额外的岗位或将募集的资金用于研发支出，它还会额外提供10%的税收抵免。额外税收抵免产生了明显的成效，例如促进就业和研发。此外，它每年对财政成本进行监控和披露。

3. 比利时的众筹贷款税收待遇（Tax treatment of crowdfunding loans）

该计划是样本国家中唯一针对通过众筹平台投资于中小企业的投资者的优惠计划，它对投资者通过众筹平台取得的每年最高15000欧元的利息收入免征预提税。为获得免税资格，投资者贷款期限至少为4年且每年收取利息。

4. 法国的“马德林”减税（“Madelin” tax reductions）

该计划前期提供投资额18%的税收抵免，并对处置所产生的资本利得提供税收减免。它通过年龄、规模和行业因素来筛选被投资企业，还规定了5年的最短持有期限和可享受优惠的最高投资额。

5. 日本的天使税制（Angel Tax System）

该计划提供前期税收减免和资本损失减免，处置资产的资本损失可向前结转3年。

6. 英国的风险投资信托（Venture Capital Trust）

该计划提供前期税收减免，并对处置所产生的资本利得提供税收减免。它采用了一套较为复杂的合格标准，且每年对其财政成本进行监控和披露。

7. 英国的社会投资税收减免（Social Investment Tax Relief）

该计划提供前期税收减免，但没有提供资本损失减免。它是在非全权基础上进行管理的，且每年都要进行透明的财政成本监控。尽管该计划在设计上与EIS十分相似，但其合格标准与EIS不同，它专门针对社会企业且不包含对商业天使的补贴。

8. 澳大利亚的风险投资有限合伙计划（Venture Capital Limited Partnership program）

该计划适用于国内外投资者，但只有外国投资者可以享受资本利得免税。

9. 比利时的创业投资避税（Tax shelter for investments in start-ups）

该计划是唯一根据经营规模区别税收减免的优惠计划，它对投资者每人最高10万欧元的投资额提供税收抵免，投资于中小企业的抵免比例为30%，投资于微型企业的抵免比例提高至45%。

10. 土耳其的商业天使计划（Business Angel Scheme）

该计划是样本国家中仅有的两个要求投资者注册为商业天使的优惠计划之一，它要求投资者从财政部获得有效期为5年的天使投资许可证，投资者必须符合收入/财富和经验标准才能获得许可。这一规定通过限制非专业或消极投资者来实现投资质量的提升。

三、结论

该研究部分分析了36个样本国家的风险投资税收优惠政策，截至2017年，36个国家中有19个实施了至少一项针对中小企业和初创企业的风险投资税收优惠政策。在未实施税收优惠政策的17个国家中，有2个国家宣布了未来实施此类税收优惠政策的计划。已实施政策的国家共提供了46种优惠计划，其中13个国家实施了多项计划。法国和英国拥有最复杂的优惠政策框架，各实施6项计划。

最广泛采用的税收优惠形式是税收抵免，其次是对投资收益或资本利得免税。值得注意的是，19个国家中有13个在一项计划中采用了多种税收优惠形式。各国普遍选择在初始投资时提供税收优惠，与此对应，最常见的优惠基础是投资收益和资本利得。在优惠税种选择方面，个人所得税是最常见的给予优惠的税种。

由于设置了合格标准，所有计划都是在非全权基础上进行管理的，但各国普遍缺乏对政策成本和经济影响的透明监测。各国还普遍缺乏易获取的优惠计划指导，这会增加纳税人的遵从成本，进而影响潜在投资者接受税收激励。

该研究通过对样本国家正在实施的风险投资税收优惠计划进行了基准测试，并评选出排名前五的计划和10个良好案例。良好案例在优惠范围和优惠组织方面的得分存在高度的同质性，在合格标准方面的异质性较高。

基于上述情况，该研究提出了以下政策建议：

一是解决投资者的风险规避问题。应确保税收优惠政策有助于降低对中小企业和初创企业投资的风险。

二是合理选择优惠对象。应仅以高风险为标准来筛选优惠对象，例如通过企业年龄和规模。可能需要限制某些行业企业（例如金融和房地产企业）的参与，但限制范围不能过于严格，以免位于行业交叉点的创新企业（例如金融科技企业）享受不到税收优惠。

三是注重实现优质投资。对投资收益免税意味着政策更多地关注投资者能否实现优质投资。此外，应限制优惠政策被用于纯粹的避税目的，例如对关联方采取限制。

四是提高政策稳定性和纳税人意识。政策要素的稳定性、目标投资者的意识会影响税收激励方案能否被采纳。

五是进行系统的监测与评估。各国政府目前普遍缺乏对税收优惠产生的政策成本和经济影响的有效监控，应尽快改进优惠计划的监测与评估功能。

第六章

科技人才税收优惠政策

人才是科技创新最重要的生产要素。人才竞争是当今国际科技创新竞争的核心。科技企业为了吸引和稳定科技人才，往往以股权激励、具有竞争力的薪酬等方式加大科技人才的人力资本投入。研发投入中的研发人员投入占比不断攀升。因此，世界很多国家以多种方式对科技人才，包括境外高端科技人才，给予所得税或社保费优惠，有关实践特点值得我国关注与借鉴。

近年来，我国对科技人才也出台了多项税收优惠支持政策，如对企业研发人才的股权激励允许延期纳税，对高校院所科研人员的现金奖励允许减半征收，批准粤港澳大湾区对境外高端人才探索个人所得税补贴政策。但现行税收优惠政策在优惠覆盖面、优惠方式等方面仍然存在不足。为加强对我国科技人才的进一步支持，结合国内外实践，建议未来应制定科技人才社会公益奖励个人所得税免税办法、允许间接持股的激励对象可享受延期纳税优惠、加强多部门合作与搭建税务诚信平台、降低企业高端科技人才的个人所得税负等政策措施。

第一节
国际科技人才税收优惠政策发展概况

目前，国际上对科技人才的税收优惠政策主要集中在以下三个方面：企业股权激励优惠、企业研发人力成本投入优惠与境外高端科技人才优惠，以鼓励企业加大科技人才投入和引进力度，降低企业从事研发、创新活动的综合成本，充分发挥税收政策对科技创新的助力效应。

一、发达国家股权激励税收优惠政策概况

硅谷有句名言，美国高科技产业的迅猛发展离不开“双轮驱动”：风险投资和股权激励①。企业股权激励制度经过多年发展，激励形式越来越多样，包括业绩股票、股票期权、虚拟股票、股票增值权、限制性股票②、经营者/员工持股、管理层/员工收购以及账面价值增值权等。但根据公司授予激励对象的标的物看，股权激励主要可划分为两大类：股票激励（stock）与股票期权激励（option）。一般地，公司雇员是股权激励对象，并在股权实际购买价低于股权市场价值时，应就两者之差缴纳个人所得税。但个人所得税在哪个环节缴纳③、按照什么性质的所得缴纳（工薪所得or资本利得），以及股票持有期是否影响税收优惠力度等，都是股权激励相关个人所得税政策的关键性问题。

（一）不同税收待遇对股权激励的影响——以美国为例

从各国实践看，税收确实对股权激励有深刻影响，以美国为例，限制性股票和股票期权两大类股权激励制度在不同税收政策环境下，交替成为企业主要采取的激

---

① 辜胜阻，杨威.让股权激励为企业自主创新插上腾飞翅膀［N］.中国经济时报，2011-06-22.

② 限制性股票与非限制性股票（又称“既得股票”）相对应，通常是指这样的股票：公司与员工依据员工股票奖酬计划（RSAs），基于双方意愿，约定公司在员工服务满一定期间（vesting date），或达到一定工作绩效时，由公司依授予日的股票公平市场价格（或低于或无偿），发放该公司一定数量的股票给员工，而员工在限制期满前或未达成一定绩效前，不得转移或出售该股票；若员工于限期满前已离职，或之后无法达成约定之绩效，则丧失取得该股票的权利，此时公司可以收回（无偿授予）或依员工原取得成本（以低于授予日之股票市价授予价格）买回该股票。当限制条件都达到时，股票被作废的风险将不再存在，此时的限制性股票就转变为了既得股票。

③ 既得股票在整个运作过程中存在两个关键环节：授予日与转让日。限制性股票在整个运作过程中存在三个关键环节：授予日、既得日与转让日。股票期权在整个运作过程中存在三个关键环节：授予日、行权日与转让日。

励方式。

第一，资本利得税的影响。美国1950年“税收法案（the Revenue Act of 1950）”规定，对于符合条件的限制性股票转让所得，全部或部分可视为资本利得课税。由于25%的资本利得税率远低于91%的最高边际个人所得税率，且可以延期纳税，因此限制性股票被广泛采用。

第二，降低普通个人所得税率的影响。1969年，美国“税收改革法案”（the Tax Reform Act of 1969）将普通个人所得的最高边际税率降至50%，虽然仍然允许限制性股票转让所得适用资本利得税，但需缴纳最低替代税（Alternative Minimum Tax）。因此，股票期权开始兴起，并伴随股市大涨而逐渐取代限制性股票。

第三，股票期权费用化的影响。2000年前后，互联网泡沫的破裂导致股票期权相关激励大幅缩水，随后安然财务造假等系列会计丑闻导致股票期权制度备受质疑，2004年美国财务会计准则委员会（FASB）发布《财务会计准则公告第123号——以股份为基础的支付（修订）》（FAS123R），要求股票期权费用化。一系列事件后，美国公司又开始采用限制性股票。截至2010年末，在已经实施股权激励的94家上市公司中，近三分之一选择了限制性股票的激励方式[①]。

（二）发达国家股权激励税收政策概况

发达国家的股权激励税收政策复杂多样，不同国家针对同一类股权激励也会有不同的税收政策导向。但许多国家对股权激励给予一定税收优惠，并严格界定享受优惠的条件。总体看，有关税收优惠以延期纳税方式为主，且一般要求一定期限的股票持有期。

1. 非限制性股票税收政策

非限制性股票在税务处理上相对简单。一般地，员工在授予日就需就其获得的非限制性股票所得[②]按照工资薪金所得纳税；转让股票则视为资产转让，适用资本利得税。公司发放非限制性股票的成本允许前一次扣除。

2. 限制性股票税收政策

总体来看，多数国家将限制性股票在授予日或既得日所得[③]视为工资薪金所得课税，转让日所得视为资本利得课税；且允许企业将限制性股票有关成本在税前扣除[④]。但在个人所得税纳税环节上，各国做法差异较大，以下以美国、英国和法国为例进行说明。明显地，从延期纳税角度看，法国的优惠幅度最大，员工直接到转让

① 陈政.民营上市公司股权激励问题研究［R/OL］.2011-04-17.
② 即股票授予日的市场价格与股票购买价格之差。
③ 即股票在授权日或既得日的市场价格与股票购买价格之间的差额。
④ 但有的国家允许在授予日一次性扣除，有的则要求按照实际行权发生的支出情况分次扣除。

日才需纳税。

（1）美国员工获得限制性股票有两种纳税选择：一是按照一般纳税规定在既得日纳税；二是按特殊纳税规定在授予日纳税[①]（见表6–1）。

表6–1 美国限制性股票不同纳税时点的税收政策比较

关键时点	一般纳税规定	特殊纳税规定
授予日	递延纳税至既得日	授予日股票公平市场价格减去雇员为获得股票支付的价款作为普通所得缴纳个税
权利丧失日	不用纳税，没有税款损失风险	已纳税款不再退还，损失不得抵扣
既得日	既得日股票公平市场价格减去雇员为获得股票支付的价款作为普通所得缴纳个税	不纳税
持有期	从既得日开始计算持股期	从授予日开始计算持股期
转让日	出售价减去既得日股票市场价格后的余额按照资本利得缴纳个税	出售价减去授予日股票市场价格后的余额按照资本利得缴纳个税

（2）英国所有限制性股票均需在授予日按照工资薪金所得纳税，但也提供了两种纳税方法选择[②]（见表6–2）。

表6–2 英国限制性股票不同纳税方法

关键时点	A	B
授予日	对真实市值扣除雇员购买股票成本后的余额按照工资薪金所得纳税	对无条件市值扣除雇员购买股票成本后的余额按照工资薪金所得纳税
既得日	不纳税	不纳税
转让日	授予时无条件市值与真实市值差额部分以及与此部分对应的股票价值增值部分按照工资薪金所得纳税	转让价格扣除无条件市值和雇员股票购买成本后的差额视为资本利得纳税
	其他股票增值部分按照资本利得纳税	

（3）法国雇员获得限制性股票直到转让日才纳税，且可以选择转让所得是按照普通所得或资本利得纳税[③]。

3. 股票期权税收政策

许多国家将股票期权进行税收意义上的划分：“标准雇员股票期权计划”和

① 虽然按照特殊纳税规定纳税时点前移，但此时缴税具有以下优点：可规避既得日股票市场价格波动、税收成本明确、容易获得长期资本利得税优惠等。

② 两种纳税方法的核心差异在于对授予日股票价值的不同对待，无条件市场价值（unrestricted market value）指限制条件不存在时的市场公平价值，即授予日实际市场价值；真实市场价值（actual fair value）指考虑限制条件以及无条件市场价值对股票市场影响的价值，即考虑风险的市场价值。之所以有所区别，是因为授予日附加的限定条件是一种风险，真实市场价值就是为这一风险提供了一定的补偿，这部分补偿实际上属于赠与，因此在转让日与此相关的所有增值部分被认定为与赠与有关的工资薪金所得。

③ 法国普通所得最高边际税率49.69%，资本利得为比例税率41%，由于比例税率和边际税率不同，因此激励对象可以做出选择。

“享受税收优惠的雇员股票期权计划”。一般地，企业员工如果通过后者获得了股票期权，就可以享受较大的税收优惠。以OECD国家股票期权计划的税收政策为例（见表6-3），部分国家对股票期权给予“双重优惠”，即延期纳税与股权转让所得视为资本利得，优惠力度较大。

表6-3　部分OECD国家股票期权个人所得税税收处理概览

国家	期权类型	收益是否视为普通收入	价值确认基础	纳税义务发生时间	注释
西班牙	标准股票期权（1）	是	净价值70%	行权时	转让股票所得视为资本利得课税
	标准股票期权（2）	是	净价值	行权时	同上
法国	享受税收优惠股票期权计划	不是	公平市场净价值	转让时	
德国	标准股票期权（1）	是	净市场价值（每年补贴）	行权时	转让股票所得视为资本利得课税
	标准股票期权（2）	是	净市场价值	行权时	同上
日本	标准股票期权	是	净市场价值	行权时	对于满足一定条件的，在股票转让环节征收资本利得税
英国	标准股票期权	是	净收益	行权时	转让股票所得视为资本利得课税
	税收优惠股票期权	不是	净市场价值	转让时	如果满足一定条件，根据股票转让条件、购买价格以及期权成本不同，有些收益视为资本利得，并有免税额
美国	非法定股票期权	是	公平市场净价值	行权时	转让股票所得视为资本利得课税
	激励股票期权	不是	公平市场净价值	转让时	转让所得全部视为资本利得
	员工股票购买计划	不是	公平市场净价值	转让时	转让所得全部视为资本利得
荷兰	无条件股票期权	是	经济价值	授予时	
	有条件股票期权	是	实际所获利润	行权时	

资料来源：作者整理。

4. 股票增值权与虚拟股票的税收政策

股票增值权和虚拟股票是股票期权的衍生形式，在国外也较为普遍。多数国家规定授予时不纳税，只有在取得现金收益时才需纳税，如德国、奥地利、韩国。

（三）发达国家股权激励税收优惠政策主要特点

总结发达国家股权激励税收政策，主要特点如下：一是税收优惠形式多样，包括延期到转让日课税、低价获得股票所得按资本利得课税、拥有纳税选择权等；二是享受优惠的股权激励有“税收意义”上的界定，其中长期股权持有是主要条件；三是股权激励税收优惠对所有企业都具有普惠性。

二、企业研发人力成本投入税收优惠政策概况

随着新兴产业发展、国际科技创新竞争加剧，企业的研发人力成本投入不断攀升，其中个人所得税与社保税（金/费）是重要组成部分。个人所得税与社保税（金/费）虽然属于直接税种，但由于高端研发人才的稀缺性，相关税负往往通过薪酬增加等方式转嫁给企业。企业研发人力成本投入的税收优惠政策针对的就是企业研发人力的相关税费支出。

（一）部分国家允许企业研发人员的工薪支出加计适用研发税收优惠

如本书第二章所述，世界各国普遍采用研发税收优惠政策，对企业研发费用投入包括研发人力成本投入都给予了税收补贴。其中，法国、意大利和葡萄牙等国家直接对满足条件的博士研发人员的工薪支出允许加计计入适用研发税收优惠的合格研发费用中。

比如，法国对于企业聘用拥有博士学位或同等学力的年轻研究人员，允许在聘用前两年的工资支出按实际发生额的200%计入合格人员费用。主要条件包括：受聘人员首次参加工作且拥有博士学位或同等学力，并直接从事研发工作，所签合同为超过两年以上的无固定期限合同，且企业当年的雇用员工数不得低于上一年度。意大利对企业符合条件的研究人员与技术人员的人员费用支出允许按照150%计算抵免额。主要条件包括：首次参加工作、35岁以下并持有博士学位、雇佣合同为固定期限。葡萄牙对于企业聘用的拥有八级等级（博士学位）研发人员的工资支出允许按照120%比例计算并计入合格研发费用。

（二）部分国家的研发税收抵免可以直接冲减企业代扣代缴的个人所得税

在实施研发税收优惠的国家中，德国、荷兰、美国、爱尔兰等国家允许符合条件的研发税收抵免额直接冲减企业代扣代缴的个人所得税。

德国与荷兰最为典型[①]。荷兰企业如果负有代扣代缴雇员工资所得税（wage tax）义务，并且开展了合格研发活动，可以通过申请WBSO税收抵免，减少其代扣代缴的研发人员工薪所得税，不足抵免部分可以获得税收返还。德国是从2020年开始允许企业申请相当于支付给研发人员工资25%的税收抵免（每年不能超过50万欧元），直接抵减企业代扣代缴的个人所得税或企业所得税，当前不足抵免部分以现金形式返还。

美国、爱尔兰等国家的研发税收优惠是允许企业当年未用完的税收抵免额可以冲减企业代扣代缴的个人所得税。其中，美国仅允许小企业当年未用完的研发税收抵免额冲减其代扣代缴的工薪所得税[②]；爱尔兰则是允许企业将研发税收抵免额转让给“关键雇员”用于冲减雇员的工薪所得税。

（三）部分国家对企业代扣代缴研发人员的工薪所得税给予减免优惠

比利时、土耳其等国家在实施一般性的研发税收优惠基础上，对于满足学历和学科等条件的研发人员制定了单独的企业代扣代缴工薪所得税减免优惠。

比如，比利时企业雇用持有合格学历的研发人员开展研发活动，代扣代缴其工资薪金个人所得税时可减免一定比例（40%—80%）。其中，研发人员必须拥有硕士和博士学位，但学士学位持有人只要满足以下学科要求也可以适用。学士学位必须属于的学科领域包括：科学、工程科学、农业科学和生物工程、医学科学、兽医科学、生物医学科学和制药、建筑艺术和城市规划（建筑师）、工业科学和农业工业科学等。

土耳其企业研发中心或设计中心为研发人员和辅助人员代扣代缴的相关工资所得税允许一定比例减免。其中，对于具有基础科学（数学、物理、化学和生物学）博士或硕士学位的人员减免比例为95%；对于具有硕士学位或本科学位（后者必须是基础科学学位）的人员为90%；对于所有其他人员为80%。但获得该项减免税优惠的全职职工人数不能超过全部全职雇员总数的10%。另外，在2023年12月31日之前，政府将补偿企业所承担的社会保险费（Social Security Premiums，SSPs）的50%。

（四）部分国家对企业研发人员的社保税支出给予减免优惠

法国、西班牙、阿根廷、俄罗斯、瑞典等国家都对企业所支付的研发人员社保

---

① 但抵免额计算基数不仅是研发人员费用，还包括其他研发费用。

② 但年度冲减上限为25万美元。

税（金/费）给予减免优惠，但根据具体条件与优惠对象，具体形式不同。

1. 部分国家对特定企业的研发人员社保税支出给予减免优惠

法国、西班牙都对符合条件企业的研发人员社保税（金/费）支出给予一定程度的减免优惠。比如，法国允许"创新型新企业（JEI）"研发人员、技术人员、研发项目经理等雇员的工资收入在7年内免缴社会保障金。"创新型新企业"需满足成立时间不超过8年、规模为中小企业、符合条件的研发费用支出占本年度可税前扣除费用总额的比例不小于15%等认定条件。再如，西班牙对符合条件的企业，允许其对专职从事研究、开发和技术创新活动的员工社会保障金支付减免40%。企业应满足的条件：在西班牙经济与企业部进行备案并提交研发活动报告和承诺；企业雇员人数不低于10人；减免优惠仅适用于85%以上的工作时间用于从事研发和创新活动的研究人员，不包括管理、行政和营销人员等。

2. 部分国家对特定企业的所有社保税支出给予减免优惠

俄罗斯、阿根廷等国家是对符合条件的科技企业的所有社保税（金/费）支出给予减免优惠。比如，俄罗斯是允许符合条件的IT企业和软件设计企业可以按照较低的社保费率缴纳员工社保。其中，IT企业的主要条件：①获得俄罗斯通讯部的资质认证；②报告期内来自软件开发等合格活动（不包括广告分发因业务）的收入份额至少占同期总收入的90%；③报告期内平均雇员人数不少于7人。软件设计与电子产品开发企业的主要条件：①经俄罗斯工业和贸易部认定；②报告期内来自软件开发等合格活动（不包括广告分发因业务）的收入份额至少占同期总收入的90%；③报告期内平均雇员人数不少于7人。

3. 部分国家对一般企业的研发人员社保税支出给予减免优惠

如瑞典自2014年1月起，雇主可为从事研发工作的雇员减免10%的社会保障金支付。根据规定，减免仅限于从事积极研发工作的员工（工作时长的75%及以上用于研发活动，且每月至少达到15小时），单个企业年度可获得的社保减免优惠上限为276万瑞典克朗。

（五）部分国家对企业研发人力成本给予其他税种的减免优惠

除了上述企业获得的个人所得税代扣代缴与社保税（金/费）支出减免优惠外，有的国家还针对企业研发人力成本支出制定了其他税收优惠。比如，意大利自2005年起，企业在研发活动中发生的雇用成本可以从大区生产税（IRAP）① 的应税基础中扣除，但扣除额仅限于与研发活动相关的员工直接费用；从2015财年起，企业根据

① 意大利的大区生产税（IRAP）是地方税种，是企业在每一个应纳税期基于其净产值而缴纳的直接税，税率通常为3.9%—5%。

永久合同聘用的研发人员成本可从IRAP的应税基础中全额扣除。

三、跨国高端科技人才税收优惠政策概况

人才是创新的核心，从全球范围来看，各国争夺人才的竞争日趋激烈，利用税收优惠吸引人才成为部分国家的选择。比利时、丹麦、卢森堡、瑞典、韩国等国家均对跨国高端人才出台了特殊的个人所得税优惠政策。主要特点如下：

（一）外籍研发人员是主要优惠对象

虽然优惠对象有所差异，但外籍研发人员是跨国高端科技人才的主要代表。比如，比利时针对的是从事临时性工作的外籍高管或研究人员；丹麦是针对经国家研究理事会批准的外籍研究人员和高薪雇员；瑞典是针对稀缺型知识和技能的国际高层管理人员、专家、研究人员；韩国是针对在韩国境内提供技术服务的外国技术人员以及在符合条件的外资研发机构工作的外国研究人员；卢森堡是针对国外高技能合格人才移民。

（二）外籍高端人才有学历、薪资、雇主等条件要求

有关高端人才的界定，相关国家一般对学历、专业、薪资、雇主等进行了较为详细的规定，以增强政策精准性，同时避免优惠滥用。比如，丹麦要求外籍研究人员是指在高校或企业从事研究工作且至少具有博士学位的人员，高薪雇员是指在缴纳补充养老金之前每年至少获得765535.80丹麦克朗收入；比利时要求外籍人员必须由跨国集团公司在比利时境内临时雇用；韩国要求外国研究人员必须具有理学学士学位且从事研究工作满3年或者具有硕士学位，所在外资研发机构的研发人员雇佣数量不低于5人、研发投资额不低于1亿韩元等；卢森堡要求高技能和高素质人才在本领域具有高等教育文凭和技术专长，或至少5年的专业工作经验，以及在卢森堡获得至少50000欧元的固定年薪等。

（三）优惠政策主要是个人所得税减免，但一般有上限限制

比如，比利时对外籍高管和研究人员获得的符合条件的津贴免税，但津贴总额最高为每年11250欧元，研究人员可以增加到每年最高29750欧元。

丹麦对外籍研究人员和高薪雇员就业收入、其他现金补贴、交通补贴、通信补

贴和医疗保险的现金价值按照31.92%的优惠税率统一纳税（丹麦个人所得税累进税制的最低税率为36%，最高55.8%），但优惠期限最长为84个月。

瑞典对国际人才的工资薪金和福利所得适用的个人所得税和社会保障税减征25%，并对往返瑞典的费用的差旅费及学费均免征个人所得税，但优惠仅限就职后的前三年。

韩国对符合条件的外国技术人员在韩国连续五年内取得的劳动所得减免个人所得税50%，但任职开始时间仅限2019—2021年。

卢森堡对国外高技能合格人才移民因搬迁而产生的一次性费用和支出（如搬家费用、特殊旅行费用等）、因搬迁而产生的经常性费用和支出（租金、物业管理费用、该员工配偶或子女的额外教育费用和固定津贴[①]等）在5个纳税年度内可不被视作高技能合格人才的收入组成，而被认作是雇主运营成本的组成部分。

第二节
我国科技人才税收优惠政策

随着我国创新型国家建设的推进，科技人才的核心作用越来越突出。我国对科技奖励获奖人、非企业单位（高校与院所）与企业的科技人才、特殊地区的外籍科技人才都制定了相应的税收优惠政策。其中，对于非企业单位科技人才的税收优惠主要是鼓励职务科技成果转化。对企业科技人才的税收优惠主要是支持以股权激励稳定与吸引人才。

一、我国科技人才税收优惠政策概况

（一）符合条件的科技奖励奖金免征个人所得税

根据我国《中华人民共和国个人所得税法》第四条第一项，省级人民政府、国务院部委和中国人民解放军军以上单位，以及外国组织、国际组织颁发的科学、技术方面的奖金，免征个人所得税。

① 固定津贴每月金额为员工固定月薪的8%，且不得超过1500欧元。

（二）非企业科技人才转化职务科技成果的个人所得税优惠政策概况

为了激励高校、科研院所等非营利性法人单位的职务科技成果转化，我国对相关科研人员获得的股权奖励与现金奖励都制定了税收优惠。

第一，科研机构、高等学校转化职务科技成果以股份或出资比例等股权形式给予科技人员个人奖励，经主管税务机关审核后，暂不征收个人所得税［《关于促进科技成果转化有关税收政策的通知》（财税字〔1999〕45号）、《国家税务总局关于3项个人所得税事项取消审批实施后续管理的公告》（国家税务总局公告2016年第5号）］。

第二，非营利性研究开发机构和高等学校从职务科技成果转化收入中给予科技人员的现金奖励，可减按50%计入科技人员当月“工资、薪金所得”缴纳个人所得税［《关于科技人员取得职务科技成果转化现金奖励有关个人所得税政策的通知》（财税〔2018〕58号）］。

（三）区域性高端人才个人所得税补贴或减免政策概况

1. 粤港澳大湾区境外高端人才个人所得税补贴政策

2019年，我国批准粤港澳大湾区珠三角九市将按照内地与香港个人所得税税负差额，对在大湾区工作的境外（含港澳台）高端人才和紧缺人才给予补贴，且该补贴免征个人所得税［《财政部 税务总局关于粤港澳大湾区个人所得税优惠政策的通知》（财税〔2019〕31号）］，政策有效期为2019—2023年。

2020年，广东省财政厅、广东省科学技术厅、广东省人力资源和社会保障厅、国家税务总局广东省税务局联合发布《关于继续贯彻落实粤港澳大湾区个人所得税优惠政策的通知》（粤财税〔2020〕29号），明确对在大湾区工作的境外高端人才和紧缺人才，其在珠三角九市缴纳的个人所得税已缴税额超过其按应纳税所得额的15%计算的税额部分，由珠三角九市人民政府给予财政补贴，该补贴免征个人所得税；同时明确了人才标准与范围等。随后，相关地市都相继发布了补贴细则。

2. 海南自贸港高端紧缺人才个人所得税减免政策

为支持海南自由贸易港建设，我国批准在2020—2024年，对在海南自由贸易港工作的高端人才和紧缺人才，其个人所得税实际税负超过15%的部分，予以免征［《关于海南自由贸易港高端紧缺人才个人所得税政策的通知》（财税〔2020〕32号）］。对享受上述优惠政策的高端人才和紧缺人才实行清单管理，由海南省商财政部、税务总局制定具体管理办法［《海南省人民政府关于印发海南自由贸易港享受个人所得税优惠政策高端紧缺人才清单管理暂行办法的通知》（琼府〔2020〕41号）］。

（四）企业科技人才获得股权激励的税收优惠政策概况

2016年9月，财政部、国家税务总局发布《关于完善股权激励和技术入股有关所得税政策的通知》（财税〔2016〕101号）（以下简称"新政策"）。新政策是对原高新技术企业股权奖励5年分期纳税①政策的根本性突破，支持创新创业企业实施股权激励吸引和稳定创新人才。

1. 支持创新创业企业实施股权激励

新政策取消了关于实施主体必须是高新技术企业的限制，股权激励方式也由单一的股权奖励扩大到股票（权）期权（以下简称"股票期权"）和限制性股票，更有利于支持我国创新驱动发展的主要力量——创新创业企业，也更符合股权激励的发展实践。

第一，股权激励是创新创业企业吸引和稳定人才的主要方式。从股权激励发展历程看，尚不具备现金薪酬吸引力优势的创新创业企业更倾向也更适合实施具有"企业请客，市场买单"特点的股权激励来吸引和稳定创新创业团队。正如硅谷有句名言，美国高科技产业的迅猛发展离不开"双轮驱动"：一个轮子是风险投资，另一个轮子是股权激励。

我国民营科技企业为吸引、培养和稳定高级管理或技术人才，也一直在探索股权激励机制②；2016年，《国有科技型企业股权和分红激励暂行办法》（财资〔2016〕4号）发布，国有科技企业股权激励也将迅速扩大。因此，新政策扩大覆盖面到创新创业企业，有助于我国高科技产业的快速发展。

第二，限制性股票和股票期权是企业实施股权激励的主要方式。在两种方式下，激励对象一般在授予日或行权日按照市场价值或折价购买"股权"。与无偿获得的股权奖励比较而言，员工付出真金白银，他们与企业"捆绑"的效果更好，因为企业若经营不好，其损失更大。因此，新政策在允许的股权激励方式上做出了合理调整。

第三，新政策也是借鉴了国际经验。欧美发达国家股权激励税收政策差异很大，但很多国家都规定了"享受税收优惠的股权激励计划"，即对符合条件的股权

---

① 股权奖励5年分期纳税最早于2010年在中关村国家自主创新示范区试点（《对中关村科技园区建设国家自主创新示范区有关股权奖励个人所得税试点政策的通知》（财税〔2010〕83号）；2013年推广至东湖和张江国家自主创新示范区以及合芜蚌自主创新综合试验区［《关于中关村 东湖 张江国家自主创新示范区和合芜蚌自主创新综合试验区有关股权奖励个人所得税试点政策的通知》（财税〔2013〕15号）］；2015年，推广至全国［《关于将国家自主创新示范区税收试点政策推广到全国范式实施的通知》（财税〔2015〕116号）］。期间，2014年，中关村国家自主创新示范区开展了针对高新技术企业和科技型中小企业实施股权奖励允许延期纳税的试点工作［见《关于中关村国家自主创新示范区有关股权奖励个人所得税试点政策的通知》（财税〔2014〕63号）］。上述（试点）政策实施经验为新政策制定积累了宝贵经验。

② 我国企业股权激励始于20世纪90年代，但直到2005年股权分置改革后才真正启动。近些年，随着我国创新型国家建设的推进，股权激励快速发展。2015年，上市公司中披露了股权激励方案的有557家。

激励给予税收优惠，且条件规定都较为严格，包括股权激励的规范性、授予对象与实施公司的关联性、持股时间等许多方面，其中股权激励方式包括限制性股票、股票期权等多种。比如，美国将股票期权分为法定股票期权和非法定股票期权，且对前者允许延期纳税，对后者则不允许；员工获得合格限制性股票可选择按照一般纳税规定在既得日纳税，也可选择按特殊纳税规定在授予日纳税[①]。再比如，法国规定，雇员获得符合条件的限制性股票允许直到转让日才纳税，且可以选择转让所得是按照普通所得或资本利得纳税；获得符合条件的股票奖励也允许直到转让日才纳税，但在转让日必须分开计算授予日所得和转让日所得并按相应所得规定纳税。

2. 支持“境内”创新创业企业就“本公司”股权实施激励

新政策要求实施股权激励的非上市公司必须属于“境内居民企业”，且激励标的应为境内居民企业的“本公司股权”，因此新政策支持的是“境内”创新创业企业，不支持“协议控制企业”，即VIE（Variable Interest Entity）结构。

我国多数互联网企业采用VIE结构，即境外注册公司与境内的业务运营相分离，境外公司通过协议方式控制境内业务实体。境外公司又称“协议控制企业”，其股权激励计划中授予境内员工的股份通常为境外公司的股权。VIE的诞生源于对法律监管的规避，在我国突出表现为规避外资准入、境外上市、外资并购和外汇流动等方面的监管，因此VIE结构的合法性值得商榷[②]。此外，协议控制企业多注册在国际避税地，方便其通过财务筹划避税，给我国税收征管带来巨大风险。因此，综合考虑，新政策不支持VIE结构具有合理性。

事实上，VIE结构在欧美国家也难享受股权激励税收优惠。因为欧美国家在其“享受税收优惠的股权激励计划”中几乎都要求激励对象须为本公司雇员或者实施股权激励的公司不能是被控制公司等。

3. 支持以股权吸引和留住“创新创业人才”

新政策要求激励对象为研发和高级管理人员，且增加了激励比例要求，即在近6个月内不能超过30%。因此，新政策所支持的并不是针对普通员工的一般“职工持股计划”，而是针对少数“创新创业人才”的股权激励计划，旨在促进创新创业人才向企业聚集，是我国创新税收政策由激励企业增加研发投入向激励其他社会资本包括人力资本进入创新领域转变的重要标志。

人才是企业创新的关键，但我国现阶段高水平的研发人才集中在高校和科研院所，创新创业企业“招人难、留人难”问题突出。据对中关村75家创新创业企业主要困难的调查结果显示，63%在前三项困难中选择了人才问题，20%则将人才问题

---

① 《国内税收法典》Sec.83（b）。特殊纳税法虽然纳税时点前移，但可规避既得日股票市场价格波动，且税收成本明确、容易获得长期资本利得税优惠。“选择权”允许纳税人根据自身情况对纳税时点进行选择，以降低税收负担。

② 我国监管部门对VIE结构的合法性尚未作出定论，但实际上监管日趋严格。

列为第一大难题[①]。对我国博士毕业生调查的结果也显示，分别仅有15.2%和37.2%的理科和工科博士生希望去企业[②]。

对比欧盟国家经验，美、英等发达国家可享受税收优惠的股权激励计划有多种类型，虽然有的也包括所有员工均可参加的“雇员持股计划”，但其政策目标主要是鼓励储蓄。

4. 支持以长期持股稳定“创新创业人才”

新政策增加激励对象长期持股要求：股权奖励要求自奖励日起持有满3年；股票期权、限制性股票要求自授予日起持有满3年，自行权日或解禁日持有满1年。稳定创新创业团队是企业实施股权激励的重要目标，只有长期持股才能实现“稳定”。

欧美国家对其“享受税收优惠的股权激励计划”普遍有长期持股要求。比如，美国规定“法定股票期权”自行权日起持股时间须满1年，自授予日起持股时间不少于2年；比利时“20%折扣股票购买计划”要求雇员认购股票后5年内不得转让[③]。

5. 支持方式属于“双重优惠”

一是延期纳税优惠，即激励对象直到转让股权获得现金收益时才纳税，彻底解决了在原政策下员工持股未获收益就先行缴税的负担和风险问题。二是税收减免优惠，即允许缴税时统一按“财产转让所得”适用20%税率。在原政策下获得股权时按“工资薪金所得”适用最高边际税率45%的超额累进税率，转让股权时才能按“财产转让所得”纳税，而多数情况下“工资薪金所得”适用的税率会高于20%。新政策的“双重优惠”在国际上属于优惠力度较大的税收激励。

二、主要问题

（一）科技人才所获社会公益奖励未有税收优惠支持

近年来，我国原始创新不足严重制约了我国科技创新发展，基础研究投入不足是重要原因。为此，我国部分企业发起设立的基金会开始将资助方向聚焦在基础研究，且多以科学奖励方式，如腾讯公益基金会设立“科学探索大奖”、香港未来科学大奖基金会设立“未来科学大奖”等，都引发了社会强烈关注。但科学家从上述基金会所获奖金目前仍然需要按照20%税率正常缴纳个人所得税，并没有任何税收优惠支持。

---

① 中国科学技术发展战略研究院.天使投资与新兴产业创业（机制）研究结题报告［R］.2015.

② 博士学位获得者职业取向调查课题组.博士学位获得者职业取向调查报告［M］.北京：中国科学技术出版社，2009.

③ 薛薇，等.科技创新税收政策国内外实践研究［M］.北京：经济管理出版社，2013.

（二）企业股权激励税收优惠未惠及平台持股，且征管挑战较大

1. 持股平台间接持股无法适用新政策

很多企业出于股权管理、融资、工商变更便利等需要，成立了间接持股平台，代激励对象持股，但不符合新政策所规定的“激励对象为公司董事会或股东（大）会决定的技术骨干和高级管理人员”，激励对象因此不能享受延期纳税。据调研，多数企业，特别是拟上市企业，都更倾向于激励人员间接持股，且基本选择有限合伙制的持股平台[①]。企业每次实施股权激励，企业、激励对象和持股平台都会签署有关“三方”协议。

2. 企业担心涉税风险而只对部分员工备案，税务部门担心无法掌握股权转让信息而难以征税

新政策要求企业对股权激励对象进行备案，并在股权转让时代扣代缴个人所得税，但在不控制员工股权转让后的现金流情况下，企业担心代扣代缴后个人拒绝支付的风险。同时，税务部门担心递延纳税导致股权变更信息难以掌握，而导致征税难。

（三）企业研发人力成本负担较重，个人所得税是重要方面

当前我国人力成本在企业研发成本中的占比呈上升趋势。据统计，2013—2018年，我国高新技术企业内部研发成本中人力成本占比一直在60%以上。我国工资薪金个人所得税最高边际税率高达45%，处于世界较高水平（见表6–4）。由于高端技术创新人才的稀缺性，其个人所得税负的较大比重由企业最终负担。因此，我国企业高端研发人才负担的较高个人所得税负，进一步加重了企业人力成本负担。

表6–4　　部分国家和地区个人所得税最高边际税率　　单位：%

国家和地区	最高边际税率	国家和地区	最高边际税率	国家和地区	最高边际税率	国家和地区	最高边际税率	国家和地区	最高边际税率
象牙海岸	60	毛里塔尼亚	40	委内瑞拉	34	多米尼加共和国	25	匈牙利	15
芬兰	56.95	瑞士	40	波多黎各	33	哥斯达黎加	25	也门	15
日本	55.97	塞内加尔	40	加拿大	33	洪都拉斯	25	伊拉克	15
丹麦	55.9	中国台湾	40	斯威士兰	33	老挝	25	白俄罗斯	13

① 据调研，持股平台的普通合伙人基本都是实施股权激励的企业法人，而某位信得过的高管是有限合伙人。一般情况下，间接持股平台是伴随企业第一次实施股权激励而产生。如果第一次股权激励是限制性股票，激励对象一般也会成为有限合伙人，但受有限合伙人人数限制和管理便利需要，之后无论是限制性股票还是股票期权，一般都由有限合伙人中那位信用高的高管代持。

续表

国家和地区	最高边际税率	国家和地区	最高边际税率	国家和地区	最高边际税率	国家和地区	最高边际税率	国家和地区	最高边际税率
奥地利	55	土耳其	40	波兰	32	黎巴嫩	25	玻利维亚	13
瑞典	52.9	乌干达	40	莫桑比克	32	孟加拉国	25	俄罗斯	13
阿鲁巴	52	智利	40	拉脱维亚	31	缅甸	25	中国澳门	12
比利时	50	哥伦比亚	39	冈比亚	30	斯洛伐克	25	摩尔多瓦	12
斯洛文尼亚	50	新西兰	39	加纳	30	特里尼达和多巴哥	25	塔吉克斯坦	12
以色列	50	挪威	38.2	克罗地亚	30	尼日利亚	24	乌兹别克斯坦	12
荷兰	49.5	摩洛哥	38	肯尼亚	30	斯里兰卡	24	保加利亚	10
爱尔兰	48	苏里南	38	莱索托	30	阿尔巴尼亚	23	波黑	10
葡萄牙	48	赞比亚	37.5	卢旺达	30	捷克共和国	23	哈萨克斯坦	10
西班牙	47	美国	37	马拉维	30	列支敦士登	22.4	科索沃	10
冰岛	46.25	纳米比亚	37	马来西亚	30	新加坡	22	利比亚	10
卢森堡	45.78	乌拉圭	36	秘鲁	30	叙利亚	22	罗马尼亚	10
澳大利亚	45	阿尔及利亚	35	尼加拉瓜	30	亚美尼亚	21	马其顿	10
德国	45	阿根廷	35	萨尔瓦多	30	阿富汗	20	蒙古	10
法国	45	埃塞俄比亚	35	坦桑尼亚	30	爱沙尼亚	20	塞尔维亚	10
韩国	45	巴基斯坦	35	牙买加	30	斐济	20	黑山	9
南非	45	赤道几内亚	35	印尼	30	格鲁吉亚	20	危地马拉	7
英国	45	厄瓜多尔	35	约旦	30	柬埔寨	20	阿联酋	0
中国	45	菲律宾	35	乍得	30	立陶宛	20	阿曼	0
希腊	44	加蓬	35	巴巴多斯	28.5	马达加斯加	20	巴哈马	0
意大利	43	喀麦隆	35	巴西	27.5	马恩岛	20	巴林	0
印度	42.74	马耳他	35	萨摩亚	27	乌克兰	18	百慕大	0
巴布亚新几内亚	42	墨西哥	35	阿塞拜疆	25	毛里求斯	15	卡塔尔	0
刚果	40	塞浦路斯	35	埃及	25	塞拉利昂	15	开曼群岛	0
刚果共和国	40	泰国	35	安哥拉	25	塞舌尔	15	科威特	0
几内亚	40	突尼斯	35	巴拿马	25	苏丹	15	沙特阿拉伯	0
津巴布韦	40	越南	35	博茨瓦纳	25	中国香港	15	文莱	0

数据来源：OECD数据库。

三、政策建议

（一）制定科技人才社会公益奖励个人所得税免税办法

为奖励科研人才专注基础研究，同时也为支持社会公益基金资助基础研究，建议对科技人才所获得的社会公益奖励免征个人所得税。

有关条件初步考虑：①资助主体为基金会法人，且必须是经过民政和税务部门认定的“非营利组织”；②资助方式为面向社会公开的科技奖励；③资助对象具有博士学位或高级专业技术职称。

（二）允许间接持股的激励对象享受延期纳税优惠

按照“税收中性”原则，若无明显证据证明激励人员直接持股或间接持股哪种方式更应鼓励，税收政策不应影响企业有关决策。间接持股在国内外都较为普遍。因此，建议有关部门尽快研究间接持股享受新政策的补充办法，即间接持股满足一定条件，激励对象就可以享受延期纳税。

有关条件初步考虑：①持股平台属于境内居民企业，且为有限合伙制；②普通合伙人必须是实施激励的企业或法人代表，有限合伙人必须是企业内部员工；③证明持股平台代激励对象间接持股的“三方协议”等证明材料。

（三）加强多部门合作，搭建税务诚信平台

股权激励政策的有效落实需要企业、激励对象、市场监管、税务、科技等多部门的有效沟通和协助；否则政策效果必然大打折扣。为此，建议搭建税务诚信平台，通过加强制度建设提高纳税诚信。

通过平台，市场监管和税务部门实现股权变更信息的实时互通，企业若未按有关规定代扣代缴，将进入“信用黑名单”，在融资、财税政策享受等方面受到限制。同时，企业也可向税务、市场监管、证监会、银监会等部门通报未支付相应个人所得税款的激励对象信息，激励对象同样进入“信用黑名单”，并在就业、银行贷款、财税政策享受、工商登记等方面受到限制。

（四）降低企业高端科技人才的个人所得税负

方案一：研究制定高新技术企业人才政策。针对高新技术企业高层次科研人才

人才，建议借鉴粤港澳大湾区和海南自贸港相关政策，允许地方自愿对符合条件人才的个人所得税给予一定比例的财政补贴，促进科研人才向高新技术企业集聚。

方案二：研究制定高端科技人才个人所得税优惠政策。针对世界高层次科研人才与紧缺人才降低适用的个人所得税率至20%甚至15%，有关人才界定建议借鉴国际经验，在学科、薪酬、研发工作时间等方面制定具有可操作性的标准，并由企业向税务部门申报，年度申报人数不能超过企业职工总数的一定比例（如3%），且限制优惠期限（如5年）。

附录　科技人才税收优惠政策的国别实践

（一）比利时

1. 企业代扣代缴研发人员的工薪税减免[①]

2003年开始，比利时企业雇用持有合格学历的研发人员开展研发活动，代扣代缴其工资薪金税时可以减免一定比例，从而有助于降低企业的研发人力成本支出。其中，研发活动的定义需要符合OECD的Frascati手册对研发活动的界定，包括基础研究、应用研究和实验开发。

2020年起，企业代扣代缴研发人员工薪税的最高减免比例为80%。符合条件的研发人员主要条件包括：拥有博士、硕士学位的科学和工程专业领域，例如科学、应用科学、医学、药学、工程学、IT、建筑、产品开发等。2019年开始，此项政策适用的研发人员范围拓展到学士学位持有人，但学士学位必须属于以下领域：科学、工程科学、农业科学和生物工程、医学科学、兽医科学、生物医学科学和制药、建筑艺术和城市规划（建筑师）、工业科学和农业工业科学等领域。此外，对于学士学位研发人员的工薪税减免总额，最高不能够超过博士与硕士学位员工减免税额的25%（对于依据比利时《公司法》所界定的小公司，此上限比例可提高至50%）。

此外，2014年开始，企业申请该项政策的研发计划或研发项目必须经过比利时科学政策办公室（The Belgian Science Policy Office，BELSPO）的事前批准。BELSPO主要审核企业研发计划或研发项目是否属于合格的研发活动。因此，企业提交的研发计划或研发项目说明报告必须包括对项目或项目群的描述，如预期的开始和结束日期，以证明其属于研发活动的定义范围。

2.外籍高管和研究人员津贴免税[②]

从事临时性工作的外籍高管或研究人员如果符合条件，其获得的与临时工作有关的各类津贴收入免税。此类津贴主要包括：各种生活费用津贴、住房补贴、税收均等补贴、探亲假津贴等，但津贴总额最高为每年11250欧元，研究人员可以增加到每年最高29750欧元。津贴免税政策仅适用于符合以下条件的外籍人员：①外籍人员为外国国民；②外籍人员士必须是公司的高管、董事或研究学者、专家；③外

① 资料来源：OECD COMPENDIUM OF INFORMATION ON R&D TAX INCENTIVES，2019.

② 资料来源：EY，Research and development incentives in Belgium，https：//assets.ey.com/content/dam/ey-sites/ey-com/en_be/topics/tax/tax-alerts/ey-rd-brochure-belgium-2020.pdf？ download.

籍人员必须是比利时的非税收居民；④外籍人员必须由跨国集团公司在比利时境内临时雇用。

（二）丹麦

1. 外籍研究人员和高薪雇员税收计划①

为吸引国外人才，丹麦为企业与研究机构雇用的外籍研究人员和高薪雇员制定了特殊的税收计划。根据该计划，经丹麦研究理事会批准的外籍研究人员和高薪雇员，可就其在丹麦境内的就业收入、其他现金补贴、交通补贴、通信补贴和医疗保险的现金价值按照31.92%的优惠税率统一纳税（丹麦个人所得税累进税制的最低税率为36%，最高55.8%），优惠期限最长为84个月。其中，研究人员是指在高校或企业从事研究工作且至少具有博士学位的人员；高薪雇员是指在缴纳补充养老金（ATP）之前，每年至少获得765535.80丹麦克朗（根据2017年的薪资标准而定，该最低限额将逐年调整）收入的雇员。

2. 员工持股计划税收优惠②

雇员依据员工持股计划获得的股票、股票期权和认股权证，相关纳税义务递延至个人出售标的股票之日。雇员出售股份所获收益将作为持股收益征税，其中不超过51700丹麦克朗（2017年）的部分适用的个人所得税税率为27%；超出部分税率为42%。但节税金额最高不超过雇员年薪的10%。在夫妻联合报税情况下，该阈值可以提高一倍。当雇主与雇员签订了合格的员工持股计划协议时，雇主应将所有股权激励的授予以及随后的归属、行使条件等向丹麦税务机关报告。

（三）土耳其③

1. 研发/设计中心代扣代缴研发人员工资所得税减免优惠

根据土耳其《R&D法案》（The R&D Act），对于任职于研发/设计中心，并经过行政审批的研发人员，企业可就其代扣代缴的相关工资所得税获得一定比例减免。减免比例具体为：①对于具有基础科学（数学、物理、化学和生物学）博士或硕士学位的人员为95%；②对于具有硕士学位或本科学位（后者必须是基础科学学位）的人员为90%；③对于所有其他人员为80%。但受益于该政策的研发人员数量不得超过研发人员全日当量总数的10%。其中，研发/设计中心需获得经过政府认定并获得研发/设计中心证书，且必须连续雇用至少15名全时当量的研发人员（某些领

---

① 资料来源：https：//home.kpmg/xx/en/home/insights/2011/12/Denmark-income-tax.html和Survey of Global Investment and Innovation Incentives-Deloitte.

②③ 资料来源：Survey of Global Investment and Innovation Incentives-Deloitte.

域要求最低为30名，设计中心至少10名）。

2. 企业为研发、设计人员的社会保障金支付减免

依据《R&D法案》，企业对于研发、设计和支持人员的社会保障金支付可以获得50%的财政部资金支持。为获得该项支持，企业应满足的相关条件有：①享受该项支持政策的研发、设计和支持人员总量不得超过全职研发人员当量总数的10%；②获得支持的员工需要获得行政部门的事前批准，且每位员工所获支持年限不超过5年。

（四）法国①

2004年《金融法案》（Fiance Law）提出了创新型新企业（Jeune entreprise innovante，JEI）的概念，并对符合相关资质认定的企业提供社会保障金豁免、企业所得税减免等税收激励。其中，社会保障金免缴有上限规定：①企业对单个员工的免缴上限为法国最低工资的4.5倍（2018年上限为每月6660欧元）；②企业年度社会保障金免缴优惠上限为199880欧元（2018年）。

“创新型新企业”的主要门槛条件：①成立时间不超过8年；②规模为中小企业，年度营业额不超过5000万欧元、员工少于250人、总资产不超过4300万欧元；③符合条件的研发费用支出占本年度可税前扣除费用总额的比例不小于15%；④法律上具有独立性，至少50%股权由个人、合伙企业、公益协会或科学基金持有。企业通过税务部门认定成为JEI后，有效期10年（2022年之前7年）。

“创新型新企业”可获得的主要税收优惠：①通过认定后，自盈利年度起，企业所得税可以第一年免税，第二年减半征收；②企业研发人员、技术人员、研发项目经理等雇员的工资收入7年内免缴社会保障金；③地方政府可酌情减免地方经济捐税。其中，研发费用范围与口径与研究税收抵免优惠所规定的研发费用范围与口径大致相同。但“创新型新企业”可获税收优惠总额受到欧洲最低援助限额规则（European de minimis rule）的限制，在三年内不能超过20万欧元。

（五）阿根廷②

2019年5月，阿根廷推出“促进知识经济税收法案（Tax promotional regime for knowledge-based economy）”，以促进知识为基础的数字经济活动③。该法案取代了此前实施的“促进软件业税收法案（Software promotional regime，已于2019年末到

---

① 资料来源：https：//www.enseignementsup-recherche.gouv.fr/cid5738/le-statut-de-la-jeune-entreprise-innovante-jei.html.

②③ 资料来源：https：//www.internationaltaxreview.com/article/b1g74xhky85b51/argentina-new-tax-promotional-regime-for-knowledge-based-activities.

期)”，有效期至2029年。

根据该法案，满足条件的居民企业可以获得以下税收优惠：①适用15%的企业所得税优惠税率；②免征增值税预提税和反向预提税；③有条件的国际税收全额抵免；④按照社会保障税缴纳额的1.6倍抵免联邦税收（如增值税和企业所得税）。

主要门槛条件包括：①企业总收入中至少70%来自于以下经济活动：软件、计算和数字服务[①]，视听制作和后期制作活动，生物技术，地质和勘探服务以及与电子和通信有关的服务专业服务，纳米技术和纳米科学，航空航天与卫星工业核工业工程，使用工业4.0技术进行自动化产品的制造和服务；②企业注册地符合“促进知识经济税收法案”的注册要求；③至少满足以下要求中的两项：第一，根据公认的质量标准，企业获得对产品、服务和流程进行持续改进的认证；第二，企业用于符合条件的经济活动的研发支出占企业总收入的3%以上，或相关员工培训支出占员工工资总额的8%以上；第三，企业产品/服务出口收入占符合条件的经济活动收入的13%以上。

（六）俄罗斯

俄罗斯实施超额累进的社会保障费率，对于符合条件的IT企业和软件设计企业允许按照较低的社保费率缴纳员工社保。以2018年为例：①年工资薪金不超过81.5万卢布的，社会保障费优惠费率为14%（标准费率为30%）；②年工资薪金在81.5万—1021万卢布之间的，费率为12%（标准费率为27.1%）；③年工资薪金超过10.2万卢布的，费率为4%（标准费率为15.1%）。各档级距会逐年进行修订。

其中，IT企业的主要条件：①获得俄罗斯通讯部的资质认证；②报告期内来自软件开发等合格活动（不包括广告分发因业务）的收入份额至少占同期总收入的90%；③报告期内平均雇员人数不少于7人。

软件设计与电子产品开发企业的主要条件：①经俄罗斯工业和贸易部认定；②报告期内来自软件开发等合格活动（不包括广告分发因业务）的收入份额至少占同期总收入的90%；③报告期内平均雇员人数不少于7人。

（七）西班牙[②]

根据西班牙第475/2014号法令，西班牙对符合条件的企业，允许其对专职从事研究、开发和技术创新活动的员工社会保障金支付减免40%。

---

① 包括软件产品和基于软件的服务（SAAS）、嵌入式软件、视频游戏和云服务开发。

② 资料来源：Survey of Global Investment and Innovation Incentives–Deloitte.

企业应满足的条件主要包括：①在西班牙经济与企业部进行备案，提交关于致力于研究开发和技术创新活动的动机报告和承诺，并在申请适用减免优惠财年结束后的半年内提交给社会保障部；②企业雇员人数不低于10人；③减免优惠仅适用于85%以上的工作时间用于从事研发和创新活动的研究人员，不包括管理、行政和营销人员等。

企业可以同时申请该项社会保障费减免优惠与其他研发创新激励政策（研发抵免或财政补贴、贷款贴息等），但与关于研发人员有关的其他财政激励政策不能并行适用。

（八）瑞典

1. 研发人员雇主的社会保障缴款减免[①]

自2014年1月起，瑞典雇主可为从事研发工作的雇员减免10%的社会保障金支付。该优惠政策的主要目标在于鼓励小型私营企业投入研发。根据规定，减免仅限于从事积极研发工作的员工（工作时长的75%及以上用于研发活动，且每月至少达到15小时），单个企业年度可获得的社保减免优惠上限为276万瑞典克朗。另外，企业可以申请自该项减免政策实施之初进行追溯适用[②]。

2. 国际人才个人所得税减免[③]

对于稀缺型知识和技能的国际高层管理人员、专家、研究人员等，瑞典给予以下税收优惠：①工资薪金和福利所得适用的个人所得税和社会保障税减征25%；②往返瑞典的费用、部分往返母国的差旅费及学费均免征个人所得税。

国外人才的主要条件：①在瑞典就职的前3年可申请享受该项优惠政策，资格有效期最长为3年；②在瑞典工作年限不超过5年；③纳税人为非瑞典公民；④纳税人不得为在过去5年长期居住或定居在瑞典的外国公民；⑤纳税人必须为国际高层管理人员、专家、科学家，或从工作后的1个日历年中月收入超过两个法定收入基础值的外国雇员；⑥雇主必须为瑞典的居民纳税人，或在瑞典设有常设机构的外国企业。

优惠申请：雇主或外籍人士需在就职后的3个月内向瑞典国家税务局下设的瑞典研究者纳税委员会提交减免税申请。如纳税人对委员会决定不满，可以向省或国家行政法院进行申诉。当雇主向税务机关申报雇员收入时，需在纳税申报表中列明外籍人员的免税津贴，其他申报资料遵循标准流程。

---

① OECD：R&D Tax Incentives：Sweden，2019. https：//www.oecd.org/sti/rd-tax-stats-sweden.pdf.

② 例如，若企业2018年才开始申请该项优惠政策，但该企业自2014年开始就满足政策适用条件，则企业可就其2014—2017年的社会保障金支付依比例申请退还。

③ 资料来源：https：//taxsummaries.pwc.com/sweden/individual/other-tax-credits-and-incentives.

（九）韩国[①]

根据韩国《2018年税法修正案》，在2019—2021年，符合条件的外国技术人员在韩国境内开始任职的，可就其在韩国连续五年内取得的劳动所得减免个人所得税50%。其中，外国技术人员应满足以下条件之一：

（1）依据韩国战略和财政部规定的工程技术许可协议，在韩国境内提供技术服务的外国技术人员，其中工程技术许可协议的合同价不低于30万美元。

（2）依据战略和财政部条例规定，在满足以下条件的外资研发机构工作的外国研究人员：①研发机构雇用的研发人员数量不低于5人（具有理学学士学位，且从事研究工作满3年；或具有硕士学位）；②研发机构为独立研究机构；③研发机构的R&D投资额不低于1亿韩元；④外资公司至少30%有表决权的股权或投资属于非韩国人所有。

（十）卢森堡[②]

为提高对特定领域的国外专家或高技能工程师的吸引力，卢森堡自2010年末开始就针对国外高技能合格人才移民提供了特殊税收优惠。根据该政策，合格人才因搬迁而产生的一次性费用和支出（如搬家费用、特殊旅行费用等）、因搬迁而产生的经常性费用和支出（租金、物业管理费用、该员工配偶或子女的额外教育费用和固定津贴[③]等）在5个纳税年度内可不被视作高技能合格人才的收入组成，而被认作是雇主运营成本的组成部分。

高技能和高素质人才应满足的一般条件包括：从事高附加值经济活动并作出重大贡献；满足成为居民纳税人的条件；未以在卢森堡定居为税收目的，或居住在边界150公里以内，或在卢森堡之年之前的5个纳税年度内因专业收入在卢森堡缴纳个人所得税；在本领域中具有高等教育文凭和深入的技术专长，或至少5年的专业工作经验；在卢森堡获得至少50000欧元的固定年薪等。

高技能和高素质人才的范围需满足以下条件：第一，此前在国外工作的员工，由位国外公司派遣至同一集团下属卢森堡分公司工作，且所从事的工作在卢森堡境内缺乏胜任者或职业具有高度专业性；第二，由在卢森堡成立的公司或在卢森堡经营但在欧洲经济区另一成员国成立的公司直接在国外雇用的员工，其卢森堡公司的

---

① 资料来源：https：//home.kpmg/xx/en/home/insights/2019/01/flash-alert-2019-016.html，在本法案之前，符合条件的外籍工作人员可享受连续两年减免50%个人所得税的优惠。

② 资料来源：https：//guichet.public.lu/en/citoyens/impots-taxes/activite-salariee-resident/salarie-hautement-qualifie/exoneration-hautement-qualifie.html.

③ 固定津贴每月金额为员工固定月薪的8%，且不得超过1500欧元。

雇员人数不少于20人、成立时间不低于10年，且只有不超过30%的员工可以从该优惠政策中受益。

（十一）德国[①]

2019年11月29日，德国联邦参议院批准通过了《研究津贴法》。2020年1月1日，《研究津贴法》生效，德国将首次对企业研发给予税收抵免。该法案将允许企业申请相当于支付给研发人员工资的25%的税收抵免。该项税收抵免额每年不能超过50万欧元，可以直接抵减企业代扣代缴的个人所得税或企业所得税额；当前不足抵扣的抵免额，则会以现金形式返还给企业。所有从事基础研究、产业研究和试验开发的企业都有资格享受该项税收抵免。

（十二）意大利[②]

自2005年起，企业在研发活动中发生的雇用成本可以从大区生产税（IRAP）[③]的应税基础中扣除，但扣除额限于与研发活动相关的员工直接费用。从2015财年起，企业根据永久合同聘用的员工成本可从IRAP的应税基础中全额扣除。

---

① 详见本书第二章第九节。

② 资料来源：Worldwide R&D Incentives Reference Guide-EY.

③ 意大利的大区生产税（IRAP）是地方税种，是企业在每一个应纳税期基于其净产值而缴纳的直接税，税率通常为3.9%—5%。

第七章

非营利性科研机构税收优惠政策

本章的非营利性科研机构（又称“非营利性科学技术研究开发机构”）是指“专门（主要）从事研发活动的非营利性法人机构”，不包括大学、基金会和社会团体。一般地，非营利性科研机构主要开展基础研究、应用基础研究、产业共性技术研发等具有较强公益性特征的研发活动。因此，非营利性科研机构税收优惠政策对其长期可持续发展具有重要影响。

非营利性科研机构税收优惠政策主要涉及三类：“非营利组织”税收优惠政策、科研机构相关税收优惠政策与企业技术创新相关税收优惠政策。从国际看，主要发达国家“非营利组织”税收优惠政策具有如下特点：一是企业所得税的免税所得范围较广，“相关所得”免征企业所得税，“被动所得”免征企业所得税，美国还明确研究收入免征企业所得税；二是非营利组织可享受的税收优惠政策较多；三是非营利组织捐赠者可自动获得税收优惠且优惠力度较大，如捐赠者当年不足扣除部分可以在以后较长时期向后结转扣除，非现金捐赠按照市场价值享受所得税与增值税优惠，捐赠者还享受遗产与赠予税优惠；四是相关部门注重加强监督管理。

我国非营利性科研机构现行税收优惠政策还存在很多不足：“非营利组织”税收优惠政策难以惠及非营利性科研机构，“相关所得（与宗旨相关）”与“被动所得”都不在免税所得范围；非营利性科研机构也很难获得“捐赠扣除资格”，科学捐赠没有特殊优惠；非营利组织税收管理重行政审批、管理职能定位不清晰。为实现高水平科技自立自强，建议对非营利性科研机构的税收政策逐步由“紧优惠、松监管”走向“宽优惠、严监管”，支持非营利性科研机构长期可持续发展。相关税收政策从普惠性功能向功能性功能转变，从单一支持政策向系统性支持政策转变，从支持政策仅考虑政策本身向与管理体制机制优化相结合转变，从注重政策享受的行政审批向专业化管理转变，逐步实现非营利性科研机构税收体制机制的科学化，促进我国科研机构在原始创新、重大科技攻关等战略目标实现中发挥更大作用。

第一节
非营利组织税收优惠政策国际实践与特点①

非营利性科研机构作为非营利性法人，在满足条件情况下，适用“非营利组织”税收优惠。“非营利组织”一般属于税收意义上界定的“免税组织”。美国、英国、德国和日本的非营利组织税收优惠政策，虽然存在很多细节差异，但在优惠内容、优惠力度、优惠管理等方面有很多共同点，特别是对非营利组织相关所得与捐赠的税收优惠有利于非营利性科研机构长期可持续发展，政策经验值得我国学习、借鉴。

一、主要发达国家“非营利组织”范围与管理概况

（一）非营利组织涵盖范围广泛，公益性越强税收优惠力度越大

从概念上来看，基金会、社会组织、公益组织、慈善组织、非政府组织等共同属于非营利组织的一种，但许多国家并没有专门统一的法律定义。如在美国法律中，各种法人类型只要符合税法规定，都可以界定为免税组织。总体看，在法律形式与类型上，四个发达国家的非营利组织如下特征较为明显。

一是从法人地位看，非营利组织有法人制和非法人制，但非法人制一般无法享受税收优惠。

二是从法人形式上看，非营利法人可以选择的法人形式有很多种，如美国、德国和英国都包括某种形式的公司法人。

三是从法人类型上看，非营利法人总体上可分为社团法人和财团法人。一般地，基金会属于财团法人，非营利性科研机构属于“社团法人”。

四是从公益程度上看，非营利法人的公益性越强，认定标准越严格，但可获得的税收优惠力度越大。比如，四个国家可以获得免税资格的非营利组织都要求较高程度甚至完全的公益性，“互益”性组织一般则无法获得免税待遇。美国根据公益性程度不同，对涵盖范围最为广泛的第501（c）（3）条款所描述的免税组织，又进

① 本节主要基于本章第二节至第五节共4个发达国家的非营利组织税收优惠政策进行分析。

一步划分为“公共慈善机构”与“私人基金会”，其中公共慈善机构的公益性更大，适用的税收优惠力度也相对更大，但获得该地位的标准更高。

（二）以“科学”为公益目标的非营利组织是免税组织的重要类型

总体看，发达国家对于公益目标是促进科学研究的非营利组织都允许享受免税待遇。比如，美国第501（c）（3）条款规定的“免税组织”，其公益目的或活动明确有7项[①]，包括“科学”；德国《公司税法》规定的“税收特惠组织”要求完全支持公益目的[②]，公益目的中包括“科学”；日本《公益法人认定法》采取“尽可能穷尽列举”之方式，明确规定多达23项的“公益目的事业”，第一项就是“以学术和科技振兴为目的的事业”；《特定非营利活动促进法》规定特定非营利活动法人应从事该法列举的至少一种“特定非营利活动”，包括“推动科学、文化、艺术、体育”。

（三）“宽准入、严监管”，部门职能明确

总体看，发达国家对非营利组织采取“宽准入、严监管”的管理模式，在注册、登记与资格认定环节相关部门的职能明确，行政审批较少。具体管理模式类型如下：

一是注册、登记统一，免税资格认定与监督管理主要由税务部门负责，登记与免税资格分离。比如，美国非营利组织在州政府注册登记，若要成为免税组织，需向联邦税务部门提交申请；德国非营利组织在地方法院注册登记，若要成为免税组织，需向所在地方的税务部门提出申请。

二是注册、登记分离，登记与监督管理由第三方机构主要负责，登记与免税资格统一。比如，英国非营利组织可以向独立运作的非政府部门“慈善委员会”[③]申请登记为“慈善组织”，慈善组织自动获得免税资格，无须税务部门再认定。

三是分类管理，公益认定与监督管理由政府或第三方机构负责，公益认定与免税资格统一。日本最为典型，其对非营利组织划分为多种类型：有的登记注册与公益认定统一，由政府负责，比如特定非营利活动法人在省政府注册登记、特定公益法人由中央政府相关部门或地方政府批准后注册登记；有的登记注册与公益认定分离，比如日本公益法人由属于第三方机构的“公益法人认定委员会”认定。日本非

① 包括：慈善、宗教、科学、教育、公共安全测验、文学、防止虐待儿童或动物等。

② 包括：科学，宗教，公共卫生保健，青年和老年人，艺术和文化，历史保护，教育，环境保护，公共福利，受害者、残疾人和受政治迫害者，救生员，预防伤害，国际理解和宽容，动物保护，发展援助，消费者保护，罪犯改造，性别解放，婚姻家庭，预防犯罪，体育（含国际象棋），地方历史和地理，畜牧业、植物饲养、农家乐、传统习俗、部队娱乐、业余无线电、航模和犬类运动，德国民主政治制度，以及出于公益目的的公民承诺。

③ 英国慈善委员会成立于1853年，负责英格兰和威尔士地区慈善组织的注册和监督管理工作。目前有323名工作人员，在英国的利物浦、伦敦、纽波特、汤顿四个城市设有办公点。根据2006年颁布的《慈善法》，慈善委员会属于独立运作的非政府部门公共机构，不需要向任何内阁部长汇报，完全是自主运作；但其决策问题由慈善法庭裁决。

营利组织只要通过公益认定，相关所得才可以免税。

二、主要发达国家“非营利组织”税收优惠政策

非营利组织税收优惠政策主要涉及企业所得税免税优惠、其他税种优惠以及捐赠者税收优惠，主要特点如下。

（一）非营利组织企业所得税的免税所得范围较广

一是“相关所得”免征企业所得税。按照与公益性宗旨的相关性，美国、英国和德国都将非营利组织的经营性活动划分为“相关”和“无关”两类，来自“相关”经营活动的“相关所得”免征企业所得税，“无关所得”则正常纳税。相关所得的判断标准主要是看收入用途和收入来源，即经营活动所得最终是否用于公益性宗旨或者收入来源是否与公益性宗旨相关。日本虽然没有相似规定，但通过“视同捐赠”政策也起到了类似作用，即将非营利组织经营性收入中用于公益事业的部分视为捐赠，免征企业所得税（有比例上限）。

二是“被动所得”免征企业所得税。四个发达国家都允许被动所得免征企业所得税，主要包括财产处置所得（如特许权使用费、租金、股票转让所得等）与其他投资所得（利息、股息等）。比如，英国慈善组织所获得的用于慈善目的的收入或收益全部免缴企业所得税，包括租金或投资收入（例如银行利息）、处置资产（例如财产或股票）产生的利润等。美国明确被动性收入不属于无关经营活动，如股息、利息、年金、特许权使用费、租金等。

三是美国明确研究收入免征企业所得税。美国明确规定：非营利组织为国家和州以及任何机构所进行科学研究[①]（scientific research）取得的收入，在计算无相关经营收入时排除在外；大学、医院的所有科学研究收入均属于相关所得；当非营利组织主要进行基础性研究且研究成果向公众免费提供时，其所有研究收入都属于相关所得。

（二）非营利组织可享受的税收优惠政策较多

除企业所得税优惠外，发达国家非营利组织还可以享受其他税种的税收优惠。比如，美国非营利组织还可以享受财产税免税、零售销售税免税和“失业税”免税

① 目前尚没有明确解释，但必须是出于公共利益（public interest）的科学研究。

等税收优惠；英国慈善组织可以获得的税收减免优惠还包括财产税免税和增值税优惠（包括低税率、零税率和免税等）；德国非营利组织开展与卫生、教育、文化和科学有关的公益性活动收入可以免征增值税，为实现非营利组织法定目的或资产管理所必需的服务销售适用7%优惠增值税率。

（三）非营利组织捐赠者可自动获得税收优惠且优惠力度较大

一是捐赠者自动获得税收优惠，无须再行政审批。美国、英国和德国的非营利组织只要是“免税组织”，其捐赠者都可以自动享受捐赠税收优惠，并不存在非营利组织“捐赠扣除资格”的又一轮认定。

二是公益性越强的非营利组织捐赠者可获得的税收优惠力度越大。比如，美国个人对公共慈善机构的现金捐赠可在毛收入50%以内税前扣除①，对私人基金会的现金捐赠则在20%以内税前扣除②，但对向未登记和互益性非营利组织的捐赠支出不允许享受捐赠税收优惠；日本对认定非营利活动法人、公益法人与特定公益法人的捐赠者允许一定比例的税前扣除优惠，但对其他非营利组织捐赠者则不允许税前扣除或者扣除优惠的力度较小。

三是捐赠者无论是个人还是企业，当年不足扣除部分，可以在以后较长时期向后结转扣除。比如，美国个人和企业捐赠者超过当年限额部分的捐赠可结转至以后5个纳税年度扣除；德国个人和企业捐赠者当年不足扣除部分允许在以后纳税年度继续扣除。

四是非现金捐赠按照市场价值享受所得税与增值税优惠。比如，英国个人或企业向慈善组织捐赠土地、财产或股份，免缴资本利得税和所得税；企业向慈善组织捐赠其他实物，可以从所得税应税收入中扣除捐赠物的市场价值，满足条件情况下缴纳增值税时适用零税率；德国捐赠者的非货币性捐赠通常不需要缴纳增值税。

五是除所得税优惠外，捐赠者还享受遗产与赠予税优惠。美国、英国、德国都是如此。

（四）相关部门注重加强监督管理

宽优惠的背后是监督管理的加强，且相关部门职能明确。比如，美国国内税务局由专门的“免税组织与政府机构”部门负责非营利组织的税收与监督管理工作，建立了纳税审查、税务监督、税收惩罚、信息公开等制度；非营利组织需每年填写

---

① 此外，如果以实物或其他财产，如短期资本收益财产进行捐赠，则按实物或财产市场价值，在当年AGI的50%的限额内扣除；如果以长期资本收益财产，如持有超过1年的股票、债券、珠宝、邮票等形式捐赠且该财产已经增值，则按该财产市场价值在当年AGI的30%的限额内扣除。

② 此外，如果赠与物是已经增值的长期资本收益财产，则按该财产市场价值在当年AGI的20%限额内扣除。

由联邦政府监制的“年度申报表”，披露免税机构的经费来源、资金用途等详细情况。英国的慈善委员会专职负责对非营利组织进行管理与监督，包括年检、质询调查、监督信息公开等，对非营利组织特别是筹集而来的资金实行严格的监管，并对与成立宗旨无关的交易活动采取严格的监管措施。德国地方税务部门对获得免税组织资格的公益性组织要求定期上交年度报告，三年一次财务检查。此外，澳大利亚联邦税务局专门设立“非营利组织中心”，负责管理非营利组织及其税收优惠政策等。

三、启示与借鉴

发达国家普遍对具有明确公益性的非营利组织给予了宽松的税收优惠，对我国的启示与借鉴如下：

一是公益性是非营利组织与其捐赠者获得税收优惠的基础性条件，“科学”是重要的公益性目标，公益性越强，税收优惠力度越大。

二是“严监管”是宽松税收优惠的前提，登记监管与免税资格认定可以结合，也可以分离，但必须职能明确、管理专业、协同合作，减少行政审批次数。

三是非营利组织免税所得包括相关经营所得与被动所得，这样既支持了非营利组织发挥其公益功能、实现长期可持续发展，同时也兼顾了非营利组织与营利组织之间的公平竞争。

四是捐赠者自动获得税收优惠，且优惠力度较大，现金捐赠与实物捐赠可以获得的税收优惠力度相差较小甚至基本一致。

五是非营利组织与其捐赠者除了所得税优惠外，还可以获得商品税、财产税和遗产赠与税等多个税种的税收优惠。

第二节
美国非营利组织税收优惠政策①

美国是世界上非营利组织最发达的国家，在科学研究领域也是如此。2015年，

① 本节部分内容已经发表，见：薛薇.美国科技类非营利组织税收政策及启示［J］.国际税收，2019（5）：62-66.

在美国基础研究经费中，除高校外的其他非营利组织投入占8.57%[①]；2016年，美国规模最大的6家专注科学研究的基金会共投入50多亿美元用于基础研究[②]；2017年，美国科学慈善联盟连续调研的25家科研机构共接受16.8亿美元的科学捐赠，较2015年增加了40%[③]。美国非营利组织的发展离不开有效的税收激励，相关经验值得借鉴。

一、不同类型非营利组织适用不同的税收优惠政策

美国非营利组织在各州登记注册，程序相对简单；可选择的法律形式也很多，一般登记为法人或信托基金[④]。非营利组织只有向美国国内收入署（IRS）申请"免税资格"，才能成为"免税组织"。《美国国内收入法典》501（c）条款规定了29种类型的免税组织，不同类型适用不同的税收政策。主要划分类型及税收政策待遇差别如下：

（1）按照组织形式分两类：一是适用501（c）（25）的"信托制"非营利组织；二是适用其他条款的"法人制"非营利组织。其中，"信托制"非营利组织（信托公司），与合伙企业一样属于"导管公司"，并不是企业所得税纳税人；不同地，"法人制"非营利组织则需要申请并获得"免税资格"才可以作为免税组织享受企业所得税等税收优惠。

（2）按照组织目的分两类：一是适用501（c）（3）的"公益型"非营利组织，涉及机构最为广泛；二是适用其他条款的"互益型"非营利组织。其中，"公益型"非营利组织捐赠者可以享受捐赠税前扣除优惠；相反，"互益型"非营利法组织捐赠者则不能享受任何捐赠税收优惠。

二、非营利组织"免税组织"资格的申请与认定

（一）申请材料概况

1. 免税组织资格申请表

申请501（c）（3）免税资格的非营利组织应依法向IRS提交相应的申请报告。

---

① 数据来源于《美国科学与工程指标2018》。企业投入占41.22%，高校投入占8.55%。

② 凌寒.改写推动科学研究的剧本——慈善基金大举投入基础科学［J］.世界科学，2018（1）：54–56.

③ 美国科学慈善联盟（SCIENCE PHILANTHROPY ALLANCE）调查数据。

④ 以公司非营利组织为例：需要准备公司章程、内部章程、EIN码（employer ID number 雇主识别号码；如果后续需要获得免税资格，需要向美国国内收入署IRS申请获得一个EIN码）、申请书等，然后按照各州的规定向各州的指定机关提交申请，并交纳一笔费用，并获得州的许可。

该表十分细致和具体，涵盖了NPO的结构、治理和活动项目等问题。此外，凡是申请成立学校、医院类的非营利组织，还需要提供政府相关业务主管部门的批准文件。

申请表需要填写的主要内容包括：名称、地址；联系人；网站地址（如果没有，可以不填）；法人类型；注册登记的文件；业务范围；机构内部前五名最高收入的员工的姓名、报酬金额；理事成员名单及理事成员是否与该机构有关联的说明；针对利益冲突的内部规定；非营利组织的前身；是否参与政治游说活动（如果参与，要说明如何在法律允许范围内参与游说活动）；是否与营利性组织有联合活动；是否有海外活动；资金来源；是否教会组织。

2. 其他主要申请材料

除法律文件外，非营利组织还要提交公司章程和内部章程、战略规划和活动描述、收入和支出报告、成员薪酬状况、雇主识别号码等材料。具体要求如下：

一是公司章程和内部章程。提交经由州务卿办公室批准的公司章程。如果已经实施了内部章程，应一并提交。公司章程和内部章程应与美国国内收入署（IRS）对501（c）（3）资格的要求相一致，并在其中包含某些必备的规定。如果没有内部章程，需解释组织官员和董事是如何选举产生的。

二是战略规划和活动描述。须提交对组织活动的描述，包括活动标准、程序或方式，这些体现在组织过去、现在和将来开展的活动中。NPO必须表明，其成立只是为了慈善目标。这种陈述应当是对组织活动的一种更完整的阐述，比公司章程中的内容更加完整。在筹资活动描述中，NPO应详细说明将会如何筹资、在哪里筹资，必须说明开展筹款活动的方式，例如邮件请求、发送电子邮件、个人请求、基金会募捐、电话募捐、接受募捐、通过组织的网站、从另一个组织的网站接受捐款、请求政府资助等。

三是收入和支出报告。NPO须提交：收入来源、支出方向的相关信息，当前和近三年的资产负债表，对将来收入支出估计的详细财务信息等。如果NPO在提交1023表前只成立不到一年时间，该机构应提交当前和下两年的财务预算。

四是成员的薪酬状况。NPO须提交机构所有官员、董事、雇员的名单及报酬数额（排名前五位），提交年薪超过5万美元的人员名单；官员、董事的亲属及商业关系状况等。

五是雇主识别号码。NPO须提交雇主识别号码（EIN），无论该机构是否有雇员，在申请免税资格前就该获得这一号码。一个机构可以向IRS提交SS-4表，从IRS获取雇主识别号码。

六是其他材料。如组织成员、其他个人或机构从该组织的获益情况等信息。

（二）资格审查过程与结果

IRS对申请组织进行“组织测试”和“运行测试”。主要审查内容包括：①组织已成立、组织文件符合规定，且以非营利为目的，比如具有501（c）（3）条款列举的一项或多项目的；②其经营主要为达到规定的非经营目的，所有收入全部用于与组织宗旨相关的事业；③不得为个人谋取利益；④组织解散时将全部财产转交其他同类机构或政府；⑤净收益不能用于分配；⑥不参加限制性政治活动等，包括不得参与竞选即不支持或反对任何公共职位候选人，慈善组织主要活动不得为立法游说活动，私人基金会任何行为都不得进行立法游说。

如果通过测试，IRS将发放“决定信”或裁决书；如果未通过测试，IRS将发放“否定函”，该组织对此审查决定如有异议，可在30天内向IRS申诉受理办公室提出会商请求。如果申请文件不完整，IRS将发放“解释函”，退回申请，终止审查，待非营利组织在规定期限内补齐相关资料。

三、“免税组织”相关税收政策

第501（c）（3）条款所描述的非营利组织最为广泛，其公益目的或活动涉及慈善、宗教、科学、教育、公共安全测验、文学、防止虐待儿童或动物等。美国非营利性科研机构也是适用501（c）（3）的“公益型”非营利组织。

（一）划分两类：“公共慈善机构”与“私人基金会”

“公共慈善机构”是为公众服务或使公众受益的非营利组织，活动资金来自社会各界，主要包括慈善机构、教会、非营利私立学校、医院及学术机构等。“私人基金会”是为会员服务或相互受益的非营利组织，活动资金主要来自少数人，公益活动范围也较窄。

两类组织在税收待遇、税务管理等方面实行完全不同的标准。其中，公共慈善机构的税收优惠力度相对更大，监管相对宽松，但获得这一法律地位的标准更高。其中，公众资助率测试是判断该组织“公共性”的最重要标准。美国税法规定，公众资助占总资助的比重达到或超过三分之一，该组织就自动获得公共慈善机构法律地位；如果该比重小于三分之一，但大于十分之一，则需通过事实和状况检验，才可保留其公共慈善机构的法律地位；如果小于十分之一，该组织则自动降为私人基金会。私人基金会由于受制于企业和个人，面临相对更加严格的监管，以防止其成为个人或组织牟利的工具。

（二）免税组织相关税收优惠

1. 免缴联邦企业所得税

美国非营利组织的经营活动分为相关经营活动和无关经营活动。所得税免税仅是指具有免税资格的非营利组织从事相关经营活动取得的所得可以免税；无关经营活动所得需要正常纳税，税率与企业所得税税率基本持平。

其中，相关经营活动是指非营利组织为实现组织目标而开展的与其宗旨密切联系的活动，反之则是无关经营活动。有关判断标准主要是：一看收入用途，即经营活动所得最终是否用于非营利组织的公益性宗旨；二看收入来源，即收入来源是否与组织宗旨相关。如果上述问题的回答是肯定的，则该活动就属于相关经营活动。

无关经营活动判断的重要依据：①营业活动，即能够产生利润的出售商品或提供服务的活动；②经常性开展，即指连续的、常规的开展，且可与其他商业机构的经营活动相比较；③与免税目的无实质性联系，即经营收益对免税目的的完成无重大贡献。但被动性收入不属于无关经营活动，如股息、利息、年金、特许权使用费、租金[①]、研究收入[②]等。其中，研究包括基础研究和应用研究。

2. 免缴联邦失业税

符合《美国税法典》501（c）（3）条款规定的免税组织，其支付给雇员的工薪免缴联邦失业税。其他免税组织的相应支出一般不能免缴失业税。

3. 免缴地方财产税

地方政府一般都对免税组织所拥有的土地、房产等资产允许免除土地税和房产税。

4. 免缴地方销售税

多数州政府允许免税组织在购买商品和劳务时免于支付销售税。

（三）免税组织捐赠者相关税收优惠

《美国税法典》第170条就捐赠人、捐赠物、受赠对象、所享受的优惠等给予了详细规定。通过认定的“免税组织”筹款时，可向公众表明其具有免税资格。

---

① 私人财产出租的租金占租金总收入的比例不能超过10%；若在10%—50%之间，则私人财产出租的租金不能享受免税优惠；若超过50%，则该组织全部租金收入都不能享受免税优惠。

② 为国家和州以及任何机构所进行的研究工作取得的收入在计算不相关经营收入时排除在外。大学、医院的所有研究收入无论是基础研究还是应用研究，均排除在外。当一个组织主要进行基础性研究且研究成果向公众免费提供时，其所有研究收入排除在外。

1. 个人捐赠可享受税前扣除优惠[①]

个人纳税人向除《美国税法典》501（c）（3）条款规定以外的其他非营利组织，如信托组织、退伍军人组织等的捐赠支出可在当年全额税前扣除，没有上限规定；向该条款规定的组织的捐赠当年必须在一定限额内税前扣除，但可向后结转5年扣除，具体规定如下：

第一，个人对公共慈善机构的捐赠支出可以税前扣除：①如果以现金形式捐赠，当年可税前扣除的限额为调整后总收入（AGI）的50%。②如果以实物或其他财产，如短期资本收益财产进行捐赠，则按实物或财产市场价值在当年AGI的50%的限额内扣除。③如果以长期资本收益财产，如持有超过1年的股票、债券、珠宝、邮票等形式捐赠且该财产已经增值，则按该财产市场价值在当年AGI的30%的限额内扣除。

第二，个人对私人基金会的捐赠支出可以税前扣除：①如果赠与物是货币，当年扣除的限额为AGI的30%；②如果赠与物是已经增值的长期资本收益财产，则按该财产市场价值在当年AGI的20%限额内扣除。同样地，以上无论何种情况，超过当年限额部分的捐赠均可结转至以后5个纳税年度扣除。

2. 企业捐赠可享受的税前扣除优惠

在一个年度内，公司慈善捐赠的扣除额应当以该公司税前纯收入的10%为限；超过当年限额部分的捐赠可结转至以后5个纳税年度扣除。

四、免税组织面临的监督管理与惩罚制度

非营利组织获得免税资格后并非一劳永逸。IRS每年通过自查加抽查的方式确定免税组织下一年的免税资格。若发现问题，将对其处以罚款、取消免税资格等处罚措施，或由登记机关取消设立资格。主要监管与惩罚制度如下：

一是自查与抽查制度。无论非营利组织是否具有免税资格，都要在会计期间向IRS按类型和规模分别填写不同的申报表进行免税申报。具体包括年收入超过2.5万美元的免税组织（私人基金会除外）的年度信息报表、任何规模的私立基金会和按照私人基金会标准监管的非免税慈善信托机构的年度信息报表、超过1000美元的无关经营活动收入报表等。IRS每年按照1%—2%的比例抽查，主要检查年度财务报

① 除税前扣除优惠外，个人捐赠者还可享受遗产与赠与税免税优惠。遗产与赠与税纳税人向《美国税法典》501（c）（3）条款规定的组织以及用以同样目的的信托组织、退伍军人组织等的捐赠，可以进行扣除，并且没有扣除上限。该项政策有利于促使个人通过捐赠财产或遗产回避高额缴税。捐赠的方式包括成立私人基金会，设立或加入专项基金，订立慈善信托契约等形式。

告，抽查重点是私人基金会。

二是信息披露制度。免税组织需要向社会公开自身信息，以利于公众监督。信息披露范围包括：①免税地位申请文件，即免税申请表及支持性材料；②年度申报文件，即年度申报申请表，包括无关经营活动收入报表；③其他文件。

信息披露的三种方式：①通过向税务局提交免税申请表、年度申报表等进行公开；②组织自行主动公开，即将应当披露的内容放于总部、地区办事处，在工作时间供公众查阅；③依照公众要求公开自身信息。

三是利益输送禁止规则。利益输送是指免税组织向关联方特别是利益冲突人提供利益的行为。利益冲突人范围非常广泛，包括对公共慈善机构和私人基金会有重大影响的个人和组织。

利益输送行为主要包括两种：①私人基金会或其控制的组织与利益冲突人之间从事法律禁止的自我交易行为，包括买卖、交换与租赁关系，信贷，提供物品、服务和设施设备，转让或者使用收入、财产以及与政府官员的交易等；②公共慈善机构与利益冲突人之间存在超额交易行为。

如果利益输送行为发生，免税组织和利益关联人都将面临如下税收处罚：①对于自我交易行为，IRS将对私人基金会课征非法交易额10%的处罚税；私人基金会管理者若明知有关交易是自我交易行为仍然参与，将被课征非法交易额5%的消费税，但最高不超过2万美元。②对于超额交易行为，免税组织管理者若明知超额交易行为而故意参加且没有合理理由，将被课征超额利益10%的消费税，但最高不超过2万美元。③对于利益冲突人，将被课征处罚性消费税，具体又分为初等税和附加税两种。初等税针对最初发生超额交易行为的利益冲突人征收，仅为超额利益的20%。但如果利益冲突人在限定期限内没有矫正自身行为，则会被处以较重的附加税，即超额利益的200%。

四是超额持股规则。根据美国税法，免税组织持有商业公司股份不得超过20%，以限制其变相经商。超额持股就是指免税组织持有商业公司的股份超过了允许份额。若出现超额持股行为，免税组织将被课征消费税作为惩罚，具体也分为初等税和附加税两种。初等税为超额持股市场价值的10%；若免税组织未在矫正期内处置掉超额持股，将被课征税率为200%的附加税。其中，矫正期是指从超额持股日起至收到IRS寄出的征缴附加税通知之后的90日为止。

五是有害投资规则。有害投资是指免税组织不是基于该组织免税目的的长期或短期资金需要，也没有经过足够审慎考虑后进行的投资。若出现有害投资，免税组织和其经理人将被课以消费税作为惩罚。同样，该惩罚性消费税分为初等税和附加税两种。①对于免税组织，初等税税率是投资总额的10%，税基是所有投资和投资所得；如果在纳税期间没有处置掉有害投资，将被课以25%的附加税。②对于免税组织经理人：如果明知是有害投资还故意投资，且没有合理理由，将被课以税率为10%、最高不超过1万美元的初等税；如果被课以附加税，负有责任的经理人又拒绝处置掉有害资产，将被课以10%、最高不超过2万美元的附加税。

六是私人基金会的其他监管规则。私人基金会每年用于慈善目标的捐赠支出至少要占其资产的5%，否则，将被课征应支出金额30%的税收。若逾期不改，将附加未完成金额100%的税收。

第三节 英国非营利组织税收优惠政策

英国慈善事业和各种志愿组织具有十分悠久的历史，非营利组织在提供社会公共服务方面发挥了重要作用。非政府公共机构——“慈善委员会”负责认定可以享受税收优惠政策的“慈善组织”，相关经验值得我国借鉴。

一、非营利组织与“慈善组织”的法律形式

英国（英格兰和威尔士）非营利组织可以注册的法律形式主要有五种：保证有限公司（包括社区利益公司，CIC）、非法人团体、信托、注册社团（如工业及公积金协会）以及慈善法人机构（charitable incorporated organizations）。

非营利组织可以向“慈善委员会（The Charity Commission）”[①]申请登记为“慈善组织（charity）”。其中，慈善法人机构，无论其年收入多少，必须向慈善委员会申请登记；其他形式的非营利组织（除社区利益公司外），只要年收入超过5000英镑，也必须向“慈善委员会”申请登记[②]。少部分慈善组织并不需要向慈善委员会申请登记（又称为“豁免”登记的慈善组织），但必须接受其他机构管理（例如“学院信托”受教育部管理，博物馆受数字、文化、媒体和体育部管理）。

不同法律形式的非营利组织概况如下：

第一，保证有限公司是会员制组织，其成员以认缴金额为限承担责任。社区利

---

① 英国慈善委员会成立于1853年，负责英格兰和威尔士地区慈善组织的注册和监督管理工作。目前有323名工作人员，在英国的利物浦、伦敦、纽波特、汤顿四个城市设有办公点。根据2006年颁布的《慈善法》，慈善委员会属于独立运作的非政府部门公共机构，不需要向任何内阁部长汇报，完全是自主运作；但其决策问题由慈善法庭裁决。

② 如果年收入在5000英镑以下，不经过登记也可以申请税收优惠。

益公司是其中一类，由2004年公司法引入，已成为英国发展最快的公共利益导向组织形式之一。社区利益公司可以在最高限额范围内向其成员分配利润；若超过限额，公司财产将被锁定，目的是保证社区利益安全。

第二，非法人团体也是会员制组织，但不是法人。非法人团体在英国也非常普遍，包括许多社区协会、体育俱乐部和社交俱乐部等。非法人团体受判例法管辖，管理委员会成员对该组织债务负有连带责任。

第三，信托必须追求慈善目的，并由受托人管理。信托通常情况下不是法人；但根据2011年慈善法，受托人可以向慈善委员会申请公司注册证书，使信托能够以公司名义而非受托人名义履行特定职能。

第四，注册社团是非营利法人实体，包括两种类型——合作社和社区福利社团。其中，社区福利社团广泛用于慈善和非慈善住房协会，以及其他一些慈善组织。注册社团的主要优势在于其管辖法律比公司的管辖法律简单。

第五，慈善法人机构是会员制法人实体。慈善法人机构必须在慈善委员会登记，这一登记既授予其公司地位，也赋予其慈善地位。目前，新登记的慈善组织中有58%以慈善法人机构的形式设立。

二、慈善组织相关税收优惠政策

“慈善组织”有资格享受税收优惠政策，但同时必须遵守更为严格的规定。

（一）慈善组织所得税免税优惠

慈善组织所获得的用于慈善目的的收入或收益免缴所得税，包括捐赠收入、交易利润、租金或投资收入（例如银行利息）、处置资产（例如财产或股票）产生的利润等。其中，“交易利润”必须只能用于慈善目的。此类交易具体包括以下四类：一是“主要目的交易”，是指直接以慈善组织规章中列出的慈善目的为目的的交易，例如慈善性学校或者大学提供教育服务收取学费、慈善艺术馆或者博物馆出售某些藏品、家庭护理慈善组织提供住房收取费用、剧院慈善组织出售戏剧票等；二是“附带交易”，是指间接有助于实现慈善组织目的的交易，通常被视为“主要目的交易”的一部分，例如剧院慈善组织向观众售卖食品和饮料（但年营业额会对该交易是否真正属于附带交易的判断产生影响）；三是“非主要目的交易”，是指旨在为慈善组织筹款的交易，例如筹款活动，但不能够涉及重大风险①；四是“小规模

① 重大风险是指营业额不足以弥补交易中的成本费用，需要用慈善组织的资产来填补亏损。

免税”交易，是指非慈善目的但交易规模较小的其他商务活动，具体交易限额如表7-1所示。

表7-1 非慈善目的交易额免税上限

慈善组织年总收入	非慈善目的交易额免税上限
3.2万英镑以下	8千英镑
3.2万—32万英镑	慈善组织年总营业额的25%
32万英镑以上	8万英镑

（二）慈善组织财产税免税优惠

慈善组织对其用于慈善目的的营业场所可享受80%的营业税（地方财产税）减免优惠。此外，地方政府有权在此基础上进一步削减20%。在某些情况下，印花税、土地税也可免于征收。

（三）慈善组织增值税减免税优惠

慈善组织一般与其他组织适用相同的增值税规定，但一些特定的商品和服务可享受减免税待遇。

一是适用5%低税率的情况：慈善组织将燃料和电力用于住宿（例如儿童院或养老院）、非商业慈善活动（例如为残疾人士提供免费照料服务）、小规模使用（每月最多1000千瓦时的电力，或交付2300升汽油的燃料）三个方面。如果用于以上三个方面的燃料和电力不足60%，慈善组织需以5%低税率缴纳符合减免条件部分的增值税，其余部分将适用20%标准税率。

二是适用增值税零税率的情况（免征与进项税额退税）：慈善组织购买筹集捐款的广告和项目、对残疾人的援助、建筑服务、药物和化学物、制作“有声读物”和报纸的设备、救生船和相关设备（包括燃料）、药物或药物成分、复苏训练模型、医疗设备、兽医设备和科学设备、救护车、为残疾人提供的商品和为残疾人而设计的机动车辆、救援设备。

三是适用进口增值税免税的情况：慈善组织从英国境外购买基本生活必需品、在慈善活动中使用或出售的商品、为有需要的人提供的设备和办公材料、帮助解决欧盟自然灾害的商品。

为享受增值税优惠税率，慈善组织必须向供应商提供慈善委员会注册号码或英国海关及税务总署（HMRC）的认可函，以证明其慈善组织的身份；同时提供一份书面声明或证书。增值税应税收入超过8.5万英镑的慈善组织必须进行增值税登记；低于8.5万英镑的慈善组织如果希望享受增值税退税也可以选择登记。

（四）慈善组织捐赠者相关税收优惠

一是“礼物援助”计划（Gift Aid）税收优惠。个人向慈善组织捐赠现金或实物符合“礼物援助”计划的适用条件。根据这项计划，慈善组织可以收回捐赠者按基本税率（20%）缴纳的税款。例如，慈善组织收到400英镑的捐款，视为来自捐赠者500英镑的收入且捐赠者已经缴纳了100英镑的税款，慈善组织就可以从国税局收回这100英镑。如果纳税人适用较高税率，还可以向HMRC申请较高税率的返还。

二是“工资发放”计划（Payroll Giving）税收优惠。个人通过其工资或养老金账户向慈善组织的捐赠，为免税支出。具体地，如果捐赠个人适用基本税率（20%），慈善组织可以获得20%的额外捐赠额；如果适用较高税率，额外捐赠额比例为40%。但每人每年可申请的捐赠扣除限额为5万英镑或调整后总收入的25%。

三是遗产税减免优惠。个人捐给慈善组织的遗赠免征遗产税。另外，如果遗嘱人将其净遗产的10%或以上捐给慈善组织，则非捐赠遗产适用的遗产税税率降低至36%（一般为40%）。

四是土地、财产或股份捐赠税收优惠。个人或企业向慈善组织捐赠土地、财产或股份（包括以低于市场价值的价格出售给慈善组织），免缴资本利得税或所得税。

五是其他实物捐赠税收优惠。企业向慈善组织捐赠其他实物，可以获得两方面税收优惠：①从所得税应税收入中扣除捐赠物的市场价值；②如果捐赠物便于慈善组织再次出售、出租或出口，企业就这些物品缴纳增值税时适用零税率。

三、慈善组织管理

（一）监管机构的监管责任

慈善组织必须在慈善委员会（或其他适用的监管机构）登记并经过HMRC认可。其中，至少有2名授权官员管理慈善组织的税收事务；2—4名负责人（例如董事、经理、财务主管）对慈善组织经营负有法律责任。

1. 慈善委员会的监管责任

英格兰和威尔士的慈善组织由慈善委员会管理。慈善委员会在审理登记申请时，会根据登记材料[①]和相关法律，决定非营利组织的主张和目的是否属于慈善性质。慈善法要求登记的慈善组织每年向慈善委员会提交年度申报单和账目。如果慈善组织严重或一再违反慈善法，慈善委员会可以对该慈善组织采取强制性措施：①对慈善组织展开法定调查；②冻结慈善组织的资产；③任命一位临时经理；④撤销受托人和管理人员；⑤指定新受托人或指示受托人以特定方式使用慈善组织的资产；⑥限制慈善组织可以参与的交易。慈善委员会一般只在认为受益人或慈善组织的资产有严重风险，或慈善组织的活动有可能破坏公众对慈善组织信心的情况下，才会采取上述措施。

2. 海关及税务总署（HMRC）的监管责任

慈善组织有资格享受重大税收优惠，但必须事先向HMRC申请。HMRC一般通过“适当人选”测试来评估慈善组织的管理条件是否符合要求。“适当人选”测试主要针对慈善组织的受托人、公司型慈善组织的董事以及对慈善组织或其资产具有一般控制权和管理权的其他人士。HMRC指导意见表明，可能导致人选不合格的因素包括：个人有税务欺诈或其他欺诈行为的历史，或者个人此前被禁止担任慈善受托人或被取消担任公司董事的资格。

HMRC无法在每一项税收优惠落地前对慈善组织进行调查，因此通常采用事后索赔的处理办法，同时会对慈善组织进行索赔审计，以确保索赔有效性和准确性。如果HMRC怀疑慈善组织存在避税或欺诈行为，则有权对慈善组织进行民事（或刑事）调查。

（二）慈善组织的申报和披露义务

如果慈善组织有不符合税收减免条件的收入或其年总收入超过1万英镑，则必须向慈善委员会提交年度纳税申报单。如果慈善组织没有应纳税款，则只有当HMRC要求时，才需提交纳税申报单。

所有慈善组织都有责任保存会计记录，现金账簿、发票、收据等记录至少6年。经登记的慈善组织每年必须准备一份年度报告，并根据要求向公众提供。其中，对于在一个财政年度内总收入不超过25万英镑的非公司制慈善组织，仅需提供收支账目，收支账目汇总了该组织在当年所有收支以及年底资产和负债的详细情况；对于在一个财政年度内总收入超过25万英镑的非公司制慈善组织以及所有的公司制慈善组织，则必须根据会计报告标准编制收益账目，包含资产负债表、财务活动报表和解释性说明。

---

① 对组织的慈善目的以及如何经营慈善事业的阐述、收入证明（除非是慈善法人机构）、组织名称、近期账目、联系方式、受托人信息等。

第四节
德国非营利组织税收优惠政策

德国在欧洲是非营利组织最为发达的国家，非营利组织对德国公共管理和公共政策都具有重要影响。非营利组织成立容易、税收优惠覆盖面广和优惠力度大等都是支持德国非营利组织发展的重要原因。

一、非营利组织的法律形式

德国实际上并没有非营利组织的概念，任何法律形式都可以分为“营利”与“非营利”两种类型。因此，德国非营利组织的法律形式有很多种，但最常见的主要有三种——协会、基金会与有限责任公司。此外，德国协会和基金会可以选择在当地法院注册登记①或未登记，登记的都具有法人资格。选择登记的三类法人具体情况如下：

第一，协会法人（Verein）必须通过公证成立，公证书中包含组织章程，在当地法院注册登记后可以获得法人资格。

第二，基金会法人（Stiftung）是根据《民法典》第80—88条设立的法人实体，在当地法院注册登记后可以获得法人资格。只要基金会符合相关法律要求，地方法院必须给予登记。自然人和法人都可以是基金会创始人。基金会可以任何合法目的而设立，但对于是否允许设立一个“创始人基金会”（创始人是唯一的受益人），目前还存在一些分歧。

第三，有限责任公司（Gesellschaft mit beschränkter Haftung，GmbH）是具有法人资格的商业公司。当公司目的是无偿提供服务时，往往会选择此类法人形式。

二、非营利组织“税收特惠”（Tax Privileges）政策

符合条件的非营利组织可享受一系列“税收特惠”政策，包括部分所得可以免

---

① 地方法院一般设有社会团体登记处，有专人具体负责社会团体的登记注册。登记后，记录在工商登记的册子里。

征企业所得税，又称“税收特惠组织”（以下简称“免税组织”）。从领域看，此类非营利组织有三类：非营利性组织（科学、文化、艺术等）、慈善组织和教会。

（一）免税组织资格认定的主要条件

根据德国税法，位于德国境内且适用《公司税法》的实体，不论法律形式如何，只要符合免税组织资格的认定条件，都可以向其所在地方税务部门提出申请。主要条件包括：

一是完全支持公益目的[①]。因此，免税组织不得在没有适当补偿情况下，将其资产分配给其成员、董事或其他非受益人；在清算时，剩余资产必须转让给另一个符合条件的非营利组织[②]。

二是必须遵守及时支付规则。一般至多可以保留其被动收入的三分之一以及其他可支配收入的十分之一；必须直接或通过辅助人员（例如雇员和自由职业者）、其他法人（例如合同和转让）来促进及时支付。

三是不得“直接促进其利益或其成员的经济利益”。例如，一个以促进区域旅游业为目的的协会通常可以被认定为免税组织，因为其目的可能是为公共利益。但是，如果此类协会的成员是酒店或旅游景点的所有者，则该组织仅是促进了其成员的经济利益，就违反了此项规定。

四是必须在章程中声明税法要求的一些基本规则。

（二）特殊税收优惠政策的主要内容

免税组织适用多项免税、减税政策，但同时必须遵守有关规则，包括为税务机关确定计税基础提供便利等。

1. 免税组织所得税免税优惠

德国所得税法将免税组织收入划分为四类，其中前三类所得一般属于免税所得。具体包括：①“理想”收入，指会费或捐赠形式的收入，一般免征所得税[③]；②“被动”收入，指投资于有息债券、股票、房地产等的收入，一般免征所得税；③相关目的经营所得，即从事与宗旨有关商业活动取得的收入，一般免征所得税；④无关目的经营所得，即从事与宗旨无关商业活动取得的收入，一般要正常缴纳所

① 包括：科学，宗教，公共卫生保健，青年和老年人，艺术和文化，历史保护，教育，环境保护，公共福利，受害者、残疾人和受政治迫害者，救生员，预防伤害，国际理解和宽容，动物保护，发展援助，消费者保护，罪犯改造，性别解放，婚姻家庭，预防犯罪，体育（含国际象棋），地方历史和地理，畜牧业、植物饲养、农家乐、传统习俗、部队娱乐、业余无线电、航模和犬类运动，德国民主政治制度，以及出于公益目的的公民承诺。

② 只有一种豁免情形：如果基金会将其净收入的三分之一分配给创始人或创始人的家庭，则可获得全额税收减免，但这种私人分配的数额不得过高。

③ 但也会考虑“隐性因素”，例如为接受商品或服务而支付的会费为应税收入。

得税，但每年有3.5万欧元免税额度。其中，“相关目的经营”必须符合以下条件：一是必须对其章程中所表述的宗旨目标有支持和帮助；二是必须是履行其章程宗旨目标所需要的；三是只有在不可避免情况下，才允许为履行其章程宗旨目标与其他实体进行竞争（即不扭曲竞争）[①]。

2. 免税组织增值税减免税优惠

德国对商品和服务的销售征收增值税，但对免税组织给予增值税减免税优惠：一是开展与卫生、教育、文化和科学有关的公益性活动收入可以免征增值税；二是为实现非营利组织法定目的所必需的服务销售，以及被认为仅是资产管理的服务销售，适用7%优惠税率。

3. 免税组织捐赠者的减免税优惠

（1）增值税免税优惠。根据德国《增值税法》，捐赠者对“免税组织”的非货币性捐赠通常不需要缴纳增值税。

（2）遗产与赠与税免税优惠。根据德国《遗产税与赠与税法》，遗产与赠与一般按累进税率缴纳遗产与赠与税，但如果是对具有“免税组织”资格的基金会捐赠，则可以享受免税待遇。此外，在遗产继承后两年内，如果将遗产转让给具有免税组织资格的基金会，已缴纳的遗产税将返回给捐赠人。

（3）所得税税前扣除优惠。根据德国《公司所得税法》《个人所得税法》，个人和企业对“免税组织”的捐赠支出可以抵减其应纳税所得额（即税前扣除）。一般情况，个人和企业捐赠者对“免税组织”捐赠支出的税前扣除限额为其当年应纳税所得额的20%；对于当年不足扣除部分，可以无限期向后结转扣除。但对于创造营业额的个人自雇者，扣除限额还可以是其营业额的0.4%（两个扣除限额之间选择其一）。

（三）免税组织资格管理

财税部门是主要负责部门，主要管理内容如下：

第一，获得免税组织资格的公益性组织须按要求定期向当地税务机关上交年度报告，并列明该组织的活动情况。财税机关也会定期对组织进行财务检查，一般情况是三年一次，主要是审核组织是否符合免税资格和其章程中的组织原则。

第二，财税部门对免税组织的公益性目的设有严格的管理制度。根据税法，免税组织可以享受多种税收优惠，但必须遵从税法规定并保证组织具有公益性。免税组织必须在章程中明确自己的公益目的，如果其通过事实上的行为致力于公益事业也能够得到认可。在具体运作过程中，该组织要符合章程的公益宗旨，章程中对公

① 但在某些情况下，即使存在扭曲竞争，法律也明确某些与宗旨有关的活动收入属于免征所得（例如医院和青年旅舍）。

益行为的运作模式要有利于财税机关的审核。财税部门负有修改组织章程的义务，以使其符合公益宗旨。非营利组织的章程经过财税部门审核后要公证，然后到地方法院进行注册登记后方可成为免税组织，享受特殊税收优惠。

第五节 日本非营利组织税收优惠政策

自20世纪90年代中期以来，日本政府以“小政府、大社会”为目标转变政府管理职能，将很多社会职能交给非营利组织，同时从法律和税收等层面不断完善非营利组织发展环境，非营利组织进入快速发展阶段。有关经验特别是非营利组织分类管理经验值得我国借鉴。

一、日本法人分类概况

（一）公法人和私法人

公法人是指，依据公法（宪法、行政法等）设立的，享有国家权力，通过运用公法所赋予的强制性手段来履行国家职能的组织。

私法人是指，依据私法（如民法、商法等）设立的，在自由与平等基础上，以完成自主决定任务，实现民事主体利益为目的的法人。

（二）社团法人和财团法人

财团法人和社团法人是大陆法系对私法人的进一步分类。社团法人是以社员为基础成立的人的集合体，主要表现为公司、协会、合作社等形式；财团法人是以一定的目的财产为基础成立的财产集合体，主要表现为基金会、养老院、博物馆、寺院等形式。

（三）营利法人、中间法人和公益法人

无论是公法人下还是私法人下，以法人的目的事业为标准，可将法人分为营利

法人与公益法人。在私法人中，公益法人就是非营利性法人，又称非营利组织；在公法人中，“独立行政法人”属于公益法人。但独立行政法人仿照企业架构设立董事会机关，财政拨款之外的收支自筹，人员不纳入公务员编制，在人员聘用、绩效考核等方面拥有自主性和灵活性，带有半公半私的特点。

二、私法人中非营利组织的法律形式与管理制度

日本非营利组织既有“法人”，也有“非法人”。其中，“非法人”非营利组织根据日本宪法“结社自由权”成立，不需要经过政府批准，通常以“市民活动团体”或“志愿者团体”等形式开展活动；“法人”非营利组织则是根据相关法律法规履行注册手续并在法务省履行登记手续的非营利组织。

（一）非营利组织法人类型

经过多次改革，日本“法人”非营利组织目前主要有三种法人类型：一般社团/财团法人、公益社团/财团法人与特定非营利活动法人（见表7-2）。

特定非营利法人又称“NPO法人”或者“认证NPO法人”；其中公益性较为突出的，可以进一步认定为“认定NPO法人”。截至2022年1月31日，日本拥有NPO法人（即“认证NPO法人”）50860个，其中认定NPO法人1189个、特例认定NPO42个[①]。日本非营利组织中的“特定非营利法人”数量最多，非营利科研机构的法人性质也主要属于此类（见表7-3）。

表7-2　日本非营利组织法人数量　单位：个

法人类型			数量
特定非营利法人（又称NPO法人/认证NPO法人）	认证NPO法人		50860
	其中，认定NPO法人（突出公益性）	认定NPO法人	1189
		特例认定NPO法人	42
一般法人（含营利型和非营利型）	一般社团法人		42700
	一般财团法人		6800
公益法人	包括特定公益法人		9400

① 内閣府NPO：所轄庁別認証・認定数、https：//www.npo-homepage.go.jp/about/toukei-info/kenbetsu-ninshou.

表7-3 日本非营利组织法人概况

	法人类型		法律依据	成立目的	主管部门
一般法人	一般社团法人		《一般法人法》（2008年实施）	不以分配利润为目的的社团或财团（可以不是为公共利益）	在公共登记处登记备案，没有主管部门
	一般财团法人				
公益法人	一般公益法人	公益社团法人	《公益法人认定法》（2008年实施）	一般法人中经合议制机构认定以公共利益为宗旨	内阁府公益法人认定委员会（第三方机构）先判断，内阁认定批准
		公益财团法人			都道府县认定公益法人认定委员会（第三方机构）先判断，都道府县知事认定批准
	特定公益法人	社会福祉法人	《社会福祉法》（1951年实施，2000年修订）	以举办社会福祉事业为宗旨的法人，比如管理社会福利设施和残疾人及老年人日托中心的组织	厚生省批准
		宗教法人	《宗教法人法》（1951年实施）	以“推广宗教教义、举行宗教仪式以及教化和培养信徒”为宗旨的法人	文部科学省批准
		医疗法人	《医疗法》（1950年实施）	以举办大型医院、诊所或老人保健设施为宗旨的社会团或财团	地方政府首长批准，其判断需要征求县议会对医疗服务设施的意见
		学校法人	《私立学校法》（1950年实施）	以举办私立学校为宗旨的法人	文部科学省批准
		更生保护法人	《更生保护事业法》（1996年实施）	从事刑释人员改造和保护事业的法人	法务大臣批准
		管理组合法人	《建筑物区分所有法》（1983年实施）	全体业主共同管理居住建筑物及其地基和附属设施的法人	无主管部门，登记备案即可
		许可地缘团体	《地方自治法》（1991年实施）	居住在某市町村等特定区域内的人员基于地缘所组建的团体	市町村长批准

续表

	法人类型		法律依据	成立目的	主管部门
公益法人	特定公益法人	消费生活协同组合	《消费生活协同组合法》（1948年实施）	以强化特定区域或职场内部人际关系或改善其文化经济利益为宗旨的法人	厚生劳动大臣批准
特定非营利法人（又称NPO法人）	认证NPO法人		《特定非营利活动促进法》（1998年实施）	从事特定非营利活动（市民自由举行的社会贡献活动，服务公共利益）	主要办公场所所在县政府负责注册登记（登记与公益认定合一）
	认定NPO法人				

资料来源：（1）愈祖成.日本非营利组织：法制建设与改革动向［J］.中国机构与管理，2016（7）：40–45.

（2）王世强.日本非营利组织的法律框架及公益认定［J］.社会组织研究，2012（10）：48–53.

（二）公益社团/财团法人的认定与监管

1. 公益法人认定标准

根据《公益法人认定法》第5条，公益认定标准有18项，其核心内容可概括如下：①以实施“公益目的事业”为主要目的①；②具备实施公益目的事业所需会计基础和技术能力；③禁止在事业实施过程中向与法人存在关联关系的人员（包括会员、评议员、理事、监事以及职员等人员）提供特殊利益；④禁止在事业实施过程中通过捐赠等方式向营利团体或以谋求特定个人或特定团体之利益为宗旨的团体提供特殊利益；⑤公益目的事业收入不超过实施该事业所需合理费用；⑥公益目的事业所占比率超过50%；⑦闲置资产不超过法定限度额；⑧不设置有关会员资格和会员表决权的歧视性规定或不合理规定；⑨理事会成员薪酬不能过高。

此外，公益法人在章程中必须明确其失去公益资格后的财产处置方式，包括必须转移给特定公益法人等。在内部治理结构、报告提交和信息披露（工资和其他财物信息）等方面，相比较《民法》相关要求，《公益法人认定法》对公益法人的要求更加严格。

2. 对公益法人的监管机制

在法律授权下，作为第三方机构的公益认定等合议制机构（类似英国“慈善委员会”）有权通过公益认定机关（首相或知事），要求公益法人提交报告或直接进入法人事务所进行现场检查，以确保公益法人严格遵守公益认定基准。另外，如果有足够充分的理由，公益认定等合议制机构还有权通过公益认定机关向公益法人发出劝告，要求其采取相应措施。如果公益法人不听从劝告，公益认定等合议制机构有权通过公益认定机关发出改善命令，甚至直接撤销该法人的公益认定资格。不过，公益认定等合议制机构在做出劝告、改善命令以及撤销公益认定资格的决定之后，应及时将相关信息公之于众。

---

① 日本《公益法人认定法》采取“尽可能穷尽列举”之方式，明确规定多达23项的“公益目的事业”。具体包括：（1）以学术和科技振兴为目的的事业；（2）以文化和艺术的振兴为目的的事业；（3）以支援残障人、贫困人群以及事故、灾害和犯罪的受害者为目的的事业；（4）以增进老年人福利为目的的事业；（5）以支援有劳动意愿者就业为目的的事业；（6）以提升公共卫生为目的的事业；（7）以保护儿童和青少年健康成长为目的的事业；（8）以提高劳动者福利为目的的事业；（9）以通过教育、体育等形式促进国民身心健康和人性发展为目的的事业；（10）以预防犯罪和维护治安为目的的事业；（11）以预防事故和灾害为目的的事业；（12）以预防和根除因人种、性别以及其他原因而出现的歧视和偏见为目的的事业；（13）以尊重和维护思想及良心的自由、宗教信仰自由和言论自由为目的的事业；（14）以推进男女共同参与的社会及其他更好社会的形成为目的的事业；（15）以促进国际相互理解以及协助处于发展中的海外地区发展经济为目的的事业；（16）以保护地球环境和自然环境为目的的事业；（17）以国土的利用、维护和保全为目的的事业；（18）以有助于确保国家事务健全运营为目的的事业；（19）以健全发展区域社会为目的的事业；（20）以确保、促进、激活公正自由的经济活动的机会以及稳定和提高国民生活为目的的事业；（21）以确保国民生活不可或缺的物资、能源的稳定供给为目的的事业；（22）以维护和提高消费者的权益为目的的事业；（23）除上述各项规定之外的、由其他行政法规规定为有关公益的事业。

（三）特定非营利活动法人的主要条件

特定非营利法人是依据1998年颁布的《特定非营利活动促进法》设立的NPO社团法人（至少有10名成员，至少有3名理事和1名审计员），致力于推动多数人的共同利益，不能以获取利润为目的。

按照《特定非营利活动促进法》，特定非营利法人应从事该法列举的至少一种“特定非营利活动”，包括推动健康、医疗服务或福利；推动社会教育、推动社区发展；推动科学、文化、艺术、体育；环境保护；促进社区安全；保护人权或推动和平；国际合作；促进社会性别平等参与；青少年培养；信息技术发展；推动科学技术；推动经济活动；职业技能发展和增加就业机会；消费者保护；与以上活动相关的联络、咨询、协助等活动。

特定非营利法人可以从事法律列举的非营利活动以外的活动，只要它们不妨碍非营利活动。但特定非营利活动法人不能传播教义、执行宗教仪式或培养宗教信徒；不得从事以推动、支持或反对某一政治原则的活动，以及推荐、支持、反对某一政治竞选人的活动；不能开展为了特定个人、公司或其他组织利益的活动；等。特定非营利活动法人在经济活动中获取的收入，应用于非营利活动。

特定非营利法人必须满足以下要求：通过公共支持测试；公益活动少于50%；运营组织和会计适当；业务活动适当；业务报告等已公布；每年向主管当局提交文件；没有违反法律或违背公共利益的事实；自成立之日起超过一年，并拥有两个业务年度的业绩记录。

特定非营利法人由其主要办公场所当地的县（相当于我国的省）政府负责登记管理。如果特定非营利活动法人不再服务于公共利益，县政府也可以注销该法人。在注销后，其资产只能转移给国家政府或地方公共机构、公益法人、私立学校法人、社会福利法人、更生保护法人等具有公益性质的机构或法人。

三、日本国立研究开发法人

日本非营利性科研机构的法人类型主要有两大类：一是国立研究开发法人，是公法人下的独立行政法人（见表7-4）；二是私法人下的非营利组织，主要是NOP法人。

目前，日本国立研究开发法人共有31家。包括：理化学研究所、产业技术综合研究开发机构、物质材料研究机构、防灾科学技术研究所、放射线医学综合研究所、科学技术振兴机构、宇宙航空研究开发机构、海洋研究开发机构、日本原子能研究开发机构、日本医疗研究开发机构、信息通信研究机构、医疗健康基础研究所、国立癌症研究中心、国立循环疾病研究中心、国立精神·神经医疗研究中心、国立国际医疗研究中心、国立生长发育医疗研究中心、国立长寿医疗研究中心、农业食品农业技术综合研究机构、农业生物资源研究所、农业环境技术研究所、国际农林水产业研究中心、森林综合研究所、水产综合研究中心、新能源与产业技术综合开发机构、土木研究所、建筑研究所、海上技术安全研究所、港湾空港技术研究搜、电子导航研究所、国立环境研究所。

表7–4 国立研究开发法人概况

	独立行政法人	国立研究开发法人
定义	对关乎国民生活及社会经济稳定发展必须实施的事业，国家自身不必要直接实施、委托给民间主体恐怕又难以实施，而让一个主体独占行使的法人。	根据2014年修订的《独立行政法人通则法》，要将原98家独立行政法人划分为“中期目标管理法人”“行政执行法人”“国立研究开发法人”。其中，从事科学研究的国立科研机构即为“国立研究开发法人”。
背景	第二次世界大战后，日本经济社会发展国家干预程度加大，造成负面影响：政策制定和政策执行部门一体化，政府管理效率低下、行政问责机制不健全、浪费严重。2001年，日本以“为国民提供高效的行政服务”为理念实施中央省厅改革。	原独法制度应用在研发事业存在弊端：以效率化为中心的评价，难以对研发成果得出专业性评价；和行政部门采用同样的制度，忽视了研发活动的特点；科研人员薪酬和公务员持平，在经费使用上仅以提高效率为目标，难以吸引人才。2014年4月，31家国立研究开发法人正式挂牌。
目的	将企业的效率化原理应用于行政组织，设定目标并评价其实现程度，以期实现降低公共部门财政支出的目标，提升政府管理的效率和质量，减少浪费。	以研发成果最大化为目标；研究开发法人将从事企业和大学难以进行的研发活动，满足经济社会发展需求。
对象	除国立科研机构外，还有博物馆、学校等其他公共事业机构。	国立科研机构（31家）。
特征	对科研机构而言，最大特征是“政府实施目标管理”“在业务运营、资金运用和人事管理方面拥有自主权”。	确保法人负责人的自主裁决权；实施人事改革和灵活的薪酬制度，吸引人才；尊重研发活动规律的基础上提高经费使用的灵活度（具体政策尚未公布）。
评价	一般3年评价一次。	5—7年评价一次。

四、非营利组织与独立行政法人相关税收优惠政策

日本将非营利组织分类管理，不同类型的非营利组织可以享受的税收优惠政策不同。日本实施国税与地方税（都道府县税、市町村税）结合的分税制。其中，国

税对非营利组织给予的优惠主要是针对其所得的法人税（类似我国企业所得税）优惠以及对其捐赠者的税前扣除优惠；地方税对非营利组织的税收激励在内容和程度上都有所不同。本节重点总结国税层面的相关税收优惠。

（一）不同非营利组织适用不同的所得税优惠

在所得税方面，各类非营利组织适用的优惠政策归纳如表7–5所示。

表7–5　各类非营利组织适用的所得税优惠政策

税收待遇 法人类型	仅对收益事业征税	低税率	视同捐赠	利息免税	捐赠税前扣除
NPO法人	√	√	√	×	×
认定NPO法人	√	√	√	×	√
公益法人	√	√	√	√	√
一般法人	×	×	×	×	×
社会福祉法人消费生活协同组合等特定公益法人	√	√	√	√	√
独立行政法人	√	√	√	√	

1. 所得税优惠的具体含义

一是仅对收益事业征税优惠。非营利组织仅有经营了税法所规定的34类“收益事业”①时才需要缴纳所得税，捐款、应付款、补贴或资助等所得都免税。但是，若非营利组织的事业内容被政府认定为公益事业，即使在收益事业范围，相关所得也可以免税。比如，有利于促进学术交流的出版业，有利于促进文化、体育、社会福利发展的承包业，以及与紧急医疗、健康指导相关的医疗保健业等以公益为宗旨的事业所得均属于免税所得范围。

二是低税率优惠。符合条件的非营利组织来自34类收益事业的所得即使超过800万日元，仍然按照较低的22%法人税率缴税，而非30%的正常税率缴税。

三是视同捐赠优惠。如果非营利组织将来自收益事业的部分所得用于公益事业，该部分支出则视为“捐赠”，在扣除限额内允许从应税所得中扣除（即免税）。其中，公益法人的扣除限额为全部所得的50%；“认定NPO法人”的扣除限额为全部所得的50%或200万日元中较大者；特定公益法人的扣除限额为全部所得的25%。

四是利息免税。非营利组织的利息所得等免税。

① 34种收益事业包括：商品销售、房地产销售、金钱贷款、商品借贷、房屋租赁、制造业、通信业、运输业、仓储业、承包业、印刷业、出版业、摄影业、会场出租业、旅馆业、餐饮业、就职与婚姻中介、代理业、房屋中介、批发业、采矿业、土石采集业、浴场业、理发业、美容业、娱乐业、游戏业、游览业、医疗保健业、技艺教学、停车场、信用担保、无形资产信托、劳务派遣。

五是捐赠者税前扣除优惠。企业与个人对非营利组织的捐赠支出允许按照一定比例和要求税前扣除。

（二）认定非营利法人可以享受的其他税收优惠

一是地价税。社会福利法人、私立学校法人和宗教法人的土地能够享受地价税免税优惠，其他个人或组织对以上非营利组织借出的土地与房屋均不需要缴纳地价税。但如果非营利组织从事的业务超出组织章程时，该业务用地需要缴税，闲置时间高于1年且没有业务使用计划的土地也需要缴税。

二是不动产取得税。非营利组织出于实现自身宗旨而取得的不动产，属于“非税不动产”，不需要缴纳不动产取得税。

三是印花税。非营利法人发行发票或票据时无须粘贴印花税票，即便金额与收益事业相关，但合同需缴纳印花税。

四是继承税与赠与税。非营利法人接受捐赠或他人继承的遗产捐赠，原则上无须课税。

五是登记许可税。非营利法人注册登记时无须缴纳登记许可税。

（三）非营利组织捐赠者的税收待遇

1. 个人捐赠者可以获得的税收优惠政策概况

（1）个人所得税优惠政策概况：个人捐赠者向一般非营利法人捐赠，不享受税收优惠；向认定非营利法人捐赠，可从以下税收优惠政策中二选一。

	a. 选择从收入总额中扣除	b. 选择从应纳税额中扣除
扣除金额	扣除金额 =捐赠金额－2000日元 注：纳入计算的捐赠金额上限为收入总额的40%	扣除金额 =（捐赠金额－2000日元）×40% 注：纳入计算的捐赠金额上限为收入总额的40%；准予扣除的金额上限为应纳税额的25%
个人所得税减少金额	个人所得税减少金额 =原应纳税额－新应纳税额 =原应纳税所得额×所得税率－新应纳税所得额×所得税率 =（原应纳税所得额-新应纳税所得额）×所得税率 =［(原收入总额－准予扣除项目金额）－（新收入总额－准予扣除项目金额)］×所得税率 =（原收入总额－新收入总额）×所得税率	个人所得税减少金额 =（捐赠金额－2000日元）×40%

（2）个人居民税优惠概况：个人捐赠者向认定非营利法人捐赠，用于特定非营

利活动的金额，或向一般非营利法人捐赠，用于特定非营利活动、有利于当地居民福利、符合当地政府个别指定条例的金额，可从个人居民税中予以扣除。计算公式为：扣除金额=（捐赠金额−2000日元）× 扣除比率①，其中，纳入计算的捐赠金额上限为应纳税所得额的30%。

（3）继承税优惠政策概况：在继承税申报期限前，向认定非营利法人（不包括特例认定非营利法人）的特定非营利活动捐赠通过继承或遗赠获得的财产，该财产价值不计入继承税计算基数。但是，若非营利法人在接受捐赠之日起2年内未成为认定非营利法人，或在接受捐赠之日起2年内，该非营利法人未将该捐赠额用于特定非营利活动，则该捐赠额不享受上述优惠。

2. 企业捐赠者可以获得的税收优惠政策概况

（1）面向国家、地方公共团体的捐款或指定捐款可全额纳入税前扣除。其余普通捐款均设税前扣除上限。以公益社团法人、公益财团法人或其他公益为目的的法人、团体为对象，公开募集，公益性和紧急性较高，获得财务部长指定的捐款，即为指定捐款。

（2）面向普通团体（非认定非营利法人等）的普通捐赠，可在一般税前扣除上限范围内，将捐赠金额纳入税前扣除。一般税前扣除上限计算方法如下：

①有资本的法人：（资本金 ×0.25%+ 应纳税所得额 ×2.5%）×1/4；

②没资本的法人：应纳税所得额 ×1.25%；

上式中的应纳税所得额含捐赠金额。

（3）面向认定非营利法人、用于特定非营利活动的捐赠，可在特别税前扣除上限范围内，将捐赠金额纳入税前扣除。若捐赠金额超过特别税前扣除上限范围，超过部分的金额可与普通捐赠一并计算，在一般税前扣除上限范围内纳入税前扣除。特别税前扣除上限计算方法如下：

①有资本的法人：（期末资本金 ×0.375%+ 应纳税所得额 ×6.25%）×1/2；

②没资本的法人：应纳税所得额 ×6.25%；

上式中的应纳税所得额含捐赠金额。

（四）非营利法人的信息披露规定

非营利组织法在法人制度中首次规定了信息披露，这一点具有划时代的意义。在以往的法人制度中，政府部门表面上对事业计划、事业报告和预决算进行监督，但并没有对信息披露作出规定。而出于重视市民监督的观点，对于非营利法人，在

---

① 面向认定非营利法人的扣除比率为10%；面向一般非营利法人、符合当地政府条例的金额，扣除比率如下：符合都道府县（省级）条例的金额，扣除比率为4%；符合市区町村（地方级）条例的金额，扣除比率为6%；同时符合都道府县和市区町村的金额，扣除比率为10%。

信息披露方面作出了详细规定。

非营利法人有两种信息披露方法：一是每个年度结束后三个月内，向主管机关提交所要求的文件，主管机关供公众查阅；二是在非营利法人的事务所留存向主管机关提交的文件的副本，当利害关系人提出请求时供其查阅。非营利法人被要求提交的文件包括：事业报告书、财产目录、资产负债表、活动计算单、官员名单（记载上一年度所有官员的地址、姓名和报酬）、雇员名单（记载上一年度10名以上雇员的地址）以及公司章程等。如果记载事项发生变更，需要向主管机关提交相关文件的副本。

第六节 我国非营利性科研机构税收优惠政策完善方向

我国"'十四五'规划和2035年远景目标纲要"提出，到2035年我国要进入创新型国家前列的发展目标，并提出把科技自立自强作为国家发展的战略支撑。在新形势下，如何支持科研机构加强原创性引领性科技攻关，加强产学研深度融合，无疑是新时期对非营利性科研机构和相关支持政策提出的新要求。因此，包括税收政策在内的科技政策应积极回应新的创新形势与要求，通过体制机制的优化与设计，支持非营利性科研机构长期可持续发展，为其加强科学研究、加快重大科技攻关、促进科技与经济结合奠定坚实基础。

一、我国非营利性科研机构的发展现状

（一）非营利性科研机构的法律范畴

1. 非营利性机构的法律范畴

2020年新发布的《中华人民共和国民法典》（以下简称《民法典》）将法人划分为"营利性法人"和"非营利性法人"，并规定"非营利性法人"是为公益目的或者其他非营利目的成立，不向出资人、设立人或者会员分配所取得利润的法人，其法律形式如下。

一是事业单位。2020年公布的《民法典》第八十八条对事业单位的性质以及事

业单位法人成立条件都作了明确规定：具备法人条件，为适应经济社会发展需要，提供公益服务设立的事业单位，经依法登记成立，取得事业单位法人资格；依法不需要办理法人登记的，从成立之日起，具有事业单位法人资格。可以看出，《民法典》中列明的事业单位法人是法律定位鲜明的非营利法人，以提供公益服务为宗旨和职能。

二是社会团体。1998年的《社会团体登记管理条例》（以下简称《条例》）首次在法律法规中对社会团体进行了定义，“本条例所称社会团体，是指中国公民自愿组成，为实现会员共同意愿，按照其章程开展活动的非营利性社会组织”。“会员”“非营利性”“按照章程开展活动”等社会团体的核心特征都在该定义中得以体现。同时，《条例》对不属于其登记范围的团体进行了规定：参加中国人民政治协商会议的人民团体；由国务院机构编制管理机关核定，并经国务院批准免于登记的团体；机关、团体、企业事业单位内部经本单位批准成立、在本单位内部活动的团体。2000年，民政部出台配套文件《民政部关于对部分团体免予社团登记有关问题的通知》（民发〔2000〕256号）、《民政部关于对部分社团免予社团登记的通知》（民发〔2000〕257号），“经党中央和国务院领导同志同意”对不登记和可以免于登记的团体进一步予以明确。

2017年《中华人民共和国民法总则》（以下简称《民法总则》）对法人进行了重新规制，在民法领域，社会团体的法人类型和组织类型在表述上得到了统一。《民法总则》对社会团体法人的特征也进行了描述，“基于会员共同意愿，为公益目的或者会员共同利益等非营利目的设立”。此外，《民法总则》还对社会团体法人章程和组织机构作出了专门规定。可以看出，1998年《条例》确立的“会员”“非营利性”“按照章程开展活动”等社会团体的核心特征得到了更高位阶法律的确认。此外，如表7–6所示，《民法总则》对依法不需要办理法人登记的社会团体也作了重申。参考《中华人民共和国民法总则释义》，其范围也与前述1998年《社会团体登记管理条例》及其配套文件确立的依法不登记或者免予登记的社会团体范围一致。《民法典》合并了《民法总则》，将其作为总则编，相关内容未作调整。

表7–6　不登记和可以免于登记的社会团体名单①

序号	类型	明细
1	参加中国人民政治协商会议的人民团体不进行社团登记	中华全国总工会、中国共产主义青年团、中华全国妇女联合会、中国科学技术协会、中华全国归国华侨联合会、中华全国台湾同胞联谊会、中华全国青年联合会、中华全国工商业联合会

① 朱鸣.法律中“社会团体”概念使用的演进［J］.中国民政，2021（4）：46–49.

续表

序号	类型	明细
2	经国务院批准可以免予登记的社会团体	中国文学艺术界联合会、中国作家协会、中华全国新闻工作者协会、中国人民对外友好协会、中国人民外交学会、中国国际贸易促进会、中国残疾人联合会、宋庆龄基金会、中国法学会、中国红十字总会、中国职工思想政治工作研究会、欧美同学会、黄埔军校同学会、中华职业教育社
3	中国文联所属的11个文艺家协会可以免予社团登记	
4	省、自治区、直辖市文联、作协可以免予社团登记	
5	中国计划生育协会可以免予社团登记	

三是基金会。在1986年《中华人民共和国民法通则》（以下简称《民法通则》）颁布时，基金会在法人类型上一直属于社会团体法人。1988年通过的《基金会管理办法》第二条规定："基金会是指对国内外社会团体和其他组织以及个人自愿捐赠的资金进行管理，以资助推进科学研究、文化教育、社会福利和其他公益事业发展为宗旨的民间非营利组织，是社会团体法人。"

由于基金会的性质与社团法人完全不同，事实上属于国际上通称的财团法人，所以该办法的规定显然不尽合理。因此，2004年6月1日通过的《基金会管理条例》修正了关于基金会性质的说法，规定"基金会是指利用自然人、法人或者其他组织捐赠的财产，以从事公益事业为目的，按照本条例的规定成立的非营利性法人。"《民法典》在更高位阶法律上确认了基金会是非营利法人中的一种形式。

四是社会服务机构。改革开放以来，社会力量参与社会事业蓬勃发展，民办学校、民办医院、民办研究所大量涌现。1996年7月中央将这类组织命名为"民办非企业单位"，归口民政部门统一登记。但是，"民办非企业单位"的概念存在明显问题：一是外延不清，从字面理解可以涵盖基金会、社会团体等其他组织；二是内涵不明，不能准确反映这类组织提供社会服务、从事公益事业的属性。

2016年《中华人民共和国慈善法》首次将"民办非企业单位"的名称统一称为"社会服务机构"。相较于民办非企业单位，社会服务机构这一命名更能准确反映此类组织的社会组织性质和社会服务功能。为保持一致，2016年民政部在《社会服务机构登记管理条例》（《民办非企业单位登记管理暂行条例》修订草案征求意见稿）中，将民办非企业单位修改为社会服务机构，并对社会服务机构进行界定：社会服务机构，是指自然人、法人或者其他组织为了提供社会服务，主要利用非国有资产设立的非营利性法人。《民法典》也采用了"社会服务机构"这个概念。

2. 非营利性科研机构的法律范畴

《民法典》中所指"非营利性法人"中从事科学技术研究开发活动的机构主要

涉及两类法人类型，即事业单位和社会服务机构。

事业单位法人中开展科研活动的单位较多，既包括科研院所也包括高等学校、医院等，但本项研究将以教育和医疗服务为主的高等学校和医院排除在外，仅研究各级各类科研院所（或称科研事业单位）①。科技类民办非企业单位中也有大量开展科学技术研究活动的单位。近年来，国内涌现了大批以科技类民办非企业单位性质设立的新型研发机构，也作为研究范畴②。

科研事业单位属于公法人范畴，在《科技进步法》中主要表述为“国家实验室”和“利用财政性资金设立的科学技术研究开发机构”③；而科技类民办非企业（社会服务机构）则属于私法人的范畴，《科技进步法》中提到的“社会力量设立的非营利性科学技术研究开发机构”即属于此类私法人范畴的非营利科研机构。

（二）非营利性科研机构的发展概况

随着创新驱动发展战略的实施和科技创新支撑经济发展的需求增强，对科研组织模式有了新的认识和积极探索，在管理中提出新型研发机构的概念和相关政策。因此，本项研究从传统和新型两个角度对非营利性科研机构发展进行梳理和总结。其中，传统科研机构主要是事业单位性质；新型研发机构既有社会服务机构（民办非企业）性质，也有事业单位性质。

1. 传统科研机构的发展概况

传统科研院所的法人类型包括科研事业单位和转制科研院所。但转制科研院所为企业法人，不具有非营利特征④；事业单位性质的科研院所自身的范畴并不明晰，相关统计、政策等也对其有不同的界定。

在统计方面，《中国科技统计年鉴》中并没有非营利性科研机构的定义，在对“工业企业、研究与开发机构和高等学校”三类创新主体进行统计时，研究与开发机构中的口径为“地级及以上独立核算的政府属科学研究与技术开发机构、科学技术信息和文献机构”，与本书研究的事业单位性质的非营利性研发机构最为接近。《中国科技统计年鉴2020》数据显示，2019年我国有中央属研究与开发机构726家，

---

① 包括以事业单位法人类型登记注册的新型研发机构。

② 我国基金会相关法律法规明确基金会业务仅限于资助科学技术研究活动，但不直接开展科学技术研究活动，这不同于美国等发达国家，因此基金会不在研究范畴；我国有少数社团开展与科学技术研究相关的活动，但总体上多以促进科学技术交流为主，因此社团也不在研究范畴。

③ 《科技进步法》对国家实验室的界定存在两个维度，总则第四条指出，国家实验室与国家科学技术研究开发机构、高水平研究型大学、科技领军企业并列，同属于战略科技力量；另一方面，第五章第四十八条　将国家实验室和利用财政资金设立的科学技术研究开发机构并列“科学技术研究开发机构”。

④ 《中共中央国务院关于加强技术创新发展高科技实现产业化的决定》（中发〔1999〕14号）提出，“现有社会公益型科研机构要实行分类改革”，其中，“有面向市场能力的科研机构，要转为科技型企业、整体或部分进入企业，或转为企业性的中介服务机构”，因转制为企业法人而不再具备非营利性特征；此外，“向社会提供公共服务、无法得到相应经济回报的科研机构，在调整结构、分流人员的基础上，按非营利性机构的机制运行和管理，政府主要通过扶持政策、竞争择优方式提供科研项目和基地建设经费”。

地方属研究与开发机构2491家；中央部门数的726家机构中，中国科学院110家，其他中央部门属616家（见表7-7）。

表7-7 政府属科研机构数量 单位：个

机构类型	2012年	2013年	2014年	2015年	2016年	2017年	2018年	2019年	2020年
中央属	710	711	720	715	734	728	717	726	731
#中国科学院	107	108	105	105	112	112	110	110	
地方属	2964	2940	2957	2935	2877	2819	2589	2491	2378
合计	3674	3651	3677	3650	3611	3547	3306	3217	3109

数据来源：《中国科技统计年鉴》。

在政策方面，目前多个相关政策中的科研机构、科研院所或科研事业单位都有名单，但是各个名单有所差异。在最新的科技创新进口税收政策中（《财政部 海关总署 税务总局关于“十四五”期间支持科技创新进口税收政策的通知》（财关税〔2021〕23号），中央级科研机构共400余家，地方科研机构共2000余家。

2. 新型研发机构的发展概况

（1）社会服务机构性质的科研机构。

科技类民办非企业已经成为我国创新体系中不可缺少的创新力量。民政部数据显示，截至2018年底，我国有科技类民办非企业单位44.4万家，其中科技服务类民办非企业单位为1.47万家，占民办非企业单位总数的3.31%。

近年来，一批以知识探索和技术创新作为主要活动，以体制机制创新为特点的新型研发机构不断涌现，其中一部分机构就是以科技类民办非企业身份存在并发展的。伴随多年探索，各地已经出现了一批高水平的科技类民办非企业单位，如中科中山药物创新研究院、华益健康药物研发中心、北京智源人工智能研究院、深圳市前海科创石墨烯新技术研究院等。

（2）事业单位性质的社会服务机构。

我国还有一些新型研发机构，以事业单位性质登记注册，但发挥的是社会服务机构功能[①]。其特色是“三有（有政府支持、有市场盈利能力、有激励机制）”和“三无（无级别、无编制、无经费）”。广东、上海和北京等地都建立了很多事业单位性质的新型研发机构。

广东省的中科院深圳先进技术研究院（以下简称“深圳先进院”）是此类型的典型代表。深圳先进院在使命愿景上，定位于提升粤港地区及我国先进制造业和现代服务业的自主创新能力，推动我国自主知识产权新工业的建立，成为国际一流的

① 《财政部 海关总署 税务总局关于“十四五”期间支持科技创新进口税收政策的通知》（财关税〔2021〕23号）称其为“事业单位性质的社会服务机构”。

工业研究院；在体制机制创新上，遵从“三方共建、深港一体、协同创新、共谋发展”，实行理事会领导下的院长负责制。经过15年发展，深圳先进院目前已初步构建了以科研为主的集科研、教育、产业、资本为一体的微型协同创新生态系统。

上海新型事业单位类型的非营利科研机构实行了“三不一综合”新机制，不定行政级别，不固定编制数量，不受岗位设置和工资总额限制，实行综合预算管理。新机制赋予了新机构在选人用人、薪酬激励等方面更大的自主权，从而带来了人才的广泛集聚。主要机构有上海脑科学与类脑研究中心、上海量子科学研究中心、上海清华国际创新中心、上海期智研究院、上海微纳电子研发中心、上海人工智能创新中心、上海处理器技术创新中心、上海长三角技术创新研究院、上海浙江大学高等研究院等。上海主要通过“一事一议”机构式或项目资助方式开展这类新型事业单位非营利科研机构的建设。

北京量子信息科学研究院由北京市政府发起，联合北京多家顶尖学术单位共同建设的事业单位，但是不定机构规格，不核定人员编制；采取与国际接轨的治理模式和运行机制，并探索建立知识产权共享机制。由于其科研能力突出，该院承担了国家科技创新2030—“量子通信和量子计算机”重大项目等任务，产出了多项重大原始创新成果。

（三）非营利性科研机构的管理概况

非营利性科研机构的管理涉及多个流程和多个部门，一般非营利性科研机构的登记管理包括发起设立（举办）、登记注册和管理（日常管理与业务管理）几个流程。同时，由于事业单位和社会服务机构分别属于公法人和私法人，因此其管理有着明显的差异；此外，事业单位性质的新型研发机构也不同于传统的科研事业单位，因此事业单位性质的社会服务机构管理也有其特殊性。

1. 事业单位的管理概况

一是登记与注册。事业单位登记管理最基本的法律法规依据是《民法典》中的有关规定和《事业单位管理暂行条例》（1998年10月25日中华人民共和国国务院令第252号发布；根据2004年6月27日《国务院关于修改〈事业单位登记管理暂行条例〉的决定》修订），具体操作依据是《事业单位登记管理暂行条例实施细则》（国家事业单位登记管理局，2014年1月24日）和其他有关规定。

在编制管理方面，国务院机构编制管理机关所属的国家事业单位登记管理局主管全国事业单位登记管理工作；县级以上各级人民政府机构编制管理机关所属的登记管理机关负责实施事业单位登记管理工作。

在登记管理方面，事业单位的登记管理机关是本级事业单位登记管理局，有的地方事业单位登记管理局属性质机关，有的属事业单位。申请登记管理的事业单位包括以下几类：①各级党委、政府直属事业单位；②各级人大、政协机关、人民法院、人民检察院，各民主党派机关举办的事业单位；③各级党委部门和政府部门举办的事业单位；④使用财政性经费的社会团体举办的事业单位；⑤国有企业及其他组织利用国有资产举办的事业单位；⑥依照法律或有关规定，应当由各级登记管理机关登记的其他事业单位；⑦上述事业单位举办的下属事业单位。事业单位登记管理以申请、受理审、核准、发（缴）证章、公告为基本程序。《事业单位法人证书》是事业单位法人资格的唯一合法凭证。除设立登记外，事业单位的变更登记、注销登记、证书补领和重新申领都由相应的事业单位登记管理机关统一管理，并要求事业单位要根据《事业单位登记管理暂行条例》及其实施细则和《事业单位法人年度报告公示办法（试行）》有关规定按照一定格式进行《年度报告》编制和披露[①]。2020年，为配合事业单位改革，还试行推出事业单位法人简易注销登记标准。

二是举办和业务管理。在主管部门方面，由于事业单位的基数较大，性质复杂，并没有统一的所谓国家局或者地方局进行主管，而是根据事业单位的级别分属于不同层级的机构。如中国科学院和中国社会科学院属于国务院直属的事业单位，但是其所属的各所则分别为中国科学院和中国社会科学院举办，其他科研事业单位则由相应的部门（或国家局）举办和管理。一般大型科研院所下属的二级法人事业单位的举办单位为其所属大型科研院所的主管部门。

整体上，我国目前中央级科研院所428家，其中国务院组成部门及直属机构下属单位420家，中共中央部门下属单位5家，最高人民检察院1家，人民团体2家。具体而言，国务院组成部门所属科研院所160家，其中农业农村部、自然资源部、国家卫健委所属科研院所分别为65家、53家和37家；国务院直属机构所属单位25家，其中国资委所属科研院所9家；国务院直属事业单位所属科研院所175家，其中中国科学院和中国社科院所属科研院所分别为120家和41家；国务院部委管理的国家局所属科研院所37家，其中国家林业和草原局、国家中医药管理局所属科研院所分别为21家和9家（见表7-8）。

表7-8 中央级科研院所主管部门分布 单位：家

国务院各部门	国务院部委管理的国家局	国务院直属机构	国务院直属事业单位	中共中央	最高人民检察院	人民团体
160	37	25	175	5	1	2

① 与企业法人不同，事业单位的年度报告内容较少，通常仅涉及基本信息（《事业单位法人证书》登载事项和资产变更、人员等信息）以及开展业务、绩效和奖惩、接受捐赠等信息；自2016年起，中央和国家机关所属事业单位实行年度报告直接公示制度，在中央编办事业单位登记管理局主办的“机关赋码和事业单位登记管理网”进行公示，相应的其他级别的事业单位年报信息在相应级别的事业单位登记管理机关的专门网站公布，供社会查询。

2. 社会服务机构的管理概况

社会服务机构在民政部门登记注册为民办非企业单位①。其登记管理最基本的法律法规依据是《民法典》中的有关规定和《民办非企业单位登记管理暂行条例》（以下简称《条例》；国务院令第251号，1998年10月25日实施）、《民办非企业单位登记暂行办法》（以下简称《办法》；民政部令第18号，1999年12月28日实施；根据2010年12月27日《民政部关于废止、修改部分规章的决定》修订）、《科技类民办非企业单位登记审查与管理暂行办法》（国科发政字〔2000〕209号，2000年5月24日实施）。

《办法》第二条规定：两人或两人以上举办且具备法人条件的，可申请办理民办非企业单位（法人）登记。由企业事业单位、社会团体和其他社会力量举办的或由上述组织与个人共同举办的，应当申请民办非企业单位（法人）登记。民办非企业单位登记管理机关审核登记的程序有受理、审查、核准、发证和公告。

科技类民办非企业单位的业务主管单位是科技行政管理部门。科技类民办非企业单位的设立需经科技行政管理部门审查，并依照《条例》及《办法》的规定登记。申请设立科技类民办非企业单位必须符合《条例》第八条②和《办法》第五条③的规定，同时应当具备以下条件：业务范围和活动领域符合国家促进科技进步的相关法律法规和政策；有与业务范围和业务量相当的科技人员，关键业务岗位主要负责人由科技人员担任；具备必要的科研设施和条件。

（四）非营利性科研机构的内涵与主要特征

1. 概念提出与基本内涵

1999年，中共中央、国务院发布《关于加强技术创新、发展高科技、实现产业化的决定》，对科研机构进行分类改革。为贯彻决定精神，2000年，国务院办公厅转发科技部等部门《关于深化科研机构管理体制改革实施意见的通知》（国办发（2000）38号），提出对社会公益类科研机构分别不同情况实行改革，对于确需国家支持、无法从市场获得相应回报的公益类科研机构，按非营利性科研机构管理和运行④。随后，国务院办公厅又转发科技部等部门《关于非营利性科研机构管理的若干意见（试行）的通知》（国办发（2000）78号，以下简称“78号文”），明确指出

---

① 民办非企业单位是指企业事业单位、社会团体和其他社会力量以及公民个人利用非国有资产举办的，从事非营利性社会服务活动的社会组织。

② 申请登记民办非企业单位，应当具备下列条件：（一）经业务主管单位审查同意；（二）有规范的名称、必要的组织机构；（三）有与其业务活动相适应的从业人员；（四）有与其业务活动相适应的合法财产；（五）有必要的场所。民办非企业单位的名称应当符合国务院民政部门的规定，不得冠以“中国”“全国”“中华”等字样。

③ 民办非企业单位必须拥有与其业务活动相适应的合法财产，且其合法财产中的非国有资产份额不得低于总财产的三分之二。开办资金必须达到本行（事）业所规定的最低限额。

④ http：//news.cctv.com/news/china/20020909/99.html.

“非营利性科研机构以推进科技进步为宗旨，不以营利为目的，主要从事社会公益为主的科学研究、技术咨询与服务活动”。

根据78号文，非营利性科研机构具有以下基本内涵：一是“主要从事应用基础研究或向社会提供公共服务，无法得到相应经济回报，国家财政给予经常性经费补助、确需国家支持的国务院部门（单位）所属社会公益类科研机构”；二是“以推进科技进步为宗旨，不以营利为目的，主要从事社会公益为主的科学研究、技术咨询与服务活动”；三是“具有独立法人资格，执行国家的法律、法规，在政府有关部门的指导、监督下，自主管理。非营利性科研机构要根据国家法律、法规的规定和出资者的约定，制定章程，明确机构宗旨、业务领域、组织结构、决策监督程序、内部管理制度等”。

2. 非营利性机构的基本特征

美国约翰·霍普金斯大学的非营利组织比较研究中心对非营利组织给出了最为权威的界定。该中心还提出了详细的“非营利组织国际分类体系（ICNPO）”，将非营利组织分为12大类，包括文化与休闲、教育与研究、卫生、社会服务、环境、发展与住房、法律政治与推促、慈善中介与志愿行为，国际性活动，宗教活动与组织、工商团体与专业组织、其他，并概括出非营利组织五个方面的特征①。

一是组织性。即实现一定程度上的制度化，这并非是要求已经完成注册或具有法律权限，而是强调是否有完善的内部组织结构、相对持续的目标结构、目标活动等。因此，非正式的、临时的、随意松散、暂无组织结构的群众聚会并不能算是非营利性组织。

二是私有性。即组织与政府在制度上分离，不是政府的组成，而是从政府部门分离出来的“非政府”，但这并不意味着组织不能接受政府部门的资助或援助，也不能说政府官员不能担任组织的理事②。

三是非营利性。即组织不能直接或间接向组织的创立者、管理层及组织成员提供利润，但并不排除组织进行符合组织宗旨的相关营利性活动，但相应利润只能用于组织运营和业务发展。即“非营利性”特征的落脚点在于“利润分配禁止”③。正如著名法学家史尚宽所说，“公益法人为公益目的，以经营营利事业为手段，苟非以分配利益于其成员为目的，不妨为公益法人。例如为谋收入，征收入场费而开设展览会，征收住院费而收容病患。”④即使在民法理论上，开展营利活动与非营利组织之法人目的也并不矛盾。

四是自治性。即组织能够实现自治，形式上拥有内部治理程序，实质上能够独

---

① 莱斯特·M·萨拉蒙，等.全球公民社会——非营利部门视界［M］.贾西津，魏玉等，译.北京：社会科学文献出版社，2002.
② 我国的事业单位性质的非营利性科研机构不属于政府，但是属于公法人范畴。
③ 谭启平.中国民法典法人分类和非法人组织的立法构建［J］.现代法学，2017，39（1）：76-93.
④ 史尚宽.民法总论［M］.北京：中国政法大学出版社，2000.

立处理自身事务，而不能停留在仅形式上独立，实质仍在企业或政府部门所控制范围之下，本质上仍是这些企业和政府的功能性分支。

五是自愿性。即接受一定程度的志愿参与。一方面，组织必须有能力接受上至理事会下至志愿者的志愿参与，并有能力管理志愿者的活动和贡献；另一方面，志愿者也内含“非义务”的含义，不需依法审核即可成为该组织的成员，而不同于某些须经法定程序才能获得会员资格的职业性组织。

3. 非营利性科研机构的其他特征

非营利性科研机构作为非营利性机构的一种类型，具备非营利性机构的基本特征，同时具有研发的基本特征。结合我国相关法律法规与实践，我国非营利性科研机构还具有以下突出特征。

一是以开展研发活动为主要业务，兼顾科技成果转化，公益性与外溢性明显。我国《科技进步法》第五十条明确规定了科学技术研究开发机构享有的诸多权利，除了参加学术活动与开展研发活动外，还享有开展联合研发、技术咨询、技术服务等活动以及获得社会捐赠和资助等权利。我国《科技成果转化法》第十七条规定“国家鼓励研究开发机构、高等院校采取转让、许可或者作价投资等方式，向企业或者其他组织转移科技成果”。明显地，非营利性科研机构从事研发活动，特别是以基础研究、应用研究、产业共性关键技术与公益领域研发为主，具有较强的公益性；从事科技成果转化，则是其从事研发活动的衍生业务，属于服务社会，具有突出的外溢性。

二是以研发项目收入为稳定收入来源。除了财政拨款外，非营利性科研机构的收入以研发项目收入为主（横向与纵向课题），其他收入为辅。其他收入主要为偶然性收入，包括：科技成果转化收入（“四技”服务、技术入股）、生产销售收入（因特殊性的小批量，如中科院化学所）、被动投资收入（利息、分红、入股、股权转让等）、接受捐赠收入等。

二、我国非营利性科研机构税收优惠政策的历史与现状

非营利性科研机构的法律形式无论是事业单位还是民非，都适用相同的税收政策。其中，相关性最强的税收优惠政策主要有三类：一是“非营利组织”相关税收优惠；二是科研机构相关税收优惠；三是企业技术创新相关税收优惠。

（一）“非营利组织”税收优惠政策的历史与现状

非营利性科研机构作为非营利性法人，在满足条件情况下，适用“非营利组

织”税收优惠。其中，“非营利组织”属于税收意义上界定的“免税组织”。

1. 2000—2007年：非营利性科研机构适用优惠力度较大的单独税收优惠

在2008年前，我国科研、医疗、教育等不同领域的非营利性机构适用不同的税收优惠政策。2000年，为配合我国科研院所分类改革①，经科技行政主管部门批准的“非营利性科研机构”可以享受以下税收优惠②：一是“四技”收入③免征企业所得税与营业税；二是从事与其科研业务无关的其他服务取得的收入④按规定征收各项税收，但用于改善研发条件的投资部分经批准可税前扣除；三是自用的房产、土地，免征房产税、城镇土地使用税；四是社会力量对非营利性科研机构新产品、新技术、新工艺所发生的研究开发经费资助，允许在当年度应纳税所得额中扣除。

2. 2008年至今：“非营利组织”在统一的界定标准下适用统一的税收优惠政策

2008年，《企业所得税法》及其实施条例首次将“非营利组织”作为税法概念提出。有关实施细则相继发布，非营利组织适用的税收政策统一。主要优惠政策包括：

一是非营利组织五类所得免征企业所得税。经税务主管机关认定的非营利组织可以获得“免税资格”（免税资格标准“八条”）⑤，其“五类”所得免征企业所得税（捐赠收入、政府补助收入（不包括政府购买服务收入）、会费收入、不征税收入和免税收入孳生的银行存款利息、财政部和国家税务总局规定的其他收入）⑥，但其他所得正常缴纳企业所得税。

二是企业和个人对取得“公益性捐赠税前扣除资格”（以下简称“捐赠扣除资格”）机构的捐赠支出可以享受一定比例的税前扣除。一般性优惠包括：企业发生的公益性捐赠支出，在年度利润总额12%以内部分，准予在计算应纳税所得额时扣除，超过部分准予向后结转3年继续税前扣除（《企业所得税法》）；个人将其所得对教育、扶贫、济困等公益慈善事业进行捐赠，捐赠额未超过纳税人申报的应纳税所得额30%的部分，可以从其应纳税所得额中扣除（《个人所得税法》）⑦。相关实施细

---

① 2000年，我国对国务院部门（单位）所属社会公益类科研机构实行分类改革［《科技部、中编办、财政部、税务总局关于非营利性科研机构管理的若干意见（试行）的通知》（国办发〔2000〕78号）］。

② 财政部 国家税务总局《关于非营利性科研机构税收政策的通知》（财税〔2001〕5号）。非营利性科研机构需要书面向科技行政主管部门申明其性质，按规定进行设置审批和登记注册，并由接受其登记注册的科技行政部门核定，在执业登记中注明“非营利性科研机构”。非营利性科研机构认定标准，由科技部会同财政部、中编办、国家税务总局另行制定；但后续并未发布认定标准有关文件。

③ 从事技术开发、技术转让业务和与之相关的技术咨询、技术服务所得的收入。

④ 如租赁收入、财产转让收入、对外投资收入等。

⑤ 详见《关于非营利组织免税资格认定管理有关问题的通知》（财税〔2018〕13号）。

⑥ 详见《关于非营利组织企业所得税免税收入问题的通知》（财税〔2009〕122号）。

⑦ 除一般性优惠政策外，捐赠税前扣除还有特殊优惠政策。主要包括：我国对于扶贫等领域以及对中国教育发展基金会等特殊受赠单位的捐赠支出允许100%税前扣除。

则对优惠条件等给出具体规定[①]，其中受赠单位取得“捐赠扣除资格”[②]是捐赠者享受税前扣除优惠的主要条件。

综上，对比非营利性科研机构在2008年前后适用的免税和捐赠税收优惠，2008年税收政策统一后的优惠力度明显减弱、收紧。一是免税门槛明显提高，免税所得范围大幅变窄（如“四技”服务收入由免税收入变为应税收入）；二是捐赠者获得的税前扣除优惠，由过去的仅需“一步”认定（免税资格认定）变成“两步”认定（“免税资格”和“捐赠扣除资格”认定），且税前扣除比例由100%下降到按一定比例。

（二）科研机构相关主要税收优惠政策现状

非营利性科研机构作为科研单位，在满足条件情况下，适用针对科研单位的相关税收优惠。

1. 满足条件的科研机构可享受增值税、消费税或关税优惠

一是科研机构进口国内不能生产或性能不能满足需求的科学研究、科技开发和教学用品，免征进口关税和进口环节增值税、消费税。其中，科研机构由科技部门向海关总署提交清单，主要包括中央级、省级、地市级科研院所（事业单位性质）、科技部或省级相关部门核定的社会研发机构（符合“科技类民办非企业单位性质的社会研发机构条件”）、转制院所以及国家实验室等国家挂牌的科研单位[③]。

二是符合条件的内资研发机构和外资研发中心采购国产设备全额退还增值税。其中，内资研发机构包括转制院所、高等学校、国家重点实验室等国家挂牌科研单位、省部级和计划单列市所属科研院所与科技类民办非企业单位；外资研发中心须经商务主管部门会同有关部门按照上述条件进行资格审核认定，资格有效期2年[④]。

---

① 详见《财政部 税务总局 民政部关于公益性捐赠税前扣除有关事项的公告》（财政部 税务总局 民政部公告2020年第27号）、《财政部 国家税务总局关于公益股权捐赠企业所得税政策问题的通知》（财税〔2016〕45号）、《财政部 税务总局关于公益性捐赠支出企业所得税税前结转扣除有关政策的通知》（财税〔2018〕15号）、《财政部 税务总局关于公益慈善事业捐赠个人所得税政策的公告》（财政部 税务总局公告2019年第99号）、《财政部 税务总局关于公益慈善事业捐赠个人所得税政策的公告》（财政部 税务总局公告2019年第99号）。

② 其中，慈善组织、其他社会组织“公益性捐赠税前扣除资格”条件详见《财政部 税务总局 民政部关于公益性捐赠税前扣除有关事项的公告》（财政部 税务总局 民政部公告2020年第27号；群众团体“公益性捐赠税前扣除资格”条件详见《财政部 税务总局关于通过公益性群众团体的公益性捐赠税前扣除有关事项的公告》（财政部 税务总局公告2021年第20号）。

③ 详见《财政部 海关总署 税务总局关于“十四五”期间支持科技创新进口税收政策的通知》（财关税〔2021〕23号）、《财政部 中央宣传部 国家发展改革委 教育部 科技部 工业和信息化部 民政部 商务部 文化和旅游部 海关总署 税务总局关于“十四五”期间支持科技创新进口税收政策管理办法的通知》（财关税〔2021〕24号）、《科技部 财政部 海关总署 税务总局关于印发〈科研院所等科研机构免税进口科学研究、科技开发和教学用品管理细则〉的通知》（国科发政〔2021〕270号）。国家实验室等国家挂牌的科研单位包括：国家实验室、国家重点实验室、企业国家重点实验室、国家产业创新中心、国家技术创新中心、国家制造业创新中心、国家临床医学研究中心、国家工程研究中心、国家工程技术研究中心、国家企业技术中心、国家中小企业公共服务示范平台（技术类）。

④ 详见《关于继续执行研发机构采购设备增值税政策的公告》（财政部 商务部 税务总局公告2019年第91号）。国家重点实验室等国家挂牌科研单位包括：国家工程研究中心，企业技术中心，国家重点实验室（含企业国家重点实验室），国家工程技术研究中心，国家中小企业公共服务示范平台（技术类）。

三是非企业单位提供“四技”服务适用的增值税可选择按照3%征收率简易征收。具体地，非企业单位提供的研发和技术服务、信息技术服务、鉴证咨询服务（包括“四技”服务），以及销售技术、著作权等无形资产，可选择增值税按照征收率简易征收[①]。

2. 满足条件的科研机构科研人员可享受个人所得税优惠

一是科研人员从转化职务科技成果中获得的股权奖励免征个人所得税。科研机构、高等学校转化职务科技成果以股份或出资比例等股权形式给予科技人员个人（正式在编职工）奖励，经主管税务机关审核后，暂不征收个人所得税。[②]

二是科研人员从转化职务科技成果中获得的现金奖励减半征收个人所得税。非营利性研究开发机构和高等学校（国家设立的科研机构和高校、民办非营利性科研机构和高校）从职务科技成果转化收入中给予科技人员（正式在编职工）的现金奖励，可减按50%计入科技人员当月“工资、薪金所得”缴纳个人所得税[③]。

总体看，非营利性科研机构无论是事业单位性质还是民办非企业性质，都在科研机构相关税收优惠政策的适用范围内。但进口税收优惠政策目前仅适用省级的民办非企业科研机构。

（三）企业技术创新相关主要税收优惠政策现状

非营利性科研机构作为企业纳税人，在满足条件情况下，适用针对企业技术创新的所有税收优惠。

1. 满足条件科研机构可以享受的企业所得税优惠

一是高新技术企业税率优惠。符合高新技术企业认定条件的科研机构可以申请高新技术企业资格并适用15%的优惠企业所得税率。

二是技术转让（所有权和许可使用权）所得减免税优惠。科研机构转让符合条件的技术转让所得，在一个纳税年度内不超过500万元的部分免征企业所得税；超过部分，减半征收[④]。2020年中关村实施试点，在特定区域内注册的居民企业，转让符合条件的技术转让所得，在一个纳税年度内不超过2000万元的部分免征企业所得税；超过部分，减半征收[⑤]。

---

① 详见《财政部国家税务总局关于明确金融房地产开发教育辅助服务等增值税政策的通知》（财税〔2016〕140号）第十二条）。

② 详见《关于促进科技成果转化有关税收政策的通知》（财税字〔1999〕45号）、《国家税务总局关于3项个人所得税事项取消审批实施后续管理的公告》（国家税务总局公告2016年第5号）。

③ 详见《关于科技人员取得职务科技成果转化现金奖励有关个人所得税政策的通知》（财税〔2018〕58号）。

④ 详见《国家税务总局关于居民企业技术转让有关企业所得税政策问题的通知》（财税〔2010〕111号）、《关于技术转让所得减免企业所得税有关问题的公告》（国家税务总局公告2013年第62号）、《关于许可使用权技术转让所得企业所得税有关问题的公告》（国家税务总局公告2015年第82号））。

⑤ 详见《关于中关村国家自主创新示范区特定区域技术转让企业所得税试点政策的通知》（财税〔2020〕61号）。

三是技术入股延期纳税优惠。科研机构以技术成果投资入股到境内居民企业并取得股票（权），可选择继续按现行有关税收政策执行，也可选择适用递延纳税优惠政策[①]。

2. “四技”服务业务可享受增值税免税优惠

其中，技术咨询、技术服务的价款与技术转让或者技术开发的价款必须在同一张发票上开具[②]。

总之，非营利性科研机构只要符合条件，可以与企业一样享受各种税收优惠。但鉴于非营利性科研机构的性质与业务特点，据调研，目前普遍享受的企业技术创新税收优惠主要是技术转让所得税减免、技术入股延期纳税与“四技”服务增值税免征；通过高新技术企业认定的机构极少[③]，申请享受研发费用加计扣除优惠的几乎没有[④]。

三、我国非营利性科研机构税收优惠政策主要问题

非营利性科研机构，无论是传统型还是新型，都面临相同的税收政策问题。但“非营利组织”税收优惠政策问题以及新型科研机构在税收优惠享受中面临的不公平问题更加突出。

（一）“非营利组织”税收优惠政策难以惠及非营利性科研机构

1. 企业所得税优惠：“相关所得（与宗旨相关）”与“被动所得”都不在免税所得范围，“免税资格”认定积极性不高

第一，非营利性科研机构的核心宗旨是开展研发活动，但与核心宗旨相关的研发项目收入并不在“非营利组织”免税所得范围。非营利性科研机构开展的研发项目主要来自：政府科技计划项目、其他财政资金资助项目（包括政府采购项目）、社会资金资助项目（如委托研发或技术开发）。按照现行免税政策，一般情况下，除了政府科技计划项目收入外，非营利性科研机构的其他项目收入都必须按照25%

---

① 详见《财政部 国家税务总局关于完善股权激励和技术入股有关所得税政策的通知》（财税〔2016〕101号）

② 详见《财政部 国家税务总局关于全面推开营业税改征增值税试点的通知》（财税〔2016〕36号）（附件3《营业税改征增值税试点过渡政策的规定》第二十六条）。

③ 据调研，极少数科研院所认定高新技术企业，比如中科院化学所2018年申请并通过高新技术企业认定。认定的难度主要在于：一是财务与知识产权管理与企业有重大差异；二是高新技术产品收入指标一般难以达到，中科院化学所也是鉴于2016年后产品销售收入有所增长才申请认定高新技术企业。

④ 激励企业技术创新的税收优惠政策很多，其中研发费用加计扣除优惠与高新技术企业税率优惠最为重要。但是，科研院所一般很难享受研发费用加计扣除优惠，因为其研发项目主要是政府项目与企业委托研发项目。政府项目资金一般是免税收入，相关研发费用支出不能享受加计扣除优惠；企业委托项目发生的研发费用则是由委托方申请享受加计扣除优惠。

税率缴纳企业所得税。

第二，非营利性科研机构资产处置收益（如技术入股、股权转让）等被动所得不在“非营利组织”免税所得范围。非营利性科研机构通过研发活动获得的知识产权属于“无形资产”，国家鼓励其向企业转移转化；否则就是研发成果的浪费。技术入股与技术转让都是重要的转移转化形式。相应的股权收益（股息红利与股权转让所得）、技术转让收益（如特许权使用费），除按照法律法规允许以工资薪金性质奖励给主要科研人员外，一般都将继续用于研发活动，是支持非营利性科研机构长期可持续发展的重要收入来源。目前，技术入股虽然可以递延至股份转让时纳税，但相应的股权收益并没有任何税收减免；超过免税门槛的技术转让所得仍需征收企业所得税。

2. 捐赠税收优惠：非营利性科研机构很难获得“捐赠扣除资格”，科学捐赠没有特殊优惠

非营利性科研机构虽然不是科学捐赠的主要途径（基金会），但是途径之一。据调研，社会资金对部分非营利性科研机构有捐赠意愿（比如民办非企业性质的“全球健康药物研究中心”），但受到现行捐赠税收优惠政策制约，非营利性科研机构少有接受捐赠。主要政策制约包括：

第一，事业单位科研机构并不在“捐赠扣除资格”范围。按照相关规定①，可以获得“公益性税前扣除资格”的“公益性社会组织”包括“慈善组织、其他社会组织和群众团体”，其中“慈善组织和其他社会组织”要求在民政部门依法登记并符合八条资格认定条件。理论上看，在非营利性科研机构中，仅有民办非企业属于“其他社会组织”。因此，事业单位并不在“捐赠扣除资格”范围②，这显然与《公益事业捐赠法》③《科技进步法》④有关规定不一致。

第二，民办非企业科研机构在现实中很难通过“捐赠扣除资格”认定。一是认定条件基本是以基金会为潜在对象设计，有关公益慈善事业支出、管理费用支出的条件要求并不适合科研机构作为非“财团法人”的运营特点，也高于《关于慈善组织开展慈善活动年度支出和管理费用的规定》（2016年）对不具有公开募捐资格慈

---

① 详见《财政部 税务总局 民政部关于公益性捐赠税前扣除有关事项的公告》（财政部 税务总局 民政部公告2020年第27号）。

② 根据《企业所得税法实施条例》，公益性捐赠的渠道仅限定于“公益性社会组织或者县级以上人民政府及其部门”，而在此之前的相关政策，如《财政部 税务总局关于公益性捐赠支出企业所得税税前结转扣除有关政策的通知》（财税〔2018〕15号）中，表述为“县级（含县级）以上人民政府及其组成部门和直属机构”，其中事业单位性质的科研院所均属于“直属机构”；《关于公益性捐赠税前扣除有关问题的补充通知》（财税〔2010〕45号）还特别明确，“县级以上人民政府及其组成部门和直属机构的公益性捐赠税前扣除资格不需要认定。”

③ 《公益慈善法》第十条“公益性社会团体和公益性非营利的事业单位可以依照本法接受捐赠”。

④ 《科技进步法》第四十三条“科学技术研究开发机构享有以下权力”中包括“获得社会捐赠和资助”。

善组织的相关要求[①]。二是现实中获得“捐赠扣除资格”的非营利组织也主要是基金会，这就造成直接捐赠难以享受和间接捐赠[②]相同的税收优惠。据了解，北京市公布的“捐赠扣除资格”名单中仅有少量社会团体和民办非企业单位，近400家民办非企业科研机构无一在此名单中。

第三，支持研发活动特别是科学研究的科学捐赠支出没有特殊优惠政策。我国目前对特殊领域或机构（农村义务教育、公益性青少年活动场所、老年服务机构等）以及特定基金会[③]的捐赠支出允许全额税前扣除，体现了对特定捐赠的倾斜性支持。在我国落实科技自立自强战略的新时期，作为科学研究投入实现多元化的重要渠道，科学捐赠亟待加强引导，但却不在捐赠特殊优惠的支持范围。此外，《个人所得税法》对“科学”捐赠未明确列入适用税前扣除优惠的公益行为[④]，显然对捐赠的理解仍然停留在教育、扶贫等传统领域。

第四，非货币性资产捐赠（如股权、知识产权捐赠）[⑤]目前税负较重。随着时代发展，非货币性资产捐赠逐步增多。比如，近两年万科向清华大学教育基金会捐赠2亿企业股权建立公共卫生与健康学院，华为向开放原子开源基金会捐赠鸿蒙系统底层核心架构，都在科技领域引起了较大关注。但相比货币捐赠，我国非货币性捐赠存在税负较重、实施细则不完备等问题，不利于对此类捐赠的激励。具体表现在：一是无形资产、货物等非货币性捐赠都视同销售需要缴纳所得税和增值税[⑥]；二是股权捐赠视同股权转让，但以原始成本为捐赠额，在捐赠环节虽然捐赠者并不需要缴纳所得税但实际上税负向后转移给了受赠机构，受赠机构的股权转让收益（市场价格与原始成本的差额）正常缴纳企业所得税[⑦]；三是个人捐赠房产的，捐赠额按照个人持有房产的财产原值确定[⑧]，与股权捐赠一样，相关税负向后转移给受赠机构；四是企业捐赠房产未有细则规定。

---

① 按照《财政部 税务总局 民政部关于公益性捐赠税前扣除有关事项的公告》（财政部 税务总局 民政部公告2020年第27号），不具有公开募捐资格的社会组织，前两年度每年用于公益慈善事业的支出占上年末净资产的比例均不得低于8%；前两年每年支出的管理费用占当年总支出的比例均不得高于12%。但是，按照《关于慈善组织开展慈善活动年度支出和管理费用的规定》，慈善组织中不具有公开募捐资格的社会团体和社会服务机构，年度慈善活动支出和年度管理费用根据净资产不同执行不同的标准。其中对于上年末净资产高于1000万元（含本数）人民币的，年度慈善活动支出不得低于上年末净资产的百分之六；年度管理费用不得高于当年总支出的百分之十三。

② 直接捐赠指捐赠人直接向受捐赠人进行捐赠，间接捐赠指捐赠人通过专业的慈善组织进行捐赠，后者往往具有成本低、专业性强的优势。

③ 具体包括中华健康快车基金会等5家单位、宋庆龄基金会等6家单位、中国教育发展基金会、中国医药卫生事业发展基金会、中国老龄事业发展基金会等8家单位。

④ 《个人所得税法》规定“个人将其所得对教育、扶贫、济困等公益慈善事业进行捐赠”可以享受捐赠支出税前税收优惠。明显，对科学的捐赠未在其中显著列出。

⑤ 非货币性资产，是指现金、银行存款、应收账款、应收票据以及准备持有至到期的债券投资等货币性资产以外的资产，包括存货、不动产、有价证券、股权、知识产权等有形和无形资产。

⑥ 根据《增值税暂行条例实施细则》第四条规定，单位或者个体工商户将自产、委托加工或者购进的货物无偿赠送其他单位或者个人，视同销售货物。对于企业自产产品，缴纳增值税可以保证增值税抵扣链条完整，相关进项税额也允许抵扣；但对于没有进项税额可抵扣的其他货币性资产，缴纳增值税增加捐赠者税收负担。

⑦ 详见《财政部 国家税务总局关于公益股权捐赠企业所得税政策问题的通知》（财税〔2016〕45号）。

⑧ 详见《财政部 税务总局关于公益慈善事业捐赠个人所得税政策的公告》（财政部 税务总局公告2019年第99号）。

3. 非营利组织税收管理：重行政审批、管理职能定位不清晰

第一，大量非营利性科研机构无法获得免税资格和捐赠扣除资格，特别是“非官办”背景的民办非企业科研机构。我国对非营利组织从登记、税收资格认定（免税资格、捐赠扣除资格）到监督管理，具有明显的“严准入、松监管”特点，即“重”登记与认定的行政审批，“轻”运营中的监督惩戒。税收资格的获取程序、条件都非常严格，其中捐赠资格认定需要“两步走”（通过免税资格认定是条件之一）。此外，据调研，有些机构在申请中还需要提交文件要求之外的材料（比如出资证明）。“严准入”对于防止社会资金利用非营利组织税收优惠政策进行避税有很好的限制作用；但同时，也增加了非引营利组织获得相应税收优惠的难度，尤其是对于民间机构，不利于其长期健康发展。

第二，相关部门在对非营利性科研机构管理中的地位并不明确。从现行法规来看，我国对于非营利组织的管理是由民政部门、业务主管部门和税务部门共同管理。三个机关相互独立，未建立明确有效的税收协调机制，非营利组织的“公益性”“非营利性”等关键信息很难获得和共享。对于非营利性科研机构，科技主管部门目前也没有明确的管理职能，特别是对民办非企业科研机构的相关信息并不完全掌握。因此，现行管理机制不利于未来“放宽准入”“加大优惠”。

（二）科研机构增值税优惠的覆盖面较小

1.“地市级”新型研发机构不在科研设备进口税收免税的适用对象范围

在创新驱动发展战略的引领下，很多地市也积极发展符合本地经济发展特点的新型研发机构，特别是经济较为发达、产业特色突出、传统经济转型迫切的地市。但按照现行政策，副省级省会城市、地市级、县级政府所属事业单位性质的社会研发机构以及其核定的“科技类民办非企业单位”并不在该项政策适用范围内。新出台的进口税收政策［《财政部 海关总署 税务总局关于“十四五”期间支持科技创新进口税收政策的通知》（财关税〔2021〕23号）］除了限定“省级”外，又增加了“符合科技部和省级科技主管部门规定的社会研发机构（新型研发机构）基本条件”，政策适用范围进一步缩小。

2.科研机构增值税“简易征收”缺乏实施细则，很多科研机构并未申请享受

按照现行政策，非营利性科研机构“四技”服务收入适用的增值税政策实际上可以有三种选择：免征、简易征收、正常征收。其中，“简易征收”选择优惠在科研机构中的知晓度和落实面最低，缺乏实施细则是重要原因。据调研，中科院过程所、计算机所等很多研究所并不知道该政策，或者误解研发课题合同（协议）需要满足“四技”增值税免税优惠的技术合同条件，因此未申请和享受。

3. 采购国产设备退还增值税政策知晓程度较低、操作复杂

2021年采购科研仪器设备调查显示，287家单位采购国产仪器设备[①]，但仅有40家单位采购了符合退税政策的国产科研仪器设备，且只有18家单位享受了退税优惠。科研机构反映，该政策优惠力度小、宣传少，部分基层税务部门工作人员很少接触此类业务，既无法给予科研院所相应的指导，也无法协助科研院所办理退税。此外，该政策实施过程中手续繁杂，需要科研机构提供大量材料，且通常要3—5个月才能办结退税手续。

（三）新型研发机构科研人员较难适用科技成果转化奖励个人所得税优惠

按照现行政策，科研人员必须是科研机构的正式员工（在编或在岗）才能享受职务科技成果股权奖励免税或现金奖励减半征收优惠。但据调研，我国大量新型研发机构的科研人员，特别是顶尖科研人员，都属于“双肩挑”（兼职），正式编制在大学或传统科研机构。因此，新型研发机构职务科技成果转化对科研人员的奖励很多无法适用相关个人所得税优惠。

四、总体思路

一是在政策目标上，按照实现高水平科技自立自强要求，对非营利性科研机构的税收政策逐步由“紧优惠、松监管”走向“宽优惠、严监管”，支持非营利性科研机构长期可持续发展。相关税收政策从普惠性功能向功能性功能转变，从单一支持政策向系统性支持政策转变，从支持政策仅考虑政策本身向与管理体制机制优化相结合转变，从注重政策享受的行政审批向专业化管理转变，逐步实现非营利性科研机构税收体制机制的科学化，促进我国原始创新、重大科技攻关等战略目标的实现。

二是在政策突破上，在非营利组织税收体制机制与非营利性科研机构税收体制机制之间寻求平衡，确保政策具有可操作性。在现行非营利组织税收政策难以整体突破的情况下，充分借鉴国际经验，对非营利科研机构研究制定单独的税收政策体系，满足我国新时期新形势下的科技创新战略发展需要。同时，在我国现行非营利组织管理制度难以整体打破的情况下，通过建立更加专业化的非营利性科研机构管理制度，实现“严监管”，为“宽优惠”打好基础。

三是在政策对象上，单独针对“专门（主要）开展研发活动的非营利性科研机

---

① 按照采购科研仪器设备总金额和进口科研仪器设备总金额填报，实际上采购国产仪器设备的单位远大于287家。

构”进行税收体制机制设计，实现政策目标的精准性与有效性。考虑新形势、新要求的紧迫性和长期性，以非营利性科研机构为对象制定特殊的税收支持政策，并逐步永久化。非营利性科研机构包括传统科研机构，也包括新型研发机构，但仅限于事业单位和民办非企业单位性质。以教育、医疗服务为非营利组织宗旨的高校、医院，不在考虑范围；属于财团法人的基金会和科技共同体的协会不在考虑范围；以营利为目的的企业性质科研机构不在考虑范围。

四是在政策设计上，加强顶层设计，增强政策针对性与公平性。系统设计非营利性科研机构税收政策体系，建立从政策实施、政策评估到政策完善的常态化机制；明晰相关部门职能分工，建立专业化管理机构，减少行政审批；针对非营利性科研机构基本特征，对其取得的公益性收入、服务性收入、被动性收入、其他经营性收入等分类施策；充分考虑我国现实国情，最大限度实现不同类型非营利性科研机构的公平税负。

五、政策建议

为支持非营利性科研机构的长期可持续性发展，推动其面向经济社会提供高质量科技供给，在借鉴国外非营利组织税收优惠政策基础上，针对现有税收政策主要问题，提出如下政策建议。

（一）制定单独的“非营利性科研机构”税收优惠政策

建议对非营利性科研机构制定单独的所得税优惠政策，突破现行统一的“非营利组织”税收优惠，以适应其特征与发展需要。

1. 政策适用专门开展研发活动的非营利性科研机构

一是明确非营利性科研机构的概念与基本条件。非营利性科研机构是指，依法登记，以开展研发活动为主要业务，且独立自治的非营利性法人。主要条件如下：①依据《事业单位登记管理暂行条例》与《民办非企业单位登记管理暂行条例》登记注册的科技类事业单位和科技类民办非企业单位；②主要开展基础研究、应用研究与技术开发等研发活动，研发经费支出占当年全部支出的比例不低于60%；③拥有开展研发活动所需的条件和人才团队，其中专门从事研发活动的专业技术人员占全部在职人员的比例不低于 60%；④建有独立的管理架构，不受其他企业控制；⑤其他条件。

二是建立专门的管理机构负责非营利科研机构认定与监督管理，并将非营利性科研机构认定与免税资格认定统一。在我国非营利机构现行管理体制下，建议由科技部门与民政部门牵头，建立专门的管理机构（中央与省级两级），负责非营利性科研机构的认定与监督管理。借鉴日本和英国经验，专门管理机构属于第三方机构，对非营利性科研机构开展活动的“公益性”“非营利性”“研发性”等进行监督，并向社会公开相关信息。“非营利性科研机构”获得认定后，自动获得所得税免税资格。

2. 对不同类型收入制定差异化的企业所得税优惠

一是允许研发项目所得免税。开展研发项目是非营利性科研机构的主要目标和公益性体现。虽然基础研究、应用研究与试验开发的公益性逐步减弱，但在我国科技与经济尚未实现深度融合，企业技术创新能力仍然不足以及不同研发环节界限逐渐模糊的背景下，即使研发项目属于试验开发项目也具有较大的社会价值。

二是允许被动所得免税。被动所得是非营利性科研机构实现资产保值增值的主要手段，所得主要用于未来研发活动支出。其中，资产包括固定资产、流动资产与无形资产（知识产权）等。非营利性科研机构的资产处置所得（包括特许权使用费、技术所有权转让所得、租金、股票转让所得）与其他投资所得（利息、股息、红利）都属于被动所得。这样，机构处置股权捐赠和房产捐赠也不需再缴纳所得税。

三是除免税所得外的其他经营所得减按15%税率缴纳企业所得税。非营利性科研机构开展的其他经营活动以各类科技成果转化活动为主，所得主要用于未来研发活动支出并未分配。建议参考日本做法，在考虑与营利性机构公平竞争的同时，对其他所得给予一定激励，比如与高新技术企业适用相同的15%企业所得税优惠税率。

3. 非营利性科研机构自动获得“捐赠扣除资格”，并允许捐赠支出据实扣除

一是非营利性科研机构自动取得捐赠扣除资格。即将非营利性科研机构认定、免税资格认定与捐赠扣除资格认定统一，不再增加额外的行政审批流程，确保所有非营利性科研机构捐赠者都能享受到捐赠税收优惠。

二是提高非营利性科研机构捐赠者的捐赠税收激励力度。在科学捐赠税收优惠未有明显突破情况下，建议可从非营利性科研机构捐赠上首先突破。借鉴扶贫、防疫捐赠支出税前据实扣除经验[①]，企业和个人对于非营利性科研机构的捐赠支出，无论是现金和物品，允许在计算应纳税所得额时全额扣除，不足抵扣部分允许向后结转5年；科技部门与民政部门每年向社会公布符合条件的非营利性科研机构名单。

三是企业对非营利性科研机构的无形资产与货物捐赠免征企业所得税与增

① 《关于企业扶贫捐赠所得税税前扣除政策的公告》（财政部 国家税务总局 国务院扶贫办公告2019年第49号）、《关于支持新型冠状病毒感染的肺炎疫情防控有关捐赠税收政策的公告》（财政部 税务总局公告2020年第9号）。

值税。

（二）扩大非营利性科研机构增值税优惠面、制定实施细则

一是扩大研发用仪器设备采购税收优惠范围。建议修改现行科研设备进口免税政策和国产设备退税政策，将政策适用范围扩大到副省级省会城市、地市级所属科研院所、核定的科技类民办非企业单位。同时，在非营利性科研机构认定尚未落实期间，明确由省科技部门牵头制定事业单位科研院所与科技类民办非企业单位的界定标准与操作细则，科技部负责指导与监督，以确保政策落实到位；在非营利科研机构认定落地后，科研机构必须通过认定才允许享受该税收优惠。

二是对于非企业科研机构提供科研技术等服务适用的增值税政策制定实施细则。建议单独发文，明确非企业科研机构适用的各类增值税政策、条件与要求，指导税务与科研机构加强落实。

（三）明确新型研发机构职务科技成果转化适用的所得税优惠

一是考虑我国新型研发机构的现实情况，建议单独发文，明确相关税收优惠政策。对于“双肩挑”的新型研发机构科研人员，只要其科技成果转化符合股权奖励免税或现金奖励减半征收的其他条件，就允许享受相应的税收优惠政策，实现对新型研发机构科技成果转化的公平税负。

二是适用政策的新型研发机构必须满足一定条件。在非营利性科研机构认定尚未落实期间，建议政策范围与研发用仪器设备进口税收免税优惠范围一致，包括国务院部委、省级、副省级省会城市、计划单列市、地市级所属事业单位科研院所与科技类民办非企业单位；在非营利科研机构认定落地后，则必须通过该项认定。

（四）试点先行，成熟后全国推广

非营利性科研机构上述税收政策建议是对现有非营利组织税收优惠政策与管理体制的较大突破，改革性较强。因此，如果新政策存在较大争议或者实施条件尚未成熟，建议可以在国家自主创新示范区先行试点，积累经验、查找不足，待政策成熟后再在全国推广。这也是我国多项科技创新税收政策得以完善落地的宝贵经验。

参考文献

1. 陈远燕，何明俊，张鑫媛.财政补贴、税收优惠与企业创新产出结构：来自中国高新技术上市公司的证据［J］.税务研究，2018（12）：48–54.

2. 樊勇，等.中国慈善税收政策研究［M］.北京：中国税务出版社，2021.

3. 龚辉文.支持科技创新的税收政策研究［J］.税务研究，2018（9）：5–10.

4. 林毅夫，张维迎.政府的边界［M］.北京：民主与建设出版社，2017.

5. 吴松彬，黄惠丹，张凯. R&D税收激励有效性与影响因素：基于15%税率式优惠和研发加计扣除政策的实证比较分析［J］.科技进步与对策，2019（11）：117–124.

6. 王名，等.美国非营利组织［M］.北京：社会文献科学出版社，2012.

7. 魏志梅.合伙企业所得税制研究［J］.税务研究，2014（4）：32–39.

8. 夏奇峰.促进企业创新的高影响力举措——法国“科研税收信贷”［R］.科技部驻外调研报告，2009–07–06.

9. 薛薇，胡贝贝，魏世杰.深化科技与金融结合 赋能企业高质量创新［J］.中国科学院院刊，2022，37（9）：1206–1215.

10. 薛薇，魏世杰.刍议由国家自主创新示范区推广的创新税收政策［J］.税务研究，2018（9）：17–21.

11. 薛薇.论股权激励与技术入股税收优惠新政［J］.国际税收，2017（1）：17–21.

12. 薛薇，李峰，彭春燕.我国支持风险投资的税收政策研究［J］.税务研究，2016（7）：116–120.

13. 薛薇，李峰，宁冰珂.英国“风险投资计划”税收优惠制度及启示［J］.国际税收，2015（12）：50–54.

14. 薛薇.发达国家支持企业创新税收政策的特点及启示［J］.经济纵横，2015（5）：106–110.

15. 薛薇，魏世杰，李峰.企业技术转让所得税优惠政策的中欧比较研究［J］.中国科技论坛，2015（5）：148–154.

16. 薛薇.日本“天使税制”及其启示［J］.全球科技经济瞭望，2015，30（1）：71–76.

17. 薛薇，魏世杰，李峰.完善我国创新税收政策的路径［J］.税务研究，2015（1）：21–27.

18. 薛薇，魏世杰，李峰.由国际经验看我国研发费用加计扣除政策的完善［J］.国际税收，2014（11）：14–18.

19. 杨国超，刘静，廉鹏，等.减税激励、研发操纵与研发绩效［J］.经济研究，2017，52（8）：110–124.

20. 张子余，杨丹，张碧秋.高新技术企业资格认定过程中的费用操控行为研究［J］.南开管理评论，2019（5）：155–163.

21. 周炜.解读私募股权基金［M］.北京：机械工业出版社，2008.

22. 资本利得课税研究小组.资本利得课税理论与实践［M］.北京：中国税务出版社，2004.

23. A SURVEY REPORT OF ON R&D TAX INCENTIVES IN INDIA［EB/OL］. https：//www.dsir.in/assets/pdf/A-SURVEY-REPORT-OF-ON-RD-TAX-INCENTIVES-IN-INDIA.pdf.

24. Claim capital allowances［EB/OL］. https：//www.gov.uk/capital-allowances.

25. Corporate Intangibles Research & Development Manual［EB/OL］. http：//www.hmrc.gov.uk/manuals/cirdmanual/.

26. Deloitte. Survey of Global Investment and Innovation Incentives，November 2018［DB/OL］. https：//www2.deloitte.com/cbc/en/pages/tax/articles/global-investment-and-innovation-incentives-survey.html.

27. Evaluation of Research and Development Tax Credit［R/OL］. https：//assets.publishing.service.gov.uk/government/uploads/system/uploads/attachment_data/file/413629/HMRC_WorkingPaper_17_R_D_Evaluation_Final.pdf.

28. EY，Research and development incentives in Belgium［EB/OL］. https：//assets.ey.com/content/dam/ey-sites/ey-com/en_be/topics/tax/tax-alerts/ey-rd-brochure-belgium-2020.pdf？ download.

29. EY，Worldwide R&D Incentives Reference Guide 2019［DB/OL］. https：//assets.ey.com/content/dam/ey-sites/ey-com/en_gl/topics/tax/tax-guides/ey-2019-worldwide-rd-incentives-reference-guide.pdf？ download.

30. Evaluation Dutch R&D tax credit scheme（WBSO）2011–2017［R/OL］. https：//www.dialogic.nl/wp-content/uploads/2019/04/Evaluation-WBSO-2011-2017-Summary-8-03-2019-def.pdf.

31. Ernst & Young. Worldwide R&D Incentives Reference Guide 2019［DB/OL］. https：//assets.ey.com/content/dam/ey-sites/ey-com/en_gl/topics/tax/tax-guides/ey-2019-worldwide-rd-incentives-reference-guide.pdf？ Download.

32. European Commission. Effectiveness of tax incentives for venture capital and business

angels to foster the investment of SMEs and start-ups [R/OL] . https: //op.europa.eu/en/publication-detail/-/publication/d4cd684a-6cf8-11e7-b2f2-01aa75ed71a1/language-en.

33. Measuring Tax Support for R&D and Innovation [R/OL] .https: //www.oecd.org/sti/rd-tax-stats.htm.

34. M. Parsons and N. Phillips.An Evaluation of the Federal Tax Credit for Scientific Research and Experimental Development [R/OL] .Department of Finance, Working Paper, 2007-08. https: //www.semanticscholar.org/paper/An-Evaluation-of-the-Federal-Tax-Credit-for-and-Parsons-Phillips/d80aa3e258167bc17072e9c4699890c5faf46053.

35. How your business can benefit from the SR&ED tax incentives [DB/OL] . https: //www.canada.ca/en/revenue-agency/services/scientific-research-experimental-development-tax-incentive-program/overview.html.

36. Korea expands R&D tax credit, other technology tax incentives [EB/OL] . https: //mnetax.com/korea-expands-rd-tax-credit-other-technology-tax-incentives-37643.

37. LE CRÉDIT D' IMPÔT RECHERCHE [EB/OL] . https: //www.entreprises.gouv.fr/fr/entrepreneuriat/aides-et-financement/credit-d-impot-recherche.

38. OECD R&D Tax Incentives Database [EB/OL] . https: //stats.oecd.org/.

39. OECD. Mapping Business Innovation Support [R/OL] . https: //www.oecd.org/sti/rd-tax-stats-database.pdf.

40. OECD Compendium of Information on R&D tax incentives 2019 [DB/OL] . https: //www.oecd.org/sti/rd-tax-stats-compendium.pdf.

41. OECD. Countering Harmful Tax Practices More Effectively, Taking into Account Transparency and Substance [DB/OL] .https: //www.oecd-ilibrary.org/docserver/9789264218970-en.pdf ? expires=1662614264&id=id&accname=ocid56017385&checksum=980BA837AE48E5C3372B710720AFFC73.

42. Research and development tax relief [R/OL] .http: //www.hmrc.gov.uk/gds/cird/attachments/rdsimpleguide.pdf.

43. Research and Development Tax Credits Statistics: October 2019 [R/OL] . https: //assets.publishing.service.gov.uk/government/uploads/system/uploads/attachment_data/file/837282/Research_and_Development_Tax_Credits_Statistics_October_2019.pdf.

44. Report on Federal Tax Expenditures [DB/OL] .https: //www.canada.ca/en/department-finance/services/publications/federal-tax-expenditures.html.

45. Reforming the R&D Tax Incentive [R/OL] .https: //archive.budget.gov.

au/2018–19/factsheets/reforming–the–rnd–tax–incentive.pdf.

46. Review of the R&D Tax Incentive [R/OL]. https://www.industry.gov.au/data–and–publications/review–of–the–rd–tax–incentive.

47. SOI Tax Stats–Corporation Research Credit [EB/OL]. https://www.irs.gov/statistics/soi–tax–stats–corporation–research–credit.

48. STARTUP TAX INCENTIVES FRANCE (RESEARCH TAX CREDIT – INNOVATION TAX CREDIT) [EB/OL]. http://enter–france.com/startup–tax–incentives–france–research–tax–credit–innovation–tax–credit.

49. THE R&D TAX CREDIT IN FRANCE: ASSESSMENT AND EX–ANTE EVALUATION OF THE 2008 REFORM [R/OL]. https://www.nber.org/papers/w19073.pdf.

50. TAX POLICY FOR INNOVATION [EB/OL]. https://www.nber.org/system/files/working_papers/w25773/w25773.pdf.

51. US.Department of the Treasury, RESEARCH AND EXPERIMENTATION (R&E) CREDIT [R/OL]. https://www.treasury.gov/resource–center/tax–policy/tax–analysis/Documents/RE–Credit.pdf.

52. WBSO: tax credit for research and development [DB/OL].https://english.rvo.nl/subsidies–programmes/wbso.

53. Internal Tax Code [EB/OL]. http://www.law.cornell.edu/uscode/text/26.

54. 研究開発税制の概要と 令和３年度税制改正について [EB/OL]. https://www.meti.go.jp/policy/tech_promotion/tax/R4gaiyov2.pdf.

55. サービス開発にかかる Q&A [EB/OL]. https://www.meti.go.jp/policy/tech_promotion/tax/serviceQA.pdf.

56. 特別試験研究費税額控除制度 ガイドライン〔平成 31 年度版〕[EB/OL]. https://www.meti.go.jp/policy/tech_promotion/31fyguidline_r1.pdf.